教育部人文社会科学重点研究基地
中国人民大学刑事法律科学研究中心系列丛书

Cyber Crime and Security

网络犯罪与安全
2018

主　编｜谢望原
副主编｜朱劲松　刘品新

中国人民大学出版社
·北京·

图书在版编目（CIP）数据

网络犯罪与安全 . 2018/谢望原主编 . —北京：中国人民大学出版社，2019.5
ISBN 978-7-300-26957-3

Ⅰ.①网… Ⅱ.①谢… Ⅲ.①互联网络-计算机犯罪-研究-中国 Ⅳ.①D924.364

中国版本图书馆 CIP 数据核字（2019）第 082451 号

教育部人文社会科学重点研究基地
中国人民大学刑事法律科学研究中心系列丛书
网络犯罪与安全（2018）
主　编　谢望原
副主编　朱劲松　刘品新
Wangluo Fanzui yu Anquan（2018）

出版发行	中国人民大学出版社			
社　　址	北京中关村大街 31 号	**邮政编码**	100080	
电　　话	010－62511242（总编室）	010－62511770（质管部）		
	010－82501766（邮购部）	010－62514148（门市部）		
	010－62515195（发行公司）	010－62515275（盗版举报）		
网　　址	http://www.crup.com.cn			
经　　销	新华书店			
印　　刷	北京密兴印刷有限公司			
规　　格	185 mm×260 mm　16 开本	**版　　次**	2019 年 5 月第 1 版	
印　　张	17.5 插页 1	**印　　次**	2019 年 5 月第 1 次印刷	
字　　数	409 000	**定　　价**	68.00 元	

序　言
FOREWORD

2015年5月12日，由中国人民大学刑事法律科学研究中心、中国犯罪学学会、腾讯研究院犯罪研究中心共同组建的"中国人民大学网络犯罪与安全研究中心"正式成立。事实上，自2014年以来，中国人民大学刑事法律科学研究中心即与腾讯研究院犯罪研究中心合作举办"互联网刑事法治高峰论坛"，目前已经连续成功举办四届，极大地推动了我国互联网刑事法治的研究进程，强化了我国教学研究部门与国家网络信息管理部门、司法实务部门、互联网企业之间的合作，产生了良好的科学研究效果和社会效果。为了进一步提高我国互联网刑事法治问题研究水平，为国家互联网刑事法治提供理论支持，中国人民大学刑事法律科学研究中心与中国人民大学网络犯罪与安全研究中心决定编辑出版《网络犯罪与安全》一书。

《网络犯罪与安全》原则上每年出版一部，主要研究互联网刑事法治问题，包括互联网刑事法治的政策性问题、互联网实体刑法问题、互联网刑事犯罪问题、互联网刑事法治与行政法治衔接问题等。本书以研究中国互联网刑事法治为主，同时关注国外互联网刑事法治研究状况，适当刊发外国学者关于互联网刑事法治的研究成果。

我们热诚欢迎国内外同仁惠赐有真知灼见的大作！

中国人民大学刑事法律科学研究中心
中国人民大学网络犯罪与安全研究中心
2019年3月26日

目 录
CONTENTS

中国网络犯罪研究的轨迹探寻

王熠珏*

内容摘要： 伴随信息科技与互联网的迅猛发展，学界对网络犯罪的研究展现为网络犯罪现象之正视、网络犯罪范围之界定和网络犯罪治理之践行三个主题环节，既共识共存，又休戚相关。其中，对网络现象的认识围绕网络社会的特征探寻、网络犯罪的社会危害性对比和网络犯罪的立法模式选择三条思维路径展开，对网络犯罪范围的界定主要基于如何正确理解刑事扩张与刑法谦抑性两种对应的立场和思路进行，而关于网络犯罪量化标准与电子证据的探讨与当前司法实践的联系最直接。从结果上看，刑法学界二十多年来的网络犯罪研究进程，完成了对网络犯罪探索必要性的证明，突显了网络犯罪圈划定上的立场和分歧，开始了对司法实践的量化研究与国际合作的有益尝试。

关键词： 网络犯罪　社会危害性　刑事扩张　量化标准　司法合作

一、问题缘起

这是最好的时代，也可能是最坏的时代。随着科学技术的突飞猛进，互联网由新兴、发展到日渐风靡，网络社会得以形成、构建和逐步崛起。时下中国，"互联网＋"的理念已渗透到社会生活的各个角落，人们在享受网络给工作生活带来便利的同时，还可以通过现代科技手段与全世界的知识体系建立联系，利用丰富的信息渠道拓宽自己既有的知识边界。但始料未及的是，当人们在为网络技术取得的进步而欢呼雀跃、兴高采烈之时，网络犯罪犹如魑魅魍魉般如影随形，不断侵蚀着社会秩序，搅动着正常生活，同时还引发了刑法在信息时代的制裁瓶颈和解释危机。从1997年刑法首次将计算机犯罪纳入我国刑法规制的范围至今，学界围绕网络犯罪问题的探索、思考、建言从未停歇，正是由于学者们二十多年来对该领域投入了大量的心智和精力，才积累了如今关于网络犯罪的论文、著作、译作、文集等大量文献，以中国法学会刑法学研究会1997年至2018年的年会主题为线索，我们相信这样的研究旨趣在未来学术探索中还会一直持续。

---

* 中国人民大学法学院刑法学专业博士研究生。

中国法学会刑法学研究会 1997 年至 2018 年的年会主题一览

时间	主题	分主题
1997	新刑法的贯彻与实施	
1998	新刑法实施以来在司法实践中所遇到的疑难、争议问题	
1999	新中国刑法建设 50 年研究暨 21 世纪刑法前瞻性研究	
2000	中国加入国际人权两公约的刑法协调问题；中国加入 WTO 后的刑法对策；西部大开发中的刑法协调问题；祖国统一中的刑法问题；计算机、网络、电子商务活动中的犯罪与刑法对策；金融犯罪问题	1. 关于计算机、网络、电子商务活动中的犯罪与刑法对策；2. 计算机犯罪的原因、表现形式以及发展趋势；3. 计算机犯罪的概念，电子商务犯罪、网络犯罪、计算机犯罪的比较研究；4. 计算机犯罪对传统刑法理论的挑战
2001	关于刑事法治建设；当前社会治安整顿治理中的刑法问题；职务犯罪疑难问题研究	
2002	1. 理论主题：犯罪构成与犯罪成立基本理论 2. 实务主题：维护社会稳定方面的刑法问题；西部地区犯罪	
2003	1. 理论主题：刑法解释问题研究 2. 实务主题：侵犯知识产权犯罪；金融诈骗犯罪与合同诈骗犯罪；公共卫生犯罪；非公有制经济刑法平等保护；刑事政策	
2004	1. 理论主题：死刑制度的改革与完善 2. 实务主题：腐败犯罪；侵犯知识产权犯罪；网络犯罪；未成年人犯罪；贩卖妇女儿童犯罪	网络犯罪的定义、构成要件特点及其犯罪化根据
2005	1. 理论主题：刑罚的裁量制度 2. 实务主题：渎职犯罪；《刑法修正案（五）》的有关问题	
2006	1. 理论主题：宽严相济的刑事政策与刑罚的完善 2. 实务主题：商业贿赂犯罪研究；刑法对非公有制经济的平等保护	
2007	和谐社会的刑法现实问题 1. 理论主题：单位犯罪基本问题研究 2. 实务主题：死刑司法限制适用问题研究；《刑法修正案（六）》理论与实务问题研究	
2008	1. 理论主题：改革开放 30 年刑法学的发展与研究 2. 实务主题：量刑规范化问题研究；责任事故犯罪研究	
2009	1. 理论主题：新中国刑法建设 60 年：回顾与展望 2. 实务主题：新中国刑法建设 60 年：研讨与适用	《刑法修正案（七）》的理解与适用；刑事和解制度的刑法学研讨；死缓制度适用与完善探究

续前表

时间	主题	分主题
2010	1. 理论主题：社会危害性理论问题 2. 实务主题：刑罚结构的调整与相关制度、死刑立法控制问题、黑社会性质组织犯罪、毒品犯罪	
2011	社会管理创新与刑法的变革 1. 理论主题：社会管理创新与刑法变革 2. 实务主题：《刑法修正案（八）》的理解与适用	
2012	1. 理论议题：当代中国刑法与宪法协调发展 2. 实务议题：若干重要领域民生的刑法保护问题研究	
2013	1. 理论议题：刑法与相关部门法的协调发展 2. 实务议题：当代中国腐败犯罪的防制对策研究	
2014	1. 理论议题：中国刑法学研究的回顾与前瞻 2. 实务议题：惩治危害国家安全犯罪暨恐怖活动犯罪的刑法对策研究；贪污贿赂犯罪的刑法治理问题研究；网络犯罪问题研究	网络犯罪问题研究： 1. 危害网络安全活动的刑法治理；2. 垃圾电子信息的刑法规制；3. 过失性网络危害行为的刑法规制；4. 网络传播有害信息的刑法规制；5. 网络诽谤、寻衅滋事等犯罪研究；6. 网络犯罪典型案件研究
2015	1. 理论主题：法治中国与刑法发展 2. 实务主题：治理腐败的刑事政策与刑法立法	
2016	1. 理论议题：刑法改革中刑法与行政法的关系问题研究 2. 实务议题：恐怖主义犯罪的司法适用；信息网络犯罪的司法适用；贪污罪受贿罪的司法适用	信息网络犯罪的司法适用研究： 1. 电信诈骗犯罪的司法适用；2. 网络空间犯罪定量评价机制之重塑；3. 网络服务提供者的法律规制对象
2017	1. 理论议题：刑法典颁行 20 周年来刑法立法的回顾与展望 2. 实务议题：金融秩序与安全的刑法保护；公民个人信息的刑法保护；中国区际刑法 20 年实践的检讨与发展	1. 刑法典颁行 20 年来的信息网络犯罪立法问题；2. 网络金融犯罪的法律规制问题；3. 公民个人信息的刑法保护
2018	1. 理论议题：十一届三中全会以来刑事法治的回顾与前瞻 2. 实务议题：企业产权保护领域刑法问题研究；扫黑除恶中的刑法适用问题研究；涉数据网络犯罪的刑法防治对策研究	1. 涉数据网络犯罪的立法防治对策研究； 2. 涉数据网络犯罪的司法防治对策研究； 3. 涉数据网络犯罪的定罪问题研究； 4. 涉数据网络犯罪的刑罚问题研究

从以上表格汇集的内容可以看出：刑法学年会自 1997 年全面修订刑法至今，总共召开了 22 届年度研讨会，平均每隔 3 年便对当下时兴的网络犯罪现象和刑事制裁困境进行一次总结性的梳理和探讨，尤其是近几年来对网络犯罪的研讨次数更加频繁。具体而言，会议主题涉及"计算机犯罪"内容的有 1 届；涉及《刑法修正案（七）》的理解与适用有 1 届；其中，明确涉及网络犯罪议题的有 5 届，占这一时期年会总届数的 22.7%，既有从理论层面对网络犯罪定义、构成要件等基础问题进行界定与阐释，亦有以实际问题为导向，对危害网络安全活动、网络诽谤与寻衅滋事等犯罪、电信诈骗犯罪、网络服务提供者的义

务界定等方面展开研究。此外，考虑到"计算机犯罪"和"网络犯罪"虽然在概念表述上有所不同，但实则是一个问题在不同阶段的表现，以致经常被交替使用，所以二十多年来涉及网络犯罪主题的刑法年会多达 7 届，占总届数的 31.8%。可以说，相较于我国刑法典至今的 469 个罪名总数而言，年会关于网络犯罪的探讨比例已足以说明该领域成为学界共同关注的问题。

网络犯罪不仅是一个在理论界中热度不减的时髦话题，而且随着云计算逐渐成为未来互联网变革的发展趋势，随着"大数据"时代将带来的社会生产生活方式的转型，今后它还将不断以新的姿态和形式出现在人们的视野之中。对此，我们不禁会产生这样的困惑：其一，以往针对网络犯罪问题的研究中，理论上是否还有什么未尽的探讨，研究网络犯罪会不会只是一种没有意义的简单重复，甚至呈现出一种止步不前局面？其二，为了应对今后新型网络犯罪的异军突起，如何才能立足技术前沿对刑事立法作出一些前瞻性的分析，改变当前因刑法滞后于网络犯罪的发展变化而产生捉襟见肘的司法局面？面对以上疑问，对以往研究的聚焦点进行梳理，以形成明晰的理论轨迹，可能是未来继续开展网络犯罪问题研究之前所需要的。因此，本文的旨趣是，以时间维度为轴，对网络犯罪的理论研究进行回溯审视，评析和总结在规范解读和实践操作层面，学者们达成了什么共识，遭遇了哪些困境，留下了何种分歧，以期得出二十多年来中国网络犯罪研究推进的轨迹，使其成为今后开展研究的助推力量。

明晰了即将探讨的问题和期许之后，对于研究的路径，本文尝试采取直面"网络犯罪"的策略，试图真正以"网络犯罪"为对象，而不是以"网络犯罪的文献"为对象，抽丝剥茧出一条学者们对网络犯罪认识过程中的逻辑规律，而不仅仅是对以往文献中的聚焦点进行分块整理，也不愿只是依据互联网发展的不同阶段对相应的网络犯罪特点进行简单地总结。因为如此一来，结果只会令自己陷入已有的思维桎梏之中，不仅如堕烟海、不得要领，而且必然无法真正厘清网络犯罪的研究脉络。

虽然人们对于网络犯罪的认识基于时间顺序呈现出一定的前进和反复，但是"再曲折波动的事物发展进程，随着时间维度的不断延伸，都会趋于平缓，历史的褶皱因而得以熨平"[①]，"人类处事在逻辑上总是要解决好三个方面的问题，即为什么、什么是，以及如何做，也即正视之，界定之，践行之"[②]，在网络犯罪问题的认识和实践上同样如此。首先，在对网络犯罪的认识层面上，要回答之所以不能把利用网络实施的传统犯罪仅仅视为传统犯罪的"翻版"，是因为网络犯罪具有作为一种新兴领域犯罪所独有的表征，即要论证刑事立法、司法解释对于网络犯罪现象进行积极回应的目的、意义何在。继而要对网络犯罪的刑事制裁范围进行正确界定，既要避免因犯罪圈过大而阻碍互联网的创新发展，也要避免因打击半径过小而让网络犯罪成为脱缰之马。最后，还要回应司法实践对理论研究的期待，探讨理论付诸实践时面临的一些具体问题。这是认识网络犯罪现象的事理逻辑，因此，在笔者看来，我国二十多年来的网络犯罪研究，也是围绕为什么将网络犯罪作为新兴领域的犯罪进行单独研究、网络犯罪的刑法打击范围究竟是什么、如何在实践中有效打击

---

① 张志铭，于浩．共和国法治认识的逻辑展开．法学研究，2013（3）．
② 张志铭，于浩．共和国法治认识的逻辑展开．法学研究，2013（3）．

网络犯罪这三类问题展开，因而可以用三组问题建立起以往文献中的逻辑联系，即网络犯罪现象之正视、网络犯罪范围之界定、网络犯罪治理之践行。

二、网络犯罪现象之正视

当前学界为什么会聚焦于网络犯罪，这是我们在进行网络犯罪研究时首先面对的问题。总体上看，在研究网络犯罪必要性问题的过程中，主要围绕网络社会的特征、网络犯罪的社会危害性和网络犯罪的立法模式这三条思维线索展开。如果说对比网络犯罪与传统犯罪的社会危害性差别，有助于回答之前提出的为何要将网络犯罪作为一种新领域犯罪的目的和意义，那么探讨网络社会的特征便是研究网络犯罪社会危害性的前置性问题，并且通过论证网络犯罪有其异于传统犯罪的社会危害性，才能有助于回应究竟应当采取何种立法模式。因此，二十多年来我们在网络犯罪上展开的各种讨论，纷繁芜杂，有时令人目不暇接，其实细想起来，贯穿其中的线索，即网络社会的特征是什么，网络犯罪的社会危害性是什么，网络犯罪的立法模式选什么。

(一) 网络社会的特征

1997 年刑法典全面修订之际，计算机犯罪首次被纳入刑法视野，直至《刑法修正案（七）》出台以前，我国针对网络犯罪构建了"两点一面"[①] 的计算机犯罪立法结构，其中"两点"是指两种侵犯计算机信息系统安全的犯罪，即第 285 条的非法侵入计算机信息系统罪和第 286 条的破坏计算机信息系统罪，即以计算机为对象的犯罪；所谓"一面"是指除前面所述两种犯罪外，由第 287 条规定的将其他所有形式的利用计算机、网络实施的犯罪都按照传统犯罪来处理，即以计算机为工具的犯罪。值得一提的是，1997 年公安部发布的《计算机信息网络国际联网安全保护管理办法》对网络违法行为作了类似的区分[②]；到了 2000 年全国人大常委会制定通过的《关于维护互联网安全的决定》规定了对利用计算机网络实施危害国家安全、侵害公民人身权利和民主权利、破坏社会主义市场经济秩序、妨害社会管理秩序的犯罪行为，依照刑法追究刑事责任，同样体现了以计算机为工具的行为规制。后来囿于网络违法行为的扩张，2009 年《刑法修正案（七）》对网络犯罪领域进行了罪名扩充，形成了"五点一面"的罪名体系，即增设了非法获取计算机数据罪、非法控制计算机信息系统罪和提供侵入、非法控制计算机信息系统程序、工具罪三个新罪名。随着 2015 年《刑法修正案（九）》的施行，有学者指出我国当前呈现出"五点一线一面"[③] 的网络犯罪罪名体系，即形成了出售、非法提供公民个人信息罪、非法获取公民个

---

① 皮勇 . 我国网络犯罪刑事立法研究——兼论我国刑法修正案（七）中的网络犯罪立法 . 河北法学，2009（6）.

② 1997 年发布的《计算机信息网络国际联网安全保护管理办法》第 4 条规定任何单位和个人不得利用国际联网危害国家安全、泄露国家秘密，不得侵犯国家的、社会的、集体的利益和公民的合法权益，不得从事违法犯罪活动，即以计算机为工具的违法行为；第 5 条规定任何单位和个人不得利用国际联网制作、复制、查阅和传播危害国家安全、封建迷信、淫秽色情等信息，即以计算机为工具的违法行为；第 6 条规定任何单位和个人不得从事危害计算机信息网络安全的活动，即以计算机为对象的侵害行为。

③ 于冲 . 网络犯罪罪名体系的立法完善与发展思路——从 97 刑法到《刑法修正案（九）草案》. 中国政法大学学报，2015（4）.

人信息罪这"一线"。

对于以上我国网络犯罪罪名体系的构建历程，有学者认为网络犯罪有"纯正"和"不纯正"之分[①]，前者是指以计算机、网络为侵犯对象的犯罪，后者则是以计算机、网络为利用工具的犯罪。另有学者认为我国的网络犯罪实则分为三个阶段：一是以网络作为犯罪对象，二是以网络作为犯罪工具，三是以网络作为犯罪空间，进而提出网络社会是与现实社会并存的"双层社会"理念。[②] 以上的"二分法"和"三分法"在前两类的网络犯罪划分上达成了共识，其区别在于是否承认网络世界是可以与现实世界并存的另一社会形态，这就涉及接下来要谈及的网络社会的特征描述。

网络是一种人类活动的全新载体和平台，构筑了全新的行为范式，形成了不同于现实生活的网络关系，犯罪与虚拟网络结合之后，网络空间所特有的"匿名性、易伪装""平等性、无地位和身份的差异""信息易取得、低成本""无国家、物理界限""商品特殊化""信息快速传播""内容不朽""内容被推定为可靠""时间被压缩"等特点改变了犯罪存在的固有形态，使得停留于现实社会生活中的人们将难以在短时间内作出准确识别。[③] 网络社会的出现，或者说全球信息秩序的兴起，已经深刻改变了社会结构。全球网络社会或全球信息秩序，是建立在信息的流通和生产的基础上的，并且逐渐取代了旧的国家制造业社会。这种社会结构的巨变引发了我们对网络社会特征的追问，具而言之，其特征体现为以下四个方面：（1）从工业社会转向后工业社会，即信息社会。[④] 社会的信息化深刻改变了社会的运作结构和逻辑：工业社会关心具体有形之物的生产和积累（如商品），而后工业社会则关心无形之物（如信息）的流通和生产。（2）从中心—边缘的社会结构转变成去中心化的网络社会。[⑤] 社会的网络化不仅指互联网成为社会沟通的主要信息媒介，而且还指社会结构按照互联网的去中心化逻辑进行运作。（3）从保险社会转向风险社会。[⑥] 由于工业制造社会更关注的是财富的生产和积累，所以工业文明产生的风险问题往往通过保险手段来分散。然而，后工业文明的社会风险无法通过保险来排除和分散。因此，后现代社会的运作逻辑不是财富，而是风险或风险认知（即信息）。（4）从稳定和固态化的社会转向"流动的现代性"社会。[⑦] 由于全球信息秩序更强调信息的流通，因而现代性本身被"液态化"，一切事物如人口、货物、信息、资本和空间都日益加速流动。[⑧] 可见，信息化、去中心化、风险化和流动化成为网络社会有别于传统社会的特殊表征，由此产生的社会结构巨

---

① 卢建平，姜瀛. 犯罪"网络化"与刑法应对模式. 人民检察，2014（3）.

② 于志刚. "双层社会"的形成与传统刑法的适用空间——以两高《网络诽谤解释》的颁行为背景的思索. 法学，2013（10）.

③ 伊恩C. 巴隆. 电子商务与互联网法.（第1卷）. 张平，译. 北京：中国方正出版社，2009：9～8；转引自姜瀛. 论刑法的"网络扩张"——兼评"关于网络诽谤等犯罪的司法解释". 兰州文理学院学报（社会科学版），2014（3）.

④ 斯各特·拉什. 信息批判. 杨德睿，译. 北京：北京大学出版社，2009：1～10.

⑤ 曼纽尔·卡斯特. 网络社会的崛起. 夏铸九，王志弘，等，译. 北京：社会科学文献出版社，2006：569～578.

⑥ 乌尔里希·贝克. 风险社会. 何博闻，译. 上海：译林出版社，2004：15～22.

⑦ Zygmunt Bauman.；Liquid Modernity, Cambridge：Polite Press，2000：pp. 1 - 15，张文龙. 全球信息秩序中的网络犯罪及其治理. 学术交流，2015（3）.

⑧ 张文龙. 全球信息秩序中的网络犯罪及其治理. 学术交流，2015（3）.

变必然对网络犯罪的社会危害性产生深远的影响。

(二) 网络犯罪的社会危害性

作为刑罚权出现的正当性根据理论,相较于英美法系中的"损害"(harm)、德日刑法中的"法益"理论,我国刑法强调的"社会危害性"理论是模糊性最强的。[①] 因此,当我们要对网络犯罪行为动用刑罚权之时,就需要对其社会危害性作出明确合理的阐释。

在当代中国,网络犯罪呈现出以下几个面向:其一,犯罪主体匿名化。当置身于网络情境中,人可被信息编码,将实际脸谱隐匿于网络之中,此时罪犯仿佛穿上了一层"逃脱法眼"的隐形衣,能够以匿名的方式实施犯罪,为察觉和追踪制造难题,譬如当下中国热议的网络诽谤[②]、电信网络诈骗现象[③],虽然最终可能依照传统罪名定性,但却爆发出令人关注的危害性。其二,犯罪客体信息化,即大量的无形之物成了犯罪人觊觎的对象,譬如,个人信息、虚拟财产等。学界关于虚拟财产的定性之争一直见仁见智,其中张明楷教授认为虚拟财产具有符合刑法中财物的三个特征,即有被占有、管理的可能,有被转移可能,有价值属性[④];而刘明祥教授则认为,我国相关法律法规已禁止虚拟财产交易,虚拟财产不能被理解为刑法上的财物,应当把非法获取虚拟财产的行为认定为非法获取计算机信息系统数据罪。[⑤] 近几年来,随着互联网与金融领域的交融渗透,诸如比特币等代币的法律属性和刑法规制路径也逐渐引起了学者们的关注。[⑥] 其三,犯罪过程全球化。安东尼·吉登斯指出,时空在全球化层面得以延伸或重组,形成一种虚拟的时空,即"脱域",包括时间与空间的分离、空间与地点的分离、时间与空间的延伸这三个维度。[⑦] 信息技术打破了传统民族国家的疆界限制,这意味着网络犯罪的共犯结构也发生了变化。犯罪行为被细化分解为若干碎片,不同团伙承担不同分工,上下游之间只是一种陌生的服务提供关系,甚至根本不用见面。[⑧] 其四,犯罪后果扩大化。这主要基于两个原因,一是因为网络终端种类的增加以及终端之间的关联度增强,即在三网融合的背景下,有线电视、计算机、移动手机乃至普通的家用电器都将成为计算机信息终端,由于它们紧密相连、唇齿相依,故在受到侵害时一损俱损;二是截至 2017 年 6 月,中国网民规模达到 7.51 亿,占全

---

① 时延安. 以刑罚威吓、诋毁、谣言? ——论刑罚权对网络有害信息的干预程度. 法学论坛, 2012 (4).

② 参见赵远. "秦火火"网络造谣案的法理问题研析. 法学, 2014 (7);郭泽强,朱敏. 刑事政策视野下的网络谣言风险之防控——以秦火火网络造谣事件为例. 山东警察学院学报, 2015 (4);姜峰. "秦火火"案如何大快人心. 浙江社会科学, 2015 (4).

③ 伍健. 电信诈骗犯罪的惩防困局与出路. 人民检察, 2016 (16);江勇. 海峡两岸打击电信诈骗司法协助研究. 理论月刊, 2017 (6).

④ 张明楷. 非法获取虚拟财产的行为性质. 法学, 2015 (3).

⑤ 刘明祥. 窃取网络虚拟财产行为定性探究. 法学, 2016 (1).

⑥ 谢杰,张建. "去中心化"数字支付时代经济刑法的选择——基于比特币的法律与经济分析. 法学, 2014 (8);姜宇. 比特币法律监管问题研究——亦谈《关于防范比特币风险的通知》. 金融法苑, 2014 (2);李威. 比特币的风险及其监管. 社会科学家, 2015 (4);樊云慧,栗耀鑫. 以比特币为例探讨数字货币的法律监管. 法律适用, 2014 (7);等等.

⑦ 安东尼·吉登斯. 现代性的后果. 田禾,译. 上海:译林出版社, 2011:18~32.

⑧ 刘子阳. 互联网犯罪刑法适用遇现实困难. 法制日报, 2015 - 11 - 19.

球网民总数的 1/5。互联网普及率为 54.3%，超过全球平均水平 4.6 个百分点①，社会生活的"泛网络化"，使得网民受害的概率倍增。② 总之，以上四个方面共同导致了网络犯罪的社会危害性剧增。

值得注意的是，对于传统犯罪网络化的社会危害性认定，立法者与学者还存在认识分歧。具体来看，我国《刑法》第 287 条规定利用网络实施传统犯罪的行为，依照刑法有关规定定罪处罚；2009 年修正后的《关于维护互联网安全的决定》，依然只是列举了利用网络实施的犯罪行为，没有特别的处罚规定。以上规定反映出立法者对于利用网络实施传统犯罪的立场：网络犯罪仅是传统犯罪具备了网络因素，不增减行为的社会危害性，不加重或减轻行为人的刑事责任，依照现有刑法的有关规定定性处罚即可。可是，将网络视为一种技术因素或环境因素，没有看到犯罪的社会语意与结构的巨大变迁。这种因视野的遮蔽而产生的一种观点就是，仅仅把网络视为一种犯罪的支持工具或者媒体平台，从而将网络犯罪视为一种新瓶装旧酒的现象。③ 然而，通过之前的论述可知，"信息社会与风险社会在技术上、经济上和政治上的转变导致了风险的提高以及日益复杂的犯罪，这些都使传统刑法中的'标准程序'无法发挥作用，譬如，包括网络犯罪在内的新形式犯罪所形成的'破坏与损害潜力'"④。在"双层社会"的视野下，任何发生在网络空间中的人类行为都可以在现实空间中找到回应，其行为结果必然能够在现实社会中有所体现，网络与现实空间中的"蝴蝶效应"已经成为现实，轻轻点击电脑键盘所实施的网络行为，甚至可能引发现实社会中的重大结果。⑤ 因此，网络犯罪有异于传统犯罪的社会危害性，这一危害本质正是学界对其持续进行研究的必要性所在。

（三）网络犯罪的立法模式

刑法在面对网络犯罪时，将遇到现有罪名体系是否能够准确评价网络犯罪行为，是否能够充分修复网络犯罪造成的危害，这些疑问最终落脚到网络犯罪立法模式的选择上。当下，学者们对立法模式赋予了两重含义：其一是静态意义的立法模式含义，指法律的存在形式，究竟是选择一元的刑法典形式，还是多元的刑法典和单行网络犯罪法相结合的形式，抑或是制定一部综合性的网络法律；其二是动态意义的立法模式含义，即对于网络犯罪，应当采取"渐进式"立法还是"前瞻式"立法之争。

具体说来，在静态意义的维度，主张解释论的学者，认为信息技术变革所带来的犯罪对象的扩大和犯罪手段的变异，是以往任何时代所无法比拟的，对于几乎呈几何级倍增的网络越轨行为，刑法不可能也没有穷尽列举，问题的关键在于通过刑法的扩大解释来予以

---

① 中国互联网络信息中心：第 40 次《中国互联网络发展状况统计报告》，http://www.cnnic.cn/hlwfzyj/hlwxzbg/hlwtjbg/201708/t20170803_69444.htm.pdf，最后访问日期：2017 年 10 月 27 日。

② 于志刚. 三网融合视野下刑事立法的调整方向. 法学论坛，2012（4）.

③ 于志刚. 网络犯罪与中国刑法之应对. 中国社会科学，2010（3）.

④ 乌尔里希·齐白. 全球风险社会与信息社会中的刑法. 周遵友，江溯，等，译. 北京：中国法制出版社，2012：3～4.

⑤ 于冲. 网络诽谤行为的实证分析与刑法应对——以 10 年来 100 个网络诽谤案例为样本. 法学，2013（7）.

解决。① 与之对应，支持解释论的学者又可分为两派，其中，赞同选择"刑法典与单行刑法"并行模式的学者指出，司法解释和刑法修正案本质上均属于"头痛医头、脚痛医脚"的应急之策，且无法对网络犯罪中的技术性术语进行体系界定，缺乏对网络犯罪作出具有科学性、系统性和前瞻性的判断，因此应当打破我国现有的大一统刑事立法模式，形成"刑法典与单行刑法"并存的刑事立法格局。② 支持制定一部"综合性网络安全法"的学者主张，只有制定一部融合多种法律部门、融合实体与程序的综合性的网络安全法律，才能应对涵盖了技术因素、法律因素、行政规制因素、刑事犯罪因素、程序追责因素等的网络安全。③

在动态意义维度，学界对此也有不同看法：第一种观点是"保守式"立法，即认为网络社会是现实社会的延伸，现行刑法规定和罪名基本上可以满足惩罚网络犯罪的需要。④第二种观点是"渐进式"立法，主张网络社会是一种数字化的社会结构、关系和资源的整合环境，其关系网具有虚拟特征。虽有其自身的特点，但其终究为一种客观现象。为此，我们只要对现行法律进行修正，增加特别条款即可。⑤ 第三种观点是"前瞻式"立法，持该观点的学者认为刑事立法需要采取一种前瞻式的立法思路，对于法益变迁、行为主体和行为范围的扩展以及犯罪结构变化的现状与发展进行考虑、作出预见，使得刑法条文能够适应眼下和未来一段时期的网络犯罪治理，提升立法技术并为司法解释预留空间。⑥

应当指出的是，尽管围绕网络犯罪的讨论话题众多，并且应时而变，但在笔者看来，在正视信息时代出现的网络犯罪现象，并对其研究必要性进行回应这一层面上，主要是基于"网络社会的特征是什么""网络犯罪的社会危害性是什么""网络犯罪的立法模式选什么"三类思维面向展开，从发掘网络社会的特征，到阐明网络犯罪具有与传统犯罪无法比拟的社会危害性，进而再向指导网络犯罪的立法模式选择上迈进，最终确立网络犯罪研究在刑法研究中的重要地位。

三、网络犯罪范围之界定

如何合理界定网络犯罪的惩罚范围，是研究网络犯罪的一个内在有机环节，它有别于探讨网络犯罪的研究必要性问题，对回应司法实践之需具有重要的意义。从事理逻辑的视角分析，只有正视网络犯罪现象作为新领域犯罪的研究必要性，才会有对网络犯罪的认真审视，"网络犯罪范围之界定"作为问题的特殊性才可能凸显出来。因此，界定网络犯罪的惩罚范围，构成了我们认识和研究网络犯罪的另一个逻辑阶段。

---

① 于冲．网络犯罪罪名体系的扩张思路与犯罪化根据——从《刑法修正案（九）》的罪名修正为视角．重庆邮电大学学报（社会科学版），2015（6）.

② 姜瀛．论刑法的"网络扩张"——兼评"关于网络诽谤等犯罪的司法解释".兰州文理学院学报（社会科学版），2014（3）.

③ 李怀胜．三代网络环境下网络犯罪的时代演变及其立法展望．法学论坛，2015（4）.

④ 张维炜．网络犯罪：虚拟与现实的较量．中国人大，2010（13）.

⑤ 郑延谱．网络背景下刑事立法的修正．法学论坛，2012（4）；刘守芬．技术制衡下的网络刑事法研究．北京：北京大学出版社，2006：73～75.

⑥ 王肃之．从回应式到前瞻式：网络犯罪刑法立法思路的应然转向．河北法学，2016（8）.

围绕这一部分所积累的研究文献可谓车载斗量、汗牛充栋，学者们讨论和争议的内容也涉及宏观立场或微观标准的各个方面，为了更好地把握前人和时贤们的学术成果，笔者从中抽丝剥茧出一条思维路径，即网络犯罪刑事扩张之立场、网络犯罪刑事扩张之体现、网络犯罪刑事扩张之反思。

（一）网络犯罪刑事扩张之立场

学界在这方面展开的研究中，关于是否违背刑法谦抑性的探讨和争论最为重要，它是中枢，为其他问题的研析奠定基准；其他问题是支系，让我们明晰了网络犯罪惩罚范围的边界。在界定时主要围绕两种对立的立场展开，二者一直相伴而生：一是主张当前网络犯罪圈的扩张不违背刑法谦抑性，二是认为应当认真审视网络犯罪的犯罪化进程，立足眼下已有的刑法罪名体系，充分运用法律解释方法来应对网络犯罪。

在此需要指出的是，如何理解刑法的扩张化与刑法的谦抑性，是我们展开下一步探究的基本前提。换言之，刑事立法的扩张是否一定有违刑法的谦抑性？二者间的关系是相背而行，还是相伴相生？目前，我国刑法频繁修改，罪名数量频繁增设，且各种司法解释接踵而至，确实呈现出一种持续刑法扩张的态势。基于此，有学者表达了否定看法，认为我国刑法立法对于诸多罪名的增设采取强拉硬拽式的犯罪化做法，刑法司法呈现出自我扩权的张扬态势。刑法谦抑性正在悄无声息中被搁浅，隐喻了当代中国刑法实践中的若干基本偏颇：过度追求刑法体系"外在善"而造成刑法立法的内心燥热；基于"被历史捆绑"的事实而盲目仿效现代性的心理极为突出；刑法制度供给不均衡诱致公众对刑法预期出现严重偏差。对此应当加强建构刑法规范与普通国民之间的交互认同，以避免刑法过度追求秩序管控的偏执。重申刑法谦抑性是法治国家最基本的操守。[①] 然而，田宏杰教授则指出，谦抑性不仅是现代刑法的基本品格，且至少由这样两个层面并行组成：一方面，刑事立法要谦抑，即刑法关于犯罪的规定必须以民商法、行政法等前提法的规定为基础，刑法划定的犯罪边界必须小于或者等于民商法、行政法所规定的侵权违法圈，否则，犯罪的立法规定就成了无源之水、无本之木。另一方面，刑事司法要谦抑，即司法实际处置的犯罪圈必须小于或者等于刑事立法所规定的犯罪圈。[②]

在正确厘清了扩张化与谦抑性之间的关系后，反观网络犯罪的立法扩张化，有学者认为刑法谦抑性的具体内容会随着时代的发展而变化，在西方国家，非犯罪化的思潮并不是持续性的主张和做法，即使有些国家在一段时间内实行非犯罪化也只是针对个别犯罪而非批量犯罪，囿于网络时代的多元价值观造成非正式的社会统治力减弱，立法机关与司法机关应当充分重视当前网络犯罪的严重性，因此刑罚处罚范围并非越窄越好，我国刑法应当由"限定的处罚"转向"妥当的处罚"[③]。王世洲教授认为，刑法的确是最后手段，但在法没有制定出来、其他措施难以应对时，可以先用刑法封住底线。[④] 可是，什么才是"妥当

① 石聚航. 刑法谦抑性是如何被搁浅的？——基于定罪实践的反思性观察. 法制与社会发展，2014（1）.
② 田宏杰，温长军. 理解制度变迁：我国《刑法》的修订及其适用. 法学杂志，2011（9）.
③ 张明楷. 网络时代的刑法理念——以刑法的谦抑性为中心. 河北法学，2016（8）.
④ 石亚淙. 网络时代的刑法面孔——"网络犯罪的刑事立法与刑事司法前言问题"研讨会观点综述. 人民检察，2016（15）.

的处罚"，这里的"妥当"如何来判断？如果需要先动用刑法封住底线，那么动用刑罚的正当性又在何处？换言之，我们需要进一步来分析网络犯罪立法扩张化的判断标准是什么，为刑罚权的动用寻找正当性根据。对此，时延安教授曾归纳了三条动用刑罚权的限制原则：一是任何权利行为都不应视为犯罪；二是单纯地违反没有利益体现的秩序行为，不应规定为犯罪①；三是任何具有社会相当性的行为，不应视为犯罪。② 这意味着，面对层出不穷的网络违法行为，我们首先需要从客观层面判断行为人是否侵犯了法律所保护的利益或当下为公众所认可的、事实上存在的利益；其次需要判断该行为对上述利益的侵犯是否达到一定程度，是否会造成他人的重大人身、财产损失或社会秩序的有形紊乱；再者还要判断行为人的行为是否具有社会相当性。

综上所述，刑法作为所有部门法后盾、保障法，以修正案的方式及时回应当下网络犯罪的严重态势，其实是对刑法谦抑性品格的恪守，立法备而司法不用或者少用，做到立法扩张而司法限缩，才是刑法谦抑的最高追求。

（二）网络犯罪刑事扩张之体现

在抽象层面明确了刑法扩张的基本立场之后，我们接下来需要在具象层面回顾一下网络犯罪刑事扩张的体现，具体可以从刑事立法和司法解释两个维度来分析。在此需说明的是，司法解释并非真正犯罪化意义上的扩张，而是以刑事立法为前提，针对网络犯罪特有的术语、概念、关键词所作出的扩大解释。

1. 刑事立法维度

以 2015 年《刑法修正案（九）》为例，刑法立法层面的网络犯罪扩张化体现在以下几个方面。

第一，犯罪主体的扩张化，《刑法修正案（九）》采取了"取消限制""扩充范围"的双管齐下模式，前者是指取消《刑法》原第 253 条之一侵犯公民个人信息罪的主体限制，删除了之前明确列举的"国家机关或者金融、电信、交通、教育、医疗等单位的工作人员"6 类主体，将该罪的主体范围扩展到了一般主体，以便更好地保护公民个人信息不受侵害；后者则是指在《刑法》中增设了第 286 条之一的拒不履行信息网络安全管理义务罪，赋予网络服务提供者监管网络安全的义务，并且通过在多个罪名后增加规定单位犯罪，即侵犯公民个人信息罪，非法侵入计算机信息系统罪，非法获取计算机信息系统数据、非法控制计算机信息系统罪，提供侵入、非法控制计算机信息系统程序、工具罪，破坏计算机信息系统罪，拒不履行信息网络安全管理义务罪，非法利用信息网络罪，帮助信息网络犯罪活动罪的犯罪行为，从而有利于规制单位主体实施网络犯罪的行为。

第二，行为模式的扩张，《刑法修正案（九）》将部分网络犯罪的预备行为和帮助行为规定为独立的犯罪，一方面在《刑法》中增设了第 287 条之一的非法利用信息网络罪，将为了实施违法犯罪活动而设立网站、通讯群组，或利用网络发布有关违法犯罪信息等预备行为单独规定为犯罪，这主要是基于对网络犯罪社会危害性以及司法效率的考量，体现了

---

① 时延安. 刑罚的正当性研究——从权利出发. 法制与社会发展，2010（2）.
② 时延安. 以刑罚威吓、诋毁、谣言？——论刑罚权对网络有害信息的干预程度. 法学论坛，2012（4）.

法益保护的前置化；与此同时，增设了第 287 条之二的帮助信息网络犯罪活动罪，对明知他人利用信息网络实施犯罪，为其犯罪提供互联网技术支持，或者广告推广、支付结算等帮助行为予以规制，体现了刑法从以往侧重实行行为到如今实行行为与非实行行为并重的立场，继而引发了学界关于帮助犯正犯化的持续讨论。有学者甚至指出，《刑法修正案（九）》的颁布，"征表着（帮助行为）'正犯化时代'的到来"[①]。

第三，刑法法益的扩张，在前文中提到，《刑法修正案（九）》的出台标志着我国当前呈现出"五点一线一面"的网络犯罪罪名体系，即形成了出售、非法提供公民个人信息罪，非法获取公民个人信息罪这"一线"；此外，《刑法修正案（九）》还在《刑法》第 291 条之一中增设了编造、故意传播虚假信息罪。这些举措都意味着，对信息的保护将成为未来刑法新型法益增生的方向，具体包括国家掌握的涉及国家安全的信息，企业掌握的涉及知识产权或商业秘密的信息，以及公民所掌握的涉及隐私权方面的个人信息。正如未来学界阿尔温·托夫勒的预言，"谁掌握了信息，控制了网络，谁就拥有整个世界"[②]。如今"世界已经离开了暴力与金钱控制的时代，而未来世界政治的魔方将控制在拥有强权人的手里，他们会使用手中掌握的网络控制权、信息发布权，达到暴力金钱无法征服的目的"[③]。

对此，作为学界的回声，有两个方面的争鸣比较具有代表性，一是关于拒不履行信息网络安全管理义务罪的规范解读，二是围绕帮助犯正犯化与传统共犯认定相抵牾展开的探讨。

对于第一个问题，当前学界的研究主要是基于教义学分析，将抽象的构成要件内容进行分解，对其内涵及外延作出具体阐释，旨在为司法适用提供帮助。如有学者认为本罪行为主体包括网络接入服务提供者、网络平台服务提供者、网络内容及产品服务提供者，行为事实必须同时满足"不履行信息网络安全管理义务、经监管部门责令采取改正措施而拒不改正、行为符合刑法规定的四种情形之一"，犯罪的主观方面只能是直接故意，同时须有违法性认识，并且本罪只有既遂而没有未遂，不能以"中立帮助行为"为由否定信息网络服务提供者不履行网络安全管理义务的相应责任。[④] 不过，有学者表达了担忧，由于本罪主观构成要件的错误定位以及客观构成要件的不合理设置，导致拒不履行信息网络安全管理义务罪与帮助网络犯罪活动罪的界限模糊，应当对此予以修正。[⑤] 有学者回应道，刑法之所以分别设立帮助信息网络犯罪活动罪和拒不履行信息网络安全管理义务罪，是因引入了网络"平台责任"的过失责任，因为如果将后罪视为一种"故意责任"，那么极有可能通过扩大解释的方法使得后罪归入前罪的范围，如此一来两罪则没有区分的必要。[⑥]

对于第二个问题，研析帮助犯正犯化并非自网络犯罪兴起后才出现的理论问题，之前学界也有许多关于"共犯正犯化""中立的帮助行为是否具有可罚性"等方面的探讨，该

---

① 陈文昊，郭自力. 刑事立法帮助行为正犯犯化进程中的共犯独立性提倡——从共犯从属性上的理论症结谈起. 广东行政学院学报，2017（1）.

② 阿尔温·托夫勒. 第三次浪潮. 黄明坚，译. 北京：中信出版股份有限公司，2006：127.

③ 阿尔温·托夫勒. 权利的转移. 吴迎春，译. 北京：中信出版股份有限公司，2006：87.

④ 谢望原. 拒不履行信息网络安全管理义务罪. 中国法学，2017（2）.

⑤ 李本灿. 拒不履行信息网络安全管理义务罪的两面性解读. 法学论坛，2017（3）.

⑥ 于志刚. 网络犯罪中犯罪帮助行为的制裁体系与完善思路. 中国法学，2016（2）.

问题之所以出现在网络犯罪的研究视野，是因为信息时代的网络犯罪帮助行为较之传统犯罪帮助行为发生了全面异化。该"异化"现象突出表现为：网络帮助行为社会危害性的强化、与正犯之间犯意联络的虚化、双重帮助故意标准的弱化，以及"无正犯的共犯"情形的泛化等。此种"异化"的张力使得原本处于从属地位和帮助地位的帮助行为带来了社会危害性的网络聚焦性和网络扩散性，致使帮助行为在网络犯罪中的作用甚至超过实行行为，网络帮助行为代替实行行为已占据了共同犯罪的中心地位。① 此外，《刑法修正案（九）》将帮助信息网络犯罪活动的行为独立成罪，使得网络语境中的帮助犯正犯化问题再次引发了广泛的关注和激烈的讨论。通过梳理文献，笔者发现学者们的研究视角可以分为两个层面：其一是在实然层面解读《刑法》第 287 条之二的帮助信息网络犯罪活动罪是否是帮助行为正犯化。肯定论的学者认为，由于网络犯罪通常具有跨地域的特点，主犯往往分散在全国各地，甚至境外，抓获主犯十分困难，在主犯不能到案的情况下，对帮助犯的追究就会陷入被动；传统共犯一般是"一对一"的关系，而网络共犯通常表现为"一对多"；由于帮助对象数量庞大，网络犯罪利益链条中的帮助行为实际上往往成为获利最大的环节，按照共犯处理，也难以体现其独特危害性。有鉴于此，《刑法修正案（九）》第 29 条创设性地提出了网络帮助行为正犯化的处理规则。② 然而，否定论的学者认为，基于我国共犯立法采单一正犯参与体系的立场，指出帮助信息网络犯罪活动罪应当被视为"从犯主犯化"的立法表现，而非"共犯行为正犯化"③；还有的主张不宜将本罪视作"共犯行为正犯化"，对"帮助"应作扩张解释，除了帮助犯还应包括共同正犯的情形。④ 其二是在应然层面探讨在网络犯罪中是否应当引入"帮助犯正犯化"理论，其合理性依据是否经得起推敲。其中，赞成论者认为，《刑法修正案（九）》通过拟制正犯的立法策略将帮助行为正犯化，解决了"没有正犯的共犯"的司法适用困境，某种程度上还可化解司法实务过于能动所引发的合法性争议，因而是相对妥当和可取的立法选择。⑤ 反对者则指出，帮助信息网络犯罪活动罪将本来还存在理论争议的中立帮助行为一下子提升为正犯处罚了，立法者对增设本罪所可能生发的一系列利弊权衡似乎为未竟的事业⑥；如此盲目扩大帮助行为正犯化的适用范围，从立法技术上看显得过于草率，不符合现代刑事法治发展的基本精神。⑦

综上所述，造成分歧的原因在于帮助行为正犯化理论因其本身存在诸多尚未厘清的争议，将其引入网络犯罪视野反倒有弄巧成拙之嫌，然而传统的共犯理论却又缺乏回应网络犯罪现实的张力，二者之间的矛盾难以调和。眼下看来，正反方的交锋势均力敌，虽然学者们见仁见智，远未形成一种共识，却也带来了相关理论研究的繁荣。

2. 司法解释维度

为了顺应日新月异的网络时代，应对纷繁复杂的网络犯罪，司法解释除旧布新的速度也非常惊人。截至目前，有 5 个专门针对网络犯罪的司法解释，具体包括：《关于办理利

---

① 于志刚. 网络犯罪与中国刑法应对. 中国社会科学，2010（3）.
② 胡云腾. 谈《刑法修正案（九）》的理论与实践创新. 中国审判，2015（20）.
③ 张勇，王杰. 帮助信息网络犯罪活动罪的"从犯主犯化"及共犯责任. 上海政法学院学报，2017（1）.
④ 郭自力，陈文昊. 帮助信息网络犯罪活动罪的教义学阐释. 通化师范学院学报，2017（1）.
⑤ 梁根林. 刑法修正：维度、策略、评价与反思. 法学研究，2017（1）.
⑥ 车浩. 刑法立法的法教义学反思——基于《刑法修正案（九）》的分析. 法学，2015（10）.
⑦ 刘艳红. 网络帮助行为正犯化之批判. 法商研究，2016（3）.

用互联网、移动通讯终端、声讯台制作、复制、出版、贩卖、传播淫秽电子信息刑事案件具体应用法律若干问题的解释》（法释〔2004〕11 号）、《关于办理利用互联网、移动通讯终端、声讯台制作、复制、出版、贩卖、传播淫秽电子信息刑事案件具体应用法律若干问题的解释（二）》（法释〔2010〕3 号）、《关于办理网络赌博犯罪案件适用法律若干问题的意见》（公通字〔2010〕40 号）、《关于办理危害计算机信息系统安全刑事案件应用法律若干问题的解释》（法释〔2011〕19 号）、《关于办理利用信息网络实施诽谤等刑事案件适用法律若干问题的解释》（法释〔2013〕21 号），以及数个涉及利用网络实施犯罪的司法文件，主要包括：《关于审理为境外窃取、刺探、收买、非法提供国家秘密、情报案件具体应用法律若干问题的解释》（法释〔2001〕4 号）、《关于审理破坏公用电信设施刑事案件具体应用法律若干问题的解释》（法释〔2004〕21 号）、《关于渎职侵权犯罪案件立案标准的规定》（法释〔2006〕2 号）、《关于审理危害军事通信刑事案件具体应用法律若干问题的解释》（法释〔2007〕13 号）、《关于办理妨害信用卡管理刑事案件具体应用法律若干问题的解释》（法释〔2009〕19 号）、《关于办理侵犯知识产权刑事案件适用法律若干问题的意见》（法释〔2011〕3 号）、《关于办理诈骗刑事案件具体应用法律若干问题的解释》（法释〔2011〕7 号）、《关于审理破坏广播电视设施等刑事案件具体应用法律若干问题的解释》（法释〔2011〕13 号），等等。

在笔者看来，以上司法解释中有几个值得关注的地方：一是法律术语尝试与技术术语进行有效衔接，之前由于法律术语与网络技术术语不匹配，导致实践中相关犯罪行为界定不清而无法被准确评价和制裁，《关于办理危害计算机信息系统安全刑事案件应用法律若干问题的解释》第 11 条对"计算机信息系统"作出了具体阐明[①]，顺应了信息时代的发展要求，打破了之前难于判断犯罪对象是否是计算机信息系统的桎梏。二是开始承认和接纳网络的"空间属性"，两高《关于办理赌博刑事案件具体应用法律若干问题的解释》（法释〔2005〕3 号）第 2 条就规定了"在网络上建立赌博网站"属于《刑法》第 303 条的"开设赌场"，接着《关于办理网络赌博犯罪案件适用法律若干问题的意见》（公通字〔2010〕40 号）也进一步指出，利用互联网、移动通讯终端等传输赌博视频、数据，组织赌博活动具备特定情形时，就属于《刑法》第 303 条规定的"开设赌场"。可见，赌博网站和现实空间中的赌场没有实质性的差异，甚至造成的危害更大，更不利于侦查取证，关于网络赌博的司法解释相当于承认了网络的空间属性，打破了长期以来网络空间与现实空间隔离的状态。三是肯定了网络空间的"公共场所"属性，对"公共场所秩序"进行了一次探索性解释，如《关于办理利用信息网络实施诽谤等刑事案件适用法律若干问题的解释》（以下简称《网络诽谤解释》）。由此，不仅引发学者们对将网络空间解释为"公共场所"是否妥当进行热烈讨论，关于"公共场所秩序严重混乱的标准"同样引发了广泛争议，譬如：有论者将判断标准限定为现实空间中的秩序混乱，认为只有网络空间中的秩序混乱，最终能够造成现实空间中的公共秩序混乱，即引发了重大群体性事件、引发公共秩序混乱以及引发

---

① 第 11 条规定"计算机信息系统"和"计算机系统"，是指具备自动处理数据功能的系统，包括计算机、网络设备、通信设备、自动化控制设备等。

民族、宗教冲突的，才能承认属于刑法条文中的"公共场所秩序严重混乱"①；还有学者指出，要判断秩序混乱的程度是否"严重"，需要依据双层犯罪定量标准体系，其第一层次是入罪判断标准，从网络空间的"信息秩序"出发判断是否构成犯罪，第二层次是量刑标准，要结合网络空间秩序与现实空间秩序的客观联系，对罪量进行从严评价。② 笔者认为，上述观点不在于争议网络是否具有"空间属性"，而是对网络空间是否具有"公共属性"存在分歧。

（三）网络犯罪刑事扩张之反思

犯罪现象好比社会的晴雨表，在社会结构处于稳定状态之时，社会机体的各项功能正常运转，各类犯罪现象的反应趋于平缓；每逢社会处于转型之际，社会结构面临变化或重组，社会机能出现紊乱状态，犯罪现象则会出现剧烈波动的表征。正如法国社会学家涂尔干指出，"社会组织的基本条件合乎逻辑地包含犯罪"③。犯罪现象从来都不是一种先验的存在，它是社会发展的必然结果之一，试图寻觅没有任何犯罪现象的社会是人类遥不可及的梦想。可以说，网络犯罪现象是现代科技发展带来的副作用，是我们在坐享信息技术带来的便利和快捷时，无法绕开或回避的负面现实。由于网络犯罪的不可避免性，为了应对信息时代网络犯罪的法益增生，刑法扩张化将是未来不可避免的趋势。可是，面对近年来刑法修正案填补立法漏洞的事实，我们不禁产生这样的疑惑：刑事立法对于网络越轨行为进行犯罪化的根据和标准在哪里？有学者指出，首先应尽可能让现有的刑法罪名去适应网络犯罪的新情况，明确现有的罪名体系可延伸到网络空间中，对于现有法规无法延伸评价的，则应制定相应规范。其次，从法经济学角度进行考量，只有当某种新型犯罪行为的出现频率对犯罪学、刑事立法、刑事政策的选择和制定都有重要意义，并且其不法行为的程度及其危害性都具有明确数据支持时，才能启动网络犯罪立法。④

可是，这不禁引发了我们另一个疑惑：单凭刑法扩张就能实现遏止网络犯罪的目标吗？这实有值得怀疑之处。信息时代网络犯罪现象的不可避免性，以及刑事立法的滞后性，都将给迷信刑法万能的人们当头一棒，因而须从这不切实际的理想中重返现实。鉴于此，从犯罪学角度来研究网络犯罪是必要的。然而，相对于刑法学的研究，犯罪学意义上的网络犯罪研究的声音还比较细微，学界至今对该领域的犯罪学研究仍屈指可数，其中多是关于对计算机犯罪或网络犯罪概念的厘定⑤，即使偶有涉及刑事政策层面综合治理的⑥，也是以一种鸟瞰式的粗略勾勒，缺少从犯罪学角度对网络犯罪事实的真正把控，可以说，网络犯罪研究至今在犯罪学领域尚未形成一股蔚为大观的思潮。

---

① 张向东. 利用信息网络实施寻衅滋事犯罪若干问题探析. 法律适用，2013（11）.
② 于志刚，郭旨龙. "双层社会"与"公共秩序严重混乱"的认定标准. 华东政法大学学报，2014（3）.
③ 吴宗宪. 西方犯罪学. 2版. 北京：法律出版社，2006：85.
④ 于冲. 网络犯罪罪名体系的扩张思路与犯罪化根据——从《刑法修正案（九）》的罪名修正为视角. 重庆邮电大学学报（社会科学版），2015（6）.
⑤ 董玉庭. 再论计算机犯罪概念. 当代法学，2005（6）；杨正鸣. 网络犯罪概念论. 犯罪研究，2002（2）.
⑥ 卓翔. 网络犯罪综合治理刑事政策刍议. 福建政法管理干部学院学报，2002（4）.

四、网络犯罪治理之践行

如何界定网络犯罪的处罚范围是付诸司法实践的前提所在，而伴随着网络犯罪定性研究如火如荼地进行，如何真正回应司法实践之需是学界必须面对的问题。正如前文所述，无论是网络空间的"公共"属性之争，抑或是网络帮助行为的定性，都使得网络犯罪的理论研究陷入一种众说纷纭、各执一端的局面。这种局面也促使了理论研究上一种另辟蹊径的思路，有人可能反躬自省地问，在信息时代发展的浪潮里，我们可能一劳永逸地解决所有网络犯罪的定性问题吗？既然答案是否定的，我们与其纠结止步于定性争论，还不如尽快思索如何确定科学可行的新型定量评价标准，对当下已定性的网络犯罪行为进行公正、高效的定量考察，以及探索电子取证要义，完善取证环节，从而在更加具体和直接的意义上有效打击网络犯罪。网络犯罪的"践行"研究有一个突出特点，即明确以实践为导向。

（一）网络犯罪定量标准的确立

传统的定量判断标准，是以"数额"为判断中心，兼顾"次数""人数""数量"等。然而，伴随现代科技和互联网日新月异的发展，以上定量标准在评价网络犯罪时已遭遇了前所未有的困境。具而言之：首先，信息时代的"数额"标准在外延上有了扩充，相较于传统犯罪的"违法所得""非法经营数额"，在网络空间中收取他人会员费、为他人提供网络技术帮助后收取服务费，或是为他人提供违法犯罪平台的数量等都是需要考虑的罪量因素，换言之，信息时代的数额标准不能再仅仅考虑被害人的损失数额、行为人的违法所得等传统标准。其次，信息时代的"人数"标准同样有了新的表现形式，比如"好友数""粉丝量""注册会员数""群组成员数"等都将可能成为信息时代人数标准的新形式。再者，在信息时代的"次数"标准判断上与信息技术相结合，有别于传统犯罪中具体实施行为的次数，表现为"跟帖数""被点击次数""下载量""提供的程序、工具、技术种类数量"以及"流量大小"等新形式。因此，作为入罪标准的"严重扰乱社会秩序"，以及作为法定刑升格标准的"造成严重后果"，在法律适用时都需要结合网络空间的信息技术特点加以量化。

鉴于以上现实，司法解释在确定定量标准时，已开始出现有别于传统犯罪定量形式的有益尝试，比如《网络诽谤解释》第 2 条规定"同一诽谤信息实际被点击、浏览次数达到五千次以上，或者被转发次数达到五百次以上的"可以被认定为《刑法》第 246 条第 1 款规定的"情节严重"。通过梳理我们发现，源于网络等技术因素的介入，司法解释在传统的犯罪定量标准体系中悄然增添了许多新的实质内容和表现形式，以"系统"和"信息"、数量、"程序"、"工具"、"技术"种类、"帮助行人人次"、"被害人（户）次"、"实际被点击数"、"下载量"、"系统和信息时长"等情节为标准的新型定量评价体系不断丰富和完善，且地位越来越重要，正在发展成为评价信息时代刑事犯罪的主要定量标准。[①]

迄今为止，已出现许多网络犯罪定量研究的关注者。有学者基于我国刑法中的"定性

---

① 于志刚，郭旨龙．"双层社会"与"公共秩序严重混乱"的认定标准．华东政法大学学报，2014（3）．

与定量相结合"模式的特点,主张网络信息被点击转发的次数,在没有达到具体数额标准时,即使无限接近于临界点,也不能认定其构成相应犯罪的未遂形态;在没有司法解释有关数量等限制的情况下,法官界定"情节严重"应该从宏观上把握,同时保证解释主体的单一性和内容上的统一性。[①] 还有的学者以行为做区分,认为在信息领域公共安全犯罪中,网络攻击行为入罪改造后,需要新的定量评价机制,如逐渐推广"台数∩小时""用户∩小时""用户×小时"的定量标准[②];并指出网络技术帮助行为需要进行"正犯化"处理,对"发起式"的共犯行为和帮助他人侵犯多人的行为进行界分,并对网络服务商的不作为进行定量分析,同时还特别对出租、倒卖"僵尸网络"行为正犯化的立法与定量标准进行分析。[③] 另有学者利用数学研究的方法,运用模糊"介尺度"这一新的测度建立了网络行为因素空间理论,提出了犯罪因素发现概念并相应建立网络犯罪因素集合、微观与宏观犯罪因素背景空间,从而为网络犯罪因素库的建立提供了基本理论与方法,并且将因素空间理论、模糊"介尺度"运用到网络犯罪分析与防范策略研究中,为公安部门提供了有指导意义的决策支持和问题解决方案。[④]

目前,诸如网络犯罪的定量研究已取得了一定成果,但总体而言,还处于逐步开展的过程之中。遇到的困境还有不少,例如,如何有效获取网络犯罪的电子证据,做好实体法与程序法的有机衔接;面对网络犯罪取证所需的大量人力物力以及司法机关案多人少的压力,如何调和取证成本与司法压力之间的现实矛盾;在具体案件中有的行为人同时存在合法行为与违法行为,如何在公司收入中判断区分其合法收入与违法所得,是否能寻找出一条泾渭分明的区分标准等等,不可胜数。面对以上问题,学界对网络犯罪的取证问题也展开了深入研究。

(二) 网络犯罪电子取证的探寻

对于电子证据,我国学者何家弘教授曾指出,"就司法证明方法的历史而言,人类曾经从'神证'时代走入'人证'时代;又从'人证'时代走入'物证'时代。或许,我们即将走入另一个新的司法证明时代,即电子证据时代"[⑤]。我国 2012 年修改施行的《刑事诉讼法》第 48 条将电子数据规定为一种独立的证据类型,首次肯定了电子数据具有正式的法律地位。如今,电子证据在我国司法实践中扮演着重要角色,有利于及时侦破网络犯罪案件,为有效打击网络犯罪行为提供支持;然而由于电子证据具有虚拟性、实时性、易删改性等特点,也给司法工作带来了更大的挑战,此外,因很多网络犯罪具有跨国跨境特点,电子证据的搜集还可能涉及诸多国际司法间的合作问题。故而,完善我国电子证据的侦查机制,提高我国网络犯罪立法水平和司法打击能力,同时加强国际司法合作,充分利用国际司法力量打击跨国网络犯罪,不仅势在必行,且迫在眉睫。

学界对于电子证据的研究,可分为静态和动态两个维度。首先,在静态意义的维度

---

① 付晓雅. 论网络犯罪的几个问题. 刑法论丛,2015 (3).
② 郭旨龙. 网络犯罪的定量评价机制. 法律和社会科学,2016 (1).
③ 郭旨龙. 网络犯罪共犯行为的正犯化与定量评价. 科技与法律,2014 (6).
④ 何平. 基于因素空间的网络犯罪数学研究. 辽宁警察学院学报,2017 (1).
⑤ 季境,张志超. 新型网络犯罪问题研究. 北京:中国检察出版社,2012:300.

上，主要研究电子证据的概念辨析①、特点、分类以及其法律定位等基础性问题。有学者认为电子证据与传统证据的根本区别在于，前者具有虚拟空间性，处在由 0 和 1 数字信号量构成的虚拟空间或数字空间；而后者处于物理空间，是办案人员可以直接接触或进入的空间。② 在传统观念中，电子数据具有易删改性，容易被篡改或伪造，然而刘品新教授对此提出了不同观点，电子数据其实不容易被造假，因为电子数据的产生总是伴随着相应的附属信息、关联痕迹的产生，该系统特点决定了电子数据造假的难度，因为若要对电子证据的主文件造假，还要对其附属信息造假，所以电子数据的造假更容易被发现。③ 关于附属信息，学界已有学者针对电子证据的附属信息展开研究，即除了网络证据本身所包含的证据信息之外，还包括能够影响网络证据证明力和可采性的信息。④ 无疑，这样的观点改变了我们以往对电子证据特点的认知，同时也增强了我们对打击网络犯罪的信心。

其次，在动态意义的维度上，则主要是围绕电子证据的收集、保全以及鉴定等方面展开。可以说，学者们关于电子证据的争议和分歧，主要集中在动态维度的研究上，即如何确保电子证据的来源合法、收集程序合法，如何建立妥善保全电子证据的特殊规则，如何科学合理地制定电子证据的鉴定标准等方面。其中，有的学者利用实证分析方法，指出当前司法实践中网络案件面临的证据难题主要表现在三个方面：一是电子证据的调取和固定存在现实约束和技术瓶颈，比如行为人变成虚拟的 IP 地址和域名，给侦查人员在认定行为主体同一性时带来困难；二是电子证据的取证程序要求严格，如"快播案"中行政执法机关最初扣押服务器时只是记载了 4 台服务器的 IP 地址，没有写明特征、型号，没有记载内置硬盘的编号，这给之后的审判工作带来难题；三是电子证据的真实性与完整性在储存过程中面临是否被删改、污染等问题。⑤ 有鉴于此，"两高"及公安部于 2016 年出台《关于办理刑事案件收集提取和审查判断电子数据若干问题的规定》，该司法解释的出台为今后网络犯罪证据的收集提供了有力的指导。还有学者将当前网络犯罪的取证难题归纳为四点，即（1）犯罪现场确定难，发现地和结果地不一致；（2）电子证据的易破坏性带来的难题；（3）取证不及时导致证据灭失；（4）跨国、跨地区性取证难，缺乏统一的国际司法标准。⑥

与调查取证相关，相关国际刑事司法协助的探讨也在广泛展开。比如，以我国当前受到广泛关注的电信诈骗案件侦查为例，该类案件涉及的犯罪嫌疑人人数众多、证据形式多样化且多为电子证据，特别是在跨国（境）联合侦查中，法律制度不同，侦查方法、技能、语言不同，现场取证活动往往面临较大困难，因此首先应做好充分的准备工作，包括详细查明现场情况，加强跨国（境）联合侦查中双方的协商沟通，做好现场取证的物质准备；其次，在现场取证过程中，犯罪嫌疑人很可能逃跑或毁灭证据的，侦查人员应采取措

① 戴莹. 电子证据及其相关概念辨析. 中国刑事法杂志，2012（3）；刘越男，李静雅. 电子数据、电子文件相关概念的比较与对接. 中国刑事法杂志，2012（3）.

② 刘品新. 电子证据的基础理论. 国家检察官学院学报，2017（1）.

③ 刘品新. 电子证据的基础理论. 国家检察官学院学报，2017（1）.

④ 李恩情. 网络证据附属信息研究. 中国刑事法杂志，2009（4）.

⑤ 游涛，杨茜. 网络犯罪实证分析——基于北京市海淀区人民法院 2007—2016 年审结网络犯罪案件情况的调研. 法律适用，2017（17）.

⑥ 刘建杰，王琳. 网络犯罪中电子证据取证相关问题探析. 学术界，2013（A1）.

施控制现场及犯罪嫌疑人，同时，为确保证据的有效性，必须规范实施取证活动。①

总而言之，面对网络犯罪存在的以上问题，学者们达成的共识有：一是在我国《刑事诉讼法》肯定电子证据法律地位的基础上，进一步完善电子证据从提取、保全到鉴定整个过程中的法律法规，规范司法人员的办案行为，同时尽快确立电子证据应用的行业标准；二是加大电子数据应用技术的研发投入和培训支持，提高司法人员应对网络犯罪的技术能力，同时平衡地区之间电子证据工作的发展等。三是加强国际刑事司法方面的合作，共同研究当前各国面临的网络犯罪问题，共同正视人性之恶，秉持公允之心，迈向正义之路。

五、小结

信息技术的使用是一柄双刃剑。互联网的高速发展拓宽了人类的生存空间，丰富了人们的生活，形成了与人们息息相关的网络社会；但与此同时，由于与之配套的行为规范、伦理道德和价值观未能及时形成，致使网络社会秩序面临处于失范状态的危险。当下我国网络犯罪的罪名扩张，司法解释对特定术语的界定，对新型量刑评价标准的探索，以及对电子证据的研究，都是对之前网络犯罪存在特有的术语界定不清、法条之间逻辑混乱、量刑标准机械生硬、取证技术有待提高等问题的直接回应。

回顾二十多年来的网络犯罪研究，经历了"正视之，界定之，践行之"的演进过程。笔者认为，刑法学界完成了对网络犯罪探索必要性的证明，突显了网络犯罪圈划定上的立场和分歧，并开始了对司法实践的量化探索与国际合作的有益尝试。2017 年 6 月，《中华人民共和国网络安全法》正式施行，作为网络违法活动的重要前置法，将来如何与刑法进行衔接，需要我们进行持续的思考和研习。

---

① 杨郁娟 . 论电信诈骗犯罪侦查中的现场取证：兼论电信诈骗犯罪侦查国际警务合作现场取证要点 . 山东警察学院学报，2014（2）.

热点与展望：我国网络犯罪问题研究的动态分析

——基于近二十年间 CNKI 数据库的文献计量分析

刘　军　王志鹏[*]

内容摘要：通过应用最新可视化分析软件 CiteSpace，在中国知网数据库社会科学 I 辑数据库中，选取网络犯罪问题研究的文献数据，运用数据统计、共词聚类分析和战略坐标法，对文献数据的作者、机构、关键词等进行了分析处理，从而得出近二十年间我国网络犯罪问题研究的现状、核心与未来发展趋势。结果发现：网络犯罪问题研究整体呈上升趋势；于志刚、皮勇等高产作者与中国政法大学、武汉大学等高产科研机构构成了网络犯罪问题研究的第一梯队；"涉及虚拟财产法律适用问题""电子签名与信息安全""网络游戏与非法经营罪""网络诽谤"等主题是研究的核心与热点问题，"青少年网络犯罪""网络舆情""快播案与传播淫秽物品牟利罪"等主题是新颖且需进行突破性研究的内容。

关键词：网络犯罪　文献计量　发展趋势

一、问题的提出：网络犯罪综述性计量研究的必要性

　　计算机信息技术的高速发展使得刑事立法不断更新、刑事司法的类型复杂多样，网络犯罪是近年来学界、实务部门密切关注的犯罪类型，甚至已经进入全面爆发期。[①] 可以说，网络犯罪与国家安全、社会安定、公众生产生活密切相关，由于其科技含量较高，立法、司法、学界的研究常滞后于网络犯罪问题的产生。"快播案"[②] 引发了学界对于网络中立帮助行为的研究热潮，据统计，2015 年全年共有 40 篇文献选题为网络中立帮助行为，约占网络犯罪研究全年文献量的 25.6%。在一批网络犯罪典型案例出现后，立法机关适时作出了一系列的调整，如《刑法修正案（九）》《中华人民共和国网络安全法》等的颁布实

---

　　* 刘军，山东大学（威海）法学院教授、副院长、博士生导师，从事刑法学、刑事政策学研究；王志鹏，山东大学（威海）法学院硕士研究生。本文为山东省社会科学规划基金一般项目"网络犯罪治理刑事政策研究"（14CFXJ11）成果。

　　① 靳高风，王玥，李易尚 . 2016 年中国犯罪形势分析及 2017 年预测 . 中国人民公安大学学报（社科版），2017（2）.

　　② 参见（2016）京 01 刑终 592 号刑事判决书。

施；此外，司法机关还通过制定相应司法解释等规范性文件①来进一步阐明法律的适用问题。

但有学者指出，面对刑事立法与司法实践，学界对于网络犯罪的学术理论研究全面脱节与滞后。② 我国现今对于网络犯罪这一宏观的问题，尚未进行客观全面的梳理，以致无法回答学术研究的纲领性问题：网络犯罪当前研究的核心是什么？未来一个阶段学界研究的重点是什么？

学界关于网络犯罪的综述性研究主要集中在观点的整理等资料整理方面，但网络犯罪问题研究的横向范围更广、纵向尺度更深，跨越标题层级的更为抽象与宏观的网络犯罪综述性研究，尤其是指明网络犯罪研究现状热点与未来展望的研究，尤为缺乏。本文通过使用文献计量软件，分析了近二十年③的数据，运用法学、图书情报学等跨学科知识，综合、客观、数据化地展现网络犯罪研究的现状、热点，并进行未来展望。

二、分析基底：数据库及数据的样本检索获取

（一）样本数据库及样本词的确定

本文选择了中国知网数据库（以下简称"CNKI 数据库"），中国知网即中国知识基础设施工程（Chinese National Knowledge Infrastructure，CNKI），是世界上全文信息量规模最大的数字图书馆④，选择 CNKI 数据库主要基于其中文文献数据庞大，基本涵盖了我国网络犯罪的全部期刊文献学术研究成果。本文选择 CNKI 数据库社会科学 I 辑数据库中的"法理、法史""宪法""行政法及地方法制""民商法""刑法""经济法""诉讼法与司法制度""国际法"子库（以下简称"法学相关子库"）的期刊、博硕士文献数据标记为 A组；CNKI 数据库社会科学 I 辑数据库法学相关子库中的核心期刊库以及 CSSCI 期刊库文献数据标记为 B 组。

其中，A 组数据主要用于本文分析网络犯罪研究的概况、核心重点问题、当前研究的热点问题等。选择社会科学 I 辑数据库法学相关子库，不仅能够保证网络犯罪研究数据涵盖刑事法律，同时将可能涉及的与其他部门法、宪法、法理、法史等内容一并纳入分析范围，去除了不属于本文研究对象的网络技术性、新闻类、思想政治教育类等内容，再添加了博硕士数据库的相关数据，符合了全库搜索的基本要求；B 组数据又进一步选择了CNKI 数据库社会科学 I 辑数据库法学相关子库中的核心期刊库以及 CSSCI 期刊库，这组文献数据在一定程度上代表着我国学术研究的前沿与重难点，主要用于分析我国网络犯罪问题的关键点。A 组数据的全库性检索分析，呈俯瞰式样态，从时间轴线、作者与机构分布、学界共同研究主题、未来学界研究的热点核心问题等方面进行全局性、统领性的考

① 参见法释〔2017〕10 号《最高人民法院、最高人民检察院关于办理侵犯公民个人信息刑事案件适用法律若干问题的解释》、法释〔2017〕19 号《最高人民法院、最高人民检察院关于利用网络云盘制作、复制、贩卖、传播淫秽电子信息牟利行为定罪量刑问题的批复》。

② 于志刚. 青年刑法学者要有跟上时代步伐的激情和责任——20 年来网络犯罪理论研究反思. 法商研究，2017（6）.

③ 本文中"近二十年间"是指自 1998—2017 年的统计数据，本文数据下载截止时间为 2018 年 1 月 16 日。

④ 中国知网简介：http：//cnki. net/gycnki/gycnki. htm，最后访问时间：2018 年 1 月 16 日。

察；而 B 组数据的检索分析走向纵深，呈探井式样态，在数据量不能实现探求未来研究热点的客观前提下，另辟蹊径研究核心期刊文献数据中共同研究的主题，在缩小文献数量数据的同时，进一步发掘核心期刊文献数据的价值。

本文选择"网络犯罪""计算机犯罪"作为样本检索词，这样设定主要是基于检索内容的完整性、科学性考量。在历史长河中，网络犯罪曾出现过不同的名称，即"计算机犯罪"。通过检索 CNKI 数据库我们发现，计算机犯罪的概念则出现得更早一些，可以追溯到 1980 年郭纪晴在《国外法学》（现为《中外法学》）上发表的《一种新的犯罪方式——利用电子计算机进行犯罪活动》一文。关于计算机犯罪，通说观点是认为计算机犯罪是将计算机视为工具与对象的二重说。① 而计算机犯罪在发展过程中，用计算机犯罪已经不足以涵盖其所需要表达以及展现的含义，网络犯罪的概念应运而生。网络犯罪并非一个确切的罪名，而是一个类罪概念，在广义上讲凡发生在网络空间、以网络为攻击对象或以网络为工具而实施的犯罪均可认为是网络犯罪。可以说，伴随计算机网络技术的发展以及人们认知水平的不断提高，网络犯罪更新并包含了计算机犯罪这一概念。涉及计算机的犯罪在未来仅仅是网络犯罪的一小部分，各类不同终端连接在一起都可以称之为"网络"，计算机仅仅是其中的一种终端，并随着"虚拟社会""虚拟空间"的出现，网络犯罪的概念暂时能够涵盖这一类罪的集合。② 同时检索"网络犯罪"与"计算机犯罪"可以保证研究网络犯罪文献数据的完整性和科学性。

在样本的定位检索上，通过检索篇名、关键词两部分精准匹配相关文献，但在讨论网络犯罪领域更为精小范围的问题时，仅检索篇名、关键词不能完全涵盖所需的数据样本，通过检索摘要并经过标准化处理得到的数据可以作为有效补充。

（二）分析样本的选取及主要研究方法

本文所使用的计量软件是 CiteSpace，可视化分析软件③，检索式设定为：TI ＝（网络犯罪 OR 计算机犯罪）OR KY ＝（网络犯罪 OR 计算机犯罪）OR AB＝（网络犯罪 OR 计算机犯罪），数据的检索起止时间设定为 1998—2017 年，下载时间截至 2018 年 1 月。检索过程中进行了两次标准化处理：第一次是对新闻、访谈等不属于学术论文的数据进行了标准化处理；第二次是在摘要检索这一模糊性的检索方式中，对明显不符合本文分析主题的文献数据进行了标准化处理。

通过检索 A 组共检索下载了 1 732 条数据，经过标准化处理获得有效数据 1 624 条；B 组共检索下载了 296 条数据，获得有效数据 291 条。文中的分析是基于对 A 组与 B 组的有效数据进行的计量研究而获得的。

本文主要采用数据统计、CiteSpace 可视化图谱分析、关键词共现分析、关键词聚类分析、战略坐标分析等研究方法。其中，关键词的聚类分析与战略坐标分析法主要适用于样本数量较大的数据，借用"外部性视角"来反思网络犯罪未来发展趋势。详细来谈，对

---

① 赵秉志，于志刚．论计算机犯罪的定义．现代法学，1998（5）．
② 刘军．网络犯罪治理刑事政策研究．北京：知识产权出版社，2017：14～15．
③ CHEN C. CiteSpace II：Detecting and visualizing emerging trends and transient patterns in scientific literature. Journal of the American Society of Information Science and Technology，2006，57（3），pp. 359 - 377.

于 A 组的数据分析主要集中在数据统计、CiteSpace 可视化图谱分析、关键词聚类分析、战略坐标分析；对于 B 组的数据分析主要集中在数据统计、CiteSpace 可视化图谱分析、关键词共现分析等方面的分析。

三、样本统计分析：文献量、高产作者、高产机构数据

对于网络犯罪研究在定量上的考察，本文主要采用数据统计的方法来展现，共分析了文献量的总量及变化关系，以及高产作者、高产机构和各自之间的相互关系，从而对我国网络犯罪研究学术生产力的格局有一个总览性的判断。

（一）文献量的统计与分析

如下面图 1 所示，A 组与 B 组文献量在 1998—2017 年间总体均呈上升趋势，随着时间推进，计算机网络科技不断更新发展，网络犯罪问题日渐突出，学界对此的关注度日益增长。

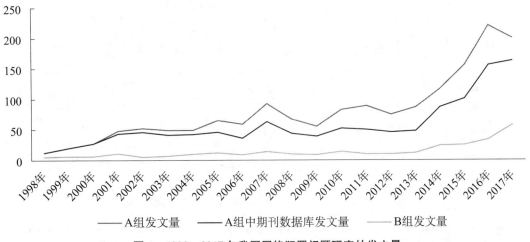

图 1　1998—2017 年我国网络犯罪问题研究的发文量

在增速上，B 组明显缓于 A 组，B 组仅自 2013、2015 年起增速有了明显的变化，2017 年达到峰值并首次突破 50 篇，没有明显的峰谷值点；而 A 组在整体上升的过程中，出现了明显的峰谷值点，其中，2007 年、2016 年是明显的峰值点；其中，2007 年年初"熊猫烧香"案件①的爆发，导致相关主题的文献量激增；2015 年 8 月 29 日《刑法修正案（九）》颁布，同年 11 月 1 日起实施，其中新增的侵害公民个人信息罪、拒不履行信息网络安全管理义务罪、非法利用信息网络罪、帮助信息网络犯罪活动罪等网络犯罪问题引发了学界的关注，次年针对以上各罪的法理、司法适用问题在学术阵地上展开了多角度、全面的论述。由此可以看出，学界对于网络犯罪的研究，尤其是集中的、大范围的研究，仍是在立法、社会个案的推动之下展开的。自 2012 年起，数据量有了明显的抬升，呈迅猛

---

① 参见（2007）仙刑初字第 350 号。

趋势，2016 年达到顶峰，但将期刊数据单列出来看，在期刊研究上，2017 年的研究热潮不减反增，但趋势放缓，网络犯罪问题研究走入深水区。

（二）高产作者与高产机构的统计分析

高产作者与机构的分析通过运行 CiteSpace，分别对标准化后的 B 组数据进行分析，设置了"Time Slicing"为"1998—2017"，以 1 年为一个时间切片，分别点选研究对象为"Author"与"Institution"，阈值设置为（2, 2, 20）（2, 2, 20）（2, 2, 20），得出 1998—2017 年我国网络犯罪问题研究的作者图（见图 2）与科研机构图（见图 3），共显示出了 250 位作者与 154 家科研机构，本文列举了前 12 位高产作者与前 10 家高产科研机构，分析处理形成表 1。

图 2　1998—2017 年我国网络犯罪问题研究的作者图谱

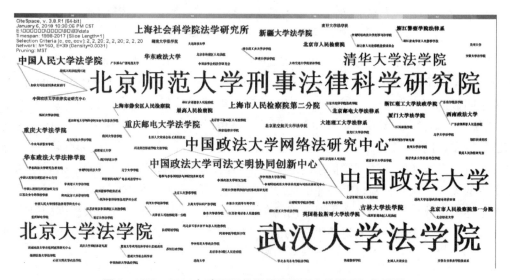

图 3　1998—2017 年我国网络犯罪问题研究的科研机构图谱

表 1　　　　1998—2017 年网络犯罪问题文献的前 12 位高产作者与前 10 位高产机构

序号	高产作者及所在机构	数量	序号	高产机构	数量
1	于志刚（中国政法大学）	51	1	中国政法大学	66
2	皮　勇（武汉大学）	21	2	北京师范大学	34
3	赵秉志（北京师范大学）	15	3	武汉大学	32
4	刘艳红（东南大学）	10	4	北京大学	18
4	郭旨龙（格拉斯哥大学）	10	5	中国人民公安大学	15
6	刘守芬（北京大学）	9	6	华东政法大学	14
6	袁　彬（北京师范大学）	9	7	清华大学	13
8	张明楷（清华大学）	8	8	东南大学	13
9	孙道萃（北京师范大学）	7	9	中国人民大学	10
10	黄泽林（重庆邮电大学）	6	10	重庆邮电大学	9
10	姜　瀛（大连理工大学）	6			
10	涂龙科（上海社会科学院）	6			

首先是中国政法大学于志刚以发文 51 篇的论文数量远超其他作者，其高被引文章也与网络犯罪问题研究密切相关，主要有：《论网络游戏中虚拟财产的法律性质及其刑法保护》（2003 年，《政法论坛》）、《网络犯罪与中国刑法应对》（2010 年，《中国社会科学》）、《"双层社会"中传统刑法的适用空间——以"两高"〈网络诽谤解释〉的发布为背景》（2013 年，《法学》）等；其次是武汉大学皮勇（21 篇），主要研究领域为中国刑法学、网络安全法学、信息法学①，其高被引文章主要有：《论网络信用卡诈骗犯罪及其刑事立法》（2003 年，《中国刑事法杂志》）、《我国网络犯罪刑法立法研究——兼论我国刑法修正案（七）中的网络犯罪立法》（2009 年，《河北法学》）、《全球化信息化背景下我国网络恐怖活动及其犯罪立法研究——兼评我国〈刑法修正案（九）（草案）〉和〈反恐怖主义法（草案）〉相关反恐条款》（2015 年，《政法论丛》）等；此外，还有北京师范大学赵秉志、东南大学刘艳红等发文量居前。

在 1998—2017 年间网络犯罪问题研究发文量最高的科研机构是中国政法大学、北京师范大学、武汉大学、北京大学、中国人民公安大学等。其他机构主要以综合类院校为主。值得注意的是，表 1 所展示的是一级单位名称，但中国政法大学校内各机构间均有相当的学术产出以及合作关系（中国政法大学刑事司法学院 15 篇、中国政法大学网络法研究中心 14 篇、中国政法大学司法文明协同创新中心 9 篇、中国政法大学法律实证研究中心 3 篇等），同时也设立相关的专门机构进行专项的研究。同样存在校内研究矩阵的还有北京师范大学等。由此可见，中国政法大学、北京师范大学、武汉大学等构成了我国网络犯罪问题研究的第一梯队，中国法学会刑法学研究会等学术团体、上海社会科学院法学研究所等科研院所、上海市人民检察院第二分院等实务部门均出现在高产科研机构的前 20 位。这表明，现阶段高等院校、学术团体、科研院所、实务部门均十分关注网络犯罪问

① 皮勇教授的研究领域采选自武汉大学法学院官方网站：http://fxy.whu.edu.cn/archive/detail/100062，最后访问时间：2018 年 1 月 16 日。

题，且均撰文进行学术研讨，发表在核心期刊上。

值得注意的是，对B组数据进行分析的过程中，我们极少发现作者之间、机构之间的合作关系，高等院校、学术团体、科研院所、实务部门、公司法务部门等机构并未产生一定量的学术增量，现阶段基本依靠部分高产学者、部分高产机构各自为学术阵地进行研究，缺乏相关合作关系。

四、研究重点：基于关键词共现及聚类分析

关键词共现分析（Co-word Analysis）是指一组关键词在同一文献中共同出现的频次而展现出来的关键词之间的相关性（包含强度）。[①] 关键词共现分析得出的数据信息，以点的方式揭示网络犯罪研究领域的结构关系与发展趋势。

（一）关键词共现与研究主题

运行 CiteSpace，对标准化后 A、B 组数据进行了关键词分析。设置了 "Time Slicing" 为 "1998—2017"，以 1 年为一个时间切片，点选 "keyword" 为分析对象，阈值均设置为（2，2，20）（4，3，20）（3，3，20），运行结果生成 1998—2017 年网络犯罪问题研究的关键词共现图 4 和图 5，分别生成了 687、328 个关键词。

图 4　1998—2017 年我国网络犯罪研究的关键词共现知识图谱（A 组）

关键词出现的频次越高，说明该关键词是一个重要的研究主题，下面的表 2 和表 3 分别选取了前 20 和前 22 位高频关键词，重要主题分别列于以下表格。

---

① 撒凯悦．我国经济史研究领域文献计量报告——基于 CiteSpace 的可视化分析．黄海学术论坛，2015（2）．

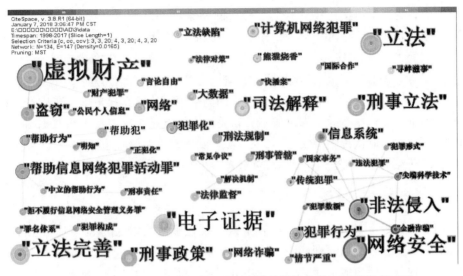

图 5　1998—2017 年我国网络犯罪研究的关键词共现知识图谱（B 组）

表 2　　　　　　　　　　1998—2017 年网络犯罪问题 A 组数据关键词共现

序号	高频关键词	频次	序号	高频关键词	频次
1	立法完善①	167	11	网络诽谤	26
2	电子证据	68	11	帮助行为	26
3	虚拟财产	55	13	信息安全	25
4	非法侵入	48	14	司法解释	23
5	刑法规制	47	14	犯罪对象	23
5	网络安全	47	15	电子数据	22
6	信息系统	35	15	共同犯罪	22
8	刑事管辖权	34	17	网络空间	20
9	犯罪构成	32	18	帮助犯	19
10	证明力	26	18	网络诈骗	19

表 3　　　　　　　　　　1998—2017 年网络犯罪问题 B 组数据关键词共现

序号	高频关键词	频次	序号	高频关键词	频次
1	立法完善	57	12	帮助犯	9
2	虚拟财产	23	12	犯罪化	9
3	电子证据	21	12	刑法规制	9
4	网络安全	19	12	网络诈骗	9
5	非法侵入	17	12	大数据	9
6	司法解释	15	17	网络社会	8
6	刑事政策	15	17	网络犯罪公约	8
8	定罪处罚	13	17	刑事管辖	8
8	盗窃	13	17	共同犯罪	8
10	帮助信息网络犯罪活动罪	12	17	网络空间	8
11	信息系统	11	17	法律监督	8

---

①　这里的"立法完善"还包括"立法""刑事立法"的数据，表 3 的表述也与此一致。

以上 A、B 组数据得出的结论较为一致，除检索词外，以"立法完善""电子证据""虚拟财产""非法侵入""网络安全"等主题为核心，连接了其他高频关键词，搭建了网络犯罪问题研究的主干与核心。如图 4 和图 5 所示，关键词共现图谱有两个突出特点：(1) 关键连接点集中。所有高频关键词基本围绕表 2 和表 3 所示的前 20 位关键词展开，关键词更多涉及网络犯罪的基础内容，说明我国网络犯罪的研究在范围上集中在网络犯罪的基础性问题上，尚未呈有效纵深之势。(2) 关键连接点频次突出。A 组数据 522 个高频关键词中，频次在 100 次以上有 1 个，50 次以上 2 个，绝大部分集中在 50 次以下。这些说明网络犯罪研究的重点突出，但研究范围较广，尚未形成一个体系性的研究脉络。

（二）聚类分析法

关键词聚类分析（Cluster Analysis）是将共现强度较大的关键词通过数据挖掘的方法，借鉴卡龙等构建子簇的原则[①]进行划分，得到不同主题的聚类。具体方法是，将 A 组数据关键词共现分析后生成的矩阵进行标准化处理，得出 444×444 的矩阵，设定最大值函数，将矩阵中余弦指数值最大的关键词构成聚类相关主题，通过余弦指数值从大到小的顺序进行聚合，形成聚类（见表 4）。每个聚类成员不超过 10 个，且一般大于 2 个。通过识别与分析关键词进行标准化处理后，获得有效聚类 43 个，归纳聚类的聚类成员特点概括出聚类名称，聚类名称是所在聚类所研究问题的主要方向。这些聚类综合反映出网络犯罪研究的若干核心问题。

表 4　　　　　　　　　我国网络犯罪问题研究的关键词聚类及其构成成员

序号	聚类名称	聚类成员
1	侵犯财产与立法完善	司法解释　侵犯财产　损害后果　刑事案件　虚假信息　刑事政策　立法完善
2	国家安全与网络犯罪	受损程度　国家安全　犯罪类型　刑事立法　网络安全
3	国际金融环境的制度建设	内部制约机制　国际金融环境　制度建设
4	传授犯罪方法罪	黑客技术　从重处罚　传授犯罪方法罪　追究刑事责任　情节严重　金融诈骗　非法侵入　法定刑
5	木马程序	"木马程序"　入罪化　电子商务　立法建议
6	侵犯著作权犯罪	侵犯著作权罪　人类社会产生　刑事责任年龄　主要客体　减轻处罚　危害行为　侵犯商业秘密罪　假冒注册商标罪　高科技犯罪　犯罪形态
7	诱惑侦查	诱惑侦查　侦查对象　侦查范围　侦查主体　出庭作证　合法性　人权保障　侦查措施
8	刑事管辖权	不法状态　保护管辖　刑事管辖权　无国界性　犯罪行为　冲突规范
9	犯罪化与人身权利	人身权利　惩治力度　犯罪化　犯罪未完成形态　免除处罚
10	网络侵权	网络侵权　网络立法　上网计算机　信息产业

① CALLON M., COURTIAL J. P., LAVILLE F. Co-word analysis as a tool for describing the network of interactions between basic and technological research: The case of polymer chemistry. Scientometrics, 1991, 22 (1), pp. 155-205.

续前表

序号	聚类名称	聚类成员
11	信用卡诈骗	使用权限　中心数据库　信息安全管理　信用卡诈骗　内外勾结　公私财物　侵害对象　单一罪名
12	信息犯罪	信息法律关系　信息主体　信息犯罪
13	公证业务	公证业务　公证机构　公证程序
14	危害国家安全罪与网络犯罪	危害国家安全　意大利香肠术　80年代　犯罪客体　刑事处罚　计算机诈骗　犯罪对象　犯罪特征
15	涉及虚拟财产的法律适用问题	专业指导　法律适用　作案手法　虚拟财产　虚拟社会　价值认定
16	电子证据	记录物　电子证据　最佳证据　可采性　法律地位　收集　证明力　证据收集　信息网络
17	网络舆情	全球传播　信息内容　传统新闻媒体　传统主流媒体　网络舆情
18	网络诈骗	犯罪集团　诈骗行为　首要分子　犯罪数额　网络诈骗
19	国有电信企业与互联网管理	互联网管理　不正当竞争行为　国有电信企业
20	网络犯罪与国家事务	国家事务　分裂国家　法制建设　八届人大　尖端科学技术　国家秘密
21	电子签名与信息安全	电子签名　信息技术　立法　信息安全　法律法规建设　入罪
22	经济犯罪与数字证据	侦查终结　侦查人员　经济犯罪　审查判断　数字证据
23	安全保护系统与安全管理组织	安全保护系统　安全管理组织　犯罪分子　传闻证据规则　个人电脑　危害后果　犯罪行为人　社会危害性　信息系统　公民个人信息
24	治安管理	治安管理　民事纠纷案件　公共秩序　寻衅滋事
25	计算机取证	事件重构　windows日志　计算机取证
26	破坏计算机信息系统罪	犯罪构成　表现形式　立法模式　破坏计算机信息系统罪　网络盗窃　刑法保护
27	恶意透支的法律界定	恶意透支　析义　法律界定
28	司法管辖权	管辖原则　司法管辖权　价值平衡
29	网络赌博	开设赌场　网络赌博　传统赌博犯罪
30	"熊猫烧香"病毒案	新型犯罪　犯罪形式　人类社会　"熊猫烧香"病毒案
31	金融电子化	金融电子化　计算机安全　金融犯罪　作案手段
32	侵入计算机信息系统	计算机信息系统　侵入　信息科学技术　犯罪未遂
33	网络游戏与非法经营罪	非法经营罪　网络游戏　刑法规制　外挂
34	青少年网络犯罪	刑事判例　青少年网络犯罪　儿童网络立法　儿童网络隐私权
35	网络数据传输与个人信息保护	传统犯罪　网络数据传输　伴随网络　不法行为　个人信息保护　主观方面　法益　信息时代　刑法应对
36	网络诽谤	言论自由　诽谤　网络实名制　网络谣言　网络诽谤　人肉搜索　主观要件
37	网络服务提供者的中立帮助行为	网络服务提供者　刑法修正案（九）　寻衅滋事罪　中立的帮助行为　帮助行为正犯化　帮助犯正犯化　信息网络犯罪　片面共犯　中性业务行为　帮助行为
38	P2P电信网络诈骗	P2P　法律规制　电信网络诈骗

续前表

序号	聚类名称	聚类成员
39	快播案与传播淫秽物品牟利罪	不作为　快播案　传播淫秽物品牟利罪
40	网络犯罪类型化	拒不履行信息网络安全管理义务罪　类型化　非法利用信息网络罪　帮助信息网络犯罪活动罪
41	云安全	云安全　云时代　云计算
42	信息网络安全国际合作	保护原则　信息网络安全　法律保护　国际合作　刑事司法协助
43	取证的基础问题	取证　采信规则　法律定位　取证方法　取证技术　存储介质　审查起诉

五、未来展望：基于关键词聚类的战略坐标分析

在共词分析与聚类分析的基础上，使用战略坐标分析（Strategic Diagram）进一步分析网络犯罪问题研究的内部联系和相互影响，以及研究热点的结构和变化。①

以战略坐标用可视化的形式来展示关键词共现聚类在平面坐标中的象限位置关系，根据聚类的象限位置及变化，用新颖度和关注度的描述方式，从时间和研究热度两个维度来分析网络犯罪问题研究的未来发展趋势，图 6 是我国网络犯罪问题研究的战略坐标分析图。

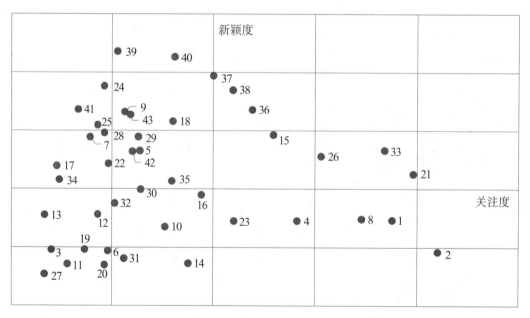

图 6　基于关键词聚类的网络犯罪问题战略坐标分析②

---

① 罗润东，沈君，徐丹丹．劳动经济理论研究前沿文献分析——基于文献计量分析视角．经济学动态，2014（1）．

② 战略坐标分析图中的圆点代表聚类，圆点及其引导线所指引的数字代表聚类编号；横坐标表示关注度，纵坐标表示新颖度。

图 6 中，位于第一象限的第 15、21、26、33、36、37、38 聚类，其新颖度与关注度均大于 0，说明对这些问题的研究关注度较高，同时这些问题也较为新颖，是目前我国网络犯罪问题研究的核心内容，具体包括"涉及虚拟财产法律适用问题""电子签名与信息安全""破坏计算机信息系统罪""网络游戏与非法经营罪""网络诽谤""网络服务提供者的中立帮助行为""P2P 电信网络诈骗"等相关主题。

位于第二象限的第 5、7、9、17、18、22、24、25、28、29、34、35、39、40、41、42、43 等聚类，新颖度大于 0，关注度小于 0，说明这些聚类所代表的研究内容是研究热点问题，其中一部分内容随着学界研究的不断深入，战略坐标点会由第二象限向第一象限移动，尤其是纵坐标数值较大且贴近横坐标正轴的一些聚类，研究将不断成熟，具体包括"木马程序""诱惑侦查""犯罪化与人身权利""网络舆情""网络诈骗""经济犯罪与数字证据""治安管理""计算机取证""司法管辖权""网络赌博""青少年网络犯罪""网络数据传输与个人信息保护""快播案与传播淫秽物品牟利罪""网络犯罪类型化""云安全""信息网络安全国际合作""取证的基础问题"等相关主题。

位于第三象限的第 3、6、10、11、12、13、14、16、19、20、27、30、31、32 等聚类，新颖度与关注度都小于 0，说明这些研究领域被关注的程度低，且研究的时间比较靠前，具体包括"国际金融环境的制度建设""侵犯著作权犯罪""网络侵权""信用卡诈骗""信息犯罪""公证业务""危害国家安全""电子证据""国家事务""恶意透支的法律界定""'熊猫烧香'病毒案""金融电子化""侵入计算机信息系统"等相关主题。结合网络犯罪的问题研究主要可以分为以下几部分：（1）"一过性"的研究热潮，如立法、个案推动学界的讨论等。（2）问题研究相对深入、透彻，如网络犯罪的基础理论问题。

位于第四象限的第 1、2、4、8、23 聚类，新颖度小于 0，关注度大于 0，且这 3 个聚类的关注度的数值较高，说明这些研究领域一直以来是关注的基础性、核心问题，但这些领域自身不是新兴课题，新颖度较低，具体如"侵犯财产与立法完善""网络安全与国家安全""传授犯罪方法罪""刑事管辖权""安全保护系统与安全管理组织"等。

六、结论

本文所采用的文献计量分析方法，统计与总结近二十年的网络犯罪领域社会科学研究成果，从宏观上基本呈现了我国网络犯罪的学术发展趋势，基于关键词聚类的战略坐标反映出当前研究核心与未来学界重点，也回应了本文文首所提出的学术研究纲领性问题。本文汲取文献计量分析的借鉴意义，并不囿于方法本身，同时以理论研究为基础，以时代发展为导向，以开阔的视野理性反思与评析网络犯罪学术研究现状，得出一些导向性意见。

在发文趋势维度上，近二十年间文献量总体呈上升趋势，并在个别年份出现明显的研究增长点，这表明学界日益关注不断突显的网络犯罪问题，但在个别年份进行了集中、大范围的研究，如 2007 年"熊猫烧香"病毒一个月内变种九十多个，感染电脑百万台以上，作为全国破获的首例制作和传播计算机病毒的大案，引发了学界对于破坏计算机信息系统罪的研究；2016 年"快播"案引发网络服务提供商是否存在刑事法律构成上的间接故意、刑法上的中立帮助行为等学术讨论；2015 年《刑法修正案（九）》、2017 年《中华人民共和国网络安全法》的出台施行，使得研究相关规范性文件法律文本的论文成果增长态势明显。这些表明网络犯罪的理论研究，仍是在引发广泛舆论的社会个案的出现、重大立法的推动之下展开的。

在文献质量维度上，A组与B组的检索数据量反映当前研究成果仍有较大提升空间，文献主题和内容与国内核心期刊的要求还存在一定差距。选自核心期刊库及CSSCI期刊库的B组数据，与选自期刊全库与博硕士论文库的A组数据相比，数量仅占17.9%。文献内容也呈现出如下特征：理论的更新与突破落后于立法与司法实践，缺少预测信息技术动态演化的网络犯罪前瞻性研究，缺乏对网络空间的技术认识，因而理论研究易转为现象描述等。未来网络犯罪的研究应突破传统理论与思维的限制，探寻网络犯罪轨迹发展变化的防治对策。

在研究群体与科研机构维度上，虽然各学者与科研机构等主体不断涌现，但仍是少数高产作者与高产机构为主要的学术研究阵地，引领主要的学术研究动向。高居榜首的中国政法大学于志刚的论文数量是其他作者的2.4倍以上，中国政法大学刑事司法学院、网络法研究中心、司法文明协同创新中心等机构形成的校内研究矩阵，发文量是其他科研机构与实务部门的1.9倍以上。但统观各研究主体，多表现为独立、单一学科类型的研究，作者之间、机构之间的合作关系尚未形成。完善的网络空间秩序与道德观念的构建需要更多作者、机构的学术产出，加强高等院校、学术团体、科研院所、实务部门、公司法务部门等机构之间的合作尤为重要。

关注度与新颖度都较为突出的热点主题，集中以具体罪名的法理与司法适用问题为线索辐射展开。当前网络犯罪问题的研究核心，包括网络犯罪的刑法基本理论研究、刑事立法完善研究、刑事司法管辖与法律适用研究、技术侦查手段及措施四个层面，具体表现为"涉及虚拟财产法律适用问题""电子签名与信息安全""破坏计算机信息系统罪""网络游戏与非法经营罪""网络诽谤""网络服务提供者的中立帮助行为""P2P电信网络诈骗"等研究主题。根据共词聚类分析原则，以关注度和新颖度这一对横纵坐标绘制的战略坐标图，其象限分布能够展示网络犯罪这一技术领域在整个时段或者四个分时段的研究领域的方向，一、二、三、四象限分别以可视化的方式直观展现核心、次级、边缘与基础聚类。从图6可以看出，近二十年间网络犯罪问题的研究趋势，已从计算机网络犯罪的非法侵入计算机信息系统罪和破坏计算机信息系统罪两个罪名的研究，转向更具隐蔽性、虚拟性和复杂性特点的网络犯罪的多种具体行为类型的研究，关注度与新颖度不断提高。在网络犯罪问题对犯罪形态认定、社会危害性评价标准，对立法完善与司法实践提出更高挑战的当今，研究主题需走向纵深，横向范围更需拓展，如"网络诽谤行为"这一热点主题的研究，学界应不断研习实践中的案例资源与素材，加强对这一具体网络犯罪类型的实证研究，在客观的犯罪事实中归纳总结行为主体、行为客体、入罪量化标准、案件启动程序等，为司法实践中犯罪行为的认定提供合理有效的对策建议，为人们参与网络空间中的活动提供更好的刑法保护。

在信息网络全面深化的时代，实践中也不断出现网络犯罪的新课题。未来潜在的研究热点是："木马程序""诱惑侦查""犯罪化与人身权利""网络舆情""网络诈骗""经济犯罪与数字证据""治安管理""计算机取证""司法管辖权""网络赌博""青少年网络犯罪""网络数据传输与个人信息保护""快播案与传播淫秽物品牟利罪""网络犯罪类型化""云安全""信息网络安全国际合作""取证的基础问题"等研究主题。战略坐标象限可以根据横轴变量与纵轴变量来分析聚类的发展方向和变动趋势，处于第二、四象限的研究主题内容会分别在一致性与内部链接增强、主题范围扩展时发生象限变化，如该象限较多学者涉猎研究的危害国家安全型的犯罪、涉恐涉暴的危害地方安全型犯罪等，虽然目前热度不高，但长期持续受到学界关注，未来可能在立法推动下发生象限位置变化，成为第一象限的热点核心主题。科研机构的学者与实务部门的专家，应以更为广阔、开放的视野统观与分析网络犯罪问题，不断更新因其技术发展所带来的观念变革，如聚焦多学科视角下的网络犯罪动态研究、开展网络空间国家安全研究等，推动网络犯罪从现有问题的对策分析转向长远预防治理的研究。

综合文献计量分析的结果所表现出的近二十年间网络犯罪的动态分析，也与我国不同历史时期的网络犯罪实际情况相吻合，主要体现在与立法更新与司法突破的进程、学者理论研究的论断相匹配。在《刑法修正案（九）》与《中华人民共和国网络安全法》等颁布后，增设的拒不履行网络安全管理义务罪等相关问题的研究文献增速明显，在知识图谱中的体现与象限位置，也直接或间接地反映出该时段其关键词频次的提高。学者划分的三代网络环境及网络安全立法的更新策略是：在以技术性安全风险为主的一代局域网时代，主要表现为技术性侵害；在技术性安全风险和内容性安全风险并存的二代传统互联网时代，相对应的是技术性侵害与利益性侵害的混合；在多种风险并存的三代智能互联网时代，利益性侵害与秩序性侵害交织，同时也从对网络本身的侵害辐射、影响到现实社会。[①] 在热点主题与学术前沿主题维度的分析中，从计算机犯罪两个罪名的研究变迁到网络犯罪具体犯罪行为类型，整个时段不同时期的网络犯罪实际情况，也能在新颖度与关注度的计量指标与变量数值的直观反映中，寻找到对应的二维象限位置。

纵观网络犯罪的发展与应对策略，未来调控我国不同时期网络发展阶段性犯罪的刑事政策，应采取审慎的立法修正与入罪态度，目的在于控制网络犯罪但不阻碍信息技术的发展。法益保护前置化作为一种现代刑法手段的扩张，将网络犯罪行为刑事处罚的界限，沿着犯罪行为实施的时间段向前推进，以更周全地保护法益。在肯定法益保护前置化正当性的同时，也要防止其过度介入网络空间公民的自由领域，同时也不应忽视规定过严过细可能带来的阻碍技术发展等次生危险的发生。因此，法律条文设置应当遵循开放、"宜粗不宜细"的思路，恪守刑法谦抑性原则，传统的归传统，当既有罪名体系无法完全评价现有网络空间危害行为时，采取增设新罪、修改罪状、完善刑罚配置等措施。因此，在全局视角下，具有创新性与前瞻性的网络犯罪问题理论研究显得尤为重要，"世界各国都在建立全新的信息时代法律规则，只有依靠理论研究独有的预测性来指引，未来的法律规则才能实现体系更新"[②]。网络犯罪的理论研究应当体现实践价值意义，一方面促使理论为网络犯罪刑事立法完善提供科学预测与修正建议，另一方面为刑事司法的具体实践与适用提供科学严谨的理论指导，总结理论成果并进一步研究，以应对日后网络犯罪问题新的挑战。

---

① 于志刚. 青年刑法学者要有跟上时代步伐的激情和责任——20 年来网络犯罪理论研究反思. 法商研究，2017（6）.

② 李怀胜. 三代网络环境下网络犯罪的时代演变及其立法展望. 法学论坛，2015（4）.

网络犯罪治理的基本理念与逻辑展开

孙道萃*

内容摘要： 网络犯罪是以网络技术为前提的，而网络科技的中立性原则是相对的，决定了新兴网络犯罪现象无法被彻底消灭。刑法作为社会治理手段具有功能的局限性，应树立相对主义的网络犯罪观，倡导网络犯罪控制观念，通过刑法控制来保障网络创新精神。网络空间社会处于严重的信息不对称状态，导致网络犯罪控制容易陷入非均衡的博弈状态，宽严相济与"零容忍"作为基本与具体的刑事政策，二者协同可以提供宏观的控制策略。网络犯罪的治理由社会控制与法律控制组成，应冲破传统社会的固化思维，确立网络风险社会时代的积极预防性刑法理念。网络实名制、网络自治公约、企业网络适法计划是社会控制的重点；围绕《网络安全法》拓展立法完善、修改《治安管理处罚法》并加大执法监督力度、刑法典与刑事诉讼法典的网络化修正是法律控制与刑法控制的当前要务。

关键词： 网络犯罪　控制理念　刑事政策　社会控制　法律控制　刑法控制

我国正在由网络大国迈向网络强国，网络安全已经上升到国家战略层面，网络安全正在全面渗透国家安全、公共安全、公共秩序以及其他法益。然而，脆弱的网络安全环境是无法回避的"拦路虎"。刑法始终承担保护网络空间安全的重任，《刑法修正案（七）》《刑法修正案（九）》《刑事诉讼法》以及《网络安全法》持续夯实刑法保护的规范基础。但是，网络技术风险并无消退的迹象，网络犯罪亦无法被彻底消灭。打击网络犯罪并非一劳永逸的选项，治理网络空间更重要。应当以犯罪控制理念为原点，导入刑事政策的指导功能，吸收犯罪学提供的事实依据，聚焦社会控制与法律控制的功能协同，积极治理新兴网络犯罪现象。

一、网络犯罪的相对中立价值判断立场

犯罪治理已经是人类社会的日常性活动。但是，在治理观念上，既有早期深恶痛绝的朴素认识和绝对报应主义，也有晚近将犯罪视为普通正常社会现象的相对理性。对于网络犯罪的严峻态势，治理观念的抉择难题再次浮现。究竟持彻底消灭的立场还是合理限

---

* 北京师范大学刑事法律科学研究院博士后、讲师，法学博士，从事刑法学研究。

度的控制立场，首先涉及网络犯罪的价值判断问题。① 网络技术进步撑托起网络时代的发展，网络科技是基础环节，围绕网络科技是否中立及异化风险的价值判断，必将成为网络犯罪治理认识论的首要前提。

1. 网络科技的二元价值悖论。现代科技革命推动网络时代的到来及其变革，推动创建更智能化、智慧化、便捷化的生产生活方式。而今，国际社会正在告别上世纪确立的以计算机及其技术、计算机信息系统及其运行安全为主要内容的计算机 1.0 时代，并全面进入以信息网络为核心内容的网络 2.0 时代，正在开始迈向以大数据为关键内容的网络 3.0 时代。在这场网络科技革命带来的饕餮盛宴中，网络科技福利纷至沓来，网络代际变迁见证现代网络科技的巨大价值与应用功能。但是，以网络技术异化为主要内容的网络技术风险接踵而至，成为困扰人类社会的全球性难题。"赛博空间的创建者的初衷是建立一个精神理想国，或者说建立一个人们以诚相待的试验性世界，可是他们发现，自己眼前呈现的反而是一个无法无天的抽象空间。因为人们可以自由地侮辱他人，而不用承担任何结果，不用感到任何耻辱，所以，游荡在赛博空间里的人们几乎带着某种激情为所欲为。'怒火之战'——污言秽语大杂烩——充斥着各个讨论区，'网络礼仪'被束之高阁。"② 这正是对现代网络科技具有两面性的真实写照。网络科技福利与网络技术风险的交替代谢已成常态，给网络犯罪治理带来一个逻辑悖论。既不能停止网络科技的探索与创新活动，又不能纵容网络科技的中立性原则陷入无节制的异化，更不能任其负面效应无限膨胀。网络科技的价值判断问题随之产生，妥当而适宜的价值判断立场与结论，直接决定未来网络时代的进程及发展景象。

2. 网络科技的中立性及其异化风险。现代科技是人类认识社会、改造社会的工具。由于认识的局限性与有效性，科技无法彻底实现改造的目标，科技也往往作为价值中立的工具被理性对待。在西方近现代的社会科学领域，价值中立原则占据重要的地位，倡导"实然"的认识立场与规范化的功能定位。在网络新时代，网络科技是人类认识世界的进步结晶，从原初意义上显然具有中立性。"技术中立论"最早是由英国的 R.J. 福布斯在《征服自然》（1968 年出版）一书中提出的："技术专家在为他的技艺辩护时，只能说他的创造性活动产生的结果既不好也不坏。技术问题像科学问题一样，只承认解法正确与否；关于'好'与'坏'的价值判断只是在当这种解法应用于人类事物时才会提出来。"尽管网络科技探索的初衷是推动社会进步与提高社会服务，但是，应当区分技术本身与技术的应用服务功能，前者是客观化的范畴，后者是主观化的范畴。在主观化的过程中，由于摄入和掺杂复杂多变的外部因素等，网络科技的应用出现异化等负面效应，因而网络科技的中立地位受到一定的质疑和挑战。但是，中立性原则的实质是相对意义的"非此即彼"③，不存在绝对的技术中立原则；否则，完全割裂认识与改造世界的一致性，无法为国家与社会的规范化干预与介入提供合理的制度通道，违背改造社会的终极目的。比如，在备受关注的"快播"案中，被告人有关"技术是中立""技术是无罪"的辩解一度风靡网络，深

---

① 卢建平. 需要一种正确的犯罪观. 江苏公安专科学校学报，2002（3）.
② 马克·斯劳卡. 大冲突、赛博空间和高科技对现实的威胁. 汪明杰，译. 南昌：江西教育出版社，1999：71.
③ 周晓虹. 社会科学方法论的若干问题. 南京社会科学，2011（6）.

得各方的认同与支持。然而，静态意义的"技术中立"一旦付诸应用层面，在主观化的过程中就容易出现异化现象，其一便是成为传播淫秽物品牟利的技术"帮凶"[①]。换言之，当"技术中立"原则被技术应用的负面效应所"绑架"时，刑法介入具有合法性与必要性。[②]这是网络创新与违法犯罪之间的界限。实践不断证明，网络自由与规制相生相克。

3. 科技风险的客观性与治理必要性。事实与价值的冲突与内合是人类哲学史上的千古难题。通常认为，既应当坚持价值中立立场，撇清事实与规范、价值的界限，但同时不否定价值判断的必然性与必要性。犯罪首先是一种社会现象，应从事实层面出发，植入价值中立的原则。法国著名社会学家迪尔凯姆认为，一种社会现象，当它在发展的某个阶段是以一般的方式存在于某一类型的社会时，这种现象就是一种正常的社会现象。犯罪不仅见于大多数社会，而且见于所有类型的社会，不存在没有犯罪的社会。只要犯罪行为没有超出每个类型社会所规定的界限，而是在这个限度内，它就是正常的。正常性由其普遍性所决定。[③] 易言之，犯罪是正常的社会现象，犯罪在事实层面的客观性不以人的意志为转移。但是，价值中立与价值关联是辩证统一的关系，价值关联与判断是人类改造的前提。网络安全治理是主体性活动，价值判断不可或缺，引领网络安全治理的规范制定与价值取向。完全无视网络科技异化及其风险的客观危害，秉持绝对中立原则，明显背离中立原则的相对性，也放纵网络科技风险的异化及其危害，显然贻害无穷。

4. 网络科技自由创新原则。网络科技负载人类认识与改造世界的主观目的，自由创新是网络科技进步的永恒动力。但是，遵循创新、自由、开放与共享之际，必然要打破常规、冲破常态，甚至离经叛道，极易与现行社会治理与法律制度渐行渐远，造成正能量与负能量的价值僵持。这在大数据时代得到淋漓尽致的体现。一方面，"由于数字技术和全球网络的发展，记忆与遗忘的平衡已经被打破，往事正像刺青一样刻在我们的数字皮肤上，遗忘已经变成了例外，而记忆却成了常态"。另一方面，"数字化记忆的广泛应用很可能导致信息控制的减弱，一个人可能在数字化记忆的世界中丧失自己对信息的控制权"[④]。在大数据时代，创造数据、存储数据、记录数据、运用数据成为新常态。但是，云计算、大数据带来数字安全隐患，庞大的"数据池"将数字革命中的个体卷入"数字化"的黑洞，个体的独立意识、隐私权益等统统失去既有的保护。然而，"云计算"却是迄今最先进的新型计算方式与模型，是网络科技创新的最新形式。再如，融合 P2P 等技术的"快播"是全新的播放软件，倡导网络资源的个性化服务、最大范围共享等，是技术创新与应用服务升级的典范之作，但却成为网络淫秽物品传播的技术载体与流量平台，究其原因在于人为制造的结果或平台监管不力引发严重的技术失范风险。[⑤] 诚如国家互联网信息办公室发言人就"快播"案所指出的，"所有利用网络技术开展服务的网站，都应对其传播的内容承担法律责任，这是中国互联网发展和治理的根本原则"。网络空间不是"法外之

① 孙道萃. 网络平台犯罪的刑事制裁思维与路径. 东方法学，2017（3）.
② 吕本富. 技术和法律的轨道不是平行线——在"快播"问题研讨会上的发言. 中国信息安全，2016（2）.
③ 迪尔凯姆. 社会学方法的准则. 狄玉明，译. 北京：商务印书馆，1995：83~84.
④ 维克托·迈尔-舍恩伯格. 删除：大数据取舍之道. 袁杰，译. 杭州：浙江人民出版社，2013：3、136.
⑤ 袁胜. "快播"案为安全、法律、技术划线. 中国信息安全，2016（2）.

地"。网络科技创新与网络的开放、自由、共享是网络社会前进的生命力①，应当禁止和杜绝网络科技的"野蛮"生长及其危险蔓延，进而走向有秩序的繁荣。

综上所述，网络科技自由创新、技术中立、技术异化及其风险是网络时代无法回避的"三部曲"，也是对网络犯罪治理进行价值判断的事实基础。价值判断并非为了回答技术中立原则的具体取向，而是为了明确治理犯罪的基本理念，确定网络犯罪的"正负能量"及其治理立场。在犯罪学领域，围绕"犯罪是否有益"的价值讨论虽然至今能形成共识②，然而，"犯罪有益论"的主张及其相关的批判可以从侧面反映出网络犯罪治理的价值判断问题。网络犯罪是必然的恶，治理是制恶的必要手段，但不能恣意改变网络技术创新、开放结构与自由共享的基本理念。网络技术异化及其风险始终相伴相随，寄希望通过严厉打击消除网络技术异化风险不现实且不可能。网络犯罪既是网络空间社会在形成过程中的正常现象，也间接可以推动网络技术的积极改良与提升网络安全治理能力，此乃价值悖论。

二、网络犯罪的控制理念

犯罪观，是对犯罪现象的态度和立场，首先应当是一种客观评价，但不排斥价值判断。长期以来，绝对主义犯罪观一直占领主流地位，主张可以消灭一切犯罪，报应性司法模式与惩罚主义立场作为关键内容延续至今，是"惩罚（打击）犯罪"的刑法功能（机能）得以付诸实践的保证。但是，相对主义犯罪观正在崛起和获得广泛认同，其核心观点是将犯罪控制在合理的容忍与能够控制范围内，并主张犯罪控制理念。犯罪控制有别于惩罚犯罪，前者秉持相对主义犯罪观，将犯罪视为正常的社会现象。相对主义犯罪观是科学认识网络犯罪现象的价值判断立场，是刑法功能有限性的必然产物，支撑起网络犯罪治理的基本理念。在犯罪控制体系中，社会控制是首位选择，法律控制及刑法控制是次优的控制方案。

1. 刑法功能的局限性与犯罪的饱和法则。通过法律控制社会是法治趋于成熟的重要表现。③ 通过刑事法治控制犯罪是治理犯罪趋于理性的体现。从消灭犯罪到控制犯罪的观念转型，是基于对犯罪现象的客观性和刑法功能的有限性而逐渐形成的理性认识。"除恶务尽"折射出"绝对主义"犯罪观的基本立场，犯罪现象被认为可以彻底消除④，而且百害而无一利。但是，事实层面的犯罪现象与刑法规定的法定犯罪，本质上存在事实与规范、事实与价值判断的差异性。犯罪现象是普遍的社会客观事实，刑法规定的法定犯罪是经过价值判断后的产物，二者不能被等同对待。实践也证明，犯罪原因的复杂性、犯罪规律的运动性、犯罪形势的易变性，使得刑罚的有效性具有相对性，刑法功能同样具有相对性。⑤ 这正是相对主义犯罪观的内生性机理，它既将犯罪作为正常的社会现象加以对待，

---

① 方兴东. 互联网精神和对法律的敬畏——关于王欣和"快播"想说的话. 中国信息安全，2016（2）.
② 于志刚. "犯罪有益论"之"功能观"批判. 昆明理工大学学报·社科（法学）版，2007（5）.
③ 罗斯科·庞德. 通过法律的社会控制. 沈宗灵，译. 北京：商务印书馆，1984：1.
④ 王顺安主编. 中国犯罪原因研究. 北京：人民法院出版社，1998：121.
⑤ 梁根林. 从绝对主义到相对主义——犯罪功能别议. 法学家，2001（2）.

充分打通犯罪学与刑法学之间的隔阂，以犯罪学的事实规律、中立现象为基础，校正刑法学在功能预设上的偏执。[1] 其主张犯罪并不能被彻底消灭，却可以控制在社会能够容忍的合理限度内。[1] 按照意大利犯罪学家菲利的犯罪"饱和"理论，犯罪量及其总体趋势处于动态状态，在"饱和"与趋于"饱和"之间往返波动。[2] 犯罪"饱和"理论充分说明社会可以容纳一定的犯罪量而仍然保持正常状态，刑法介入的意义旨在促使犯罪量的相对饱和，防止犯罪量的绝对饱和，并控制在社会有机体可以容忍的合理范围内。对于不断递增的网络犯罪而言，从犯罪原因、演变规律、危害范围以及危险状态等方面看，网络犯罪与传统犯罪的生成规律及其发展趋势并无本质差异，网络犯罪量有其自身的"上限"，彻底遏制和消除网络犯罪不可能，只能将其控制在网络空间社会所能容忍的合理限度内。

2. 犯罪控制的基本观念。犯罪控制理念以相对主义犯罪观为前提，强调犯罪及其量应当控制在国家、社会所能容忍的正常范围之内。因此，犯罪控制理念并不赞成绝对的惩罚主义，也不完全认同严厉的刑事制裁与报应主义[3]；却高度重视刑法的威慑功能，也同样重视预防功能。以相对主义犯罪观为立足点的犯罪控制理念，与绝对主义的犯罪观不同，前者从事实层面将犯罪现象作为社会有机体的正常部分，秉持价值相对中立的判断立场。借此，犯罪控制理念严重依赖犯罪学与刑法学的内部联通，只有将二者置于"同一屋檐下"，才能为犯罪控制理念提供可靠的事实依据。犯罪学与刑法学相互依存，是现象学与规范学的交融，规范学依赖犯罪学提供可靠的实证数据以客观真实地反映现实世界，犯罪学需要从刑法学中获得规范内容与价值判断以合理划定研究对象、范围及其预期目标。[4] 在此基础上，犯罪控制理念以客观的事实作为前提，以刑法学的规范判断与价值取向为坐标，在报应主义与预防主义的基础上，保持合理与理性的犯罪存在态势，是对绝对主义犯罪观的摒弃，是对惩罚主义为主导的规范刑法学的必要扬弃。当前，导致网络安全形势日趋紧张的原因复杂多元，网络科技本身具有相对的中立性，网络科技异化风险具有客观的必然性。单纯的刑事制裁并不能实现预防网络犯罪的目的，毕竟网络技术应用的主观化具有不确定性，反而应当转向犯罪控制理念，建构立体的防控体系与措施，确保刑法理性介入和规制网络犯罪。

3. 犯罪控制的立体结构。犯罪控制理念在将犯罪学与刑法学融合在一起时，也导入刑事政策的串联与指导作用。这是刑事一体化的理念，可以最大限度地扩容刑事治理体系的内外功能。相比于传统刑法长期固守的报应性司法理念，在犯罪控制模式中，刑事制裁的绝对主导地位明显下降，以犯罪学和刑事政策为依托的控制策略与方式发挥更重要的作用。德国著名学者李斯特曾指出，最好的社会政策就是最好的刑事政策。因此，社会控制是首要部分，是犯罪控制的优先方案，也是最直接有效的控制方案。[5] 在类型上，包括由国家治安控制、社会情境控制、社区控制、被害控制等组成的宏观控制与微观控制、主体

---

[1] 李卫红. 当代中国犯罪观的转变. 法学研究，2006（2）.

[2] 恩里科·菲利. 犯罪社会学. 郭建安，译. 北京：中国人民公安大学出版社，1990：56.

[3] 樊文. 犯罪控制的惩罚主义及其效果. 法学研究，2011（3）.

[4] 汉斯-海因里希·耶赛克. 一个屋檐下的刑法学与犯罪学. 赵秉志主编. 刑法论丛（第22卷）. 北京：法律出版社，2010：407～409.

[5] 刘广三. 犯罪控制宏论. 法学评论，2008（5）.

控制与条件控制等具体类型。与此同时，法律控制是次优方案，法律控制包括立法控制与执法控制、行政法控制与刑法控制等类型。其中，刑法控制占据非常重要的地位，主要包括立法控制、刑罚控制、司法控制等具体类型。概言之，犯罪控制观念是一个立体结构，由社会控制与法律控制组成，各自内部有不同的控制类型或控制方式。因应网络犯罪现象时，刑事控制是法律控制的重要部分，主要由立法控制与司法控制组成。在网络犯罪的控制结构中，网络空间的社会控制是首选，网络空间的法律控制是次选，但这也并非绝对的先后次序，重在通过差序格局实现功能互补。

三、网络犯罪治理的政策安排

在网络空间社会，网络科技引发的信息不对称将持续下去，不断加剧网络犯罪的肆虐与治理犯罪的非对称性博弈状态。刑事政策有助于打通犯罪学与刑法学之间的事实与规范（价值）的分离状态，衔接犯罪学的事实判断及其对犯罪治理的正向效应，并对刑法的实际运行具有指导作用。犯罪控制理念是犯罪学、刑事政策与刑法三者实现相互沟通与合作的理性产物，刑事政策是犯罪治理的润滑剂与指明灯。尽管网络空间社会与传统现实物理社会不尽相同，但是，宽严相济与"零容忍"可以分别作为基本和具体的刑事政策，用于指导网络犯罪治理活动。

1. 信息不对称与策略误区。现实物理社会具有极强的可视性、可追踪性、可归责性等特征，是人与人的社会化网格体。但是，网络空间社会大有不同。网络技术制造了网络空间的"虚拟性"，导致网络空间社会的"可视性""透明性"等明显下降，人与人之间的物理联系骤降，人与社会有机体的物理关系弱化。网络空间社会的"虚拟性"原本是网络技术运行的中立产物，然而，由于应用者往往恣意滥用，既助长网络违法犯罪活动的投机、侥幸心理，也直接加大追踪与归责的难度，客观上使得网络犯罪治理必须首先克服"虚拟"的异化风险。如此一来，网络空间犯罪的发生与控制犯罪之间的信息不对称性问题继续加剧，犯罪治理陷入更不利的"非对称性"博弈环境。目前，信息的不对称导致治理策略出现盲区，"头疼医头、脚疼医脚""拆东墙补西墙"等随机性、象征性、短期性打击策略有所抬头。从刑事治理体系的反应机制与反应效果看，明显呈现出"事后性""碎片化"等不足，"亦步亦趋"的反应机制降低了治理效果，也显得毫无章法。这既是人类认识局限性与网络时代不断变迁更迭的共同结果，也是刑事政策把握失真的表现。治理网络犯罪应当注重与战略、策略的协调，既要提高治理网络犯罪的意识与技术制衡能力，也应当依循科学原则，以科学的刑事政策引领与指导治理活动，校正和纠偏网络犯罪刑事治理的立法偏航与司法误区。对于来势汹汹的网络犯罪，既不能因噎废食，片面固守网络技术的中立性原则，采取过高的容忍度；也不能否定网络技术中立性的客观事实，采取绝对的"零容忍"，无故压缩自由创新的空间。只有刑事政策定位准确与科学，才能设计犯罪控制的有效运行机制，才能直接作用于实体法与程序法的联动控制机制。

2. 犯罪控制与刑事政策的贯通。犯罪控制理念在打通犯罪学与刑法学之间的事实与规范这一隔阂时，也同时形成犯罪学、刑事政策学与刑法学的内在有机联系。刑事政策与犯罪学、刑法学之间既有共性、也有差异，其中，刑事政策是对犯罪控制的战略与策略性思考，遵循科学原则审视犯罪现象、犯罪规律、犯罪趋势等问题，并提出控制犯罪的主要策略。由此，刑事政策作为融事实、规范以及价值于一体的方略与策略，既串联起犯罪学与刑法学，也使得犯罪学对刑法学的作用更具客观性、真实性以及有效性，最终实现犯罪学、刑事政策学、刑法学之间的融通。通常认为，刑事政策学与刑法学是相互制约、相互促进的互动关系。① 刑法对刑事政策的制定与实施具有制约作用，从而确保"刑法是刑事政策不可逾越的边界"；同时，刑事政策可以指导现行法律的制定、实施和变迁，刑事政策的刑法化是弥合刑事政策与刑法之间的"鸿沟"的主要途径。② 比如，网络谣言严重影响网络空间社会的秩序，严密惩治网络谣言的法网是各方的共识，"零容忍"政策自然被提上立法理念的议程，《刑法修正案（七）》《刑法修正案（九）》先后予以贯彻。在治理网络犯罪的运行机制上，刑事政策的指导作用不能缺位。不过，由于网络技术异化风险是全新的事物，因应网络科技风险的专门化、科学化，刑事政策尚付阙如。是破旧立新、重新设计治理网络犯罪的政策体现，还是在已有基础上进行必要的调整，是接下来需要解决的问题。

3. 宽严相济与"零容忍"的协同治理。从预防的角度看，治标与治本之间存在"鱼与熊掌不可兼得"关系。既不能片面追求治标的短期效果，也不能以急功近利的方式实现治本效果。从刑事政策的角度看，既不能片面扩大刑事法网与刑罚圈，恣意启动刑罚权，绝对的"零容忍"容易滑向重刑主义，甚至"严打"旧路；也不能弱化犯罪控制能力，刑事法网过于疏松、刑罚圈明显偏小，将直接影响威慑效果的辐射面与持续力，不利于治理效果的实现。因此，从刑事政策的结构看，首先应尊重基本的刑事政策导向，也应在特定环节或时期区别对待，以基本政策为基础释放具体政策的协调动能。当前，宽严相济是我国的基本刑事政策③，其核心是区别对待，强调该宽则宽、该严则严、宽严结合、宽严得当。网络犯罪治理虽有其特殊性，但治理策略可以秉持宽严相济的核心内容，并指导刑事法网的严密、刑事制裁的轻重、刑罚结构的厉缓等具体内容的设计与适用。同时，在网络空间社会的形成与过渡期，由于网络社会的规范体系不齐备，网络社会的行为伦理薄弱，网络犯罪来势凶猛，在特定时期、特定领域可以适度转向"零容忍"政策。"零容忍"并非法定的刑事政策类型，却是"破窗理论"的重要结论，"破窗理论"的核心是无序环境与犯罪之间存在正相关关系，并主张积极干预和消除无序环境。④"零容忍"往往主张尽量严密刑事法网、扩大刑事制裁的范围并采取最严厉的打击手段⑤，竭力消除潜藏风险的社会消极因素，切断不安定因素与诱发犯罪可能性之间的正相关性联系，防止犯罪的发生和积极实现一般预防的早期化。在"零容忍"具体策略的引领下，应当严密打击网络犯罪的刑事法网，以这种政策效果塑造网络行为规范意识并强化规范的威慑、引导功能。但是，"零容忍"不能作为长期性、常态化的基本政策。

---

① 卢建平. 刑事政策与刑法关系的应然追求. 法学论坛，2007（3）.
② 陈兴良. 刑法教义学与刑事政策的关系，从李斯特鸿沟到罗克辛贯通——中国语境下的展开. 中外法学，2013（5）.
③ 马克昌. 论宽严相济刑事政策的定位. 中国法学，2007（4）.
④ 李本森. 破窗理论与美国的犯罪控制. 中国社会科学，2010（5）.
⑤ 王世洲，刘淑裙. 零容忍政策探析. 中国人民公安大学学报，2005（4）.

四、网络犯罪现象治理的工作清单

传统物理社会与网络空间社会组成的"双层社会"正在形成，但是，完全独立的网络空间社会有待确立。网络犯罪治理与传统犯罪治理在宏观和微观上不尽相同，理念的视角之变是首位，并尤应适时调整微观治理措施。在犯罪控制观的统领下，制作并落实社会控制、法律控制与刑法控制的措施清单具有现实意义。

1. "双层社会"与网络空间控制思维。现实物理社会是几千年以来人类习以为常的生产生活场所。但是，网络时代彻底颠覆传统思维，网络空间社会以迅雷不及掩耳之势渗透到现实物理社会。尽管现实物理社会与网络空间社会正处在"双层社会"的磨合期，但人工智能社会的未来前景一片光明，"双层社会"最终演变为网络空间社会，"网络社会"将独立成为全新的生产生活时空维度。网络空间被称为人类社会的"第五空间"，是当前刑事治理的主要盲区，既是认识局限性所致，更是网络代际变迁的未知性所致。基于此，网络治理体系不能遵循老路，要破旧立新，树立空间思维，重新设计和布局网络治理体系及其措施。概言之：一是要将网络科技及其异化风险作为治理的主要对象。网络空间社会首先是网络科技的世界，离开网络科技寸步难行，网络科技风险是一切风险的源头，也是治理的主要对象。二是网络空间社会的主体仍然是现实社会的个体，网络空间治理不能断然抛弃现实物理社会的配合与制约，现实物理社会是治理网络空间犯罪的重要场域。三是治理措施重在消除或控制技术异化风险，技术制衡应当作为网络犯罪治理的重要内容，但是，技术制衡应当与法律控制同步推进。

2. 网络风险社会的预防性理念。与传统物理社会相伴随的是报应性司法理念，以客观危害为评价的起点和对象。但是，网络科技风险不完全表现为实害结果，科技风险还表现为行为危险、结果危险状态，危险具有很强的潜伏性、高危性等特征，导致报应性司法理念在应对网络科技风险时遗留大量的空白地带。为了弥合报应性司法理念与网络科技风险的"技术鸿沟"，应适当转向以预防理念为核心预防性治理体系。预防性刑法理念是因应风险社会的合理反映，将网络安全价值置于首位，刑法变成管理不安全因素的风险控制工具。[①] 行为危险、危险增加、结果危险状态等法律所不允许的风险都可以在法定的条件下作为评价对象，在立法上表现为网络预备行为实行化、片面帮助行为正犯化、行为犯与危险犯的增加等，并呈现出刑事处罚的前置化与预防的早期化功能。[②]《刑法修正案（九）》增设第 287 条之一、第 287 条之二，将网络预备行为、网络帮助行为分别入罪，体现预防性刑法理念，有助于缓和当前网络信息安全的严峻形势。但是，预防性刑法理念不能走向极端，对自由的保障不能松懈，对罪刑法定原则、比例原则的遵守不能懈怠。在设定预防性刑法理念及立法的正当性边界时。一是要坚持明确性原则，只有刑法典才能规定预防型的罪名及刑事制裁；二是预防型的刑事法网不能过于宽泛，比例原则是最基本的检验标准，但凡缺乏处罚的必要性与有效性的，刑法不能介入或制裁；三是评价的标准既要考虑

---

① 汉斯·约格·阿尔布莱希特. 安全、犯罪预防与刑法. 赵书鸿，译. 人民检察，2014（16）.
② 车浩. 刑事立法的法教义学反思——基于《刑法修正案（九）》的分析. 法学，2015（10）.

实害结果，也要考虑危险或危险状态，应当根据具体情况加以选择，不能片面增加抽象危险犯或具体危险犯，尽管危险犯是重要的立法技术①；四是主观罪过一般是故意，重大网络技术过失行为在情节严重时刑法可以介入，一般的业务过失或监督过失应当慎重制裁。

3. 社会控制体系。网络犯罪的社会控制体系是开放性的结构，新老方式交替不断进行。不同的社会主体、不同的义务主体、不同的时空条件、不同的参与方式等，都可以作为独立的社会控制力量来源或具体类型，最终汇成庞大的社会控制体系。当前，以下三类社会控制措施具有特殊的意义：（1）重视网络实名制。网络空间社会由网络技术支撑而起，网络技术的电子化运行使得网络空间具有显著的虚拟性，网络技术的匿名化问题不断加剧，助长侥幸心理、投机心理，成为诱发和隐藏网络技术风险的源头之一。从技术制衡的角度看，网络实名制是针锋相对的技术抗衡制度，直接压制网络匿名的异化迹象，成为净化网络空间秩序的一剂良方。《网络安全法》作为网络安全的基本法，第24条正式确立网络实名制，是网络犯罪社会控制体系的一大进步。网络实名制是网络空间社会的最基础性社会管理制度，既可以确立网络空间行为规范的可视化、可追踪、可归责的良性运行体系，也从预防的角度直接切断网络匿名环境与网络犯罪的潜在关联性。（2）网络自治公约。网络空间真实存在，网络空间社会的安全需要全体网络参与主体共同维护，单方面依靠国家与政府的监管难以奏效。政府规制与自治规制互相补充、互为支持的合作式规制体制，应当成为我国互联网规制的发展方向。当前，网络空间的行为规范不成熟、治理规则不健全、参与规则不明确、网络道德伦理标准模糊、网络评价规范缺失，导致网络自治机制陷入乏力甚至瘫痪状态，难以发挥自我规制的积极效应。为网络空间社会"建章立制"是社会控制体系的重要环节，制定具有民主性、科学性的网络自治公约是关键内容，既可以起到行为引导、意识强化等作用，也可以促使国家监管体系的同步跟进。（3）互联网企业适法计划。网络参与主体主要包括网络企业与用户，网络企业具体包括网络建设维护者、网络运营商与服务提供商。从社会控制的原理出发，企业是社会控制的关键主体之一，企业应设立内部控制网络犯罪机制。企业适法计划（Corporate Compliance Programs）起源于美国，各国的规定和做法不一，通常认为是企业为预防、发现违法行为而主动实施的内部机制，基本的构成要素包括正式的行为规则、负责官员以及检举制度等。②企业适法计划属于企业自治的重要内容，同时也是企业参与社会控制的重要途径，可以从内部形成控制犯罪发生的遏制力量与纠正机制，明显提高社会控制的效率。而且，企业适法计划摆脱国家行政主导的一元管理格局，重新确立国家监管与企业自治的"二元治理模式"，形成共同治理网络犯罪的新机制，明显强化社会控制的力量体系。③但是，企业适法计划不能取代国家监管的地位及其作用，国家监管职责不能过度转移到企业。在网络科技创新、自由发展的基本原则下，过度增加企业的社会控制责任，不仅不利于网络企业的发展，也会弱化社会控制各方的职责并降低社会控制的效率。

4. 法律控制体系。法律控制是指通过法律体系进行的犯罪控制活动，其主要内容是

---

① 孙道萃. 网络共同犯罪的多元挑战与有组织应对. 华南师范大学学报（社会科学版），2016（3）.
② 周振杰. 企业适法计划与企业犯罪预防. 法治研究，2012（4）.
③ 李本灿. 企业犯罪预防中国家规制向国家与企业共治转型之提倡. 政治与法律，2016（2）.

立法控制、执法控制。立法控制主要是加快推进国家网络安全法律体系的建设，执法控制的主要任务是强化执法力度以消除无序的外部环境。简言之：（1）以《网络安全法》为基础推进网络立法体系完善。顺利通过《网络安全法》具有划时代的意义：将网络空间作为规制对象，将网络空间安全保护作为立法任务，填补网络安全基本法长期缺位的重大制度漏洞，消除 1994 年《计算机信息系统安全保护条例》遗留的历史呆账。在此基础上，应以《网络安全法》为参照，为其他法律修改注入网络因素，逐渐形成主次分明、结构协调、功能合理的网络法律法规体系，避免《网络安全法》独木难支的窘境。（2）修改《治安管理处罚法》。现行有效的《治安管理处罚法》是落实法律控制的主要行政法依据，是国家实施网络监督并强化执法力度的重要逻辑起点。但是，《治安管理处罚法》的制定背景是现实物理社会，因而该法面临网络化转型。从治理网络技术风险和防控网络违法活动出发，启动立法修改不可逆转，并应当对一系列新情况、新问题作出前瞻性的规定。（3）加大网络监督执法力度。在网络空间社会的形成初期，由于网络自治模式运行欠佳，甚至出现失灵现象，国家监管具有非常重要的作用。但是，当前网络监管体制尚未成型，监管机制的合力不足，监管部门的力量分散，监管人员专业化不高，这些严重制约政府对网络安全的有效监管。国家网络监管的主要活动是执法，严格执法和加大执法力度、频率，"零容忍"是政策的内在要求。

5. 刑法控制。刑法控制是法律控制的重要组成部分，是网络犯罪治理的最前阵。但是，当前无论是刑事实体法还是刑事程序法，都以传统的现实物理社会为制定背景，必然出现应对网络犯罪控制的制度供给不足问题。刑法控制主要分为立法控制与司法控制，也可以分为刑事实体法控制与刑事程序法控制，其主要内容包括：（1）刑法典的网络化改造。1997 年《刑法》在制定时并未将网络因素作为立法的重要内容，虽然经过《刑法修正案（七）》《刑法修正案（九）》两次调整，网络犯罪的规范体系得到加强，但是，网络刑法规范体系仍远远无法满足现实需要，"无法可依""适法不明"等问题非常突出，严重制约刑法控制的广度、深度与力度。从微观看，刑法总则和刑法分则都面临修改的新挑战。应当围绕网络安全法益及其具体内容，既要对网络刑法学的基本原则、网络犯罪概念、网络犯罪构成及其要件要素的遴选、网络共同犯罪等特殊形态、网络正当化事由等问题作出根本性改变；也要对犯罪对象、危害行为类型、定量因素及体系、罪状内容、法定刑配置、罪名调整、章节安排等作出必要调整。从长远看，网络刑法学可以作为未来的理论形态，承担传统刑法理论体系"网络化"后的衔接任务，并可以指导网络刑法立法完善活动。[①]（2）刑事诉讼法典的网络化修正。1996 年《刑事诉讼法》对网络时代的规定同样严重不足，2012 年修正时尽管作出一定的补强，然而，网络案件刑事诉讼程序不仅滞后于实体法的修正步伐，更明显滞后于网络时代的变迁，必然对司法控制产生持续的负面作用。从重点内容看，主要包括管辖原则、电子证据、可视化司法等。2015 年，"互联网＋"成为国家战略，"互联网＋"司法改革也迎来元年，从而为刑事诉讼法典的网络化转型提供充沛的司法支撑力量和实践平台。第十九届国际刑法学协会通过的"信息社会与刑法"决议（2014 年）提供了最前沿的参照模板，是刑法控制网络犯罪的重要国际范本。

---

① 孙道萃. 网络刑法知识转型与立法回应. 现代法学，2017（1）.

综上，向网络犯罪宣战，是网络空间社会不断临近的全新议题。遵循传统思维因应来势汹汹的网络犯罪，已日渐显露出疲态与失灵现象。网络犯罪是网络空间社会的正常现象，彻底消除网络技术风险是奢望，毕竟网络技术具有相对的中立性。应当秉持相对主义犯罪观，确立犯罪控制理念。在犯罪控制的宏观层面，应当及时打通犯罪学、刑事政策学与刑法学的内部关联通道，尤其是发挥刑事政策的衔接作用，营造宽严相济与"零容忍"共同指导刑事法治反应机制的生态。在微观上，应当制定社会控制、法律控制及刑法控制的任务清单，逐步推进立体化的控制体系，力图将网络技术风险控制在网络空间社会能够容忍的合理范围内。

互联网犯罪的跨境趋势

门美子[*]

内容摘要：借助发达的现代通讯网络和便捷的支付结算手段，网络犯罪在空间上大范围、大跨度作案已呈常态化，呈现出类型多样、区域转移和组织化特征突出等特点。由此也进一步带来治理的全新挑战，包括由于法律政策和司法制度的差异与冲突引发的治理困难、取证和固定证据的困难以及成本消耗巨大等。对跨境互联网犯罪的治理应坚持全球共治的理念，互联网公司在此过程中亦应充分发挥技术优势。

关键词：互联网犯罪　地域转移　组织化特征　全球共治　技术优势

众所周知，互联网技术的发展引领了人类生活方式和思维方式的变革，并连通了整个世界。基于互联网的无界化，借助发达的现代通讯网络和便捷的支付结算手段，网络犯罪在空间上大范围、大跨度作案已呈常态化，将互联网作为犯罪工具，或将互联网本身作为攻击对象的各类互联网犯罪也跨越地域和国境的限制，在世界范围内产生威胁。

2017 年 5 月，wanncry 勒索病毒侵袭全球，病毒通过攻击并加密主机存储的文件，勒索比特币牟取大量非法利益，危害波及超过 150 个国家。

此外，暗网之内大量非法交易平台的存在，也是网络犯罪威胁辐射全球的体现。2017年，美国执法机构与欧洲刑警组织联合主导，泰国、加拿大、英国及法国等数十个政府机构参与，共同捣毁了在暗网中"赫赫有名"的"阿尔法湾"（Alphabay）。和阿尔法湾几乎同时被查封的，还有"汉萨"（Hansa），它也是暗网上知名的犯罪交易平台之一，并将服务器设置在了立陶宛、德国和荷兰等地。基于匿名性的特点，暗网时常被利用成为不法活动聚集的空间，包括但不限于赌博、盗版侵权、淫秽信息和物品传播、黑客装备、枪支、诈骗、洗钱、毒品交易、个人信息及金融信息买卖等。而上述的"阿尔法湾"和"汉萨"正是如此，其不仅将服务器分散设置于世界多个地方，而且使用其网站进行非法交易的网民也分布于世界各地，给各国安全和秩序造成巨大威胁。笔者将仅从中国的视角出发，谈谈互联网犯罪的跨境化趋势。

---

* 腾讯安全管理部网络安全与犯罪研究基地首席研究员。

一、跨境互联网犯罪的特点

（一）电信网络诈骗跨境特点明显，其他涉互联网犯罪也出现跨境趋势

近年来，在中国公安、司法机关严厉打击之下，电信网络诈骗呈现出向境外转移的明显趋势。电信网络诈骗区分于传统诈骗的特征在于犯罪分子不需要与被害人直接接触，他们利用 VOIP 电话、网络改号工具等手段实施犯罪，据统计，跨境电信网络诈骗案件数量超过全部电信网络诈骗案件数量的一半甚至更多。中国公安机关与外国执法部门协同打击跨境电信网络诈骗已经取得很多的实践经验和成果。

除了电信网络诈骗之外，跨境赌博、组织卖淫、洗钱、网络攻击等犯罪类型也逐渐进入人们的视野。譬如，赌博集团开设赌博网站，将关键服务器设在境外，境内设置多重代理，通过单线联系实现层层抽水分成，利用网络对境内资金实行操控，资金多经地下钱庄、境外网银进行流转，渠道极其隐蔽。

又如，跨境黑客攻击案件。2017 年腾讯公司协助公安机关打击了全国影响力最大的网络攻击黑客团伙——"暗夜攻击小组"，创造了跨境完整打击黑客攻击犯罪全链条的典范。2017 年 2 月，腾讯守护者计划安全团队在互联网检测到多起针对网络云服务的大流量 DDoS 攻击，攻击对象包括国内多家互联网企业的网络服务。遭受攻击后相关的网络服务数据传输严重堵塞，多项业务无法正常运行，数千万用户无法登录使用。该团伙力量巨大，甚至曾在 DDoS 攻击黑产圈占据 50％的份额。腾讯公司配合公安机关侦查发现，该团伙为逃避打击，长期在老挝、泰国、柬埔寨多地流窜，行动隐蔽。2017 年 4 月和 9 月间，中国公安机关在柬埔寨执法力量等的支持下，先后抓获该团伙十余名犯罪嫌疑人，彻底摧毁"暗夜攻击小组"黑客团伙，有效维护了互联网的安全与秩序。

再如，跨境网络组织卖淫案件。2017 年腾讯守护者计划安全团队协助公安机关打击、破获了营业额过亿的特大跨国网络组织卖淫案。该犯罪团伙长期以来在境内遥控指挥，安排大批人员在马来西亚和国内利用网络平台操作，招募和组织大批卖淫人员在珠三角等地区从事卖淫活动。为逃避打击，犯罪团伙核心人员安排人员在马来西亚境内，诱骗当地人员到中国境内办理银行卡，并将这部分以外国人名义办的银行卡用于违法所得取现。该犯罪团伙有一整套团队运作流程，通过"线上组织、线下实施""境外操作、境内实施"，以及"首犯在内、主犯在外"遥控指挥等方式，逃避公安机关打击。

（二）跨境网络犯罪地域转移趋势

以电信网络诈骗为例，几年前，诈骗团伙主要集中于中国周边的亚洲国家，如柬埔寨、泰国、马来西亚、越南、老挝等。他们将话务窝点设置在这些国家地理位置偏僻的区域，然后"游击战"式地穿梭作案。选择这些周边国家的原因主要包括：一是毗邻中国。利用云南省多个县市与缅甸、老挝国土毗邻，广西湘贵铁路与越南铁路相连等地理便利条件，方便在境内、境外迅速转移人员和物资。二是借助这部分临近国家宽松的入境条件。泰国属于免签国家，柬埔寨、印尼等国属于落地签国家，诈骗团伙从国内"招募"的雇工多以旅游者身份即可进入这些国家，方便犯罪团伙迅速集结力量。

然而，随着海外打击力度的增强，周边地区的犯罪人员受到冲击，犯罪团伙开始向更广范围转移，非洲、欧洲、南美洲、大洋洲都逐渐出现网络犯罪窝点。譬如，此前腾讯守护者计划协助公安机关打击的，截至目前单笔涉案金额最大（单笔1.17亿元）的电信诈骗案——贵州"12.29"特大电信诈骗案，嫌疑人就是远赴非洲国家乌干达搭建话务窝点，冒充中国"公检法"机关工作人员，利用非法渠道获取的公民个人信息，通过国际透传线路、改号软件和远程操控等技术手段实施诈骗。而近年来中国公安机关联合西班牙国家警察总局在西班牙境内多个城市开展打击电信网络诈骗犯罪集中行动，也反映了部分电信网络诈骗向欧洲国家转移的现状。

行为人选中这部分国家和地区建立窝点，一是因为部分国家和地区经济发展水平尚欠发达，地理条件复杂，易于隐蔽；二是观察到部分国家与中国的刑事司法协助尚未完全展开，意图利用国际合作间的障碍，规避打击；此外还因为部分国家与地区的互联网技术发展水平较低，对互联网犯罪认识不充分，甚至其犯罪体系尚存漏洞等。

（三）组织化特征突出

近年来发现的跨境团伙均具备很强的组织化运作特征。跨境犯罪团伙往往人数较多，存在明确的分工和周密的上下游勾连方式。以电信网络诈骗为例，搭建诈骗网络电话平台、银行开户买卡、收集公民信息、编造话术诈骗剧本、拨打诈骗语音电话、提取转移诈骗赃款等各个环节都有人专门负责，并往往分散于世界各处（也包括境内），相互间通过非接触的方式维持诈骗组织化的运转。

其中，远征国外的是话务组，这部分人持有非法获取的公民信息和"话术单"，冒充各种身份实施诈骗。这些人员往往被统一招募后送至境外，证件和手机统一管理，食宿也被统一安排，并被要求深居简出，接受专人话术培训。而作为下游的专门负责转移诈骗财产的"水房"和"车手"，则一般分散于世界各处，一旦被害人资金到达行为人指定账户，这部分人员能够在极短时间内将资金迅速转移或取现最终交付金主。而隐藏最深的则是跨境诈骗集团的核心人员，他们往往以"连锁店"的方式在各地开设诈骗"公司"，在不同国家和地区设立窝点，并由其遥控组织管理。为了逃避侦查，设在境外的诈骗窝点一般仅运行几个月，而后迅速转移并销毁证据，使得公安、司法机关查获和追赃的难度增加。

二、跨境互联网犯罪的治理困难

（一）法律政策和司法制度的差异与冲突引发的治理困难

网络犯罪的无界限性和执法司法的有界限性之间的客观矛盾，是造成当下跨境网络犯罪治理困难的重要原因之一。

其一，各国之间的法律政策和司法制度的差异，有时会被不法分子利用。譬如，2016年中国全面实行了通讯和网络服务的实名制，从源头上对网络犯罪进行预防性治理。然而，部分周边国家未实现通讯码号实名制，部分人员利用这一情况，大量从境外收购、倒卖境外号码，批量注册网络账号，隐蔽真实身份，进而实施网络犯罪。再如，在部分国家组织赌博行为本身并非违法，因此针对在境外开设互联网赌场而发展境内代理和庄家的情形，中国警方能够打击的范围比较有限，削弱了整体的打击力度。实际上，除了赌博、组织卖淫等外，伴随着网络技术的快速发展，网络犯罪的手法不断变化和迭代，部分行为在一国之内被认定为犯罪，而在另一国（通常是互联网发展水平相对较低的国家和地区）其危害性没有被充分认识，从而没有被划入犯罪圈的情况也并不少见。这种客观存在的法律政策和司法制度的差异对互联网犯罪的全球治理造成了影响。

其二，由于网络数据在国与国之间瞬时传输，犯罪的行为地、结果地能够遍布数个国家，加之大部分国家实行了属地管辖和属人管辖等多个并行的管辖原则，因而管辖权的积极冲突加剧。两个以上的国家同时主张管辖权的可能性大为增加，这也给跨境打击网络犯罪增加了执法、司法程序上的难度。此外，不同国家之间的证据标准不一，刑罚轻重差异较大等现实问题，在实践中也会一定程度影响跨境互联网犯罪的治理效果。

（二）取证和固定证据的难度

在互联网犯罪案件的办理过程中，电子数据是极为重要的证据种类，是侦查和起诉犯罪的关键，但电子数据本身又存在易被修改、删除的特点，尤其是在跨境网络犯罪的侦查和诉讼中，这体现得更为明显。

第一，跨境网络犯罪的网络和计算机设备常被设置于境外，并且基于中国与外国执法机构合作情况的差异，有时候侦查人员无法直接到达抓获现场，或在抓获现场无法进行现场勘验、扣押证据等，这给证据的收集固定带来困难。

第二，跨境犯罪行为人具有极强的反侦查意识，线上线下行为均极其隐蔽，不仅通过加密网络、多重跳转、篡改号码等手段隐蔽真实 IP，而且定期清理保存于设备中的电子数据，甚至定期销毁设备硬件，给技术溯源、定位、发现和固定证据制造了难度。

第三，从外国调取互联网数据，涉及数据出境等复杂问题，往往关系到各国国内数据安全及网络安全法律法规以及国际区际司法协作约定，在双方就具体问题形成有约束力的法律文件之前，调取境外证据存在短期内难以克服的程序困难。

（三）成本消耗巨大

抓捕跨境罪犯面临着巨大的成本消耗，经常需要动用民航包机将犯罪嫌疑人从境外押解回国。司法实践中，有说法将该种跨境抓捕称为"五张飞机票"，即一名嫌疑人原则上需要两名执法人员押解，去程两张飞机票，回程三张飞机票。而正如前所述，境外犯罪分子往往团伙作案，一个团伙少则十余人，多则数百人，由此给押解工作带来巨大人力消耗和经济支出。同时，境外团伙所具有的极强的组织性和人员分散性，使得上下游之间不仅在共同犯罪时具有很强的同步性，而且一旦下游"失守"，上游可以即刻感知并迅速逃离现场、损毁证据。想要一次性收网整个犯罪团伙甚至整条产业链，往往需要多地警方协同作战、同时部署，难度和成本都是巨大的。

三、跨境互联网犯罪治理的对策建议

(一) 网络犯罪的全球共治理念

网络安全是全世界共同关注的议题，网络空间的治理也并非一家之事。在网络犯罪跨境趋势显著的当下，面对跨境网络犯罪的巨大挑战，建立全球共治的理念是必要且明智的。网络犯罪惩治与治理的协作机制本质上涉及一国的司法主权甚至国家主权，但各方在共同惩治网络犯罪、维护国际社会网络安全等方面存在共同利益，因而应本着"合作共赢"的精神，积极促进达成双边、多边共识，为各国共同交流分享预防惩治网络犯罪经验教训提供国际化平台，同时开展广泛而务实的跨国警务合作，实现协作的常态化。

(二) 互联网公司发挥技术优势

在对网络犯罪的惩治和治理中，技术手段无疑至关重要。腾讯作为中国最大的互联网服务提供者之一，十几年来始终致力于维护互联网环境的清朗，协助公安司法机关惩治互联网犯罪。除了前文提及的实践案例之外，腾讯也积极利用技术优势和大数据能力，推出了一系列的网络安全产品，旨在帮助实现高效打击跨境网络犯罪。譬如，腾讯为打击电信网络诈骗而推出的宾果系统，通过大数据分析和机器自我学习，总结、预测警情中作案手法、通信行为、网络特征、资金流向等特点规律，从而能在诈骗事前、事中、事后等环节起到预警、分析作用。特别是宾果系统可实现对电信网络诈骗窝点、人群的智能聚类，为警方开展刑事打击提供参考线索，这对解决跨境网络犯罪窝点隐蔽、人员分散的问题将发挥针对性的作用。

网络违法行为的规制与惩罚

时延安*

内容摘要： 网络犯罪治理，首先要解决网络空间及网络行为的规制问题，进而通过合理有效规制形成网络空间秩序。预防、惩治网络犯罪的重点是，要解决公民个人信息保障问题，要认识到网络犯罪就是广义的信息犯罪；建立完善的公民个人信息保护制度和机制，可以有效遏制网络犯罪的快速发展。对网络犯罪的认识，要明晰网络犯罪的特征，要注意到网络犯罪的有组织化模式与线下犯罪的差别，还应从犯罪协作而不仅仅是共同犯罪的角度加以认识。

关键词： 网络规制　犯罪治理　个人信息保护　犯罪协作

一、引言

从目前刑事犯罪发展的总体态势看，网络刑事案件已经成为全部刑事案件中的"主流"，因而今后犯罪治理的"重头戏"就在于网络犯罪的惩治和预防。在过去几年，理论界与司法实务界对此已经展开全面的研究，然而，令人遗憾的是，迄今为止，刑事法学界对网络犯罪的研究尚处于现象层面，就刑法教义学的研究总体而言，尚不能提供充分的研究成果为司法实务提供理论支持。理论研究的相对滞后，究其原因，还是在于对网络空间及网络对人们交往方式改变还缺乏足够的理解和认识。

理解网络犯罪，在犯罪学论域内思考，首先要对这种交往方式的改变有着明确而深入的认识。从某种意义上说，犯罪是人们之间异化的交往方式，是一种不为认可的利益剥夺或滥用行为，而犯罪作为人际交往，同时也是信息传递和生成过程，只不过这种信息传递和生成方式，在传统社会里比较简单。互联网作为信息传播的载体，首先改变的是信息传播方式，进而改变人们的交往方式，因而犯罪的形式也必然发生转变，而行为人对信息的运用成为网络犯罪的基本特征，从这个角度讲，网络犯罪也是一种广义的信息犯罪。虽然网络犯罪的危害后果，最终表现为个人利益、社会利益或者国家利益的损害，但其行为方式以及造成危害后果的方式发生了改变。传统刑事法律以及刑事司法，主要是关注已经造成损害后果的危害行为，无论从法律规定的角度还是从司法实践运作来看，大多是以危害

---

* 中国人民大学刑事法律科学研究中心特聘研究员。

后果及其程度作为是否犯罪化或者是否进行刑事追究的一个前提。[①] 然而，对于网络犯罪的治理，如果仍坚守这种观念，一方面会导致惩治的时间节点过于滞后，无法有效及时排除这类行为的妨害，在网络上的危害行为可能会不断被复制和继续传播；另一方面，也会为司法实务部门在认定犯罪上造成诸多困惑，无论是证明后果严重程度还是在证明因果关系方面都存在较大的困难。

既然犯罪方式已经发生改变，应对犯罪的政策和策略就应当进行调整。网络犯罪的治理，首先应建立一个对网络犯罪认知的基本"模型"，并比较它与线下犯罪的"模型"之间的差异。两个"模型"的差异，集中表现在四个方面：一是对信息的利用方式，显然网络犯罪的实施对信息（及数据）具有高度的依赖性，这在网络诈骗案件中最为明显，网络诈骗就是通过操纵信息实施犯罪的。二是网络犯罪行为的组织形式及特征。这是前一个模型最为显著的特征，具体表现在危害行为在网络实施中随机但又匿名的组织性。三是网络利益的形成，网络技术的发展使得网络空间已经成为相对于现实物理空间的"存在"，由此在网络空间中也形成了特殊利益，这类利益直接与人身、财产相关，其中有的与线下利益具有对应性，有的则仅仅具有网络性质，不过，这类利益的主体不会发生改变，就是个人和组织体。四是对网络平台的高度依赖。线下犯罪的实施对中立第三方的依赖并不明显，只有少数犯罪的实施会利用他人的经营行为作为犯罪或者转移犯罪收益的工具，如洗钱犯罪对金融机构的利用；但网络犯罪对第三方的经营行为（通常是网络平台）却是高度依赖的。

目前刑事法理论界也正是看到网络犯罪这些特征，在解释性的研究中，将重点聚焦在网络虚拟财产[②]、中立帮助行为[③]、网络平台责任（主要是对拒不履行网络安全管理义务罪）[④] 等问题的研究，在对策性的研究方面，则聚焦在刑法的扩张方面。[⑤] 不过，总体而言，目前关于网络犯罪的研究，是以传统刑事法理论为出发点或者参照系的，而且集中于以网络为工具的犯罪行为进行研究，且缺乏对证据法和程序法层面的关照，因而研究成果总体上尚不能满足网络犯罪治理的现实需要。本文的目的是，从刑事政策的角度对网络犯罪治理问题提出相对宏观的建议，并尝试以此作为网络刑事法制构建的一个基础性原理。本文认为，在现实情况下，网络犯罪治理以及网络刑事法制的构建，应当重点解决三个基本问题，即（1）如何处理网络治理中规制与刑事惩罚的关系？（2）如何解决信息保护与网络犯罪治理的关系？（3）如何看待并应对网络中的有组织犯罪？本文的论域定位刑事政策的维度进行研究，同时也会对现有刑事法解释理论进行必要的检讨，其目的在于，为形成体系化的网络刑事法制提供理论基础。

---

① 虽然在理论上会有不同认识，但确实是立法和司法实践的逻辑。

② 例如，张明楷．非法获取虚拟财产的行为性质．法学，2015（3）；刘明祥．窃取网络虚拟财产行为定性探究．法学，2016（1）．

③ 例如，于志刚．网络犯罪中犯罪帮助行为的制裁体系与完善思路．中国法学，2016（2）．

④ 例如，谢望原．论拒不履行信息网络安全管理义务罪．中国法学，2017（2）．

⑤ 例如，于志刚．网络犯罪与中国刑法应对．中国社会科学，2010（3）．

二、如何处理网络治理中规制与刑事惩罚的关系

这里的规制，是指政府为确立经济、社会秩序，依据法律或执行行政法规、规章等对个体性行为的限制、约束。① 政府的规制行为在于确立经济、社会的"表面（superficial）"秩序，也就是，它不涉及对社会基本伦理价值等基底性秩序的调整。网络治理中的规制对象，主要是网络运营者，即网络的所有者、管理者和网络服务提供者（《网络安全法》第76条第3项）。

网络秩序的建立，有自发的一面，如网络运营者对网络经营秩序的确立，也有政府主动干预、进行规制的一面，后者对前者也有进一步规制的功能。这两种治理力量，对于网络秩序的构建都具有重要意义，而且网络运营者参与网络治理的重要性，有其明显的优势。当然，如此也带来很多法律上的问题：一是，网络运营者作为服务提供者，其参与治理活动是否有权限制公民的权益，例如，提供信息搜索服务的网络运营者是否有权屏蔽、删除其认为"不合适"的言论、信息？二是，网络运营者为政府提供数据涉及个人信息，是否应当根据正当秩序进行提供，是否应当根据有权机关的合法决定进行提供？② 三是，政府要求网络运营者提供数据的根据应当如何确定，等等。这些问题提出的最终指向，实际上是行政机关与网络运营者在网络治理中的角色与分工问题。例如，就网络安全问题，行政机关多关注国家安全和网络公共安全（例如反恐），而网络运营者多关注网络经营安全。从角色定位上看，两者的功能是互补的，因而应建立良好的合作关系。从目前实践看，大型互联网公司与行政主管部门、司法机关都有着良好的合作关系。从法治的角度分析，这种合作关系本身也要进行规制。

毫无疑问，《网络安全法》就是网络行为规制法，而且该法将网络规制的重点放在了网络运营者身上，并赋予了网络运营者较高的法律义务。例如，该法第47条规定："网络运营者应当加强对其用户发布的信息的管理，发现法律、行政法规禁止发布或者传输的信息的，应当立即停止传输该信息，采取消除等处置措施，防止信息扩散，保存有关记录，并向有关主管部门报告。"该条提供了一个义务性规范，义务主体显然是网络运营者，然而，法律并没有赋予网络运营者具有公法意义上的管理职能，而从该条规定似乎又可以推导出网络运营者具有类似的权限，因为该条使用了"管理"这个带有上下级关系的用语。这就形成了一个矛盾：从法律关系上看，网络运营者与用户之间是民事上的法律关系，并主要是服务合同关系；网络运营者对其用户利用其平台发布、传输信息行为的监管，按照该条规定认为具有管理性质，而网络运营者事实上也就拥有对是否属于"法律、行政法规禁止发布或者传输的信息"的判断权。而且，法律也没有给网络运营者如何判断进行指

---

① 本文中所使用规制的概念，比经济行政法中"规制"的概念要宽泛得多。时延安. 刑法调整违反经济规制行为的边界. 中国人民大学学报，2017（1）.

② 例如，2015年，在美国圣贝纳迪诺发生恐怖袭击案，美国联邦调查局获得犯罪嫌疑人苹果手机，囿于手机密码只得向苹果寻求援助，但遭到拒绝。因而美国联邦调查局以《所有令状法案》（All Writs Act）为依据，通过联邦检察官以美国政府的名义向美国地方法院加州中心区法官申请了一份强制苹果公司协助联邦机构搜查的指令（No. ED15-0451M）。苹果公司在第一时间就提出了救济申请并公开拒绝了该指令，并认为该指令的实质是开设程序"后门"。陈逸宁. FBI 与苹果公司的法律攻防战. 检察风云，2016（9）.

示，设若某用户认为网络运营者"删错了帖子"或者认为侵犯了其言论自由，该用户几乎无法得到法律上的支持。从现实生活看，网络运营者在进行这类"管理"活动中，难免有"误伤"其用户的可能，虽然这种损害可能很小，但仍应有法律上救济的必要性。

当网络运营者违反其网络经营义务时，就要承担相应的法律责任。与《网络安全法》第45条规定相联系，该法第68条第1款规定："网络运营者违反本法第四十七条规定，对法律、行政法规禁止发布或者传输的信息未停止传输、采取消除等处置措施、保存有关记录的，由有关主管部门责令改正，给予警告，没收违法所得；拒不改正或者情节严重的，处十万元以上五十万元以下罚款，并可以责令暂停相关业务、停业整顿、关闭网站、吊销相关业务许可证或者吊销营业执照，对直接负责的主管人员和其他直接责任人员处一万元以上十万元以下罚款。"从法条关系上看，该法第45条意在设定法律义务，而第68条第1款则是惩罚性条款，即当网络运营者违反这一义务时，则应依据该条处罚。不过，这就产生一个问题：根据《刑法》第298条之一拒不履行网络安全管理义务罪规定，如果网络服务提供者不履行法律、行政法规规定的信息网络安全管理义务，经监管部门责令采取改正措施而拒不改正的，致使违法信息大量传播的（第一项），属于构成该罪的情形之一。倘若比较该条与《网络安全法》第68条规定，两者适用界限并不清楚，显然，网络运营者承担刑事责任的效果和承担行政违法责任的效果是不同的，前者会使从事网络经营的公司遭受"灭顶之灾"。当然，从刑法教义学可以给出限制该罪适用的条件，即通过目的解释使该罪适用得以限缩。不过，这条路径为法律实践所认可恐怕着实不易。对此，应在基本法律政策进行思考，并形成法律实践的共识。

这一基本法律政策，主要是确立针对网络运营者的行政规制与法律制裁问题的基本政策。对这一问题处理，要考虑三方面的利益平衡，即如何认识网络运营者、行政机关以及公众三者之间的关系。判断网络运营者是否违法方面，行政机关有权作出判断，不过，这一判断属于行政性的，而该违法行为是否构成犯罪，则应由法院进行判断，即进行刑事违法性的判断。法院进行刑事违法性的判断，则应重点考虑这一违法行为对公共利益的影响程度；如果这一违法行为未对公共利益产生明显影响，或者公众对该违法行为持包容态度的[1]，则不应以该罪进行处罚。其理由在于，该罪属于扰乱公共秩序的犯罪，如果该行为仅仅违反行政机关设定的社会规则的话，还不宜作为犯罪进行处罚；而只有对公共利益造成损害的情况下，才符合立法机关设定该罪的目的。同时，对这类案件处理中刑事政策的把握，还应在刑事政策制定中考虑产业政策。如前所述，对从事经营的网络公司进行刑事处罚，对其造成的影响几乎是毁灭性的，而为维护其"再生"能力，应更多地通过行政处罚手段对其进行惩罚，以使其回归依法经营的轨道。[2]

三、如何解决信息保护与网络犯罪治理的关系

如前所述，网络犯罪就是广义的信息犯罪，是违法行为人通过操控信息来实施的犯

---

[1] 如果涉及侵犯公民个人信息的案件，对公民个人的影响不明显。

[2] 时延安. 非公经济刑法保护应遵循三项原则. 检察日报，2017-03-11.

罪，从这个角度看，信息，尤其是个人信息，是理解和分析网络犯罪的关键。从网络犯罪治理的角度分析，信息保护尤其是个人信息保护，是网络犯罪治理的关键。

对公民个人信息的保护，首先且主要地应当依靠行政法来进行保护。《民法总则》第111条规定："自然人的个人信息受法律保护。任何组织和个人需要获取他人个人信息的，应当依法取得并确保信息安全，不得非法收集、使用、加工、传输他人个人信息，不得非法买卖、提供或者公开他人个人信息。"虽然该条被规定在民法当中，但该条并非典型的民法规范，因为该条是一般性规制条款，且"该法"是指行政法律而非民法。至于公民对其个人信息的占有、使用等，能否作为单独的民事权利加以保护，还需要充分的讨论并理性进行确定。考虑到个人信息及其范围的特殊性，将之单独规定为一种民事权利，会造成法律实践中的诸多困惑，会增加大量的社会纠纷解决成本。况且，在民法上已经特定化的民事权利，如隐私权等，已经能够解决公民对个人信息享有方面基本的利益保护问题。总之，依靠民法保护个人信息，即赋予公民个人以民事权利，通过民事纠纷解决方式来维护公民个人权益问题，并非一个合理适当的选项。

以行政法来规制和保障公民个人信息，就是建立起完备的公民个人信息的保护秩序。目前，违法犯罪分子获取个人信息最终来源主要是具有个人信息采集需要的单位，包括政府机关、企事业单位和各种社会团体。从这个角度分析，为保障公民个人信息安全，政府机关、企事业单位和社会团体应当建立完善的防范机制。对于涉及公民重要个人信息的，应当对这类单位的收集、存储、使用、销毁等设立严格的法律规制；对违反这种规制的行为，应当给予适当的行政处罚，以督促相关责任主体进行改正。对于依靠个人信息经营的企业，如快递公司、电信公司等，相关行政机关应设立严格的审批程序并进行严格监管，并定期进行评估。不过，对于这些单位违反有关公民个人信息规制的行为，应以行政处罚进行惩治，而不宜作为犯罪处理；当然，如果故意泄露公民个人信息且情节严重的，应当根据侵犯公民个人信息罪（第253条之一）定罪处罚。

从实践看，违法犯罪分子获得个人信息来源的方式是多样的。[①] 不过，主要划分为三种类型：一是依靠网络技术，尤其是发现网站漏洞窃取信息；二是通过骗取方式获得信息；三是直接从其他人获得。从目前网络犯罪发展趋势看，网络黑产已经形成较为完善的分工，从事窃取公民个人信息的行为人与从事具有直接被害人犯罪的行为人分别占据网络犯罪的上下游，而开发木马等软件的行为人则占据网络犯罪的最上游。从这个产业链条的上下游关系看，打击网络犯罪的重心就应向前挪移，一方面要严厉打击买卖公民个人信息的行为，另一方面要严厉控制和打击非法开发网络技术的行为。对于这两方面违法行为的监管，需要网络执法机关协同网络运营者进行"全天候"地网络巡查。

---

① 以非法获取公民个人有关银行等支付信息为例，其方式包括：（1）通过在普通POS机中安装能够测录银行卡磁道信息及支付密码的芯片盗取个人信息；（2）利用在二维码总植入木马病毒窃取信息；（3）利用"撞库"窃取个人身份信息；（4）利用手机木马登录他人微信或支付宝账户窃取个人信息；（5）利用从网上下载的抓包软件或手机模拟器等技术手段将交易价格由高改低后支付；（6）利用"伪基站"发送钓鱼网站的短信，实施银行卡盗用、欺诈等犯罪活动；（7）利用"猫池"拨打电话或发送短信获取个人信息；（8）利用"改号软件"冒充公安、检察院、法院或信用卡客服进行诈骗，获取个人信息；（9）利用已植入木马程序的钓鱼网站骗取用户个人身份证、账号密码等；（10）从网上购买的公民身份证、银行卡、手机号码等信息。程琳. 加强个人信息保护 完善互联网金融安保体系. 中国信息安全，2017（8）.

值得特别研究的是，如何看待公司、企业间的数据交换（包括交易）行为？如果公司企业就其自己收集的数据进行交易，一般而言，法律予以禁止是没有正当理由的，从目前实践看，这类交换行为属于正常的市场经济行为。不过，如果公司企业将经授权后取得的数据，尤其是与公民个人信息之间相关的数据进行转让乃至交易，就没有正当性可言，因为已经超出了授权人的授权范围。从维护公民对其个人信息利益角度分析，对这类行为，法律应当予以禁止，尤其是涉及与公民的个人的人身安全、财产安全相联系的信息数据，法律不仅设定较为严格的规制，而且对违反这一规制的行为，要给予严厉的惩罚。此外，目前法律对国家机关、人民团体等单位在公民个人信息保护方面没有规定明确的法律义务，尤其是没有规定，违反这些义务的行为人应承担何种法律责任。对此，立法机关应当考虑对这类单位设定必要的法律义务，当然应区别于从事市场经济活动的公司企业。

四、如何看待并应对网络中的有组织化犯罪

随着网络产业的迅速发展，网络犯罪越来越表现出产业化的特征，即网络将从事不同类型违法行为的人联络起来，并形成产业化的链条，而且网络违法行为的分工也日趋"精细"，各种网络技术、程序、个人信息等在网络空间有着庞大且隐秘的销售市场。如前所述，从事针对具体犯罪活动（即针对具体被害人）的行为人不需要自己开发技术，也不需要自己窃取他人个人信息，而是通过网络"黑市"购买他人个人信息。例如，在网络诈骗案件中，从事非法获取个人信息的犯罪行为与利用个人信息进行诈骗的犯罪行为是分开的，两者完全通过网络进行交易，而不必面对面进行联系。前者对后者如何利用信息并不关心，而后者对前者如何获取信息并不清楚，也不关心。这在"徐玉玉案"中表现得十分明显。[①] 在复杂的网络刑事案件中，这种匿名化的联络方式和更加复杂的分工方式是相伴生的。可以说，在网络环境下，不法行为人进行犯罪联络，并不是通过犯意进行连接的，而是利用经营的方式进行的。

网络犯罪中这种产业化的有组织化犯罪方式，可以用"犯罪协作"一词来进行概括，就是指多个行为人基于产业化合作方式，对某一造成被害人的损害产生影响。对这一现象进行分析，可以发现其具有三个特点：一是，犯罪协作是一种产业化的组织方式，就是每个行为人基于分工处于不同的"产业链条"，每个行为人只是基于其分工提供"服务"，如开发窃取个人信息的技术的人，只负责提供这种技术，并不从事具体的犯罪活动；从事窃取个人信息的人，利用购买的技术（程序）等窃取个人信息而后再行销售，也不从事具体的犯罪活动；实施具体犯罪活动的人，购买信息针对被害人进行犯罪。二是，不同行为人之间的联系属于匿名性的交往，即相互之间并不认识，也不知道彼此的身份，从某种意义上说，处于上下游的行为人之间，更像是一种买卖关系。三是，基本上没有犯意联络，就是说，处于上游的行为人对购买其技术或者信息的人利用其技术从事何种行为，前者是漠不关心的，后者对于前者如何拥有技术、来源也不关心。这种犯罪协作模式，是当前网络

---

① 本案中，杜天禹通过植入木马等方式，非法侵入山东省高考考生信息平台网站，窃取 2016 年山东省高考考生个人信息 64 万余条；陈文辉从杜天禹处买来信息后，对徐玉玉等人实施了诈骗。参见百度百科："徐玉玉案"。

犯罪中最为常见的组织形式，产业化特征和上下游关系是比较清楚的。

这种犯罪协作模式给刑法解释及司法认定带来的问题就是，处于上游的行为人是否要对最下游犯罪造成的结果负责。如果让处于上游的行为人对最终犯罪结果负责，则这种思路是将犯罪协作理解为《刑法》第25条所规定的共同犯罪进行处罚，处于上游的行为人会被视为帮助犯。但将犯罪协作理解为共同犯罪是不妥当的，理由在于，上下游行为人之间并不符合现行第25条关于共同犯罪的规定，尤其是上下游行为人之间没有犯罪意思联络，也就是说，处于上游的行为人不知道最下游行为人最终实施何种性质的行为，也不知道最下游行为人针对哪些人群实施何种性质的犯罪。从这个角度分析，犯罪协作是比共同犯罪更为宽泛的一个有组织化犯罪的概念。当然，从逻辑上看，共同犯罪包含于犯罪协作当中，但不能以共同犯罪的法理来理解和解释犯罪协作行为。对处于犯罪协作关系且不属于共同犯罪中的多个行为人，基于罪责自负的原则，仅就其所实施的行为承担刑事责任，而不能根据共同犯罪"部分行为、全部责任"的法理进行追究。就网络诈骗而言，对针对被害人实施的诈骗行为，应以诈骗罪追究行为人刑事责任；而对于向诈骗行为人提供（包括销售）个人信息的人，只应负侵犯公民个人信息罪的刑事责任。在"徐玉玉案"中，即采取这种处理方式。

《刑法修正案（九）》规定的帮助信息网络犯罪活动罪（《刑法》第287条之二），就应从犯罪协作的角度加以理解。从立法必要性来看，对明知他人利用信息网络实施犯罪而提供互联网接入等帮助的，如果能够按照共同犯罪进行处理，设立本罪就没有必要；立法者规定该罪，从解决司法实践的困境来讲，要降低刑事司法证明的困难，从行为类型的确定方面，立法者显然也注意到了这类帮助行为的特殊性，具体而言，从产业链的角度分析，从事这种帮助行为的人并不知道他人具体是谁、他人实施哪种信息网络犯罪、如何实施、被害人是谁等信息，"他人"也不知道行为人的想法。对该罪进行解释，也要从犯罪协作的角度进行分析，具体而言，对该条中的"明知他人利用信息网络实施犯罪"应作相对宽松的理解：（1）对明知的认定，只要行为人认识到，他人可能实施信息网络犯罪活动即可；（2）这里的"犯罪"，应从实体法角度理解而不是从刑事诉讼法角度（即《刑事诉讼法》第12条）理解，而且，"犯罪"应被解释为，具有社会危害性且符合某些犯罪客观要件的行为。

总之，对网络有组织化犯罪，应从犯罪协作角度加以理解，而不能单纯运用共同犯罪的法理进行分析。对于网络有组织化犯罪的研究，还要重点考虑过失提供网络帮助的处理，例如，对于提供网络技术，既可以从事合法网络经营行为，也可以用于违法网络经营行为的，如果该网络技术本身具有较大的风险性，法律应当为这种技术提供行为设定较为严格的规制，要求其对使用者进行严格的审查；如果网络技术提供者基于重大过失未对使用者进行必要的审查而造成严重后果的，对网络技术提供者的重大过失行为应考虑予以犯罪化。当然，这同样不是基于共同犯罪的法理（因为我国刑法不承认过失共同犯罪），而是从犯罪协作的角度进行思考。

五、代结语：惩治网络犯罪的刑事政策

从目前刑事案件发案率看，暴力犯罪尤其是严重暴力犯罪呈显著下降趋势，而网络犯

罪却在不断上升，换个角度讲，一方面线下世界的犯罪数量在下降，另一方面线上世界（网络空间）中的犯罪数量在上升。在社会总体治安向好的同时，"网络治安"问题却日趋严重，而更为麻烦的是，迄今为止我们还无法估量线上犯罪以及线上线下结合的犯罪的总体规模以及犯罪"黑数"有多少。有人曾戏谑地提出："违法犯罪分子去哪儿了？"可以肯定地说，他们中很多转向了线上犯罪，况且，最下游网络犯罪并不要求行为人具有太高的文化水平。从已经查获的刑事案件看，目前从事网络犯罪的人大多数都是年轻人，而他们又是对互联网"生态"最为敏感也最为得心应手的人群。对于这些人犯罪的刑事责任追究，就涉及宽严相济刑事政策的把握问题。如果从造成的危害后果（尤其是财产损失后果）看，特别是考虑刑罚的一般威慑效果，对这类案件应当予以严惩；而如果从这类人群从事网络犯罪的原因，特别是考虑刑罚的特别威慑效果时，对这类人群又应该予以从宽处罚。对此，综合各种利益考虑，对从事网络犯罪的年轻人仍应当采取轻缓的刑事政策，更多地通过发挥刑罚的教育和预防功能，令这类人群的犯罪人能够迷途知返。

治理网络犯罪的刑事政策，重点是处理好规制与惩罚的关系，其中惩罚部分要处理好行政处罚与刑事处罚的关系。毫无疑问，网络空间需要秩序，因而政府依循法治精神对网络空间、网络行为进行规制。客观地讲，网络空间及网络行为规制还是存在较大欠账的，主要表现在规制思路不适应网络空间规律、规制主体责任不清、规制手段相对落后、对规制可能造成不当干涉合法权利的影响估计不足等等。以在网络上散布宣扬恐怖主义信息为例，法律（主要《反恐怖主义法》《网络安全法》）只是笼统地规定了禁止性条款①及解释性规定，而对发表何种网络言论已经构成宣扬恐怖主义，并没有给予的法律界定，而达到何种程度（即考虑《刑法》第13条规定）构成犯罪②，目前也没有清晰的法律或司法解释的界定。将宣扬恐怖主义的行为入罪是合理正当的，但法律（包括行政法规或部门规章）应当对这类行为的表现进行界定并通过适当的方式向公众提示，也就是说，对公众进行必要的行为引导，进而形成法律秩序；只要严重违反这一秩序的行为，才能作为犯罪进行处罚。

对于网络违法行为，究竟应以行政处罚还是以刑事处罚相威吓，一方面要考虑不同性质处罚之间比例关系的建立，一方面也要考虑规制与刑罚的关系。行政处罚是辅助于行政规制的，简单地说，行政处罚的功能是促使违法行为人认识到法律及秩序进而使之"重回秩序"当中，从这个角度看，行政处罚是行政规制的组成部分。刑罚的功能，虽然也有秩序维持功能，但其主要功能是对犯罪人基于伦理的谴责，进而在一定程度上对犯罪人进行排斥。基于这种考虑，在网络违法犯罪治理当中，就应当充分考虑行政处罚与刑事处罚功能上的差异。例如，对于网络炒信、刷单行为，就应当合理划清行政处罚与刑罚的边界，如果行为人从事这类行为只是为了提高自己经营网上"店铺"的声誉，应视为不正当竞争

---

① 例如，《网络安全法》第12条第2款规定："任何个人和组织使用网络应当遵守宪法法律，遵守公共秩序，尊重社会公德，不得危害网络安全，不得利用网络从事危害国家安全、荣誉和利益，煽动颠覆国家政权、推翻社会主义制度，煽动分裂国家、破坏国家统一，宣扬恐怖主义、极端主义，宣扬民族仇恨、民族歧视，传播暴力、淫秽色情信息，编造、传播虚假信息扰乱经济秩序和社会秩序，以及侵害他人名誉、隐私、知识产权和其他合法权益等活动。"

② 宣扬恐怖主义、极端主义、煽动实施恐怖活动罪（《刑法》第120条之三）的罪状中基本犯没有"情节严重"的限制，但该条应当受到《刑法》第13条的限制。

行为，对其只宜进行行政处罚①；而如果行为人从事这类行为用于欺诈获取他人财物的，才应作为犯罪进行处理。

总之，随着《网络安全法》的施行，以及有关网络治理的法律、法规不断出台，会促使网络空间秩序的形成，并使得网络行为得以规范化。对于网络犯罪治理而言，要妥善处理网络规制与刑事惩罚的关系，明晰网络犯罪的发生、发展规律，着重打击网络犯罪的上游行为，维护公民个人信息安全，如此，可以形成网络犯罪治理的基本秩序。

---

① 例如，新修订的《反不正当竞争法》第 20 条第 1 款规定："经营者违反本法第八条规定对其商品作虚假或者引人误解的商业宣传，或者通过组织虚假交易等方式帮助其他经营者进行虚假或者引人误解的商业宣传的，由监督检查部门责令停止违法行为，处二十万元以上一百万元以下的罚款；情节严重的，处一百万元以上二百万元以下的罚款，可以吊销营业执照。"

人工智能时代刑法归责的走向

——以过失的归责间隙为中心的讨论

储陈城[*]

内容摘要： 随着全面的人工智能时代即将到来，刑法作为回顾性法律，也需要对未来可能产生的风险进行提前性展望。由于人工智能技术的复杂性、裁量的独立性和行为自控性等特点，使得现实中会出现人工智能因过失导致的法益侵害，存在无法归责的空白地带。对此归责上的间隙，目前理论上形成了"机器人刑法"与"传统刑法修正"两套应对方案。机器人刑法虽然在一定程度上会防止技术发展的萎缩，但是在刑法的主体、刑罚正当化和自由意志等方面备受质疑。而传统刑法修正，虽然会保留刑法的本来面貌，但是会导致出现刑法介入过失犯的范围过宽的局面。应对人工智能时代的风险，社会应当在保障技术发展的长远目标的基础上，限缩过失犯的成立，保持刑法的最后手段性。

关键词： 人工智能　过失犯　归责间隙　机器人刑法

一、问题的提出——人工智能领域过失犯中归责的间隙

机械随着人类文明的进程不断地演进。现在，因为电子计算机技术的迅猛发展，任何信息都可以数据化，全球化的互联网络已经形成，在这种技术的发展中，需要有法律的存在。作为机械相关的初期的法律规定，中世纪的矿业法，17、18世纪的制粉法等，工业革命时期，蒸汽锅炉相关的立法也开始出现，比如铁路法的制定，其也成为现今责任法的基础。[①] 目前，机器人技术的进步已经日新月异。不受人的直接操作，独自地根据周围的环境，进行目的指向性行动的机器（自控型或者部分自控型机器）正在走向人类的生活。未来随着机器人技术的进步，机器人将会和人类完全一样自主地进行活动。"自控型"是指机器不受来自人类的指示，有判断的裁量性，并且具有学习和适应能力，使人无法预测其具体的行动。[②]

---

* 安徽大学法学院副教授，早稻田大学客座研究员。

① 参见エリック・ヒルゲンドルフ. 法と自律型機械——問題概説. 冨川雅満訳. 千葉大学法学論集，2016 (2).

② See Mark McKamey, Legal Technology: Artificial Intelligence and the Future of Law Practice, 22 Appeal: Rev. Current L. & L. Reform 45, 58 (2017).

　　当经过了机器人作为人类的道具被使用的阶段之后，接近奇点理论（singularity）的时候，人工智能或者机器人开始脱离人类的控制[1]，将会引发什么样的问题？如果人类是将人工智能作为支配性工具而辅助性地使用的话，出现归责问题时，基本上只要通过现行法及扩张解释就可以应对。因为，此时人类是作为主体进行行动，只不过是将人工智能作为工具而使用，最终的法律效果（权利和义务）都归属于人类，人类也应该承担法律责任。而与此相对，当人工智能发展到近乎奇点理论的时候，人工智能或者机器人脱离了人类控制，现行的法律规则是否能够全面应对呢？

　　当然，无论是依据美国生化学家 Isaac Asimov 曾经提出的机器人三原则[2]，抑或是日本学者新保史生教授所提出的机器人使用的八原则[3]，都绝对禁止故意生产、设计或者使用能够对人类产生法益侵害的机器。比如远程操作型的机器就会产生这样的一般性问题：即因为该机器是远程操作，即便是遭到反击或者逮捕，也不会受伤，因而这种机器可能会被人类恶意使用作为抢劫银行的工具。即便没有恶意使用到那种程度，也可能会通过远程操纵而破坏他人财物。还可能会因为网络线路的故障，导致指示传达的滞后，并出现射杀和意图的对象不一致的其他结果。[4] 对于设计、生产和使用这种机器人的主体，因为机器只是人类实施犯罪行为的工具，即便该机器人是自控型的，也可以利用和解释间接正犯理论来对具体人进行归责。然而，在人工智能时代，刑法适用中成为问题的是过失犯领域，往往会出现归责的间隙。

　　以德国刑法学者约尔登教授曾探讨的莱茵河案为例：在浓雾当中，导航向正在与莱茵河流向呈平行线行驶的汽车驾驶员发出指示，让其向右转弯。已经 50 岁左右的驾驶员听从该指示向右转弯，使得自己和汽车一齐飞入到莱茵河当中，致使驾驶员和同乘的乘客溺水死亡。导航大概是想让驾驶员更容易地改变行驶路线，而在此处并没有横跨莱茵河的大桥存在，要想到达对岸必须要通过船运才可以实现，认识到这一点实际上并不困难。但是因为有浓雾，驾驶员没有注意到，甚至都没有踩刹车就跌入到莱茵河当中。[5] 关于此案，当该导航只是普通的电子产品的时候，对于驾驶员和乘客的死亡结果，可以考虑追究导航制造者的刑事责任。其原因是，制造者可以预见到发生这种死亡事故的发生。另外，制造者应该能够预见到，导航在指示道路变更时，在有大雾等例外状态中，会给驾驶员错误的指示的可能性，这样或许可以通过程序设计来回避错误指示的出现。也可以通过设计程序，让驾驶员在航道前停车。但是，如果该导航具备人工智能的属性，通过设计者和生产者的初始设计，设定了行动目标后，该导航系统摆脱了人类的控制，根据自己的判断进行

---

　　① See Legrand, Pierre, On the Singularity of Law, 47 Harv. Int'l L. J. 517 (2006).

　　② 第一条：机器人不能对人类产生危害，且不能因为忽略这种危险，而导致危及人类安全；第二条：机器人必须要服从人类所发出的命令，但是，所发出的命令如果违反第一条的话，不在此限；第三条：机器人只要在不违反前两条规定的前提下，必须保护自己。See Pittman, Spencer C.；Mwafulirwa, Mbilike M. Autonomous Vehicles and the Trolley Problem；An Ethical and Liability Conundrum, 88 Okla. B. J. 1719 (2017).

　　③ 这被称之为"新保试案"：第一，人类优先原则；第二，服从命令原则；第三，保护秘密原则；第四，限制利用原则；第五，安全保护原则；第六，公开透明性原则；第七，个人参加原则；第八，责任原则。新保史生. ロボット法新 8 原则. 時の法令, 2017（2·3）.

　　④ スザンネ·ベック. グーグル·カー、ソフトウェアエージェント、自律的武器システム—刑法にとっての新たな挑戦?. 根津洸希訳. 千葉大学法学論集, 2017（3·4）.

　　⑤ ヤン·C.·イェルデン. ロボット工学の刑法的諸観点. 今井康介訳. 千葉大学法学論集, 2016（2）.

学习、适应。此时，该智能型导航因为错误导致驾驶人员死亡的案件，又该如何处理呢？[①]

二、可能的解决路径——德国刑法学界的争议

关于刑法应该如何回应上述归责上的间隙问题，对此，德国学者已经分成了两派观点。第一种是对刑法中已有的概念进行修改、完善，开辟出刑法对机器人适用的可能性。这一派观点的代表性学者是希尔根多夫教授。第二种则是直截了当地否定刑法对机器人适用的可能性，强调刑法的人类中心主义，试图通过对现行刑法理论的解释、修正予以应对。这一派的主流学者是贝克教授和约尔登教授。

（一）机器人刑法之倡导

行为、归责、责任这样的概念，一直以来都是不可侵入且不可变化的，被认为是无法适用于机器的。即便机器是自主地进行活动，但是因为该活动不属于刑法当中的行为，则对机器进行责任归属，或者认定责任都不具有可行性。[②] 希尔根多夫教授认为，这样的立场是将机器人所惹起的损害，让机器人自身承担责任的可能性，先验地予以完全排除。但是，认定人类和机器人之间的差异是否存在何种理由呢？对于人类所适用的概念用于机器人时，犹豫不前，难道不是人类固执地认为"我们人类是独一无二的存在"所导致的吗？[③]

一般的语法当中，记号的意义并不是使用者单方所规定的，重要的是概念的接受者该如何理解。换言之，语言的共同体和解释的同一性就是记号的意义所在。[④] 但是，即便是在同一的语言共同体中，也会出现同样的语言表达不同的意思的情形，语言用法不明确的情形并不少见。因此，明确概念的方法还必须要进行摸索。赋予概念明确意思的第一种方法就是注释。所谓注释，是对某个概念的意思进行具体化，对该概念的各个标准进行分析。比如刑法当中将"夺取"这一概念，注释为"侵害他人的占有以及确立新的占有"[⑤]。与此相对，第二种方法是定义。定义，不管是在使用不明确的语言的时候，还是在通过定义来赋予语言新的概念的场合，都会使用到。通过定义可以设定占位词（Platzhalter），将冗长的表达予以简略化（省略功能）。比如：《德国刑法》第 11 条第 1 项第 1 号当中所规定的内容："本法律中的意义中，1. 所谓亲属是指：（a）直系血亲、直系姻亲、配偶、订婚者、兄弟姐妹、兄弟姐妹的配偶以及配偶的兄弟姐妹；婚姻已经不复存在的场合，或者

---

① 这样的案件已经不再是个例，曾经有过多起机器人错将附近的人类误认为是安全威胁，而通过程序处理，导致人类死亡的案件。See Yueh-Hsuan Weng, Chien-Hsun Chen ＆Chuen-Tsai Sun, Toward the Human-Robot Co-Existence Society: On Safety Intelligence for Next Generation Robots, 1 INT. J. Soc. ROBOT 267, 273 (2009).

② 国内相关论述，参见马克昌. 刑法中行为论比较研究. 武汉大学学报（社会科学版），2001（2）；杨开湘，蒋凌申. 自动柜员机刑法意义新探——基于对最高人民检察院司法解释的分析. 东方法学，2009（4）；陈忠林，梅锦. 论人格在定罪中的运用. 现代法学，2012（6）；等等。

③ エリック・ヒルゲンドルフ. ロボットは有責に行為することができるか? —規範的な基本語彙の機械への転用可能性について—. 伊藤嘉亮訳. 千葉大学法学論集，2016（2）.

④ 陈波. 语言和意义的社会建构论. 中国社会科学，2014（10）；黄涛. 走向语言的共同体——对于当前法哲学的语言学转向的一点思考. 语言战略研究，2017（5）；等等。

⑤ 山中敬一. 刑法各論（第3版）. 东京：成文堂，2015：296.

血亲关系、姻亲关系消灭的时候，也是亲属。（b）监护人和被监护之子女。"①

定义，并不是表述意思，而是通过规定来确定语言新的意思。因此，定义没有正确和错误之分，只有相当性（合目的性）程度的差异而已。这样的话，语言的意思就不是不可变化的。也即，语言是在历史的过程当中不断变化的，可以通过定义来改变其意义，可以赋予语言全新的内涵，而且，正是在法律领域，通过新的解释，使得概念适应需求的变化，并使该变化不断地延续。

如斯，行为、责任这样的基本概念并非只限于人类。比如民法和刑法上，存在法人的概念，因而作为责任主体的人的概念，并非没有扩张的可能性。② 既然可以将行为、归责、责任等概念，扩张到法人领域，自然将其也用于机器人的可能性就无法完全被否定掉。现在的语法绝非不可侵的，而是可以予以变更的。一般的语法在历史的流程中不断地变化，而在专门领域当中的语法，可以通过应使用专门语法之目的，而创设出来的定义进行修正。

第一，关于机器的行为，希尔根多夫教授认为，行为被理解为通过意思而被控制的举止，至少，机器人在外观上看起来像是自己进行的举动。但是，确实机器人会四肢动作、发出语音，对周边环境施加影响等，但是还不能明确地说这些举止是基于意思进行的控制。这其中的"意思"更可能是对机器进行程序的人或者使用的人的意思，这样的话，就会将机器的举止归属于机器背后的人，而不是机器本身。要提出"机器行为"这一概念，就必须要在机器自身当中找到和人类意思完全相当的意思，这里往往会想到控制机器的程序。最为简单的程序是，按照"遇到什么场合→做什么动作"这样的组合来进行设计，机器人在 A 状态中，就会做出 A 动作，在 B 状态中，就会做出 B 动作。这样可能会妨碍机器基于意思而控制举止的可能性了。鉴于人类原则上也是按照一定的规则，或者根据该规则的指引，来选择行为举止的，这样的话，人类和机器进行对比，将机器基于程序而进行动作，表述为"意思控制"也具有可能性。

但是，这一类比并没有考虑"自由意志的问题"。自由意志当中，以"人类不能（完全地）决定自己的举止，和能够自由决定"为前提，这一命题在刑法当中尤为重要。当然，在实务当中，对于意思自由的结论是保留的。法官只关注否定意思控制的要件，比如无法抵抗的强制。这样的话，机器人的行为也可以做同样的评价。也即，机器也有行为能力，只需要在无法抵抗的强制这样的因素存在时，否定行为即可。③

第二，关于对机器的归责。希尔根多夫教授质问，只有自然人才能成为责任主体吗？民法上的企业能够承担责任已经被予以认可了，另外，考虑到很多国家甚至已经认可企业可以承担刑事责任④，那么自然人以外的主体承担责任是可能的。原理上，肯定人类以外的非人类主体承担责任是法律的自由范畴。因此，至少在概念上，肯定机器人的责任并没

① エリック・ヒルゲンドルフ．ロボットは有責に行為することができるか？ 一規範的な基本語彙の機械への転用可能性について一．伊藤嘉亮訳．千葉大学法学論集，2016（2）．

② 夏井高人．アシモフの原則の終焉——ロボット法の可能性．法律論叢，2017（4・5）．

③ エリック・ヒルゲンドルフ．ロボットは有責に行為することができるか？ 一規範的な基本語彙の機械への転用可能性について一．伊藤嘉亮訳．千葉大学法学論集，2016（2）．

④ 樋口亮介．法人処罰と刑法理論．東京：東京大学出版会，2009：1~137．

有什么问题。另一方面，承认责任的法律效果会怎么样，则成为问题。机器人因为没有财产，所以不能判决机器人承担损害赔偿。但是，这一问题可以通过如下途径解决，比如对于机器人的使用者，为了使得机器人能够附着损害赔偿的义务，需要强制性购买保险这样的法律义务。或者法律规定，在使用每个机器人的时候，必须向银行账户中转入一定的存款，万一发生机器人损害赔偿的时候，可以从中支取。①

第三，关于机器的责任能力，希尔根多夫教授认为，要承认刑法上的追责，不仅需要行为能力，还必须以责任能力为前提。责任一般被解释为"非难可能性"，1952 年德国联邦最高法院的判例当中就意思自由做出如下判解："通过责任这样的无价值评价，行为者可以采取遵从法律的举止，尽管能够选择适法的决定，却没有采取合法的行为，转而决定选择不法，就能够被非难。责任非难的内在根据是，人只要道德已经成熟，只要这种自由且道德地决定自己行为的能力，没有因为病理原因暂时性或者长时间地受阻甚至丧失，那么就视为具有自由、有责且道德地进行决定的能力，因此可以选择适法行为，抵抗不法行为，使得自己的举止作为法律所允许的合规范行为，回避法律所禁止的行为。"②

因此，德国联邦最高法院就意思的自由持如下立场："人只要没有被病理所困扰，就可以在合法与非法、善与恶之间，自由地抉择。"这种意思自由是责任刑法的本质性要素，在现今德国刑法领域广受支持。基于这样的背景，初见之下，似乎无法肯定机器人的责任。但是，21 世纪的脑科学研究，对意思自由产生了质疑，法学又恢复到将意思自由视为是一种拟制的立场。③ 如果意思自由只是一种拟制的话，那么这种拟制不就有扩张适用到机器人身上的可能性了吗？拟制不是反映现实，有的时候甚至是和现实相反。拟制是基于合目的性这样的观点而被提出的，所以将机器人的自由意志作为一种拟制予以引入的话，也只有在满足实际生活的必要性时，才具有可能。但是在目前，这种必要性还无法获得认同。和人类的处罚相类比，考虑对机器人进行"处罚"，比起法学来说，更像是科幻的主题。要想变更机器人的举止，虽然最简单的方法是更改程序，但是，必须因为有自行学习的系统，而使得程序更改无法奏效的时候，就需要讨论能够使得机器举止发生变化的"危险补充"。但是，为了应对这种"危险补充"，并不需要多重意义的刑罚。

然而在法学上，实际上意思自由并没有那么重要的意义。行为者的责任，只要满足：（1）责任能力；（2）特别责任要素（比如《德国刑法》第 315 条 c 所规定的道路交通危险罪中的中的鲁莽要素）④；（3）责任过失、故意；（4）不法的意识；（5）免责事由不存在；就可以予以肯定。这其中完全没有涉及意思的自由问题。这可以说是德国刑法中的实际主义（或者即物主义），将意思自由这种形而上学的问题置于考虑的范围之外。因此，只要机器具备上述 5 点要件的话，就可能认定机器人的责任。这样来看的话，可能会有人批判认为，机器实际上并不具有理解所为不法的能力，不可能进行实际的无谋行为。但是，对

---

① エリック・ヒルゲンドルフ. ロボットは有責に行為することができるか？ —規範的な基本語彙の機械への転用可能性について—. 伊藤嘉亮訳. 千葉大学法学論集，2016（2）.

② Vgl. Andreas Matthias, Automaten als Träger von Rechten. Plädoyer füreine Gesetz änderung，2008.

③ 国内相关研究，参见谢望原，邹兵. 论期待可能性之判断. 法学家，2008（3）；汉斯-海因里希·耶赛克. 德国与奥地利刑法中责任概念的流变. 陈金林，译. 刑事法评论，2011 年第 1 辑，转引自陈金林. 刑罚的正当化危机与积极的一般预防. 法学评论，2014（4）；等等。

④ 李圣杰，等，译. 德国刑法典. 台北：元照出版公司，2017：398.

于这种批判，第一，即便是人类，这种所为的"实际上"到底是什么意义，并不明确。第二，适用上述词汇的时候，只是被单纯的拟制，那是基于实务上的理由而被引入的，并不需要实际地阐明内在的、心理的状态。

总而言之，希尔根多夫教授认为行为、责任等概念可以用于自控型的机器身上。这些概念运用到机器人领域只要有必要，就可以在法律的框架内，基于扩张解释来对这些概念进行必要的修正。虽然会出现形而上学的难题，但是意思自由这样的问题，在实务上几乎无须有所顾虑，而且人类的自由，对于国家来说也只是必要的拟制而已。基于上述的原因，对于机器人可以认定行为、归责和责任。

（二）传统刑法修正应对

约尔登教授是反对机器人刑法的典型代表，他认为关于用何种方法来判断对机器人的决定是否应承担责任的问题，可以通过承认法律中的自由行为起到何种作用这一观点来解释。这一讨论虽然也在脑科学和哲学中被提出，但是重要的是，从法律的角度来看的情形、从生活实践中所见的情形，以及将来所见的情形。其认为，自由行为为法律所认定，是被告人从国家那里获得作为主体的资格。因此，行为尚且不自由的情形下，比如法律视野下的儿童那样，只能作为国家的客体予以对待。约尔登认为人类的尊严、责任、有责性等概念如果没有自由的概念的话，就没有任何意义。人类是基于自由的决定而遵守规则的。而机器人的自由观念和人的自由是无法相容的。[①]

那么通过传统的过失犯论，应对自控型的机器人所产生的归责问题，会产生很多难题。因为要想成立过失犯，必须要有对注意义务的违反和对危险的预见可能性。

而现在，机器人工程学当中，注意义务划定的参考标准几乎不存在。界定注意义务的大致标准是作为工业标准的 ISO 标准，或者是 DIN 标准。在使用这一标准的时候，必须要注意一些事项。[②]

第一，这些标准都是非国家组织所制定的民间标准，未必和刑法上的注意义务标准相一致。因为刑法也保护部分的社会道德，和民间标准所要保护的利益并不完全一致。因此，即便是遵循民间标准，也有可能会构成过失犯。刑法和民间标准的保护目的之不同的一个例子是，刑法中所谓的"伤害"概念。按照 DIN 标准，和机器人一起作业的人受伤的话，如果该受伤没有出现出血的情况，那么应该忍受身体侵害的危险，如果出现出血的话，则不需忍受该危险，也即违反了该标准。但是，刑法中的伤害的概念不以出血为必要，只以身体是否有重大伤害作为区分标准。

第二，因为民间标准是非国家组织所制定的，所以其制定的标准缺乏民主主义的正当性。这是因为，在制定标准的时候，参与制定的委员的选任方法、标准的起草以及最终采纳的方法等，都不甚明确；而且，甚至和该标准相关的领域专家都完全没有参与。

尽管有上述的疑问之处，但是实务界仍然对民间标准有着很大的依赖性。正是由于民

---

① Jan C. Joerden, Strafrechtliche Perspektiven der Robotik, in：Eric Hilgendorf/Jan-Philipp Günther（Hrsg.），Robotik und Gesetzgebung（Robotik und Recht Bd. 2），2013，S. 195ff.

② スザンネ・ベック. 過失解釈における民間規格の意義. 谷井悟司訳. 比較法雑誌，2016（2）.

间标准有着这种官方的印象，很多学者和制造商认为，只要遵守民间标准，就不会有法律上的问题。如果，开发者所设计的机器人对他人造成伤害，该开发者确信"只要遵从民间标准的就没有问题"的话，虽然该确信对于认定注意义务的违反没有影响，但是有可能会否定他们的违法性意识。

成立过失犯的第二个要件，需要有对危险的预见可能性。在利用自控型的机器人的时候，总觉得该机器人可能会造成某种损害，这很容易能够想象得到。比如，自动驾驶的汽车①、军事机器人②等都是比较好的例证。但是，对具体的结果预见、因果经过的基本部分等的预见，几乎不可能。③ 这是因为，自控型机器人有学习和适应能力，使人无法预测机器人的具体行动。刑法上所要求的预见可能性，需要对该具体事实以及和因果关系相关的具体预见可能性，那么这就无法对机器人的（设计者）等肯定其预见可能性。另一方面，如果将预见可能性理解为"大概可能会对人造成危险"这样的抽象的预见可能性的话，这显然会使得过失犯的范围变得过于宽广了。

除了通过传统的过失犯理论来解决有上述困难之外，自控型机器人领域的刑事案件的问题之复杂性，还远不止如此。这是因为，机器人大多数都是在和人类打交道。也即，机器人的过失行为的原因，是因为设定机器人学习和适应的程序设计者的行为导致的，还是因为制造和贩卖的人导致的呢？抑或是进行训练和调整的利用者的行为呢？这调查起来非常困难，认定谁拥有多大程度的过失，可以说是几乎不可能完成的任务。

作为这种情况下的责任分配的方案，能够考虑的大概有以下四种方法：（1）相关主体当中的一人，比如利用者独立承担责任。（2）相关主体当中，只由能够通过证据证明，存在过失的人承担责任。（3）和机器人相关的所有的人，理解为一种新的法律人格，由这种新的法律人格来承担责任。（4）可以将机器人视为对社会来说重要的存在，因此由机器人所产生的危险性、责任性应由社会全体来分担。这些解决方案的背景是，因机器人的利用而受益者，对于机器人的过失而应该被课以金钱或者刑法上的制裁，机器的行为应该归责于受益者。即使这种机器的行为超过了正常人的预想。但是，在机器人的体系当中，对过失行为、损害赔偿进行追责不是问题的所有。刑法本是只有回顾性的对犯罪进行非难的机能，并不具有对这种现代性风险进行包括性控制的导向。

针对上述复杂问题，能够想到的解决对策之一，是对过失概念的修正。以下是这种修正过失犯论的核心。

这种修正的过失犯论当中，最初危险的抽象预见可能性，不能成为刑法中责任的标准。这是因为，汽车、核能发电等，虽然统计学显示具有危险性，但是广泛地被社会所接受。④ 因此，要侧重于设定注意义务的基准，这种注意义务的基准不应该用民间标准或者刑法以外的规定。如前所述，民间标准和刑法以外的规定，衡量比较某种行为的优缺点，这样的规范未必和刑法规范的保护目的不一致。因此，这种利益衡量无法直接用于划定注意义务的标准。机器人的有用性和机器人所拥有的危险性衡量以后的结果，尚能够为社会

① 小林正啓. 自動運転車の実現に向けた法制度上の課題. 情報管理，2017（4）.
② 岩本誠吾. 致死性自律型ロボット（LARs）の国際法規制をめぐる新動向. 産大法学，2014（3・4）.
③ 小田直樹. 過失の問い方について. 神戸法学雑誌，2013（2）.
④ 古川伸彦. 刑事過失論序説——過失犯における注意義務の内容. 東京：成文堂，2007：231～234.

所接受的话，就应该在"可容许的危险"的范围内进行。

在过失责任分配的时候，重要的要素是"信赖原则"。根据信赖原则的规定，所有的人原则上都可以信赖别人进行合法行为。[①] 在机器人的体系当中，比如自控型机器人侵害人类法益的时候，只要设计者、贩卖者、利用者相互之间可以期待适法行为的话，任何人都不承担责任，只有没有实施被期待的合法行为的人，承担侵害结果的责任。这样来看的话，责任分配的结果要么是谁都免不了责任，抑或是谁也无法被证明有责任，则谁都无法被处罚。

但是显然这又会产生新的归责空白，为了填补上述责任上的空白地带，也有观点指出让利用者完全承担责任，此时，除了程序设计、制造时存在明显的构造上的缺陷，否则我们让机器人代为实施的行为造成的损害，均由利用者来承担责任。但是，这样的归责结果很难被接受。因为我们将判断转移给自控型的机器人，让机器人代为行使，就是让人类从判断的负担中解放出来，也即，是为了减轻人类的负担。[②] 如果即便将判断转移，机器人的行为又必须由利用者来承担责任的话，那么结果是人类的负担并没有实质地减轻。比如长距离的运输当中，利用机器人来进行自动驾驶的时候，虽然是将路线和速度调整等都交给机器人代为决定，但是如果因机器人判断失误，而导致出现事故的时候，由利用者来承担事故责任的话，则利用者必须不能休息，一直注视着机器人的驾驶，那么这显然需要利用者付出和自己驾驶同等程度的注意义务。那么，这种归责方式显然和使用自控型机器人的意义本末倒置了。这样的话，与其为了避免责任上的空白地带而采取上述不当归责方法，还不如让社会容忍这种归责空白地带。[③]

三、人工智能归责间隙的刑法应对

（一）对机器人刑法的回应

机器在运转的时候发生的侵害法益之行为，能够对机器追究刑法上的责任吗？或者说，机器应该承担责任吗？当计算机出现崩盘的时候，导致数据丧失，计算机的所有者基于愤怒，可能会对计算机施加私人的"处罚"，但是国家能够基于刑事程序，对计算机施以国家层面的刑罚吗？希尔根多夫教授将刑法中的行为、归责、责任等概念进行分析，认为概念存在的重要性，需要考虑语言共同体当中的合目的性，得出也可将时至今日只能适用于人类的刑法概念体系，扩张到人类以外的实体当中的结论，进而创造出机器人刑法的概念。确实，在不久的将来，机器极有可能在没有人介入的情况下，进行决断实施某种行为。此时，根据机器所遵守的原则，可能并不是在制造过程当中所确立的，而是在其实际运转过程中发生变化的原则，并且机器会根据自身需要进行变更所遵守的原则。也即，人

① 西原春夫. 交通事故と信頼の原則. 东京：成文堂，1969：13～14.

② See Scherer，Matthew U. Regulating Artificial Intelligence Systems：Risks，Challenges，Competencies，and Strategies，29 Harv. J. L. & Tech. 353 (2015—2016)；金冈京子. 自動運転と民事責任：自動運転と民事責任をめぐるドイツの状況. ジュリスト，2016 (1501).

③ スザンネ・ベック. インテリジェント・エージェントと刑法—過失、答責分配、電子的人格. 根津洸希訳. 千葉大学法学論集，2017 (3・4).

类开始对机器失去控制时，机器在运转过程中所产生的法益侵害结果，到底由谁来承担，就成了刑法上的空白地带，那么机器人刑法似乎成了必然结论。[①] 如果不让人类来为机器的行为买单，机器人真的有为自己行为承担责任的可能吗？

根据希尔根多夫教授的观点，创设机器人刑法，可以通过对现行概念进行修正，扩张适用到机器人领域。通过对自然人设定经济义务，让机器人在被追究刑事责任时有财产可供（罚金）执行。这种观点并非没有任何意义，一方面使得遭受机器人过失侵害的被害者有获得救济的途径，能够缓解因机器人过失侵害无法受偿所导致的社会恐慌和不满；另一方面，通过对机器人进行处罚，虽然实际上是由自然人实际负担经济责任，但是却实现了罪"刑"分离。也即虽然设计、生产、销售和使用机器人的自然人可能会因为机器人的过失侵害，实质背负罚金刑，但是因为不是犯罪主体，所以不会因为机器人的过失行为，而被认定为犯罪。这会极大减轻自然人设计、生产、销售和使用机器人的刑法成本，在过失犯领域，将自然人本应承担的刑事责任实质转化成为了只承担民事赔偿责任。考虑到刑事责任成本过高，会导致对技术创新造成萎缩效果，故这一观点能够保障人工智能技术的发展。

尽管如此，批判机器人刑法观点的声音不绝于耳。创设机器人刑法的概念，第一个反对的声音来自于刑法是只以人作为规制对象的传统刑法观念。这一观念也被称为"刑法人类中心主义"[②]。基于这一观念，国家发动刑罚的对象则必须是人类。确实，刑法典当中对此并没有明确规定，但是大部分的规定都内含着"实施……的人"这样的用语，从中可以看出刑法所针对的对象也是人类。

诚然，纵观人类刑法的历史，直至启蒙时期，在刑法秩序当中确实存在着很多非人类的实体，也即刑法曾经经历过并非完全以人类为中心进行建构的时期。所谓的非人类的实体，包括动物或者物体。比如曾经有刑法规定可以对作为犯罪发生场所的建筑物，或者行为人所住过的房屋进行销毁，即所谓的废墟化。另外，还存在一种口袋之刑，即将罪犯和动物一起装入袋子，沉入河中溺死的刑罚。[③] 甚至还存在对物或者动物进行裁判的刑事制度。但是，这种非完全以人类为中心主义的刑法，已经在启蒙时期到来之后基本消失。其后，刑法迎来了专门以人类为中心的时代。这里所言的人类，是指作为拥有自由地进行行为的能力，且有理性的先天能力的个体。换言之，即作为被课以需要遵守法律的义务的国家市民的人类。这样的话，动物或者其他物体已经不再能够成为刑法规制的对象，这是因为，动物或者其他物体不具有自由和理性的能力，而且，动物也不是国家中的市民组成。刑法进入人类为中心的时代，标志着刑法文明的巨大进步。

针对机器人刑法的第二个质疑是，目的能够将所有的手段都正当化吗？即对机器施以刑罚制裁，无法获得承认。

即便现代刑法又返回到了非完全以人类为中心的时代，刑法可以规制机器人的行为，

---

① Vgl. Andreas Matthias, Automaten als Träger von Rechten. Plädoyer für eine Gesetzänderung, 2008.

② 姜敏. 系统论视角下刑法修正案犯罪化限制及其根据. 比较法研究，2017（3）.

③ Eric Hilgendorf, Können Roboter schuldhäft handeln, in: Susanne Beck (Hrsg.), Jenseits von Mensch und Maschine, Ethische und rechtliche Fragen zum Umgang mit Robotern, Künstlicher Inteligenz und Cyborgs, 2012, S. 119ff., S. 125.

那么对于机器该如何施以刑罚呢？

对此，有的学者认为，可以对机器人进行再程序化或者重新设计，即认为机器人和人类不同，机器的制造者可以将机器人的程序信息全部抹掉，将其恢复到和最初出厂时完全一样的状态，然后，机器人就可以重新按照最初的程序来决定和定义自己的行为了。因此提议将机器予以再程序化融入刑法的刑罚制度体系中去。① 这种刑罚的设置和当前的刑罚体系格格不入。以德国刑罚体系为例，其主刑包括自由刑和罚金刑，而再程序化的处罚和这些刑罚无法相适应。通过对机器人予以再程序化，显然无法达到自由刑那样的限制行为自由的效果；同样机器人没有财产权，通过再程序化也无法强制机器人支付罚金。

那么是否可以将再程序化单独列为一种独立的刑罚呢？作为再程序化的对象的是机器的"身体""生命"或者"人格性"，如果将机器人作为和人类等同的人格主体的话，则针对这三者的处罚，都是为现代刑法所排除的刑罚手段。针对机器人的再程序化这样的刑罚设置建议，实际上相当对针对人类的生命刑、死刑以及身体刑。换言之，机器人刑法是以将机器人视为与人类拥有同等程度的自控性人格为前提。对机器人实施再程序化，就相当于对人类实施脑白质切除术，以强行改变人格的不可逆性一样，对被承认具有人格的自控型机器人，也就不能实施强制变更其内置程序。再程序化应该和人类死刑一样被禁止。

反对机器人刑法设立的第三个核心论点来自于机器人刑法所主张的自由意志。诚然，自然人的自由意志也不过是一种虚拟，这种观点为很多学者所认同并主张。比如有学者提出"自由意志和他行为的可能性，完全无法证明"，将自由意志理解为规范的要求。② 井田良教授认为，作为为确定责任的有无和程度的基准的自由和可能性，并不是经验性事实，而是规范的要求或者假设。③ 高桥则夫教授则主张，"责任并不是作为实体的责任，甚至可以说一种社会的虚构。""没有这种社会的虚构的话，社会就无法存续，结果、责任和刑罚，如果没有将自有意思假设作为前提的话，也会成为无法存续的制度。"④ 但是，即便自然人的自由意志是基于规范的要求，而做的法律之虚拟，也不能直接肯定机器人的意思之自由也是法律之虚拟。正如佐伯千仞教授所指出的那样，刑法上的责任和意思自由即便是一种拟制，"那也是在社会生活的现实中有基础的，绝不是被架空的"⑤。自然人由于存在一定的社会基础，才能够允许将自由意志进行假定的话，那么机器人的责任和自由意志的假定，也必须要求有同样的社会基础。

但是，到底容许自然人自由意志的社会基础是什么呢？增田丰教授作出这样的批判："通过作为国家拟制的自由，对行为人归属责任的非难，对行为人课以刑罚的构想，大概不会得到我们相互之间主观的承认，也无法获得正当化。"认定对行为人进行责任归属，必须要具备"为追究责任的相互主观的、交流的条件"。也即，"作为责任非难基础的自由，即便是习惯性的存在，社会的、文化的构成，也必须是先于国家拟制，相互主观所构

---

① Vgl. Andreas Matthias，Automaten als Träger von Rechten. Plädoyer für eine Gesetzänderung，2008.

② 内藤謙．刑法講義総論（下）Ⅰ．东京：有斐閣，1991：786.

③ 井田良．講義刑法学・総論．东京：有斐閣，2008：358.

④ 高橋則夫．刑法総論（第3版）．东京：成文堂，2016：334.

⑤ 佐伯千仞．刑法における期待可能性の思想（下巻）．东京：有斐閣，1949：614.

成的现实。"① 总而言之，追究责任的一方和被追究责任的一方要处于相互对等的立场，也即，相互立场的交换可能性是责任（以及自由意志）的前提。进一步来说，处于对等位置的人，基于共同认识，来决定自由的意思，才能够将此作为拟制予以假定。那么，讨论机器人的责任、自由意志的前提条件，也即追究责任的一方（自然人）和被追究责任的一方（机器人）需要被认定具有对等性。然而，至少在目前，我们人类和机器人之间的主观交流和探讨的基础尚不存在。因此，自然人状态下，承认将自由意志予以拟制，这一理论原封不动地导入到机器人领域，尚不可行。

（二）传统刑法修正应对的评价

自控型机器人的行为是无法进行预测的，所以具体的预见可能性是无法被认定的。因此，承担过失责任的话，只以注意义务违反作为要件。对于该机器人，负有注意义务的人承担责任，只有被证明违反了注意义务的人，才能承担过失的罪责。如果没有证据证明任何人有注意义务的违反的话，虽然会出现责任的空白地带，但是鉴于刑法的谦抑精神，应该将这种空白地带让社会全体来予以承担。

我国刑法学中的过失论是从苏俄引入的，其特点是以法条关于过失犯罪的规定为中心进行注释性论述。随着将过失的本质确立为违反注意义务，我国的过失理论最终完成了从苏俄刑法学话语到德日刑法学话语的转变，由此而使我国刑法中的过失理论获得了生命力。在过去三十年间，我国对过失犯的研究从以法条规定为中心到以违反注意义务为中心，经历了一个过失犯理论的全面提升。②

那么日本的过失犯到底是怎样的现状？日本学者认为，日本的判例对于过失责任的要件，虽然要求预见可能性，但是也并没有要求达到具体的预见可能性，只要对"因果关系的基本部分"有预见的话，即以足够。③ 所以最后的问题是，在日本的判例当中，什么是"因果关系的基本部分"？什么是预见可能性的对象？

日本的判例，预见可能性的对象被理解的范围相当广。比如，没有认识到车辆货架上有人，而驾驶车辆，因为超速导致无法操纵，进而冲撞到信号柱，使得货架上的人死亡的案件中，日本最高裁判所认为"对于鲁莽地驾驶车辆会导致人的死伤等交通事故，这是应该能够予以认识的"，因此认定被告人成立业务上过失致死罪。④ 另外，在最近的判例中，在以前经常发生塌陷的人工沙滩，在新的其他地方发生了塌陷，被害人因为掉进陷坑死亡。作为市政府职员的被告人被认定，因懈怠而存在过失。相关的判例肯定过失时，要求必须有预见可能性，其预见对象是"因果关系的基本部分"，只要能够认识到该人工沙滩的其他地方以前曾经发生过大规模的塌陷，那么就能够预见对人的生命的危险，这就足以驱动（被告人）采取充分的结果回避措施，因此认定成立业务过失致死罪。⑤

---

① 增田豊．規範論による責任刑法の再構築——認識論的自由意志論と批判的責任論のプロジェクト——．东京：劲草书房，2009：477～478.

② 陈兴良．过失犯论的法理展开．华东政法大学学报，2012（4）.

③ 札幌高裁昭和 51 年 3 月 18 日判决昭和 49（う）219 号；最高裁第一小法廷平成 28 年 5 月 25 日决定平成 26（あ）1105 号的补足意见.

④ 参见最高裁第二小法廷平成元年 3 月 14 日决定昭和 61（あ）193 号.

⑤ 参见神户地裁平成 23 年 3 月 10 日判决平成 22（わ）25 号.

以上述判例的立场为前提的话，在所谓"懈怠该注意义务，就可能出现该结果"的情况下，就会肯定预见可能性的存在。对于注意义务，并不要求对具体结果的预见，只要预见到充分的危险性，就肯定需要履行结果回避义务。这样的话，预见可能性是和结果回避义务并不是相互独立的成立要件，预见可能性是用于划定结果回避措施、注意义务内容的前提。① 在日本的判例中，如果是将预见可能性作为划定注意义务内容的下位标准的话，如 Beck 教授所说的，不需要预见可能性来修订过失概念的必要性，至少在日本缺乏基础。

过失犯是风险社会中典型的犯罪之一，所谓的风险和危险不同，它是指因实施或者不实施某种行为而产生的危险。比如说，受到地震侵袭的是危险，而虽然知道要发生地震，建造抗震的住宅，并继续住在那里，这就是承担风险。而这里所言的实施某种行为或者不实施某种行为，是指在法律规范中，不得为何种行为，或者应该为何种行为等禁止、命令被规范化。在故意犯当中，这种禁止、命令规范，包括构成要件、行为人等的规定，对于一般人来说都是比较明确的，但是在过失犯当中，构成要件上，只规定了"基于过失而导致"这样的描述，因此法官对于具体的案件，必须要补充的构成要件的范围就比较大，这也就是为什么说过失犯是"开放的构成要件"的原因所在。因为过失犯是开放的构成要件，对于过失犯的把握要非常谨慎。实际上，过失犯论的学说演进从旧过失犯论的主流地位到新过失犯论和修正的旧过失犯论的并立格局，与目前对新新过失犯论的批判，都显示出法学界对过失犯成立予以限缩的趋势。②

在德国，2005 年曾经就针对医疗过失的过失处罚的限定，进行过激烈的讨论。③ 并且在此之前，就过失处罚的限定的争议，积累了大量的成果。在德国，早就有过这样的观点，即不管是什么领域，对于过失犯的处罚都应该予以限定。比如德国学者科赫就认为，不仅是医疗过失等特定的领域，即便是一般的过失犯，其处罚也应该予以限定。其后，德国学者都深受这一观点的影响。科赫以过失致死伤罪为例，认为应该限定处罚的根据包括：（1）能够减轻司法的负担；（2）过失犯中，行为者的人格非犯罪人格；（3）过失在事实上不具有回避的可能性；（4）和其他领域中的评价相抵触；（5）存在所谓的偶然要素；（6）在追诉的实务中，存在不平等现象；（7）对于过失犯的处罚没有任何实际意义等。④

显然，日本对于过失的认定过于宽泛，通过日本理论和判例所形成的过失犯的判断框架，容易导致人工智能时代，人类所承担的过失责任范围过广。在互联网的背景下，不加限制地严格遵循扩张化的过失犯构造，或许会导致网络时代技术开发的萎缩效果。⑤ 人工智能技术是现代工业文明发展的必然产物，自动驾驶汽车、人工智能医疗等将会对人类带来诸多便利与福祉。人工智能的健康、快速发展，对于人类整体来说，利大于弊。因此，我们在处理人工智能的刑事归责问题时，必须要维持秩序与变革、守护与创新、价值与事

① 樋口亮介. 注意義務の内容画定基準—比例原則に基づく義務内容の画定. 山口厚先生献呈論文集. 东京：成文堂，2014：227.

② 张明楷. 刑法学（第 5 版）. 北京：法律出版社，2017：280～287；高橋則夫. 刑法総論（第 3 版）. 东京：成文堂，2016：215～218.

③ 甲斐克則. 医療と過失責任の限界. 法律時報，2010（9）.

④ Vgl. Koch, Die Entkriminalisierung im Bereich der fahrlässigen Körperverletzung und Tötung, 1998, S. 77ff.

⑤ 储陈城. 限制网络平台帮助行为处罚的理论解构——以日本 Winny 案为视角的分析. 中国刑事法杂志，2017（6）.

实之间的动态平衡。①

(三) 人工智能初期归责问题中刑法的定位

如果说刑罚是对责任进行非难的话，存在"归责的间隙"的时候，因为不存在对无责任进行处罚的观念，所以不能直接适用现行刑法来解决问题。这就必须要慎重地讨论通过现行刑法解释进行解决的可能性及其界限。

刑法要应付完全自控型机器所带来的法益侵害，可能只有两种选择路径。其一是，如前所述的那样，现行刑法中的规定，因为无法对完全自控型的机器人进行抓捕以及处罚，只能通过将过失概念做宽松化理解，让制造者、贩卖者以及使用者承担责任。但是，将刑法作为对犯罪进行非难来理解的话，尚处于初级阶段的技术产业都没有明确的规制标准，而这种需要予以追责的行为还没有明确的细则的话，刑法是不能够介入的。② 另外现实上也是如此，完全自控型的机器这一技术自身是非常复杂的，因此，基于前述的累积效应，即便是在经过了开发、制造之后的利用阶段，也可能会陷入无法预测的事态当中。在使用这种完全自控型的机器时，虽能够认识到会有一些危险性，但是这种极为抽象的预见可能性是不能作为过失责任的基础的。而且因为技术的复杂性，使得结果归责的证明变得几乎不可能。其二可能的路径就是，比如医疗、护理、道路交通等和人的生命息息相关，即便是再小的失误也不能够被允许的领域当中，将完全自控型的机器一律作为刑法所禁止的对象。但是，这样的话，通过刑法来表明禁止的态度过于宽广了，这就会对自由造成过度的限制。这无论是对于医生或者患者来说，都是弊大于利的事情。③ 另外，被禁止的领域中的机器人的开发、研究，在事实上就被制约了，这便严格限制了研究和学问自由的发展。④大凡尖端技术都会蕴含有不确定的要素，如果都通过刑法的介入来勉强进行解决的话，那么就会使得尖端技术可能给人类社会带来的利益也会被消解掉。

因此，通过现行刑法来应对完全自控型机器非常困难。虽然可以通过刑法的修正或者补充立法，来对部分自控型机器人的法益侵害行为找到归责主体。但是，这种立法也并不是完全没有限制。因为，刑法罪刑法定原则的存在，对于行为要素必须要有严密且明确的规定，否则就视为违反了明确性原则。也即，如前沿技术那样，在很多领域还有大量未知的因素，不应该通过刑法这种回顾的视点，而应该求诸其他法当中那种展望性视角，即软化的对应策略，通过刑法来规制并不是适当的方法。另外，完全自控型的机器，使得人类的判断一部分被让渡，因此部分承担了人类的责任，这使得责任性被扩散，进而导致对值得非难的行为无法单独地予以定义。此时刑法还不是出场的最佳时机。不管是对完全自控型机器自身进行处罚，还是让相关自然人承担"连带"处罚责任，都是违反刑罚的目的。也即，刑法的目的不仅仅是消除危险性，还有保障行为者自由的一面。所以，在面对行为人的自控性和人的尊严的基础上，刑法只能对明确应该非难的行为进行补充性地处罚，这

---

① 郑戈. 人工智能与法律的未来. 探索与争鸣，2017 (10).

② 陈兴良. 刑法的明确性问题：以《刑法》第225条第4项为例的分析. 中国法学，2011 (4)；周光权. 积极刑法立法观在中国的确立. 法学研究，2016 (4) 等等.

③ 王皇玉. 论医疗刑责合理化. 月旦法学杂志，2013 (213).

④ 王德志. 论我国学术自由的宪法基础. 中国法学，2012 (5).

才是刑法的目标。基于这种明确性的原则、责任主义和补充性原则的考虑，对于先端技术，刑法应该秉持谦抑的态度。

虽然如此，由先端技术所引起的，明确应该非难的行为而导致的法益侵害之情形，并不是无法想象。比如通过远程操作机器人来抢劫银行就是其中一例。这种只是将机器作为犯罪手段的场合，将责任归责于操纵者并无特别的障碍。

关于对部分自控型的机器进行远程操纵的过失责任，比如通过互联网来进行操作，但是由于互联网服务提供商技术上的漏洞，而使得通信变得不稳定，导致操作滞后进而出现自动驾驶汽车冲撞使人受伤的场合。原则上，可以挪用信赖原则，以操纵者信赖能够稳定地使用网络这样的基本理论来寻找归责的主体。但是，如果同样的案件发生在农村地区，能够容易想象到信号不稳定，无法信任通信的稳定性的时候，使用人知道存在能够使得现场的人陷入操作不能的风险，似乎没有任何可以避免侵害产生的时候，那么使用人可以被课以节制使用这种机器的义务。但是即便如此，比起刑法，活用道路交通安全法等公法或者民法中的赔偿性规定更为妥当。

四、代结语

在完全自控型的机器的情形中，基于他们具有把人类的判断被部分转移进而减轻人类的负担这一性质，人类的责任要相对地减少。另外，处罚机器自身没有任何意义，刑法介入的必要性已然不大。但是也有极少数例外，在一定领域中使用完全自控型机器的危险性能够非常容易估计到，该机器的利用并非对社会有益，而只是有利于利用者个人的利益，且非常容易陷入无法控制的状态的话，是可以通过过失来追究自然人的责任的。鉴于有追究完全自控型机器利用者的责任的例外情形，虽然可以通过制定应对机器人的特别刑法的可能，但是不限于刑事规制，通过其他法律制度来进行规制也是可以解决问题的。如果该机器的侵害性很高，无法获得社会的一致认可的话，也可以对这部分机器的利用予以禁止。如上所述，刑法对于先端技术，不应该过于积极地介入。刑法不应该对于先端技术的发展产生使之萎缩的危害效果。但是反言之，刑法也有保障国民自由的使命，因此为了技术发展而导致社会不安定显然也不是社会所期待的。刑法也必须在一定程度上进行回应。

大数据时代个人信息的法律保护

陈宝贵*

内容摘要：大数据时代的到来，在为人类生产生活带来极大便利的同时，也突显了个人信息安全风险及立法缺位滞后的问题。本文基于个人信息被过度收集和不当使用的现状，以及所带来的安全风险和严重后果，借鉴域外个人信息保护立法经验，探讨了我国有关个人信息在法律保护和行业自律保护方面的不足，对颁布《个人信息保护法》、完善现行刑法规制、建立行业自律机制提出了建议。

关键词：大数据　个人信息　非法利用　个人信息保护法

一、大数据时代法律保护的冲突和挑战

（一）大数据的提出和发展

1980 年，美国阿尔温·托夫勒在《第三次浪潮》中，最早预言了大数据时代的到来："如果说 IBM 的主机拉开了信息化革命的大幕，那么大数据则是第三次浪潮的华彩乐章"①。2001 年，美国信息技术研究和分析公司加特纳（Gartner）在一份研究报告中首次使用了"大数据（BigData）"这一概念。2008 年，英国著名科技期刊 *Nature* 杂志出版专刊 *BigData*，第一次成体系地介绍和分析了大数据所蕴含的潜在价值与挑战。2011 年 5 月，全球知名咨询机构麦肯锡全球研究所发布了一份专门研究报告，对"大数据"进行了界定："大数据"是指其大小超出了典型数据库软件的采集、存储、管理和分析等能力的数据集。② 世界范围内都高度重视大数据的发展：2006 年 3 月，英国启动了"数据权"运动；2012 年 3 月，美国启动了"大数据研究和发展计划"；2012 年 5 月，联合国推出了"数据脉动"计划。我国政府将大数据定位为新时代的战略机遇，国务院于 2015 年 8 月 31 日印发了《促进大数据发展行动纲要》，工业和信息化部印发了《国家大数据产业发展规划（2016—2020 年）》，党的十九大提出要加快推动大数据与实体经济的深度融合，大数据迎来了蓬勃发展的历史机遇。

---

* 中国政法大学民商经济法学院博士。

① 阿尔温·托夫勒.第三次浪潮.黄明坚，译.北京：生活·读书·新知三联书店，1983：3.
② 麦肯锡.2011 年的研究报告《大数据：下一个创新、竞争和生产力的前沿》。

（二）大数据开放共享与隐私权保护冲突

根据中国互联网络信息中心 2017 年相关数据统计显示，截至 2016 年年末，我国互联网金融应用中，购买过互联网理财产品的网民共计 9 890 万人，使用网上支付的网民为 4.75 亿人。[①] 随着移动互联网、物联网等新技术的迅猛发展，无论乐意与否，我们的生活已不可避免地出现爆发式增长的海量数据。人们享受新技术带来的便利同时产生了大量的数据信息，在手机上下载应用 APP 时，都会面临一连串的隐私授权，位置信息、通讯录、通话记录等，很多情况下，在你不了解、不知情甚至迫不得已的情况下选择了"同意"，因为不同意就无法使用。之后，个人信息就会"偷偷"被收集和使用，甚至会被分享，我们基本上都不清楚收集的目的。

杀毒软件会扫描分类硬盘信息，搜索引擎会实时记录浏览痕迹，社交软件会关联社会关系和日常生活，智能穿戴设备侦测用户身体指标，购物平台会窥探个人购物习惯，"监视"已不再是属于政府权力机关和通讯运营商的"专利"。个人信息的泄露，导致垃圾短信、诈骗电话、推销邮件大行其道，网络犯罪屡见不鲜。通过简单地搜索就可轻易获得某一特定对象的基本信息，甚至他的社交关系与日常生活。毫无疑问，大数据技术促进信息融通与共享的同时，也严重威胁个人信息的安全。除此之外，"棱镜门"事件也告诉我们"一些国家还经常以'国家安全'为由，通过'立法'等合法途径对个人信息进行随时监控和检视"[②]。在大数据面前，我们就好像"透明人"一般。

大数据时代，由于信息数据的普遍性、集聚性和传播性，信息的采集与记录变得碎片化，覆盖全面、实时动态、成本低廉。大数据的出现使有关个人的数据能被大量收集并相互关联，从而使得具体而详细的个人信息不再隐秘，大数据的发展和其展现出来的发展潜力使得人们对个人隐私问题的担忧也不断增长。当利用有效的数据分析来预测人类行为成为可能，通过身份类别信息，你会收到感兴趣的产品的精准推送、被预测未来的行为，甚至被挖掘满足自己都尚未察觉的需求，兼顾信息使用和隐私保护则成为大数据时代人们普遍关注的问题。在互联网时代，人们有隐私曝光的隐忧，那么现如今在大数据时代这种隐忧在很多时候已变成无情的现实。

（三）大数据发展提出的立法挑战

信息社会和互联网技术带来了生产方式、生活方式与信息传播方式的巨大变化，从而对传统法治提出了挑战。而大数据是信息社会和互联网技术发展到一定阶段的产物，大数据技术运用的立法规制需要以适用互联网立法为基础，同时，大数据技术的运用又对原有的互联网立法带来一些新的挑战。例如，在个人信息方面，欧美国家的个人信息保护立法上大都确立了"告知及同意原则""使用目的明确原则"，但大数据发展和需求对上述原则的适用带来了新的立法挑战。随着大数据技术的快速发展，数据处理和分析广泛采用匿名化技术，立法上也面临着挑战。"美国在线"公司曾公开了三个月期间 65.7 万用户的数千

---

① 中国互联网络信息中心 . 中国互联网络发展状况统计报告 . 2017；56 页以下 .
② 刘新年，王晓民，任博 . 大数据时代下如何保护隐私权 . 检察日报，2013 (8) .

万搜索记录数据，整个数据库进行了匿名化处理，将用户名称和地址等数据模糊化处理。但《纽约时报》运用这些数据通过几个简单的关键词准确定位到了具体人员。哈佛大学教授拉塔尼亚·斯威尼的研究显示，"只要知道一个人的年龄、性别和邮编，并与公开的数据库交叉对比，便可识别出 87％人的身份"[1]。

美国白宫发布的 2014 年全球大数据白皮书的研究报告《大数据：抓住机遇、坚守价值》提出，"数据的模糊化处理作为保护个人隐私的一种手段，其作用也只是有限的。事实上，对数据进行收集与模糊化处理是基于相关公司不恢复数据的承诺与对应的安保措施的基础上的解决方案。但是有目的的模糊化处理可能使数据丧失其实用性与确保其出处及相应责任的能力"。数据匿名化处理的技术困难，以及进行数据匿名化、模糊化与数据的深度利用之间存在一定的矛盾。

互联网几乎可见于我们生活的方方面面，然而，在我们享受着这些便利的同时，我们的个人身份、行为轨迹等信息也暴露于公众中，与此伴随而来的是个人信息安全保护的真空和个人信息权益危机的增长。[2] 似乎电脑手机屏幕后面有一双眼睛在盯着所有用户，个人隐私完全暴露在这双眼睛 24 小时的监视下。个人信息不仅是关系到个人法益，更关系社会公共安全乃至于国家民族安全，故此对个人信息安全保护是互联网用户和大数据产业都必须迈过的一道坎。如果缺乏相应配套的法律制度，既不能平衡数据利用与数据安全之间的关系，不利于国内大数据产业的持续健康发展，也将使我国在国际大数据产业"战争"中处于被动不利的地位。全球化生产、流通、分配、消费活动，以及国家治理能力、社会经济运行机制和社会生活方式，都因大数据发展产生了日益重要的影响，人们对于大数据对国家安全和个人隐私安全威胁引发担忧，对传统法治带来了新挑战。因此，在已经基本完成互联网信息技术相适应立法的国家，适度调整已有的立法回应大数据时代所带来的特殊挑战，是当前面临的主要任务；在互联网信息技术立法相对滞后的国家，则要在快速加强互联网立法同时，一并思考应对大数据发展对立法的特殊需求和挑战。

二、大数据时代个人信息保护的法律分析

（一）大数据时代个人信息的概念

传统意义上的个人信息主要是指与特定自然人相关联的，能够直接或间接识别个人身份特征的各类信息，包括但不限于涉及个人姓名、联系方式、家庭、职业、财务状况等的信息。[3] 而随着信息时代的进步，个人信息的种类和特征又有了进一步的拓展，在传统个人信息的基础上，又出现了类似于网络行为信息（例如：个人的网页浏览偏好、网络消费记录）、账号信息、出行轨迹等新型个人信息，此类个人信息不仅限于个人身份特征的反映，还包括了个人行为特性、活动轨迹的反映。[4]

---

① 李玮. 侵犯公民个人信息罪研究. 2017 年武汉大学硕士论文，35.

② 周汉华. 对《个人信息保护法》（专家意见稿）若干问题的说明. 中国科技法学年刊，2005（1）.

③ 王利明. 论个人信息权在人格权法中的地位. 苏州大学学报（哲学社会科学版），2012（6）.

④ Anonymous. CCID Consulting Reports on China's Internet Finance Information Service Industry. Wireless News，2008 - 12 - 23.

公民的个人信息在我国立法上，很长一段时期是作为隐私权进行保护的。2009 年 2 月 28 日通过的《刑法修正案（七）》，首次提出了"个人信息"的法律概念，法案第 7 条增加了"出售、非法提供公民个人信息罪"和"非法获取公民个人信息罪"两个罪名，但未对"个人信息"作出法律上的明确界定。世界上许多国家对个人信息都作出了的法律界定，但不完全一致，其中 1995 年欧盟颁布的《个人信息保护指令》因其界定能够精练地概括个人信息的主要特征，而被学界所认同，它将个人信息定义为："有关一个被识别或可识别的自然人的任何信息。可以识别的自然人是指通过身份证号码或身体、生理、精神、经济、文化、社会身份等一个或多个因素可直接或间接确定的特定的自然人。"① 基于此，我国部分学者提出，个人信息是指："特定个人所具有的，或者与个人相关的所有可识别的信息，即如果公开这些信息，与个人有关或无关的其他自然人，可以根据信息直接或间接锁定于特定的个人，并根据自己的需要加以利用。"直到 2012 年 11 月，我国工业和信息化部颁布了《信息安全技术公共及商用服务信息系统个人信息保护指南》，将个人信息（personal information）定义为"为信息系统所处理、与特定自然人相关、能够单独或通过与其他信息结合识别该特定自然人的计算机数据"②。

（二）大数据时代个人信息的类别界定

关于个人信息类别界定的理论，学术界有不同的观点，比较有代表性的理论主要有关联说理论、隐私说理论和识别说理论，其中识别说理论是学界的主流观点。

顾名思义，识别说理论是以识别性为标准来界定个人信息。所谓识别，是指个人信息具有与信息主体间存在可以确定身份的可能性。理论上，识别既有直接识别也有间接识别，二者对信息主体身份的识别性有着较为显著区别。直接识别是指个人信息可以直接识别确认信息主体身份，例如肖像等；而后者则是指无法通过单一信息直接确定信息主体的身份，但通过对某些信息或资料进行关联分析，却足以最终锁定信息主体的身份。③ 识别说理论，目前是个人信息理论界定的通说，也为绝大多数域内外立法实践所采用。此外，根据信息主体的不同，个人信息又可分为未成年人的个人信息和普通人群的个人信息；根据信息的敏感程度不同，还可以分为敏感个人信息和一般个人信息。④ 在大数据时代，基于信息共享的价值特征与网络的本质属性，以信息产生源和信息属性为衡量标准，可将个人信息分为三类：一是能直接反映个人的自然属性和日常生活等情况的个人信息资料，如姓名、年龄、身份证号码、婚姻状况等自然社会属性的原生数据资料；二是自然人的网络行为所产生的信息痕迹与活动轨迹等数据资料，如网页浏览记录、网上购物记录等具有网络社会属性的原生数据资料；三是网络服务商收集与挖掘前两类个人信息数据资料，关联、处理与分析而新产生的数据，如个人的浏览偏好、购物偏好、生活习惯等再生数据资料。不同类别的个人信息与个人切身利益的相关度不同，被利用、受侵害的风险也不尽相

① 参见欧盟《个人信息保护指令》(Directive on the protection of individuals with regard to the processing of personal data and on the free movement of such data)。

② 参见《信息安全技术公共及商用服务信息系统个人信息保护指南》(GB/Z28828—2012)。

③ 齐爱民. 大数据时代个人信息保护法国际比较研究. 北京：法律出版社，2015 (6)：222.

④ 胡梦茹. 个人信息民法保护研究. 华东政法大学 2016 年硕士论文：18.

同，需要受保护的力度以及要采取的保护技术也有区别。

另外，个人信息中既存在人格利益也存在财产利益，个人信息的可识别性决定了人格属性是个人信息的本质属性，而财产属性是商品经济活动赋予个人信息的第二属性，在权利保护方面也应区分对待。当个人信息主要体现主体人格利益时，应该保护其人格权，如时下因医疗资源紧张而应运而生的"网上挂号"或"网上问诊"，因此而产生的个人信息或活动痕迹主要体现的就是人格利益；当个人信息主要体现主体财产利益时，应该保护其财产权，如荷兰学生以 350 欧元出售了自己的"数据灵魂"——他的住址、医疗记录、个人日程安排、电子邮件内容和所有社交网络上交流的信息，此时个人信息在权利主体的允许范围内使用并创造出经济价值体现的是财产利益。①

（三）大数据时代个人信息保护困境

大数据时代与以往社会时代不同，其通过信息的流动、共享，建立起一个看不见但是却真实存在的映射社会，构建了新的大数据环境，传统的中央控制模式被弱化，以用户需求为中心汇聚成的巨大信息流成为大数据环境最重要的社会内容。但它同时也引发了新的风险，这些新的机会和风险正对我们的法律制度构成新挑战。② 在信息化、大数据时代，不仅物可以被信息化，人也逐步被信息化中，个人信息除了记录、识别功能，更与个人、单位的重大人身和财产法益相关联。每年在全球范围内有大约 10 亿的信息数据泄露记录并且导致近 60 亿美元的经济损失。③

在大数据环境下，侵犯个人信息出现了前所未有的重大变化，犯罪行为呈现多样化，危害呈现全民性和公共性特征。首先，犯罪行为呈现多样化。在信息社会中，挖掘利用个人信息已建立搜集、保存、流转、利用等流程体系，非法获取、公开、利用个人信息的行为呈现出快速扩张的态势，尤其是非法利用个人信息的行为让人触目惊心。其次，该类危害呈现全民性和公共性。因个人信息蕴含有巨大的公共管理价值和商业价值，这是侵犯个人信息的核心诱因。侵犯个人信息犯罪已突破"个人"的范畴，明显呈现出全民性和公共性特征，侵害造成的后果已不限于个人的信息安全，很多情况下已危及公共安全乃至国家安全，个人信息已同公共安全甚至国家安全相关联。在非法获取个人信息案件中，被侵犯的信息数量往往惊人，如 2017 年 9 月，浙江警方公布破获全国首例运用人工智能技术，窃取公民个人信息案件，该案涉及 10 亿余组公民个人信息。

1. 个人信息的非法收集

侵犯个人信息的最直接方式是非法收集，尤其互联网现有用户群数量庞大，在透明的网络环境中，获取用户的隐私数据也较为容易，未经用户允许的情况下收集个人信息，将会严重侵害个人利益，这对用户的个人信息安全构成严重威胁。

---

① 陈奇伟，刘倩阳. 大数据时代的个人信息权及其法律保护. 江西社会科学，2017（9）.

② 乌尔里希·齐白. 全球风险社会与信息社会中的刑法—21 世纪刑法模式的转换. 周遵友，江溯，等，译. 北京：中国法制出版社，2012：273.

③ Charlotte A. Tschide "Experimenting with Privacy: Driving Efficiency Througha State-Informed Federal Data Breach Notification and Data Protection Law", Tulane Journal of Technology & Intellectual Property, Vol. 18, 2015, p. 45.

2. 个人信息的过度收集

互联网、大数据的应用在为用户提供搜索功能的同时，也存在过度收集和分析用户个人信息的弊端。一方面，过度收集个人信息并二次开发、利用的现象较为普遍，如电商平台通过监控用户终端的 Cookie 数据，可以获知用户的搜索日志和交易记录，分析推测潜在客户的购物需求，用以精准推送营销类广告。另一方面，恶意使用、非法买卖个人信息愈演愈烈。近年来，部分机构工作人员违反职业道德和保密义务，出售、泄露个人信息获取非法利益的案件日益增多。2014 年，我国 250 多万条学生信息、55 万多条楼盘户主信息、13 万条车主信息被非法获取和倒卖。[①] 相关调查显示，"我国互联网个人信息安全的灰色产业链规模已达近百亿"[②]。

3. 个人信息的泄露途径

个人信息的泄露途径，大致可以分为传统途径和互联网途径两种。通过互联网、移动网络泄露公民信息大概有五种情形：互联网平台在注册时强制采集用户信息；互联网平台在未明示告知情况下私自采集用户信息；互联网平台内控不严泄露用户信息；互联网平台故意贩卖泄露用户信息；黑客攻击获取泄露用户信息。除了系统风险和技术问题外，大多数泄露风险都是可以通过建立较为完善的个人信息安全保护制度予以避免的，我国应尽快出台个人信息安全保护法律制度，对于信息泄露和违法使用行为，建立多渠道的追踪查处机制，利用数据库建设、电子签名、数字证书等安全保护技术加大对个人信息的保护和安全监管；完善互联网金融平台的内控制度，防范其操作风险。[③]

4. 个人信息泄露的后果

个人信息与信息主体的切身利益密切相关，个人信息泄露会带来严重后果：垃圾短信、骚扰电话和社交平台"杀熟"等现象令人烦不胜烦；电信诈骗、网络诈骗层出不穷，花样翻新，危及公民的财产和生命安全；定点跟踪绑架等严重刑事犯罪危害个人信息主体的生命安全。互联网金融的兴起，校园网贷平台野蛮生长，将贷款前获取的个人信息用于违规、违法催收，甚至出现因违法将裸照公之于众导致借款的女大学生自杀事件。

同时，个人信息安全是公共安全和国家信息安全的重要组成部分，保护个人信息也是信息社会健康、有序、安全与稳定的基础。信息数据成为当今世界国与国之间竞争的重要手段之一，外国可以通过搜集他国的各类个人信息，利用大数据工具分析目标国家的经济和社会运行状况。2013 年，美国中央情报局（CIA）前雇员斯诺登，曝光了美国国家安全局和联邦调查局代号"棱镜"的秘密监控项目。这警醒着我们，在互联网和大数据时代，只有不断增强信息保护的意识和能力，跟上时代发展潮流，才能在互联网这场"没有硝烟的战争"中立于不败之地。

---

① 侯志英. 从立法视角看大数据时代的个人信息保护. 生产力研究，2015（12）.
② 莫小春. 刍议大数据时代中国公民个人信息的保护. 创新，2015（3）.
③ 付桂存. 中小企业股权众筹的融资风险及其防控机制. 河南师范大学学报（哲学社会科学版），2016（5）.

三、比较法视野下的立法思考

（一）域外立法的借鉴

自 20 世纪 60 年代开始，欧美国家已经开始关注个人信息保护法律问题，从对政府收集个人信息的警惕，逐步到强调个人信息的隐私保护与合理利用之间的平衡。全球第一部以"数据保护法"命名的法律是 1970 年的德国《黑森州资料保护法》，虽然它只是州层面的立法。[①] 世界各国普遍将个人信息保护制度作为互联网数据立法的重点，目前全球已有 60 多个国家制定了专门的个人信息保护法。从立法模式上看，主要有 3 种[②]：

一是美国"分散立法＋行业自律模式"。美国未制定统一适用于各行业、各领域的个人信息保护法，而是区分不同领域或事项分别制定个人信息单行法，形成个人信息保护的多元化立法格局。同时，结合行业自律机制，在公共领域制定单行法律开展分类保护，在私人领域普遍开展应用行业自律模式。通过行业自律保护个人信息是美国的首创，美国的行业自律是在政府主导下制定行业准则，行业组织和政府间良性互动，民间机构的行为规范主要受公司规章、行业规则、民间自治行为规范等调整，通过自我约束保护公民的个人隐私。美国的行业自律模式属于由下而上的模式，在行业内部制定行为规范来保护个人信息，而非通过立法由上而下的保护。

二是欧盟"统一立法保护模式"。欧盟在个人信息保护方面采取国家统一立法保护模式，政府主导颁布统一立法实现对个人信息的保护，所有成员国依据统一立法制定或者调整符合本国国情的个人信息保护法。欧盟模式的典型特征为：颁布了统一的个人信息保护法，设立专门负责个人信息保护的执法机构。为保护成员国公民的个人信息，促进个人信息的自由流通和分享应用，欧盟制定了一系列的公约和指令。

三是日本"综合性保护模式"。日本"综合性保护模式"兼具"统一立法规制"和美国模式的行业自律特点，如 2005 年日本颁布了《个人信息安全保护法》，以此作为个人信息安全保护的基本法律，实现对公私领域的统一保护，同时分别针对不同行业部门制定单行法，形成了以《个人信息安全保护法》为基本法，各部门单行法为补充较为完备的法律体系。

以上三种模式侧重点有所不同，都有一定的合理性及局限性。美国模式相对灵活，既保护个人信息同时又能够促进信息的共享流通，规定较为具体，可操作性强，但容易造成司法裁量尺度的不统一。欧盟模式兼具规范性和强制性，有利于个人信息安全的全面保护，但实际操作中难免僵化，不太有利于个人信息的充分共享流动，在大数据时代会影响企业和社会的发展。日本模式是美国模式和欧盟模式的折中，具有宽泛性和适用性，但立法上所定义的保护对象和规制对象不够严谨，影响了正常的、规范的信息共享交流。综上，我国个人信息保护立法应客观、辩证地分析上述三种立法模式的得失，扬长避短，兴利除弊，实现符合大数据时代需求的立法保护。

---

① 杨震，徐雷. 大数据时代我国个人信息保护立法研究. 南京邮电大学学报（自然科学版），2016（4）.
② 孙妍. 关于我国个人信息安全保护的立法思考. 法制与社会，2013（1）.

另外，1993 年，新西兰颁布了《隐私法》，该法规定要设立隐私专员办公室，专门负责监督政府部门之间的数据管理和应用。隐私专员主要职能包括：接收并处理公民投诉，排除妨害，代表个人到人权法院提起诉讼；隐私专员可就具体的问题制定解释性的行为守则，指导个人信息的保护和应用，正式发布的行为守则效力为国家规章制度；开展监督审查工作，审查拟颁布的与个人信息相关法律，对威胁或侵害个人信息相关事宜进行询问查究；开展宣传教育工作，加强公众对个人信息保护相关法律法规的了解。[①]

（二）中国立法现状思考

我国个人信息相关保护条款散见于《宪法》《民法总则》《刑法》《行政诉讼法》《侵权责任法》等法律法规中。近几年，我国个人信息保护立法工作取得了一些成果，陆续出台了《关于加强网络信息保护的决定》《互联网信息服务管理办法》《即时通讯工具公众信息服务发展管理暂行规定》《互联网危险物品信息发布管理规定》《规范互联网信息服务市场秩序若干规定》《电信和互联网用户个人信息保护规定》等法律法规，相继制定颁布了《消费者权益保护法》《刑法修正案（七）》《刑法修正案（九）》《网络安全法》等法律法规强调加强个人信息保护。目前，中国未制定统一的个人信息保护法，缺乏统一的个人信息保护基本法，对于泄露个人信息的责任和处罚缺乏系统统一性，当前对个人信息的保护是基于散落的各法律规则，以及涉及个人信息保护的特别立法来实现，个人信息保护立法呈现出层级低、碎片化的特征。

现阶段，我国对个人信息的保护，主要包括个人信息的法律保护和个人信息的自律保护两方面。

其一，个人信息的法律保护，是指在法律法规中设置个人信息保护条款保护个人信息，包括法律的直接保护和间接保护。在个人信息的法律保护方面存在的主要问题如下：

1. 法律体系上缺乏呼应。虽然我国陆续颁布了互联网信息管理和个人信息保护相关的法律法规，但法律法规之间缺乏协同，未形成体系；在国家立法层面缺少一部统一的"个人信息保护法"，"群龙无首"导致相关法律的有些条款甚至相互冲突。

2. 法律适用范围狭窄。总体来看，我国保护个人信息安全的法律法规还不够全面，现有的法律条款存在信息保护规制不全面的问题。如侵犯个人信息只包括非法获取、非法提供两种行为，没有重视非法利用个人信息的侵犯行为，然而非法利用个人信息的问题在现实中已日益凸显。

3. 法律可操作性不强。我国现行涉及个人信息保护的法律法规中，大部分条款对个人信息保护问题不够详尽，未明确个人信息保护应具备的重要内容，如缺少个人信息保护的立法理由、个人信息保护原则，以及个人信息收集、管理、利用及传递规则，未制定保护的执行机制及监督机制等。法律条款大都仅规定保密义务，缺乏信息控制人违背义务需承担法律责任和法律后果的规定。

4. 法律保护手段较单一。普遍存在重"行政管理"和"刑事处罚"，轻"民事确权"与"民事归责"，致使个人信息遭受非法侵害后，即使侵权行为人最终受到刑事处罚或行

---

① 王少辉，杜雯. 大数据时代新西兰个人隐私保护进展及对我国的启示. 电子政务，2017（11）.

政处罚，但信息主体的财产及非财产损失却得不到任何实质性的补偿。①

其二，个人信息的自律保护，是指通过信息控制人的单方面承诺，或特定行业自律规范的承诺，自律规范保护个人信息。在个人信息的自律保护方面存在的主要问题如下：

1. 非公共部门保护意识参差不齐。我国大多数非公共部门的个人信息保护意识不足，除了互联网行业，其他大部分非公共部门行业基本没有保护个人信息的行业自律公约。目前，大型互联网企业认识到个人信息所蕴藏的意义和价值，逐步为用户提供了相对详尽的隐私保护政策。但一些小型网站的个人信息保护状况令人担忧，其非但未向用户公开个人信息保护政策，反而过度收集个人信息予以不当利用，甚至于非法盗取出售用户的个人信息。

2. 公共部门重义务轻权利。我国公共部门大都未能适应从公共事务管理向公共服务提供的角色转变，多从管理的角度关注个人信息，着重强调个人信息主体提供信息的义务，却忽视个人信息主体应享有的基本权利。如，各级政府网站普遍缺少类似互联网网站的"隐私政策"。随着我国电子政务的发展，政府网站掌握了大量个人信息，如果缺乏个人信息保护意识和政策措施，可能会无意识侵犯个人信息主体的正当合法利益。

综上，要抓紧制定并颁行专门统一的"个人信息保护法"，建立个人信息保护的体系化立法架构，重视并提升个人信息保护在我国立法体系中的地位，有助于规制、打击非法收集和使用个人信息的侵犯行为，保障信息的有序、自由流动分享，助益我国信息行业和大数据产业的健康蓬勃发展，对保障中国实现从网络大国迈向网络强国具有积极作用和重要意义。

四、大数据背景下的个人信息立法建议

与欧美国家相比，我国应对互联网、大数据发展的立法相对滞后。法律制度的不健全在初期能为大数据发展带来了宽松的法制环境，但对我国国家安全和公民个人信息安全带来了威胁，不利于大数据产业的未来持续健康发展。2015 年，国务院印发的《促进大数据发展行动纲要》，明确提出要加快大数据相关法规制度建设，当前应借鉴国际经验，抓住核心问题，推进几项关键性立法。由于大数据时代个人信息的内容及范围相当广泛，故立法模式的选择上宜采用综合立法模式，即"基本法＋特殊法"的立法模式，例如日本的"个人信息保护五联法"②。在具体的立法规定上，应以民事基本法的形式准确界定个人信息权的内涵和外延，进一步加强民事救济途径保护力度，并在政府指导下建立行业自律机制，完善相关配套制度。

（一）加快颁布施行"个人信息保护法"

结合我国法制传统、立法现状以及行业发展现状，借鉴域外立法经验，采取"国家统一立法为主、行业自律为辅"的个人信息保护模式。我国的"个人信息保护法"立法要充

---

① 洪海林. 个人信息的民法保护研究. 西南政法大学 2007 年博士论文：15.
② 龙卫球，林桓民. 我国网络安全立法的基本思路和制度构建. 南昌大学学报（人文社会科学版），2016（4）.

分考虑大数据技术快速发展现状，适度调整告知与同意原则、匿名规则等信息保护基本原则，平衡好大数据开发利用与个人信息保护之间的利益。

1. 立法基本原则

一是坚持公开收集原则。所谓"公开"并非指个人信息内容的公开，而是特指公开个人信息的收集、存储、利用等事宜，保障信息主体的知情权。二是坚持利益平衡原则。信息数据是当今社会的战略性资源，信息的自由流动具有重要的基础性意义。因此，要协调好个人信息保护与信息自由流动的关系，平衡好个人信息保护与信息行业发展的关系。三是坚持国际接轨原则。当前世界各国之间的司法合作越来越紧密，我国立法要立足我国的具体国情，主动适应国际化需求，共享各国立法实践中的有益成果。

2. 增设个人信息主体的自决权和控制权

在个人信息保护方面，各国已经逐渐认识到了传统隐私权法律保护的不足，隐私权的内涵也已从消极被动的"私生活不受干扰"的人格性权利发展为积极能动的"自己的信息自己控制"兼具人格和财产属性的权利，即个人信息自决权的概念。[①] 个人信息主体的自主选择权是指个人信息主体本人有权选择是否向相关信息管理者提供个人信息以及是否允许相关信息管理者向其收集个人信息，还应包括信息保密权、报酬请求权、损害赔偿请求权等。个人信息主体的控制权主要表现为对个人信息的查询权、更正权、禁止权和删除权等。个人信息主体的自主选择权和控制权是个人信息保护的重要手段，既可以保证个人信息的收集获得信息主体的授权，也可以更全面地保证个人信息的使用的安全。

3. 加大对未成年人等特殊群体的保护

世界各国对未成年人的个人信息普遍采取特殊保护，个人信息主体未满 16 周岁时，应给出明确提示并主动停止收集行为，确需收集其个人信息的，应先征得其监护人的同意。

4. 强化数据泄露通知制度

2011 年年底，因亚马逊等云计算公司数据泄露事故的发生，美国开始着手建立并强化数据泄露通知制度。2012 年，欧盟个人信息保护立法改革已提出要引入数据泄露通知制度。"个人信息保护法"应建立相关制度，明确一旦发生数据泄露风险等，责任主体要在时限内通告受损主体或执法主体。

5. 确立举证责任倒置制度

为平衡信息控制者与信息主体之间的不对等地位，在个人信息权受到侵害提起的诉讼中，信息控制者要对收集、使用个人信息的合法性及履行信息安全保障义务承担举证责任，即确立举证责任倒置制度。

6. 明晰权限保障权益

随着大数据和云计算的普及，政府和企业的决策开始依赖数据收集和分析，但数据挖掘、分析技术使数据被非法利用的安全风险增大。我国"个人信息保护法"应当从立法上，明晰个人信息与公共信息的界限，明晰公权力的界限，明晰公共信息开放、共享的界限。加强民事救济，个人一旦发现信息被泄露或被非法利用，可要求信息控制者及时制

---

① 吕忠梅 . 关于制定个人信息保护法的建议 . 楚天主人，2014（4）.

止，并可就所遭受的损害要求信息控制者承担相应责任，予以赔偿。

7. 强调应用软件信息保护

为适应互联网时代，立法应加强移动 APP 的个人信息保护，明确开发者必须提供明晰的隐私政策，及时披露收集和处理的数据范围，要取得用户明确的知情授权，要告知用户详细的权利，软件要加强隐私安全保护。个人信息管理者不得收集与其所告知的信息收集目的无直接关系的个人信息，特别是揭示个人种族、宗教信仰、基因、指纹的信息，或与健康状况、性生活有关的信息。①

8. 加强数据国家主权监管

一个国家对其本国的数据享有数据主权，包括但不限于公民法人和自他组织的各类原始数据，及在原始数据基础上加工而成的各种数据。数据主权是国家网络空间主权的重要组成部分，维护数据主权既是彰显国家主权，也是保障国家安全的需要。立法应要求，涉及国家安全的个人信息禁止转移到国外，取得用户明确同意才可将信息转移至境外，向他国政府提供我国个人信息应先取得数据保护机构的同意。

9. 完善数据知识产权保护

当前社会各界关注重点在数据主体的个人信息权，对数据从业者的权利关注较少。运用数据处理技术分析整理数据从而发掘其商业和社会管理价值，是数据从业者从事数据收集和处理的动力所在，收集处理、分析活动同时也凝结了其智力劳动。因此，在不侵害数据主体个人信息权的前提下，应保障数据从业者对其收集加工整理后具有原创性的数据形态享有知识产权，这有利于各数据从业者间合作共享，有利于促进大数据产业的良性发展。当然，同所有知识产权保护相似，对数据从业者的数据知识产权保护要有明确的限制，以取得促进创新与社会发展之间的平衡。

（二）完善个人信息保护的刑法规制

在数据挖掘技术与信息内容变迁的双重推动下，个人信息早已不仅仅关涉个人，早已出现了超越个人而向公共化、多样化转变的趋势。同时，侵犯个人信息的行为也已经从之前的非法获取、非法提供向非法利用个人信息转变。因此，要修订现行刑事立法，适应大数据时代变化，完善个人信息的刑法保护。

1. 确立侵犯公民个人信息罪法益的公共性

在大数据环境下，个人信息往往以聚集性的形式存在，一旦一个数据包泄露往往会导致极为大量的个人信息泄露，侵犯数以万计甚至数以亿计的个人信息，因此个人信息不仅和个人法益相关联，还会影响到公共安全和国家安全。目前将侵犯公民个人信息罪归类于我国《刑法》第三章"破坏社会主义市场经济秩序罪"尚可接受，将该罪归类到"侵犯公民人身权利、民主权利罪"中显然不妥。

首先，从犯罪对象与法益的关联角度分析。一方面，该类犯罪所侵犯的信息不仅可能是公民个人信息，还可能是单位信息，而侵犯单位信息的行为显然无法纳入公民人身权利的范畴。另一方面，个人信息既可能关系个人的人身法益，也可能关系个人的财产法益。

---

① 参见工业和信息化部《信息安全技术个人信息保护指南》。

众所周知民法调整的是平等主体之间的人身关系和财产关系，一般在探讨个人权利时显然包括人身权利和财产权利，探讨个人信息也不能仅规范人身权利，不考虑财产权利。

其次，从法益重要性的角度分析。侵犯信息安全的行为中只有侵犯公共信息安全的行为才需要被刑法制裁。法益一词实际上并非刑法学科所专有，从法理学的角度来看，法益就是法所保护的利益，这里的"法"包括刑法、民法等各个部门法。由于刑罚手段的严厉性，进入刑法视野的法益必然具有相当程度的重要性。而且，个人信息的法律保护是一个体系，根据对于个人信息侵犯的程度不同，应该由不同的法律予以保护：对于个人、网络服务提供者等主体侵犯个人信息的行为，如果是侵犯某个或者某几个特定公民的个人信息，造成了一定的后果，但没有对社会造成较大危害时，应该依照《侵权责任法》等民事法律的规定予以处罚，如果通过民事法律方式处理就可以达到良好的社会效果，则无须动用刑罚手段。此外，如果网络服务提供者不是侵犯个人信息，而是未按国家有关法律要求对个人信息进行保护，应当承担行政法律责任。那么达到何种程度的法益侵害性才需要通过刑事手段予以保护？伴随着社会信息化程度的提高，公共信息安全问题已经成为影响社会稳定和公共安全的重要因素。[①] 只有上述主体侵犯多数公民的个人信息及对公共信息安全造成侵害或者危险时，才有必要通过刑事手段加以保护。所以，被侵犯信息的公共性必不可少，否则就无法解释为何需要通过刑事手段保护个人信息。

再次，从法益保护紧迫性的角度分析。随着互联网、大数据的迅猛发展，影响改变了生活交易习惯、社会行为模式等，侵犯个人信息犯罪与以往发生较大变化。一方面，在犯罪对象上往往不是以某个公民的个人信息为对象，而是侵犯多数不特定公民的个人信息。另一方面行为人可能只负责搜集公众个人信息，不实施下游犯罪。比如非法获取一万个个人的银行账户信息，可能对这些公民的财产造成巨大的侵害，但是被发现时尚未对其中任何一人造成实际侵害甚至很可能并无盗窃其财产的故意，这种情况刑法显然有必要介入，但却无法通过侵犯个人法益犯罪的规定对其予以制裁。[②]

最后，从刑罚均衡的角度分析。对刑法来说，它的内部秩序就是罪刑关系的和谐、有序，就是罪与刑的均衡。[③]《刑法修正案（九）》提高了侵犯个人信息犯罪的处罚力度，公众普遍认同应当严厉地打击该类犯罪行为，但该罪与《刑法》第四章的其他犯罪在刑罚配置上明显失衡。如暴力干涉他人婚姻自由致使被害人死亡的，处2年以上7年以下有期徒刑，但侵犯个人信息犯罪情节特别严重的，要处3年以上7年以下有期徒刑，并处罚金。所以，如果仅侵犯某个公民的个人信息，似乎很难认可侵犯个人信息的行为应该比侵害生命权的行为处以更重的刑罚，那么对于侵犯个人信息犯罪处以这样的刑罚之所以合理，只能是因为其保护的法益并非个人法益，而是多数人的法益，是公共信息安全。[④]

因此，无论是侵犯公民个人信息罪还是窃取、收买、非法提供信用卡信息罪，都应肯

---

① 欧三任. 公共信息安全问题的审视与应对. 重庆邮电大学学报（社会科学版），2010（1）.

② 皮勇，王肃之. 大数据环境下侵犯个人信息犯罪的法益和危害行为问题. 海南大学学报（人文社会科学版），2017（5）.

③ 刘守芬，方泉. 罪刑均衡的立法实现. 法学评论，2004（2）.

④ 皮勇，王肃之. 大数据环境下侵犯个人信息犯罪的法益和危害行为问题. 海南大学学报（人文社会科学版），2017（5）.

定其法益具有公共性。此外，随着大数据环境的深化，除了公民外，单位信息也愈发重要并且会更加频繁地受到侵犯，条文表述中与罪名表述中均应去掉"公民"二字，通过刑法对单位个人信息予以一并保护。

2. 明确惩戒非法利用个人信息的行为

无论是侵犯个人信息罪还是窃取、收买、非法提供信用卡信息罪，所规制的侵犯个人信息均只限于包括非法获取、非法提供两种行为。在信息时代到来以前，个人信息的存储和利用不易，难以对其进行大范围的利用和伤害。但在信息化网络化环境下，大数据技术的发展特别是数据挖掘利用技术的提升，个人信息利用的利益也越来越大，必须充分考虑非法利用发展现状，强化对非法利用个人信息的规制。

首先，非法利用行为在侵犯个人信息犯罪行为体系中日趋居于核心地位。在大数据环境下，数据信息成为社会运转的基础资源。公私领域对于数据利用的需求比以往任何一个时代更加迫切。[①] 一方面，如个人信息不能用于非法用途，即无法进行非法利用不会产生非法利益，那行为人就不会实施非法获取、非法提供个人信息的行为。另一方面，对于不以营利为目的的侵犯个人信息，如不能对于个人信息进行有效利用，其损害他人之非法目的也无从谈起。同时，非法利用个人信息行为愈发与非法获取、非法提供行为分离，将信息用于推销产品、违规追债，甚至拥有个人信息的合法主体未经个人许可用于非授权用途亦不鲜见。因此，侵犯个人信息犯罪已走向以非法利用为中心，立法上要尽快适应变化。

其次，非法利用个人信息行为已经完成类型化。典型的非法利用个人信息，有"人肉搜索"行为、非法广告联盟行为等，但不易通过现有刑法规定予以有效规制，或者用其他罪名予以强行解释适用。非法利用个人信息行为已经完成类型化，符合现行法律集中进行规定的条件。将此类行为统合于非法利用个人信息行为，能够兼顾打击犯罪和维护刑法的安定性。

最后，目前已有对于非法利用个人信息行为予以入罪的立法尝试。2007 年，德国《电信媒体法》第 12 条规定，只有在法律规定明确允许或收件人已经同意的情况下，服务提供者才可以基于电信媒体的有关条款或其他目的收集和使用个人信息。此外，该法第 13 条规定了服务提供者的义务，大致可分为两类：一类是（数据搜集和使用）告知义务；另一类可以称为保障义务。[②] 该条第 4 款第 4 项特别规定了电信媒体服务提供者必须采取技术和预防措施确保个人信息在不同主体使用时分别进行。在刑事责任层面，从纯粹的传输服务、接入服务提供者，到缓存服务提供者、宿主服务提供者，再到内容提供者，其承担的责任逐渐提升，相应的免责条件越来越严格。[③] 因此，对于非法利用个人信息行为予以立法规制，已有相关立法可供参考。

当然，刑法手段并不是保护个人信息的唯一手段，也不是首选，刑法要同相关法律共同配合、相互补充，才可有效保护个人信息，进而保障社会公共信息安全。打击个人信息犯罪行为不应只使用刑罚手段，应将行政责任、刑事责任、民事责任三者对接，全面杜绝

---

① 任孚婷. 大数据时代隐私保护与数据利用的博弈. 编辑学刊，2015（6）.
② 韩赤风. 互联网服务提供者的义务与责任——以《德国电信媒体法》为视角. 法学杂志，2014（10）.
③ 王华伟. 网络服务提供者的刑法责任比较研究. 环球法律评论，2016（4）.

个人信息的泄露。[1]

（三）建立行业自律机制的配套监管

成立专门负责个人信息保护的机构是各国的普遍做法。我国目前还未建立专门统一的个人信息保护机构，各部门是在传统的监管职责中延伸管理各自行业、部门的个人信息保护问题。但从长远发展来看，建立专门机构有利于监督"个人信息保护法"的落地，提升整个国家的个人信息保护水平，也有利于对各行业、各部门的个人信息保护履行监督管理职责，更有利于为用户（个人信息主体）建立维权申诉的一站式服务。借鉴新西兰设立专门的隐私专员办公室的有益做法，根据我国目前的互联网监管机构设置现状，笔者建议以国家互联网信息管理办公室和地方各级通信管理局为平台，建立专门的互联网个人信息管理机构负责监督"个人信息保护法"的实施，接受公众投诉与建议并及时反馈处理情况，开展个人信息保护相关的执法调查与研究，为立法机关提供可靠的依据。

一是完善行业个人信息保护规定。在政府互联网监管机构的指导下，确立专门的协会组织负责个人信息的安全保护工作，充分发挥行业指引规范职能，制定行业指引规范。例如《电信和互联网用户个人信息保护规定》发布于 2012 年，其中内容相对原则，需要进一步细化完善，方能有效应对当前大数据应用引发的个人信息安全风险。考虑到当前个人信息保护形势严峻，应从严制定相关具体规定或条款，划定安全"红线"。

二是建立行业协会的监督和评价机制。美国前期主要依赖行业自律的做法不足以约束和规范企业收集、使用个人信息的行为，需要依法加强行政监管，才能切实督促企业落实个人信息保护责任和义务。在实际监管过程中，可以借鉴美国应对大数据时代下用户隐私挑战的先进做法，将数据利用和共享作为监管重点，对企业的个人信息开发利用、数据外包服务的使用、数据共享合作加强安全监管。在政府指导下，建立行业监督和评价机制，对个人信息保护合格企业颁发认证标识，对行业企业的可信赖度进行评级并定期公示评级结果。行业协会和会员企业还应当建立个人信息保护申诉机制，设立申诉机构并规定申诉处理程序。

三是加强执法调查和处罚力度。加大对个人信息泄露等安全事件的执法调查，依法对涉事企业的违法违规行为进行处罚，并向社会公示处罚结果。综合运用通报约谈、信用体系等柔性监管手段强化个人信息保护监督和处罚力度，增加企业违法违规成本，督促企业落实个人信息保护的责任和义务。

---

① 刁胜先，张强强 . 云计算视野的个人信息与刑法保护 . 重庆社会科学，2012（4）.

论侵犯公民个人信息罪的行为对象

陈梦寻[*]

内容摘要： 刑法上的公民个人信息与一般法上的公民个人信息应当同等看待，不应当对侵犯公民个人信息罪中的公民个人信息作限制解释。普遍联系与永恒运动的基本原理决定了公民个人信息的边界是流动的。公民个人信息的判断受到识别主体、识别目的、识别成本、识别收益、其他信息来源等多种因素影响，只能基于具体场景进行。"与其他信息结合识别"本质上是一种风险判断，基于信息接收者是公众还是特定个人，采用不同的公民个人信息认定标准。"经过处理无法识别特定个人且不能复原"的信息不属于公民个人信息，去标识化信息则属于公民个人信息。

关键词： 侵犯公民个人信息罪　公民个人信息　结合识别　合理性标准

《最高人民法院、最高人民检察院关于办理侵犯公民个人信息刑事案件适用法律若干问题的解释》（下称《解释》）第1条将侵犯公民个人信息罪中规定的"公民个人信息"解释为，"以电子或者其他方式记录的能够单独或者与其他信息结合识别特定自然人身份或者反映特定自然人活动情况的各种信息，包括姓名、身份证号码、通信通讯联系方式、住址、账号密码、财产状况、行踪轨迹等"。这一解释给办理侵犯公民个人信息刑事案件带来了不少便利，在某种程度上统一了对公民个人信息的认识，但仍然存在模糊之处，例如怎么理解和判断"与其他信息结合识别"特定自然人的各种信息？本文基于《解释》的规定，结合域外个人数据相关理论对"公民个人信息"作深入分析，试为司法实践判断公民个人信息提供可行思路。

一、公民个人信息的界定路径是统一的

（一）公民个人信息界定的限缩路径

有观点认为，刑法上的公民个人信息与一般部门法上的公民个人信息应当区别对待，对刑法上的公民个人信息要进行限制解释。刑法保护的公民个人信息必须是那些一旦泄露即可能对公民人身财产安全造成侵害或者足以引起某种严重危害结果发生的个人信息，刑

---

* 中国人民大学刑法学博士研究生。

法保护的个人信息的范围不同于一般部门法中个人信息的范围。[①] 刑法上的公民个人信息与民法、行政法上的公民个人信息具有同质性但形态不同，刑法上的公民个人信息是具有法益关联性的信息，非法获取、使用、泄露这些信息将会使公民的人格权和财产权遭受严重侵害，或者使其处于遭受严重侵害的危险之中，"只有具有如此重要价值的信息，才可以被刑法上的公民个人信息所涵摄"[②]。

这一观点的论据为"刑法并非将所有侵害法益的行为规定为犯罪，而只是将其中部分严重侵害法益（包括侵害重要法益）的行为规定为犯罪"[③]。论证逻辑似乎是，刑法惩罚严重侵害法益或者侵害重要法益的行为→某些公民个人信息因与刑法保护的人身财产法益具有关联性才受到刑法保护→其他不具有"如此重要价值"的公民个人信息则不受刑法保护，属于一般部门法上的公民个人信息。但这一逻辑能否成立？刑法规制严重侵害法益或者侵害重要法益的行为，公民个人信息仅仅是行为的对象，侵犯公民个人信息的行为是否严重侵害法益或者侵害重要法益需要结合行为主体、行为对象、行为方式、行为结果、行为情境等综合判断。公民个人信息的法益关联性与侵犯公民个人信息行为的法益侵害性不具有必然因果关系。

此外，限制论者"足以引起某种严重危害结果"与"对人格权和财产权造成严重侵害或使其处于遭受严重侵害的危险之中"的标准难以操作。举例说明，同样是"姓名＋电话号码"组合的个人信息 1 000 条，甲是房屋租赁中介，将其提供给了同是房屋租赁中介的乙用以拓展业务；丙是快递公司雇员，明知丁向其购买个人信息是为了实施电信诈骗仍向其提供。当限制论者提出的是抽象标准：如果"姓名＋电话号码"符合标准，是刑法上的公民个人信息，虽然丙丁案中的信息足以造成严重危害结果，但是甲乙案中的信息尚不足以造成严重危害结果以至于要动用刑法，那么此时限制论者的标准便形同虚设；如果"姓名＋电话号码"不符合标准，不是刑法上的公民个人信息，虽然甲乙案中的信息被有效排除出刑法的保护范围，但是丙丁案中信息被犯罪预谋者使用所带来的高度风险得不到有效阻断，造成难以忍受的处罚漏洞。而当限制论者提出的是具体标准：结合具体案情判断个人信息是否具有造成危害的高度可能时，主观目的、信息用途、信息数量等其他因素即变成判断材料，此时已经脱逸了对行为对象的简单判断，而异化为对情节严重的综合判断。综上，抽象标准无法适应案情的千变万化，具体标准又难免落入"情节严重"的领地，区分标准难以操作亦不甚合理，因此本文认为不宜采取限缩认定的路径。

（二）公民个人信息界定的统一路径

公民个人信息无法限制也无须限制入罪，"情节严重"才是调节侵犯公民个人信息罪犯罪圈大小的标准。本罪是典型的行政犯，成立本罪的前提是行为"违反国家有关规定"。田宏杰教授将行政犯的定罪机制概括为"前置法定性与刑事法定量的统一"，"前置法定性"是指犯罪的危害本质和违法本质由前置法决定，"刑事法定量"是指犯罪量的选择由

---

① 徐伟. 侵犯公民个人信息罪的对象研究. 2013 年南京师范大学硕士学位论文：17.

② 叶良芳，应家赟. 非法获取公民个人信息罪之"公民个人信息"的教义学阐释——以《刑事审判参考》第1009 号案例为样本. 浙江社会科学，2016（4）.

③ 张明楷. 刑法学. 北京：法律出版社，2011：24.

刑法规定。刑法通过选择违法行为类型完成犯罪的第一次定量，通过追诉标准完成犯罪的第二次定量，如此实现违法与犯罪的区分。[①] 侵犯公民个人信息罪中，刑法先将非法获取、出售和非法提供公民个人信息的行为从诸多违法行为类型中挑出，作为本罪的行为方式，后以"情节严重"这一综合性标准完成对罪量的限制，并通过《解释》第5条对"情节严重"作具体细化规定，设置了信息用途、信息数量、信息敏感度、违法所得、人身危险性等诸多衡量因素。在选取违法类型时，刑法没有对行为对象作特别考量，在决定追诉标准时，也只是对特定种类的个人信息在入罪数量上有所调整，并没有将个人信息分为前置法个人信息与刑法个人信息并对前者一体排斥入罪。

《解释》第1条公民个人信息的定义亦反映了统一解释的路径。《解释》第1条与《网络安全法》第76条高度契合。刑法关于侵犯公民个人信息犯罪的规定早于《网络安全法》的相关规定，刑法对公民个人信息进行解释不必完全受制于此后施行的《网络安全法》。[②] 但二者关于公民个人信息的定义如出一辙，都将个人信息界定为"以电子或者其他方式记录的能够单独或者与其他信息结合识别自然人身份的各种信息"，只不过《解释》特别强调了"反映特定自然人活动情况的信息"也在个人信息之列。应当说，《解释》虽然可以突破《网络安全法》的定义，但是《解释》实际上依据的就是《网络安全法》，虽然在《网络安全法》第76条的基础上有所增加与细化，但是二者并无实质区别。

刑法是国家保护法益和维护社会秩序的最后防线。一方面，刑法应当秉持谦抑品格，"只有在其他法律效果未能有效防制不法行为之时，始得以刑罚作为该行为的法律效果"[③]。另一方面，刑法保障前置法因而涉及社会生活的各个环节，不恰当地缩小行为对象则会削弱刑法对现实生活中各种侵犯个人信息行为的规制能力。因此，对于公民个人信息，不应当区分前置法上的个人信息与刑法上的个人信息，而应当同等看待。

二、公民个人信息的边界是流动的

不同立法模式下，个人信息的定义不尽相同。[④] 在美国信息隐私法中，"个人可识别信息"（Personally Identifiable Information，PII）是核心概念，1974年《家庭教育权和隐私法案》（FERPA）在联邦法律层面首次提及了PII，1984年《有线电视法案》（Cable Act）将PII作为法律适用的前提，此后一系列联邦法律和各州法律都以PII为核心概念。但是经过几十年的发展，美国并未形成统一的PII概念，反而形成了各种相互竞争的定义。美国学者将这些定义背后的进路总结如下三种：第一种是同义反复法，如《视频隐私保护法案》（VPPA）将PII定义为"识别个人的信息"；第二种是剔除公开信息法，其关注公开可获取的信息以及单纯的统计信息，属于这两种信息即不属于PII，如《金融服务现代化法案》（GLBA）将PII定义为"非公开个人信息"；第三种是列举法，如果信息落入列举的种类之中，就属于该法规定的PII，如《儿童在线隐私保护法案》（COPPA）规定PII包

---

① 田宏杰. 行政犯的法律属性及其责任——兼及定罪机制的重构. 法学家，2013（3）.
② 喻海松. 侵犯公民个人信息罪司法适用探微. 中国应用法学，2017（4）.
③ 林山田. 刑法通论. 上册. 北京：北京大学出版社，2012：27.
④ 个人信息保护立法分为统一模式与分散模式，前者以欧盟为代表，后者以美国为代表。

括姓、名、地址、社保号码、电话号码以及邮件地址。[①]

与美国不同，欧盟从一开始就采取了统一的个人数据定义。1981 年《个人数据自动化处理之个人保护公约》规定，"个人数据"是指任何与一个已识别或可被识别的个人相关的信息。[②] 1995 年《数据保护指令》将"个人数据"界定为，与一个已被识别或者能被识别的自然人相联系的任何信息；一个能被识别的个人是指能够被直接识别或者间接识别的人，尤其是根据证件号码，一个或者多个物理上的、心理上的、精神上的、经济上的、文化上的或者社会交往上的特定识别因素。[③] 2018 年将要全面施行的《一般数据保护条例》延续了《数据保护指令》广泛定义的路径，将"个人数据"界定为，与一个已被识别或者能被识别的自然人相联系的任何信息；一个能被识别的个人是指能直接或者间接被识别的人，尤其是根据姓名、证件号码、位置数据、网上识别符或者一个或多个物理上的、心理上的、基因上的、精神上的、经济上的、文化上的或者社会交往上的关于那个自然人的特定识别因素。[④]

比较我国的个人信息定义与欧美的个人数据定义，不难发现我们借鉴与继受的是欧盟的个人数据概念，二者都采用了"定义＋列举"的方式正面划定个人数据的范围，关注个人数据的识别性，并承认间接识别特定自然人的信息也属于个人数据。基于我国个人信息概念与欧盟个人数据概念的亲缘性，下文将重点关注欧盟个人数据的概念以及个人数据的判断，为深入分析我国公民个人信息概念提供基础。

（一）欧盟第 29 条工作组[⑤]《关于个人数据概念的意见》

《关于个人数据概念的意见》（下称《意见》）解释的是《数据保护指令》中的"个人数据"，其将"个人数据"分解为四个构成要素并逐一分析说明。

1. "任何信息"（Any information）

"任何信息"的措辞体现了个人数据概念的广泛性，也决定了个人数据有很大的解释空间。个人数据既可以是客观的，也可以是主观的。此外，也没有必要证明个人数据是真实正确的。当个人数据不准确时，数据主体可以采取适当的救济措施修改个人数据。[⑥] 关于数据的真实性，新加坡《2012 年个人数据保护法案》第 2 条明文规定，不论真实与否，从这些数据或者结合其他数据能够识别个人的数据就是"个人数据"。在新加坡《2012 年个人数据保护法案》下，考虑数据是否属于个人数据时，数据的真实性是一项不相关的因素。[⑦]

---

① See generally Paul M. Schwartz & Daniel J. Solove, "The PII Problem: Privacy and a New Concept of Personally Identifiable Information", New York University Law Review, Vol. 86, Issue 6 (2011), pp. 1819 - 1831.

② Convention for the Protection of Individuals with regard to Automatic Processing of Personal Data, Article 2a.

③ Directive 95/46/EC Article 2 (a).

④ Regulation (EU) 2016/679 General Data Protection Regulation, Article 4 (1).

⑤ 第 29 条工作组根据 1995 年《数据保护指令》第 29 条设立，是一个独立行使职权的欧盟个人数据与隐私保护咨询机构，由欧盟成员国、欧盟组织与欧盟委员会三方的代表组成。《一般数据保护条例》生效后，将由欧盟数据保护委员会（EDPB）接替其职责。

⑥ Article 29 Data Protection Working Party, Opinion 4/2007 on the concept of personal data, p. 6.

⑦ See Warren B. Chik & Pang Keep Ying Joey, "The Meaning and Scope of Personal Data under the Singapore Personal Data Protection Act", Singapore Academy of Law Journal, Vol. 26, Issue 2 (2014), p. 377.

我国有学者认为侵犯公民个人信息罪的犯罪对象应当是真实的公民个人信息。[①] 本文认为，上述观点具有一定合理性，在认定侵犯公民个人信息罪的具体信息条数时，的确应当排除重复信息、完全虚假的信息，但是不应当以信息的真假性作为判断的标准。公民个人信息的核心属性是识别性，在现实生活中，通常由多个信息片段组成个人信息数据集来共同识别特定个人，当其中某些信息片段不准确或者不真实但是不影响识别之时，仍应认定为公民个人信息。举例说明，A 出售"姓名，电话号码，住址"组合的个人信息 20 000 条，全部数据集中的姓名正确，部分数据集中的电话号码有误但住址真实，部分数据集中的住址有误但电话号码真实，这些数据集是否属于侵犯公民个人信息罪中的犯罪对象？应当说，这里的 20 000 条个人信息都属于本罪的犯罪对象。虽然每条信息都是半真半假，但是每条信息都足以识别特定自然人，公民个人信息的真实性不是认定信息是否属于本罪犯罪对象的标准。

2. "相联系"（Relating to）

为判断数据是否与特定个人"相联系"，《意见》提出了三要素判断理论，只要内容要素、目的要素、结果要素有一项存在，就可以认定信息与个人"相联系"。（a）内容要素：如果给出的信息就是关于特定个人的，就可以认为存在内容要素。例如，病理分析结果明显是某个病人的信息。（b）目的要素：如果考虑到具体情形下的所有条件，数据被用来或者很有可能被用来评估、对待或者影响某个主体的状态或者行为时，就可以认为存在目的要素。例如，公司某办公室电话的通话记录可能与工作时间负责该电话的雇员相联系，可能与接听电话的人相联系，也可能与物业人员相联系（通过电话确认物业人员何时锁门），基于不同的目的，电话的使用信息可与多人相关。（c）结果要素：如果前两项要素都不存在，考虑到具体情形下的所有条件，数据的使用很有可能影响特定个人的权利与利益，便可以认为存在结果要素。例如，出租车公司为调度汽车而实时处理车辆位置信息，严格来说这里处理的是汽车信息而非驾驶员的信息，但是这同样允许出租车公司监督驾驶员的表现，并对驾驶员个人产生相当程度的影响，因而这些信息也应当被认为与个人相联系。在以上三项要素的认定中，《意见》都明确强调要考虑具体案件下的所有情况。[②]

3. "已被识别或能被识别"（Identified or identifiable）

通常情况下，"已被识别（identified）"意味着能从一群人中挑出（distinguish）特定个人，而"能被识别（identifiable）"则是虽然尚未从人群中挑出特定个人，但是这样做是可能的。诸如姓名、证件号码、身高、职业这样的信息片段被称为"识别符"（identifier），特定的识别符能否完成识别取决于具体场景（context），一个非常普遍的姓氏可能不足以从国家的全部人口中识别出特定个人，但却足以从一个班级中识别出特定学生。间接识别常与"独特组合"（unique combinations）现象相关，某些识别符乍看难以挑出特定个人，但是结合其他信息（不论数据控制者是否保有这些信息）则能完成识别。关于"能被识别"，《数据保护指令》的法律说明（Recital 26）中提到"在判断某个人是否能被识别时，所有用来识别该个人的可能合理方法都应当考虑到，不论使用者是数据控制者还是任

---

① 叶小琴，赵忠东. 侵犯个人信息罪的犯罪对象应当是真实的个人信息. 人民法院报，2017 - 02 - 15：6 版.

② Article 29 Data Protection Working Party, Opinion 4/2007 on the concept of personal data, pp. 9 - 11.

何其他人"①。《意见》认为，仅有识别个人的假想可能性不能认定为"能够识别"，而应当考虑具体情况下的所有因素，例如识别的成本、识别的预期目的、数据处理的结构化方式、数据控制者的预期利益、个人利益面临的风险、组织功能紊乱的风险（违反保密义务）以及技术失效。另外，这也是一个动态的衡量过程，不仅要考虑数据处理时的技术现状，还要考虑数据生命周期内的可能发展。在考虑目的因素时，如果数据处理的目的暗含对个人的识别，那么也就可以推定数据控制者或者其他任何人具备或者将会具备可能合理的识别手段。②

4. "自然人"（Natural person）

"自然人"意味着个人数据受到保护是一项普遍权利，并不受限于特定国家的公民。逝者的个人数据原则上不适用于《数据保护指令》，但是可能因为其他原因间接受到保护，如该数据同时还指向生者。③

（二）英国信息专员办公室 ICO④《决定何为个人数据》

《决定何为个人数据》（下称《指南》）虽然解释的是《1998 年数据保护法案》中的"个人数据"⑤，但是也依照了 1995 年《数据保护指令》。《决定何为个人数据》实际上是一部指南，意在帮助英国的公司、团体等组织充分了解自己的责任义务，因此采用了流程表的模式，通过一系列问答引导组织进行判断。《指南》重点关注两个要素，即"识别性"与"相联系"，而在"相联系"这个要素的判断中，《指南》采取了递进判断模式，在不符合前一标准时，进入下一标准的判断。

1. "识别性"（Identifiability）

如果能从群体中将个人与其他成员区别（distinguish）开来，那么这个人就"已被识别"。任何潜在识别符是否能够完成识别取决于具体场景（context）。判断"能被识别"的出发点应为"可以使用何种方法识别"以及"在多大程度上可使用这种方法"。在确定可能合理的识别方法时，不仅应当站在一般人角度，还应当站在怀有特殊理由想去识别个人的特定人角度，例如，展开调查工作的记者、合作伙伴、工作狂或者商业间谍。随着时间的发展，识别方法也会随之发生变化。⑥

2. "相联系"（Relates to）

首先，数据是否"明显关于（obviously about）"特定个人。病史、犯罪记录、工作业绩明显是关于某个人的数据，数据的内容直接决定了与个人的相关性。

其次，当数据不是"明显关于"某人时，判断数据是否"链接（linked to）"到特定

---

① Directive 95/46/EC Recital 26, whereas, to determine whether a person is identifiable, account should be taken of all the means likely reasonably to be used either by the controller or by any other person to identify the said person.

② Article 29 Data Protection Working Party, Opinion 4/2007 on the concept of personal data, pp. 12 - 16.

③ Article 29 Data Protection Working Party, Opinion 4/2007 on the concept of personal data, pp. 21 - 22.

④ 英国信息专员办公室全称 Information Commissioner's Office，简称 ICO，是英国独立的数据保护监管机构。

⑤ Data Protection Act 1998，Section1 (1)，"个人数据"是指与个人相联系的数据，从这些数据，或者从这些数据与数据控制者掌握的或很可能掌握的其他信息，可以识别出一个在世的个人，其还包括关于这个人的任何意见表达以及数据控制者或其他人关于这个人的任何意图指示。

⑥ ICO, Determining What Is Personal Data, v1.1, 20121212, pp. 7 - 9.

个人。数据本身并非个人信息，只是在某些情形下与个人相连，进而能提供关于个人的特定信息。如果数据影响作用于个人的决定时，可以认为数据与个人"相联系"。例如，房价本身不是个人数据，但是根据房价确定户主的家庭税额或者夫妻离婚财产分割份额时，房价明显链接到了相关个人。需要注意的是，同样的数据在一方手中是个人数据，但在另外一方手中可能不是个人数据。例如，房产中介拍摄了一张临街商铺的照片，照片中包括了一些行人。这张照片对于房产中介来说不是关于行人的个人数据，因为房地产经纪人不是为了识别行人而拍摄的照片也不打算识别照片中的行人，并且也没有识别行人的适当软件。假如这条街上的银行遭到抢劫，警察拿到了房产中介拍摄的临街商铺照片，运用相关科技试图寻找目击证人，那么这张照片在警察的手中可能变成了个人数据。因此，数据是否个人数据取决于处理目的以及对数据主体的潜在影响。

再次，为了回应 Durant v Financial Services Authority 一案中奥尔德法官的观点[1]，《指南》提出只有当数据既不是"明显关于"也不是明确"链接"到个人时，才需要考虑"传记重要性（biographical significance）"和"聚焦性（focus）"。当个人被列入会议记录时，会议记录的"传记重要性"表现为其记录了个人在特定时间的行踪，但这并不意味着会议记录的所有内容都是关于参会者的个人数据。当会议考虑多名候选人对特定职位的竞争力时，只有"聚焦"于该个人的信息才属于其个人数据，其他候选者的信息或者需要新的人选的信息都不是该个人的数据。

最后，即便现在的数据处理通常不是为了提供个人数据，但是将来有合理可能为提供个人数据而处理数据，那么这些数据也是个人数据，因为这种数据处理能对个人产生一定影响。[2]

（三）公民个人信息的判断基于具体场景

《意见》横向分解个人数据的构成要素，《指南》纵向引导个人数据的认定判断，虽然二者在解释方法上有所不同，但是在解释内容上基本对应。就识别性要素而言，《意见》与《指南》都认为"识别"就是在人群中将特定个人与其他个体区分开来，诸如姓名、地址的识别符是否能够完成这种区分取决于具体场景，而结合其他信息能否识别则是基于对识别方法及其可用性的综合判断。就"相联系"要素而言，《意见》与《指南》均是从内容、目的、影响三个方面进行判断的。如果将个人信息区分为"描述个人的信息"与"描述事物的信息"，前者本身就是个人信息，后者本身不是个人信息，因为各种情形与个人相连而被认定为个人信息。"描述个人的信息"的内容明显关于个人，因而较为容易判断与主体的联系性；"描述事物的信息"则以目的要素和影响要素限制其构成个人信息的范

---

[1] 〔2003〕EWCA Civ 1746，para 28. 奥尔德法官认为，仅仅是在数据控制者持有的文件中提到了数据主体，这不足以认为其构成个人信息，是否称其为个人信息还取决于信息与主体之间持续的相关性与接近性，以或多或少区别于主体可能参与的事务。在奥尔德法官看来，有两个概念可能需要考虑。第一，信息是否具有重要的传记性（biographical），即超出了对推定数据主体参与的无个人含义的事件，或是个人隐私未受影响的生命事件的简单记录。第二，信息是否具有聚焦性（focus），信息应当聚焦于推定的数据主体，而非与其相关的其他人或者其感兴趣的其他事务。

[2] ICO, Determining What Is Personal Data, v1.1, 20121212, pp. 9 - 21.

围，对于这两项要素的判断高度依赖具体场景。目的意为"想要得到的结果"①，影响是指"对人或事物所起的作用"②，前者与识别主体的主观意愿高度相关，后者涉及对数据主体的客观评估，这使得联系性要素的判断无法脱离对多种场景构成要素的逐一检视与综合考量。因此，无论是识别性要素的判断还是联系性要素的判断都是在具体场景中进行的。

基于场景判断个人数据归根结底是由信息本质决定的。"宇宙中一切事物的存在方式及运动状态都有其固有的规律和特征，由相应的信息来表现这种运动的状态和方式。由于任何事物都有其内部结构和外部联系，正是这种内部结构和外部联系的综合作用，决定了事物的运动状态和方式，因此，信息可以说是事物的一种普遍属性。"③ 人是宇宙中的一种存在，无时无刻不在运动，无时无刻不处在与其他事物的联系之中，无时无刻不在产生新的信息，永恒运动与普遍联系决定了个人信息的流动性与广泛性。

基于场景（context）判断个人数据的理念不仅在《意见》与《指南》中有所体现，而且已经成为国内外许多学者的共识，以静态方法预先设定个人数据的范围再进行"全有和全无"的判断是行不通的。④ 单独识别具有确定性，仅靠信息本身就能完成识别，而结合识别则具有极大的不确定性，必须综合考虑识别主体、识别目的、识别方法、识别成本、识别收益、信息来源等多种因素。因此，公民个人信息的边界是流动的，公民个人信息的判断要在具体场景中进行。

三、"与其他信息结合识别"本质上是风险判断

个人信息对场景的高度依赖决定了，相对于闭合的硬性规则（Rules），开放的灵活标准（Standards）更适合于个人信息的判断。标准能够让判断者考虑所有相关因素或者整体情况，而规则将判断者限定在事实之上，无法考量背后的原则与政策，导致范围过宽或者范围过窄的弊端。⑤ 当社会与技术发展到达一种稳定状态之后，规则相对于标准来说则能更好地发挥作用，而现阶段，个人数据很难清晰地放入某个范畴之中，难以预料追踪技术与重新识别科学的发展方向，标准则能更好地适应社会的快速发展。⑥

---

① 中国社会科学院语言研究所词典编辑室．现代汉语词典．第 6 版．北京：商务印书馆，2012：923.

② 中国社会科学院语言研究所词典编辑室．现代汉语词典．第 6 版．北京：商务印书馆，2012：1563.

③ 文庭孝，侯经川，汪全莉，刘晓英．论信息概念的演变及其对信息科学发展的影响——从本体论到信息论再到博弈论．情报理论与实践，2009（3）.

④ 范为．大数据时代个人信息定义的再审视．信息安全与通信保密，2016（10），See Sophie Stalla-Bourdillon & Alison Knight，"Anonymous Data v. Personal Data-False Debate：An EU Perspective on Anonymization，Pseudonymization and Personal Data"，Wisconsin International Law Journal，Vol. 34，Issue 2（2016），p. 318；See also Paul M. Schwartz & Daniel J. Solove，"The PII Problem：Privacy and a New Concept of Personally Identifiable Information"，New York University Law Review，Vol. 86，Issue 6（2011），p. 1847.

⑤ See generally Kathleen M. Sullivan，"Foreword：The Justices of Rules and Standards"，Harvard Law Review，Vol. 106，Issue 1（1992），pp. 58 - 59.

⑥ See Paul M. Schwartz & Daniel J. Solove，"The PII Problem：Privacy and a New Concept of Personally Identifiable Information"，New York University Law Review，Vol. 86，Issue 6（2011），pp. 1871 - 1872.

(一) 合理性标准 (Reasonable standard)

动态边界给个人数据认定带来了一定挑战，合理性标准则成为其他国家应对挑战的主要策略，这在欧美的个人数据定义中都有所体现。美国联邦贸易委员会（下称 FTC）在 2010 年报告中提出消费者隐私保护框架适用于所有商业实体收集或者使用消费者数据的行为，而消费者数据是指"能被合理链接到（reasonably linked to）特定消费者、计算机或者其他设备"的数据。[①] FTC 在 2012 年报告中进一步细化了"合理链接性标准"（Reasonable Linkability Standard），如果公司采取了三项重要措施最小化数据的链接性（Linkability），就认为数据不再是隐私保护框架中规定的消费者数据。[②] 实际上，FTC 是通过给企业创设义务的方式保护消费者隐私，与此同时提倡"合理链接性标准"作为豁免标准[③]，因此并没有直接给出消费者数据的判定标准。欧盟则在 1995 年《数据保护指令》法律说明第 26 条中提到了合理性标准，要求"在判断某个人是否能被识别时，所有用来识别该个人的可能合理（likely reasonably）方法都应当考虑到，不论使用者是数据控制者还是任何其他人"。如上文所述，《意见》认为这种可能性不是一种"假想可能性"而是综合多种因素之后的判断结果，《指南》强调不仅要站在一般人角度还应当站在特定人角度考察可能的识别方法，但是二者都没有更加细致地界定何为"可能合理"。

(二) 合理性标准建构

如何限定"与其他信息结合识别"的范围，从正面确立公民个人信息判断的合理标准？本文认为可以借鉴英国 ICO 在《匿名化：应对数据保护风险规范》（下称《规范》）中提到的"有心侵入者测试"。这项测试意在帮助公司评估其发布的匿名数据是否很有可能导致对个人的重新识别，以及谁有动机去实施数据的重新识别。"有心侵入者"没有先验知识，但是想要从匿名数据中识别个人，测试就是要判断这种尝试能否成功。[④] 如果"有心侵入者"成功了，则意味着仍有合理可能导致个人被识别；如果"有心侵入者"失败了，则说明数据面临的识别风险可以接受，数据可以公开。[⑤] 实际上，"有心侵入者测试"扮演评估匿名数据被重新识别的风险的角色，当重新识别的风险较小而变得能够接受时，数据就能够对外披露而在某种程度上脱逸个人数据保护法的规制，不再受制于所有数据保

---

① See FTC, "Protecting Consumer Privacy in an Era of Rapid Change: A Proposed Framework for Businesses and Policymakers-Preliminary FTC Staff Report (2010)", available at https://www.ftc.gov/reports/preliminary-ftc-staff-report-protecting-consumer-privacy-era-rapid-change-proposed-framework, p. 41.

② See FTC, "Protecting Consumer Privacy in an Era of Rapid Change: Recommendations for Businesses and Policymakers-FTC Report (2012)", available at https://www.ftc.gov/reports/protecting-consumer-privacy-era-rapid-change-recommendations-businesses-policymakers, pp. 19-21. 第一，公司必须采取合理措施保证这些数据去识别化；第二，公司必须公开承诺以去识别化的方式保存和使用数据，并且放弃重新识别这些数据；第三，公司如果将这些去识别化的信息提供给其他公司，不论这些公司是服务提供商还是第三方，公司都应当签订合同禁止这些实体重新识别个人数据。

③ See Dae-Hee Lee, "The Concept of Personal Information: A Study on Its Interpretation and Scope", Asian Business Lawyer, Vol. 17 (2016), p. 25.

④ ICO, Anonymisation: managing data protection risk code of conduct, 2012, p. 22.

⑤ ICO, Anonymisation: managing data protection risk code of conduct, 2012, p. 17.

护规则。"有心测试者"中的待评估匿名数据也是一种需"与其他信息结合识别"的数据，这使得借鉴"有心侵入者测试"界定"与其他信息结合识别"的合理范围变得可行。

本文无力构建一套理论来指导所有情境下个人信息的判定，仅试图结合域外法律中的有益因素为侵犯公民个人信息罪中的行为对象判定提供视角。《刑法》第 253 条之一规定了出售、提供与非法获取公民个人信息三种行为方式，买卖个人信息发生在特定主体之间，非法获取个人信息的主体也是特定个人，提供个人信息则是既可以向特定人提供，也可以是通过信息网络等途径向不特定主体公开发布。因此，识别个人信息的主体既可能是特定个人，也可能是社会公众，对于二者应当采用不同的认定标准。

1. 一般人标准

当行为人以公开发布的形式向社会公众提供信息时，如何判定其是否属于本罪规定的"公民个人信息"，本文认为此时可以直接采用英国 ICO 的"有心侵入者测试"。"有心侵入者测试"是帮助数据控制者判断能否将匿名化数据向社会公布的风险评估工具。"大数据时代，随着信息数量的增长及信息技术的飞速进步，任何的信息片段，与足够的外部信息关联对比后，均有重新识别或关联到个人的可能性。"[①] 在无法排除风险的情况下，降低风险成为现实可能的个人信息保护路径。通过"有心侵入者测试"，意味着数据的识别风险降至可接受的范围内，匿名数据在某种程度上与非个人数据一样在社会中自由流动。因此，"有心侵入者测试"事实上提供了"数据公布（data release）"类型场景下，判定数据对于社会公众来说是否构成个人数据的合理性标准，当然对于掌握密钥的数据控制者来说，这些数据毫无疑问属于个人数据。

"有心侵入者测试"的优势在于其设定的标准既高于较为外行的一般公众，而又低于具有专业知识和分析优势的特定个人。该项测试假定"有心侵入者"具有合理的能力，能够接触一定的资源，例如互联网、图书馆、公开文件，可以运用一定的调查技巧，例如询问可能知道信息主体身份的人或者发布广告寻找知道相关信息的人。该项测试同时也假定"有心侵入者"不具备任何诸如黑客技术的专业知识，不能够使用专业设备，也不能诉诸犯罪手段获取被安全存放的数据。[②] 实施"有心侵入者测试"可能从以下几个方向着手：（a）利用搜索引擎全网检索数据片段的组合；（b）检索国家档案或者当地报纸；（c）利用社交网络软件搜索用户的个人简介；（d）检索电子登记簿和当地的图书馆资源。非常容易获得的"其他信息"来源除了以上提及的互联网、图书馆、媒体等，还有教堂记录、政府公开信息、家族宗谱网站等。[③] 如果是行为人利用信息网络或者其他途径向社会公众发布的信息，能够结合以上几种途径获得的其他信息，极有可能将特定个人与其他社会成员区分出来，即便不知道个人的姓名，也能将其认定为公民个人信息。

2. 特定人标准

当行为人向特定个人出售、提供信息或者行为人通过非法方法获取信息时，如果买方、被提供方以及获取方能够结合其他信息识别个人，那么这里的信息就属于本罪规定的公民个人信息。具体而言，应当从识别目的、信息来源、识别方法、成本效益分析等方面

---

① 范为. 大数据时代个人信息定义的再审视. 信息安全与通信保密，2016（10）.

② ICO，Anonymisation：managing data protection risk code of conduct，2012，pp. 22 - 23.

③ ICO，Anonymisation：managing data protection risk code of conduct，2012，pp. 23 - 24.

来判断。首先，判断识别主体是否具有识别目的，如果识别主体不是为了识别个人而获得信息，获得信息后也不打算识别个人，那么就不能认为这里的信息属于公民的个人信息。其次，如果识别主体具有识别目的，判断识别主体是否具有足够的其他信息来源。除了考虑"有心侵入者"测试中提到的可公开获得的信息资源例如互联网、图书馆、媒体等，还应当考虑识别主体本身已经获得的信息以及基于识别主体的职务便利能够接触到的信息，例如识别主体先前已经获得描述同一待识别群体的匿名数据库，识别主体能够接触到公司的客户数据库，政府的管理数据库等需要特定资格才能访问的数据库。再次，如果结合识别还需要运用特别的技术手段，还要考虑主体是否有能力使用这样的技术，或者能否接触到相应的技术人员。最后，还要对结合识别进行成本收益分析，如果识别的成本远远大于收益，识别主体需要花费大量时间、精力、金钱成本来完成识别而回报率相对较低，综合其他因素可以排除识别的可能性。

"与其他信息结合识别"本质上是一种风险判断，不要求真的识别特定自然人，但是需要存在识别特定自然人的合理可能。个人信息的边界不是僵化、静止的，主观因素与客观因素综合作用于个人信息的判定之中，前者如个人信息处理的目的、后者如其他信息的来源、识别方法。围绕着个人信息的核心属性识别性，基于个人信息处理的具体场景，公民个人信息的判断只能采取个案分析（case-by-case）的路径，难以通过静态的类型预先划定个人信息的范围。侵犯公民个人信息罪中，基于信息的接收者（收买者、被提供者或非法获取者）是特定个人还是社会公众，分别适用不同的判断标准。对于特定个人，应当结合识别目的、识别方法、其他信息来源、成本收益等角度综合分析识别可能性。对于社会公众，运用"有心侵入者测试"判断信息能否借助通过合理途径获得的其他信息识别个人（见图1）。需要注意的是，本罪"情节严重"的判断在某种程度上也是一种风险判断，但是二者存在本质差别，公民个人信息判断中的风险是识别个人的风险，而"情节严重"中的风险是对个人的人身财产等权益的风险。（参见图1公民个人信息判断流程图）

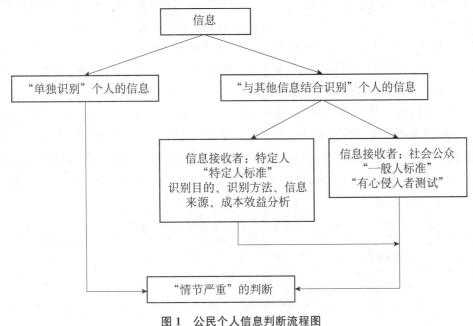

图1 公民个人信息判断流程图

四、"经过处理无法识别特定个人且不能复原"
的信息不是公民个人信息

个人信息保护法领域中，匿名化信息（anonymous information）、假名信息（pseud-onymized information）、去标识化信息（de-identified information）与公民个人信息（personal information）密切相关，梳理相关概念有助于理解公民个人信息。《解释》第 3 条第 2 款规定，未经被收集者同意，将合法收集的公民个人信息向他人提供的，属于《刑法》第 253 条之一规定的"提供公民个人信息"，但是经过处理无法识别特定个人且不能复原的除外。[①] 这里所指的"经过处理无法识别特定个人且不能复原"的个人信息亦可称作匿名化信息。在技术语境下，匿名化技术本是为了降低个人隐私风险而使用，匿名化方法包括泛化、压缩、分解、置换、干扰等，其中有些技术相对容易被攻击复原，有些则难度较高，几乎不能复原；在法律语境中，匿名化信息要求信息本身无法识别个人，并且结合其他数据也无法识别个人或者识别的可能性极低。[②] 假名信息则是指对个人数据进行处理后，没有特定信息参考（该特定信息被安全单独保存）的情况下，不能指向特定个人，例如在"陈二娃，25 岁，刑法博士研究生"基础上生成的假名数据"LC12098，25 岁，刑法博士研究生"，如果没有"LC12098，陈二娃"这项参照信息，该假名信息不能识别陈二娃本人。[③] 假名信息实际上是一种去标识化信息，去标识化（de-identification）建立在个人信息基础之上，保留了个体颗粒度，通过技术处理使得在不借助额外信息的情况下，无法识别个人信息主体，而假名技术只是其中的一种技术手段。[④]

为更清晰的展现公民个人信息与相关概念的关系，同时进一步分析公民个人信息的内容，本文将借助 Paul M. Schwartz 教授与 Daniel J. Solove 教授提出 PII 2.0 理论作为分析框架。该理论将信息置于连续的标尺之上，标尺的一端是个人的完全识别，标尺的另一端是个人识别的零风险，标尺之上有三个范畴，分别是已识别数据（identified data）、可识别数据（identifiable data）及不可识别数据（non-identifiable data），这些范畴之间没有硬性的边界。[⑤] 已识别数据是指能够将特定个人从其他人中挑选（single out）出来的数据。第一，如果某些可识别数据具有识别个人的实质性风险（substantial risk），那么也应当被当做已识别数据来对待，即当某一方极有可能（significant probability）建立链接来识别个人时，可识别数据应当转换为已识别数据。在此，具有实质性识别风险的可识别数据被作为已识别数据的子范畴来看待，并且需要考虑某一方很有可能会用来识别的方法以及能获得的其他信息。第二，可识别数据是指数据有可能（possible），但不是极有可能（sig-

---

① 这一规定实际上来自《网络安全法》。该法第 42 条第 1 款规定："网络运营者不得泄露、篡改、毁损其收集的个人信息；未经被收集者同意，不得向他人提供个人信息。但是，经过处理无法识别特定个人且不能复原的除外。"

② 王融. 数据匿名化的法律规制. 信息通信技术，2016（4）.

③ 王融. 数据匿名化的法律规制. 信息通信技术，2016（4）.

④ 参见《个人信息安全规范》（报批稿）3.14。

⑤ See Paul M. Schwartz & Daniel J. Solove, "Reconciling Personal Information in the United States and European Union", California Law Review, Vol. 102 Issue 4 (2014), p. 905.

nificantly probable）被用来识别特定个人，尽管此时存在某些并不遥远（non-remote）的识别可能性。第三，不可识别数据靠近标尺的零风险一端，仅仅具有识别的遥远（remote）风险，考虑到所有可能合理被使用的方法，这些数据不能被关联到特定个人，例如美国的人口数目。①

借鉴 PII2.0 的框架与我国公民个人信息的定义，本文试以韦恩图（图 2）说明各个概念之间的关系。公民个人信息为图中空白部分，非公民个人信息为图中阴影部分，基于信息流动的本质，各个范畴之间没有硬性的边界，故以虚线界分。公民个人信息包括"单独识别的个人信息"及"与其他信息结合识别的个人信息"。空白与阴影的交接处的虚线即为上文所述"一般人标准"与"特定人标准"确定的个人信息的动态边界。随着圆圈由里到外扩散，识别的风险从 100%逐渐减弱到 0%，个人信息与主体的关联性也从完全识别到不能识别。

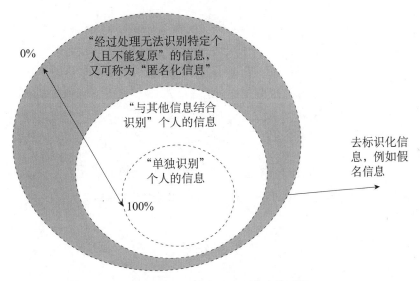

图 2　公民个人信息与相关概念体系图

"经过处理无法识别特定个人且不能复原"的信息不是公民个人信息。长久以来，我们认为信息匿名化之后，就不会再对个人造成隐私风险，然而这已经成为神话，Paul Ohm 教授的经典之作用三个案例阐述了匿名化信息中蕴含者重新识别的风险。② 匿名化只是将风险降低的手段而不是排除风险的手段。基于个人信息判断的场景依赖，匿名状态是相对的，原则上不存在绝对的匿名信息。③ 换言之，"经过处理无法识别特定个人且不能复原"所描述只是在特定场景之下的识别不能，而在总体上这些信息依旧具有识别特定个人的风险，只是识别风险非常遥远，识别个人的可能性极低。

---

① See Paul M. Schwartz & Daniel J. Solove, "Reconciling Personal Information in the United States and European Union", California Law Review, Vol. 102 Issue 4 (2014), pp. 905 - 909.

② See generally Paul Ohm, "Broken Promises of Privacy: Responding to the Surprising Failure of Anonymization", UCLA Law Review, Vol. 57, Issue 6 (2010).

③ 范为. 大数据时代个人信息定义的再审视. 信息安全与通信保密, 2016（10）.

去标识化信息与匿名信息存在混用情况，但是二者存在重要区别并且应当区分使用。去标识化信息的识别风险相较于匿名化信息更高一些，属于公民个人信息。个人信息的效用（utility）与隐私（privacy）保护难以共存，随着效用的不断提高，隐私暴露的可能也随之升高，完美保护隐私必使效用散尽，完美实现效用则无隐私可言。[①] 去标识化试图缓解效用与隐私之间的冲突，是企业降低隐私风险的重要手段。通过去标识化，企业能够降低收集和储存信息的成本，同时提供信息的利用效率。[②] 而只要从个人信息中获取的数据尚存一定的效用，就仍有可能将数据链接到特定个人。去标识化信息保留了个体颗粒度，仍具有较高的效用，更易于其他信息结合。以链接攻击（linkage attack）为例，去标识化信息与包含同样信息片段的信息交叉比对就能轻易识别去标识化的信息主体（参见图3）。[③] 基于去标识化信息的高识别风险，其属于公民个人信息的范畴之内，受到个人信息保护法律的规制，同时也是侵害公民个人信息罪的犯罪对象。

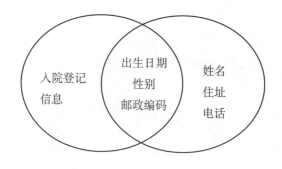

去标识化数据集合　　　　已识别数据集合

图3　链接攻击——结合多个数据集合的信息重新识别

五、结论

公民个人信息的边界是流动的，普遍联系与永恒运动的基本原理决定了信息本质上是流动的。公民个人信息能够"与其他信息结合识别"特定自然人，无须证实信息确实能够将特定自然人与其他主体区分开来，只要证明信息具有区分的合理可能即可，因此能否"与其他信息结合识别"本质上是风险判断。这一风险判断与"情节严重"中的风险判断不同，前者是对识别风险的判断，后者是对人身财产安全造成损害的风险判断。在判断"与其他信息结合识别"的风险时，应当区分公民个人信息的接受者分别判断。如果公民个人信息的接受者是特定个人，应当从识别目的、识别方法、其他信息来源、成本收益等角度综合分析识别可能性。当公民个人信息的接受者是社会公众，运用"有心侵入者测

---

① See Shuchi Chawla et al.，"Toward Privacy in Public Databases"，in 2 Theory of Cryptography CONF. 363，385（2005），p. 364.

② See generally Simon L. Garfinkel，"De-Identification of Personal Information"，available at http：//nvlpubs. nist. gov/nistpubs/ir/2015/NIST. IR. 8053. pdf.

③ See Simon L. Garfinkel，"De-Identification of Personal Information"，p. 18，available at http：//nvlpubs. nist. gov/nistpubs/ir/2015/NIST. IR. 8053. pdf.

试"判断识别可能性。此为对文首所提问题的回答。

此外，公民个人信息不应当区分刑法上的个人信息与一般法上的个人信息；公民个人信息不应担当限制入罪的重任，应当由"情节严重"来调整侵犯公民个人信息罪的犯罪圈大小。基于信息的识别风险大小，"经过处理无法识别特定个人且不能复原"的信息不是公民个人信息，去标识化信息、假名信息是公民个人信息。

网络中财产性利益的刑法保护路径分析

任彦君[*]

内容摘要： 由于网络中的财产性利益具有多重属性，以至于侵犯网络中财产性利益的行为几乎都有两个以上的罪名可以适用，包括财产犯罪和网络犯罪等。在早期，侵犯网络中财产性利益的犯罪案件，按照财产犯罪论处的较多，但是，随着网络中财产性利益的不断增多，财产犯罪保护模式由于存在价值认定难题而有其局限性。在网络犯罪的罪名体系逐渐完善的前提下，原则上以网络犯罪专门保护模式处理侵犯网络中财产性利益的犯罪更能够适应网络社会的发展。在运用现行网络犯罪罪名对财产性利益进行刑法保护时，还存在罪名竞合的处理问题。对此，在罪刑相适应原则的指导下，运用法条竞合的原理选择合适的罪名。

关键词： 财产性利益　财产犯罪　网络犯罪　竞合

网络科技的发展和网络的普及应用都是双刃剑。网络犯罪[①]是网络技术发展的副产物。随着信息化时代的到来，无形的信息资源日益成为具有经济价值、可被开发利用的重要资源或者说财产性利益，从而成为了犯罪嫌疑人非法获取和利用的对象，并同时成为刑法保护的重要利益之一。网络中的财产性利益是以数字化的数据形态被生成和存在于网络中，并通过一定的程序以数字化的形态在网络间转移的"数字化财产"[②]。网络中财产性利益已经成为与现实社会的物理财产分庭抗礼的新生事物，其刑法保护问题成为新的课题。由于没有明确的司法与立法理念，网络犯罪与传统犯罪的司法竞合难题愈演愈烈，导致网络中财产性利益司法保护的价值导向与思维指南等难以进入"新常态化"轨道。[③] 因而，关注和探讨刑法保护网络财产性利益的途径和方式成为一个亟待解决的问题。

---

* 河南财经政法大学刑事司法学院副教授，法学博士。

① 网络犯罪是在网络空间中所实施的犯罪的统称。网络犯罪分为两类，一类是以计算机网络为对象的犯罪，表现为针对计算机系统或网络的犯罪：利用网络偷窃、更改或者删除信息数据的犯罪；利用网络，破坏计算机系统的正常运行等，这属于纯正的网络犯罪。另一类是将计算机网络作为犯罪平台或空间、作案工具的犯罪。很多传统犯罪都能够以网络作为平台或工具而实施，如网络盗窃、网络诈骗、网络洗钱等。本文所述的网络犯罪主要指纯正的网络犯罪，即利用网络盗窃、更改或者删除信息数据等财产性利益的犯罪。

② 刘晖．论侵犯财产罪犯罪对象的演变及其发展．四川行政学院学报，2009（3）．

③ 孙道萃．网络财产性利益的刑法保护：司法动向与理论协同．政治与法律，2016（6）．

一、问题的提出

随着互联网尤其是移动互联网的日益普及，网络已经全面渗透到人们的工作和生活中，深刻地影响甚至改变着社会的方方面面，同时，在网络空间中，有利益的地方就有网络犯罪，伴随而至的网络犯罪问题对现有刑法体系及其适用提出了极大的挑战，其中，网络中财产性利益的刑法保护路径一直是个争议和棘手的问题。近年来，互联网用户附着在网络数据（如 QQ 号、各种账户密码、游戏装备、虚拟货币、网络流量、个人信息数据等）上的经济价值日益突显，出于对非法经济利益的追逐，非法获取他人游戏币、游戏装备等侵犯网络财产性利益的事件不断发生，对此进行刑法保护成为必然选择。但是，由于网络中的财产性利益具有电子数据和财产性价值等多重属性，并且财产性利益因种类不同既有共同属性，又有不同属性。正是由于财产性利益属性的复杂性，使其在刑法理论中没有合理的定位，以至于司法实践中存在同一性质的案件因适用不同的刑法规范而得出不同判决结果的情形。

（一）具有财产属性和数据属性的网络财产性利益的处理争议

以非法获取游戏装备、游戏币案为例，2005 年第一例盗窃 QQ 账号密码以及 QQ 币的案件以侵犯通讯自由罪认定[①]，但此案引起了较大的争议。后来，陆陆续续出现不少盗窃游戏装备等财产性利益的案件，大多以盗窃罪认定[②]，也有以破坏计算机信息系统罪认定的案件。[③] 在 2009 年《刑法修正案（七）》增设非法获取计算机信息系统数据罪之后，

[①] 2005 年，金某等人先后成立了工作室，并雇人为其从事窃取他人 QQ 号的工作。金某给工作室提供"大马""小马"等木马程序，让工作室人员发掘网站漏洞，并以"大马""小马"等程序控制被其入侵的网站服务器，再窃取对方 QQ 账号和密码。金某等人把盗取的 QQ 账号和密码以 6 万余元人民币销售给被告人于某。之后，于某又将这些被盗 Q 币转卖给他人。公诉机关对金某等人提出盗窃罪的指控。法院审理认为，根据我国法律规定，盗窃罪的犯罪对象是"公私财物"，QQ 号码、Q 币等不属于刑法意义上的财产保护对象，金某等人不构成盗窃罪。QQ 属于一种快捷的即时通信工具，根据我国《关于维护互联网安全的决定》的规定："非法截获、篡改、删除他人电子邮件或者其他数据资料，侵犯公民通信自由和通信秘密的，依照刑法有关规定追究刑事责任。"金某等人采用非法技术手段，实施了窃取他人 QQ 号码的行为，使原 QQ 用户无法使用本人的 QQ 号与他人联系；于某等人实施了将这些 QQ 号码中的 Q 币进行收集并贩卖的行为。因此，这些被告人的行为共同构成侵犯通信自由罪。

[②] 2007 年 8 月，黄某认识了电脑维修技术员李某，黄某建议李某将其提供的"木马"投放到他人电脑上，一起盗窃游戏装备和游戏币。李某利用为他人维护电脑之机将"木马"秘密投放在某工作室的一台主管电脑上，黄某利用"木马"程序从这台总控端电脑上窃取了某网络游戏账号和密码。此后，黄某与被告人郑某、王某合谋转移、卖出这些游戏账号密码、游戏币，非法获利 6 300 元。本案公诉机关以盗窃罪指控，法院最终认定几名被告人构成盗窃罪。于志刚，于冲. 网络犯罪的裁判经验与学理思辨. 北京：中国法制出版社，2013：326。

[③] 2006 年至 2007 年间，陈某租用电信宽带账号，雇佣多人，运用多台电脑，通过非法手段获取并修改了广州网易互动娱乐有限公司《梦幻西游》游戏的玩家账号和密码（共非法获取了 26 万多个玩家的账号密码，非法登录 1.7 万多个玩家的账号），通过非法登录网络游戏的玩家账号，窃取其中的游戏装备、游戏币等物品。之后，陈某将盗取的游戏装备、游戏币等通过淘宝网及腾讯 QQ 聊天等方式联系买家并卖掉。陈某非法获利共计三十多万元。公诉机关以被告人陈某犯盗窃罪提起公诉。陈某辩护人提出，本案中的网络游戏装备、游戏币等物品不具有财产属性，不属于盗窃罪的对象；陈某的行为不应当认定为犯罪。法院经审理认为：我国相关法律没有将网络游戏装备等虚拟物品明确纳入刑法要保护的财产。因此，公诉机关指控被告人陈某犯盗窃罪，与法律规定不符，不予支持；被告人陈某非法获取并修改网络游戏玩家账号密码，导致一些游戏玩家储存的游戏数据被修改和删除，既损害了游戏玩家的利益，又破坏了网络游戏系统的安全运行，给游戏运营商的经营造成严重影响，遂认定被告人陈某犯破坏计算机信息系统罪。郑泽善. 网络虚拟财产的刑法保护. 甘肃政法学院学报，2012（5）.

对于窃取网络中财产性利益的行为定性仍不统一，有的案件按非法获取计算机信息系统数据罪定性[①]，有的案件继续认定为盗窃罪，甚至还存在对同一案件一审以盗窃罪、二审以非法获取计算机信息系统数据罪定罪的情况。[②] 不仅司法实践对于非法获取网络中财产性利益的行为定性不统一，刑法理论界对于此种行为如何认定也是观点纷争。其中一种观点是此种行为构成盗窃罪[③]，另一种观点认为此种行为构成非法获取计算机信息系统数据罪。[④]

（二）具有财产属性和服务属性的网络财产性利益的处理争议

以网络中的流量劫持行为为例，流量劫持是指利用网络链接技术强制或欺骗网络搜索用户进入其指定的网页，而不是用户意图链接的网页，以此获得流量收入、广告收入、佣金收入等利益。[⑤] 在早期，流量劫持行为没有被作为犯罪论处，后来虽以犯罪论处，但在罪名的认定上并不统一。在出现劫持网络流量案件后，对于网络流量包的性质，也曾存在争议：流量到底是"财物"，还是"服务"？有学者认为，"流量"不仅是一种电信服务，而且也具有价值和使用价值、有管理可能性，与其他虚拟财产一样，可归入财物的范畴，从而成为盗窃罪的犯罪对象。有学者认为，手机流量包事实上属于电信"服务"，"流量服务"属于财产性利益，但不能等同于盗窃罪的行为对象——他人"财物"。我国《刑法》第265条有关盗接他人通信线路、复制他人电信码号的规定[⑥]，并不意味着刑法立法将"通讯服务"认定为"财物"，而是以他人遭受财产损失作为认定为盗窃罪的必要条件。[⑦]还有学者认为，流量是一种电信服务，这种服务不能认定为财产性利益，不能成为盗窃的对象，因此，盗窃或劫持流量的行为不能认定为盗窃罪。[⑧] 还有学者认为，非法获取流量的行为属于犯罪竞合，有可能构成破坏计算机信息系统罪、非法控制计算机信息系统罪、破坏生产经营罪等。[⑨] 也有学者认为这种行为涉嫌诈骗罪、寻衅滋事罪等。[⑩] 应该说，流量是网络运营商承诺为用户提供的能够上网的数据流量服务，是无形但有价值、使用价值并可管理的虚拟财产，是电信企业消耗了一定的人力、物力、财力的劳动成果，因此，非法获取流量的行为既是非法获取了电信企业的服务，也是非法获取了财产性利益。司法实

---

① 2009年3月至8月，被告人周某通过网络购买了一款木马程序，通过QQ信箱发送到他人电脑，从而取得对他人电脑的远程控制。之后，周某采取直接窃取或通过修改游戏账号和密码的方式，盗窃他人网络游戏币，并通过淘宝网销售牟利。周某共作案200余次。案发后，周某退赃款2万多元，公安机关追回赃款4 700元。此案经一审法院审理后认定周某构成盗窃罪。周某提出上诉。二审法院审理认为，网络游戏币属于虚拟财产，难以准确估价，且原判认定的游戏币数量及非法获利数额不清、认定周某犯盗窃罪定性不准。游戏币本质上属于计算机信息系统数据，周某的行为应构成非法获取计算机信息系统数据罪。

② 刘明祥. 窃取网络虚拟财产行为定性探究. 法学，2016（1）.
③ 张明楷. 非法获取虚拟财产的行为性质. 法学，2015（3）.
④ 刘明祥. 窃取网络虚拟财产行为定性探究. 法学，2016（1）.
⑤ 于志刚，郭旨龙. 网络刑法的逻辑与经验. 北京：中国法制出版社，2015：236.
⑥ 根据《刑法》第265条规定，以牟利为目的，盗接他人通信线路、复制他人电信码号或者明知是盗接、复制的电信设备、设施而使用的，以盗窃罪定罪处罚。
⑦ 罗欣. 盗窃"流量包"等虚拟财产如何适用法律. 人民检察，2014（4）.
⑧ 彭智刚，徐志豪. 窃取并倒卖上网流量构成盗窃罪. 人民司法，2015（18）.
⑨ 孙道萃. "流量劫持"的刑法规制及完善. 中国检察官，2016（4）.
⑩ 于志刚，郭旨龙. 网络刑法的逻辑与经验. 北京：中国法制出版社，2015：236.

践中，既有认定为破坏计算机信息系统罪的案例①，也有认定为盗窃罪的案例②，还有以非法控制计算机信息系统罪的案例。③其实，这种行为在引起了数个罪名之间竞合的同时，又属于认定哪个罪名都似是而非的情况，难以对其作出充分评价。

在侵犯网络中财产性利益的违法行为具有严重社会危害性的共识下，如何运用刑法手段或者说选择合适的罪名进行惩处始终是一个司法难题，刑法理论对此一直争议不断。问题的关键在于，网络中的这些东西既具有一定的价值属性，又属于电子数据，同时，其价值的确定存在难度，难有合适的定罪量刑标准。随着网络中具有多重属性的财产性利益种类的不断增多，侵犯网络中财产性利益的行为更加复杂，如何认定其性质成为争议的焦点，也成为刑法适用的难点。上述两种情况就凸显了非法获取网络中财产性利益的行为在司法实践中刑法适用的乱象。具体说，既暴露出传统罪名与网络犯罪的罪名竞合问题，也暴露出网络犯罪罪名之间的竞合问题，从而揭示了网络犯罪刑法理论供给的不足。关于上述问题的刑法适用，迄今为止不管是司法实务界还是刑法理论界都没有达成共识，类似案件的处理依然是仁者见仁、智者见智，这既不利于刑法适用的统一和案件处理结果的公平性，也面临司法操作上的难题。再者，随着网络应用以及物联网的全面渗透，网络中财产性利益的种类和数量会越来越多，并将呈倍数增多的趋势，就目前常见的侵犯网络中财产性利益的行为定性而言，几乎都有两个以上的罪名可以适用，一类是传统罪名如财产犯罪，另一类是纯正的网络犯罪。刑法适用中如何进行选择，或者说采用何种相对合理并且可行的刑法保护模式是需要厘清的问题。

二、网络空间中财产性利益的属性分析

网络空间中的财产性利益是以数字化的形式模拟现实世界，能够满足人们的一定需要并具有交易价值的电磁记录，它是能够为人力所支配，兼具竞争性、互联性、可增值性的信息资源。④在早期，网络中的财产性利益如游戏装备被称为"虚拟财产"，这是一种通俗

---

① 从2013年年底至2014年10月，被告人付某、黄某租赁多台服务器，使用恶意代码修改网络用户路由器的DNS设置，进而使终端用户登录一些导航网站时，跳转至其设置的"5w.com"导航网站。两人再将获取的互联网用户流量出售给"5w.com"导航网站所有者——杭州久尚科技有限公司。两名被告人几个月内违法所得高达75.47万余元。上海浦东法院审理后认为，被告人付某、黄某违反国家规定，对计算机信息系统中存储的数据进行修改，后果特别严重，均已构成破坏计算机信息系统罪。

② 被告人孙某等人在2012年10月至2013年5月期间，利用中国联通有限公司内部网络系统的漏洞，使用本公司其他员工工号登录单位内部网络系统非法为他人办理手机号码上网流量包获利，给中国联通北京市分公司造成经济损失共计12万多元。北京市西城区人民法院认为，被告人孙某以获取利益为目的，窃取资费优惠的上网流量包套餐并转卖，其行为侵犯了公司财产的所有权，构成盗窃罪，依法判决孙某犯盗窃罪。彭智刚，徐志豪.窃取并倒卖上网流量构成盗窃罪.人民司法，2015（18）.

③ 被告人施某在重庆网络监控维护中心工作，负责业务平台数据配置。2013年至2014年，施某等人违反国家规定，非法控制重庆某分公司互联网域名解析系统（非法控制域名解析系统，致使用户访问被劫持网站时，强行跳转到另外的页面，用户实际访问的页面与意图访问的网址不同；或者致使在用户访问网站时，自动加入推广商的代码。这兼具"非法控制"和"危害"计算机信息系统的性质），进而分别获利157万余元左右。法院认为，施某等人违反规定，非法控制计算机信息系统的域名解析系统，后果特别严重，构成非法控制计算机信息系统罪。孙道萃.网络财产性利益的刑法保护：司法动向与理论协同.政治与法律，2016（6）.

④ 田宏杰，肖鹏，周时雨.网络虚拟财产的界定及刑法保护.人民检察，2015（5）.

说法。"虚拟"一词较为形象但容易自陷法理层面的财产属性质疑。① 从本质上说，网络中的虚拟物品虽然具有现实财产的一些特征，但与现实中的财产还是存在很大差异的。以游戏装备为例，它实际上是计算机的功能软件（或电子数据、电磁记录），拥有这种功能软件的游戏运营商可以进行大量的复制，取得游戏装备等财产性利益并非对其独占控制，只是具有了使用该软件的权利，即使窃取游戏玩家花钱买的游戏装备，也同样是非法获取了其使用权，并非独占控制了游戏装备本身。其次，游戏装备等虚拟物品不能脱离特定的网络环境而存在，游戏装备如果离开了网游系统，就不复存在，没有价值。总之，游戏装备等虚拟物品与电能、热能等无体物不同，它不能对客观世界直接发挥作用，而电等能量能对客观世界产生有形的影响，并且电能、热能等经使用后会消耗掉，而游戏装备等虚拟物品被非法获取并使用后，仍在网络游戏运营商控制的网络游戏中，且具有可多次复制性。② 另外，财产属性只是这些虚拟物品的属性之一，甚至不是其主要属性，就本文来说，即使游戏装备等可以称之为虚拟物品，但有些具有经济价值的电子数据还不能算是"物品"，如网络流量等，因此从本文的涵盖范围看，称其为财产性利益更为合适。财产性利益是指财物以外的、无形的、可移转的、有经济价值的、取得利益时能够导致他人遭受财产损害的利益③，包括积极财产的增加与消极财产的减少。本文中的财产性利益是指网络中的虚拟的或无形的、具有经济价值或能够带来利益的电子资源。

随着网络科技的迅猛发展与计算机网络的普及应用，网络附着和生成着无数的社会财富，巨大的经济利益诱使网络犯罪人在其中"掘金"，因此，网络犯罪不断增多甚至泛滥，形成了网络黑色产业链。尤其是网络财产性利益的类型翻新和变异，使得涉及网络财产性利益的违法犯罪案件层出不穷，而传统刑法理论和刑事立法的不足使得这类案件的刑法适用显得捉襟见肘。近年来，在网络空间中，违法犯罪行为经常涉及的财产性利益都是兼具财产属性和数据属性的，但从它们的区别来看，还是可以做如下分类：第一，能够以货币进行交换或者说有经济价值的虚拟物品④，如网络游戏装备、点卡、电子币等。存在于网络空间中的这些物品虽然是虚拟的，但它们由于具有价值而屡屡成为犯罪对象，同时，由于它们本质上属于"电磁记录"，即一组组的电子数据，而使得它们都具有双重属性，即财产属性和电子数据属性。第二，代表着权利并具有经济价值的电子数据，如公民个人信息、知识产权、网络域名、网络流量、商业秘密、账号密码（QQ号）、僵尸网络⑤控制权等，这些权利由于能够带来一定的经济利益而屡屡被侵犯。在网络中，不管是游戏装备等虚拟物品还是网络流量、公民个人信息等，都是具有多重属性的。财产属性和电子数据属性是它们的共同属性，除此，有的还突出服务属性，有的突显权利属性，正是由于其多重

---

① 孙道萃. 网络财产性利益的刑法保护：司法动向与理论协同. 政治与法律，2016（6）.
② 刘明祥. 窃取网络虚拟财产行为定性探究. 法学，2016（1）.
③ 王骏. 刑法中的"财物价值"与"财产性利益". 清华法学，2016（3）.
④ 网络中有价值的虚拟物品一般被称为"网络虚拟财产"，它有两层含义：第一，它不具有现实财产的可触性和有体性，只能在网络空间中存在并体现价值；第二，它虽然是虚拟的，只是一段计算机字符，但能够产生如同现实财产一样的效果，属于实际上或效果上存在的财产。
⑤ 僵尸网络是指不法行为人将木马病毒等特定程序植入他人计算机系统，导致他人计算机系统完全成为黑客等的控制对象。被控制的电脑被称为"肉鸡"，由众多"肉鸡"组成的网络称为僵尸网络。不法行为人能够通过出租、出卖僵尸网络获取非法利益，也可以利用僵尸网络攻击其他网络或计算机系统，并实施敲诈、破坏等犯罪行为。

属性，直接导致危害行为在认定犯罪时遇到罪名的竞合问题①，即犯罪对象的复杂性导致侵害行为本身有两个以上的罪名可以适用，这是同类型案件适用不同法条认定不同罪名的主要原因。司法实践中对于侵犯网络中财产性利益的犯罪行为基本上有两种处理方法：其一，按传统罪名处理，如财产犯罪中的盗窃罪。其二，按照专门的网络犯罪处罚，如非法获取计算机信息数据罪。

三、网络财产性利益财产罪保护模式的局限性

由于网络中财产性利益的价值属性，使得刑法理论中存在以财产犯罪处理的观点，司法实践也多有以财产犯罪裁判的案例，但是，不断更新和增多的网络财产性利益的价值认定难题始终是财产罪保护模式运用的障碍。

对网络中财产性利益价值的认定难以达成共识。刑法一般对财产犯罪都有数额规定，定罪与否以及量刑轻重都取决于数额多少。网络中以 QQ 号、游戏装备等为代表的财产性利益虽然具有财产的一些特征，但其价值具有复杂性，而且特定的虚拟财产只能存在于特定的网络环境，脱离特定的网络环境就不一定具有价值。关于虚拟财产的价值认定问题，一直存在争议，大致有几种观点：（1）根据玩家的实际投入计算价格；（2）根据交易市场的"行情"或市场平均价来确定价格；（3）根据运营商的定价来确定价格；（4）根据评估或者拍卖的价格来认定；（5）按照虚拟财产种类和法益主体的不同分别判断②；等等。司法实践中，不管是哪种观点都难以妥善解决其价值认定问题。一方面，网络中财产性利益种类多、供求关系波动比较大，而且用户在交易中经常会带有感情色彩，以至于其真实价值难以确定。另一方面，网络中财产性利益的价值由于主体不同而存在差异性，即对于不同主体（不同用户之间、用户和运营商之间都有区别）而言，其价值不同，甚至没有价值。只从被害人角度看，价值也不一样。从游戏玩家处非法获取这些虚拟财产与从游戏运营商处非法获取这些东西，体现的价值就会不同，对于游戏玩家来说，要么通过大量劳动而得到这些虚拟物品，要么花费了一定的金钱买了虚拟物品，而对于游戏运营商来说，虽然也体现为一定的劳动，但其劳动主要表现为数据的改动，同样数量的虚拟物品体现的劳动价值是不同的。总之，对于网络虚拟财产的价值评估，目前没有也难以形成普遍接受的、客观的数额计算方法或明确的价值评价机制。

网络中财产性利益的特性可能导致刑法适用中罪刑的不均衡。以财产犯罪论处，需要以数额为标准认定犯罪和量刑。如果以交易价格为标准，假如甲、乙都盗取了同一种不存在统一价的游戏装备，由于受到不同服务器之间、不同玩家间差异等因素的影响，甲以较高价格售出，而乙以较低价格出售，那么，甲、乙二人有可能面临不同的刑罚甚至是否构成犯罪之别，这说明，交易价格的随意性决定了以此种价格来确定网络财产性利益的价值行不通。如果以评估价格为标准，一方面，因种种因素而难以有较为权威的价格综合评判规则，另一方面，有些财产性利益的价格能够评估，有些财产性利益本身就难以评估。如

---

① 孙道萃. 网络财产性利益的刑法保护：司法动向与理论协同. 政治与法律，2016（6）.
② 张明楷. 非法获取虚拟财产的行为性质. 法学，2015（3）.

果以网络运营商的定价为标准，由于运营公司都是以获取利益最大值为出发点，其定价并不可信。况且，运营公司的投入和产出是非线性的，即现实中有体物的产出一般局限于原材料的总量，即使控制成本损耗，单位原材料的产出也是有限的，而网络中的财产性利益可以一次产出、无限销售。以游戏运营商的装备为例，其产出和投入的关系就不太大，虽然程序员也需要花时间设计一项虚拟的装备，但一旦设计好，可以无限销售，因为它只是电子数据，可以无限复制，不具有现实中物品的独占性特点。而用户网络中的财产性利益如果被盗，就如现实中的财产被盗一样，难以追回，由此可见，用户网络中的财产性利益与网络运营商设计的具有财产属性的虚拟物品在价值上有着明显的区别。① 如果根据财产性利益与法益主体的不同类型分别判断，会由于法官的经验、认知等因素的影响，使得同样案件难以同样处理，影响刑法适用的统一和司法的公正。网络中财产性利益价格认定的不确定性不仅影响是否定罪，即使在构成犯罪的前提下，与数额对应的量刑也有可能会违背罪刑相适应原则。假如犯罪人非法获取网络运营商的游戏装备等，由于其具有取之不竭的特征（不一定影响游戏运营商向他人销售这些装备），很有可能达到数额特别巨大②，如果以盗窃罪认定，判决结果有可能因太重而不被公众接受。其次，网络中具有经济价值的财产性利益的种类越来越多，范围广泛，如网络中的个人信息、商业秘密、知识产权等，都具有多重属性，不能否定其属于网络中的财产性利益，而且，从价值层面看，网络中以游戏装备等为代表的虚拟物品未必要强于商业秘密、个人信息等，并且属于电子数据的一些财产性利益如游戏装备等还可以进行大量的复制，如果以财产犯罪中的盗窃罪认定，有可能会比侵犯商业秘密罪的量刑还重，因为盗窃罪的法定刑要重于侵犯商业秘密罪，这不一定符合立法本意或法益保护原则。即使按照财产性利益与法益主体的不同类型分别判断，也同样无法避免罪刑不相均衡的情况，非法获取同样数量的虚拟财产，却因是否使用、被害人的不同、评估主体的不同等因素而产生不同的刑罚后果。

从我国刑事立法看，网络空间中诸多具有财产属性的利益都没有按照财产犯罪论处，如网络中侵犯著作权的行为按照侵犯著作权罪论处，侵犯商业秘密的行为是按照侵犯商业秘密罪认定的。除此之外，网络流量、个人信息、网络域名，甚至道路交通违法信息管理系统的数据等，它们也同样具有财产价值。其中，个人信息犯罪应该属于最常见多发的网络犯罪，非法获取个人信息的主要目的除了使用外，最多的用途还是通过交易获取非法利益，但刑法的规定并没有按照财产犯罪处理，而是专门规定了侵犯公民个人信息罪。在同样能够通过交易获取非法利益的盗窃网络域名案件③中，案件裁判结果也是以非法获取计算机信息系统数据罪认定的，而不是以盗窃罪处理的。

---

① 张明楷. 非法获取虚拟财产的行为性质. 法学，2015（3）.

② 田某等四人利用某网络游戏的漏洞，通过专门软件突破了其中两台服务器的防火墙，植入 20 多个账号刷卡，盗取游戏服务商 1 300 亿游戏币。如果按照游戏运营商的官方价格或市场价计算，会导致数额巨大乃至特别巨大，造成量刑畸重的结果。张明楷. 非法获取虚拟财产的行为性质. 法学，2015（3）.

③ 2014 年 8 月的一天，被告人吴某与他人在自己的出租房内通过恶意扫描软件非法获取被害人胡某在易名中国的账号和密码，并盗取其账号名下的 4370.com、4135.com（由胡某花费 3.8 万元购得）、83360.com、51193.com、31585.com、93115.com（由胡某花费 35 元注册）六个网络域名，转卖后得款 9 100 元，给被害人造成损失 3.8 万元。本案法院认定吴某构成非法获取计算机信息系统数据罪。蒋惠岭主编. 网络司法典型案例，北京：人民法院出版社，2016：16.

值得一提的是，对于能够为犯罪人带来非法利益的僵尸网络控制权的犯罪行为，刑法没有明确规定，相关司法解释作了规定。根据最高人民法院、最高人民检察院颁布的《关于办理危害计算机信息系统安全刑事案件应用法律若干问题的解释》第7条规定，明知是通过非法手段获取的计算机信息系统控制权（僵尸网络控制权），而予以转移、收购、代为销售或者以其他方法掩饰、隐瞒的，以掩饰、隐瞒犯罪所得罪定罪处罚。尽管这个罪名属于妨害司法的犯罪，其实质上还是把僵尸网络控制权作为赃物或者说财物对待，实际上还是财产犯罪的保护思路。虽然对僵尸网络的控制权可以视为物化的权利，但掩饰、隐瞒犯罪所得罪中的赃物是犯罪所得之物，不能是犯罪所用之物或所生之物[①]，而僵尸网络既可以是犯罪的工具（攻击、敲诈、窃取信息、网络钓鱼、传播恶意软件、搜索引擎欺诈等），又属于非法控制计算机信息系统罪的犯罪所生之物，因此将它解释为犯罪所得或非法收益有点牵强，并且它也不具有传统赃物的独占性特点，因此，这种保护模式有待研究，立法需要完善。

综上所述，对于网络中具有多重属性的财产性利益，以财产犯罪论处面临价值认定的难题，存在一定的局限性。在符合多个罪名的犯罪构成前提下，当然要作出相对合理的选择。

四、网络中财产性利益的应然刑法保护模式

(一) 我国刑法立法的立场与司法适用趋势分析

面对网络犯罪的形势和挑战，我国刑事立法在摸索中发展和应对。不管是1997年刑法，还是其后不断颁布的刑法修正案，都没有对网络中的财产性利益犯罪作出明确的规定。与网络犯罪有关的司法解释也极少明确网络中财产性利益犯罪的认定问题。司法实践中的这类案件，一般是根据犯罪对象的属性对案件事实进行构成要件符合性判断。由于其多重属性包括经济价值的存在，存在争议的几种观点中有财产犯罪处理的意见。实践中存在不少以财产犯罪认定的案例。在《刑法修正案（七）》中增加了几个网络犯罪的罪名，如非法获取计算机信息系统数据罪等，这说明立法开始倾向于以纯正的网络犯罪认定，意图减少甚至弃用财产犯罪保护模式。只是这几个网络犯罪的对象是"计算机系统""数据"等，并没有进一步表述更加具体的犯罪对象，所以，对于以"网络流量""游戏装备""网络域名""僵尸网络"等具有财产属性和电子数据属性的犯罪对象案件依然需要进行解释适用。考察国外相关刑事立法，就所知的一些国家相关立法和司法实践看，也没有将非法获取网络中虚拟财产的行为按财产犯罪如盗窃罪来定罪处罚的，如德国、瑞士等国家。《德国刑法》第303条a规定了专门的"变更数据罪"，即对于非法消除、扣压、使其不能使用或变更计算机信息系统数据（或电磁记录）的行为，规定了单独的法定刑。由于非法获取网络游戏装备等虚拟财产实质上是非法获取计算机信息系统数据的行为，自然应归入这个罪名。《瑞士刑法》第143条规定了"非法获取数据罪"，即"为使自己或他人非法获利，为自己或他人获取以电子或以类似方式储存或转送的非本人的已经采取特殊保安措施

---

① 于志刚，于冲. 网络犯罪的裁判经验与学理思辨. 北京：中国法制出版社，2013：147.

的数据的，处……"①

由于网络中财产性利益的类型不断增多或更新，使得价值认定标准终究难以形成一致的观点，从而影响罪与非罪、此罪与彼罪、罪重罪轻等一系列问题的解决，也制约着司法机关选择财产化保护路径的积极性。从司法实践的发展过程看，在早期出现这种危害行为时，尽管司法实务界出现过不同的判决，刑法理论界也存在不同的观点，但总体来说，以财产罪处罚的案例相对较多，赞同以财产罪处罚的理论观点也是占大多数的。随着《刑法修正案（七）》的颁布，即非法获取计算机信息系统数据罪等罪名的出现，以及侵犯网络中财产性利益犯罪在认定中遇到的一系列价值难题的增多，司法实践随之出现转向，实践中的相关案例越来越倾向于以纯正的网络犯罪（如非法获取计算机信息系统数据罪等）定性，即弃用财产化保护方式，转而援引网络犯罪罪名，推行网络专门保护的趋势日益明显。网络专门保护是网络代际变迁的必然选择，网络犯罪体系逐步替代传统犯罪体系是渐进趋势，财产化保护终将纳入网络保护的整体格局。② 可以说，《刑法修正案（七）》增加非法获取计算机信息系统数据罪的背景就在于：网络中财产性利益的种类变化和不断增多；财产性利益价值认定难题的挥之不去；传统犯罪体系的日显滞后等，希望通过刑法的修改来回避财产价值认定等难题，使附着财产性利益的网络数据成为独立的网络犯罪对象与法益内容，进行独立保护。另外，随着网络对工作和生活的深度渗透，网络中附着财产性利益的数据种类愈来愈多，财产犯罪保护模式必定难以满足这种形势。如，杨某、蒲某某在重庆某交巡警支队李某某办公室玩耍时，趁其不注意，使用该办公室的计算机试出交巡警支队计算机管理员和原支队长的账号、密码后，进入交通管理综合应用平台，将没有违章的驾驶员改为违章当事人，使原违章当事人逃避处罚，并通过删除、修改违章信息的方式获取非法利益近万元，法院审理认为，被告人杨某、蒲某某构成破坏计算机信息系统罪。③ 本案中的犯罪对象是交通违章记录数据，它既附着财产性利益，也是独立的网络数据，通过非法修改、删除违章记录数据等手段获取非法利益，既破坏计算机信息系统的正常运行，也造成应缴纳的违章罚款流失，根据《关于办理危害计算机信息系统安全刑事案件应用法律若干问题的解释》规定，应认定为破坏计算机信息系统罪，而不是以其附着的财产性利益为主要性质认定为财产犯罪。司法实践中见到的类似案例都是这样认定的。总之，对于网络中财产性利益的网络犯罪专门保护的趋势不仅是由立法修改所体现，而且由司法适用所引领，更是由网络时代发展的必然规律所决定的。

（二）网络空间中财产性利益保护的方式选择

对于网络中财产性利益的刑法保护宜采用网络专门保护即纯正的网络犯罪保护为主，财产犯罪保护为辅的原则，即多元保护模式。具体说，网络中侵犯财产性利益的行为采用哪种保护模式不能一概而论，因为并非仅仅犯罪对象的性质就能够决定罪名的选择，犯罪的客观方面（行为方式）也是重要的考量因素，还要分析具体案件的背景以及财产性利益

---

① 刘明祥．窃取网络虚拟财产行为定性探究．法学，2016（1）.

② 孙道萃．网络财产性利益的刑法保护：司法动向与理论协同．政治与法律，2016（6）.

③ 李世超．破坏计算机信息系统罪的认定与处罚．http：//cqfy.chinacourt.org/article/detail/2013/06/id/1017163.shtml，最后访问日期：2016年3月26日。

在特定情况下的特征或属性，如同财产犯罪中因行为方式不同而有盗窃罪、抢劫罪等不同罪名一样。这在前述的非法获取流量案件中表现尤为明显：当行为人以使用恶意代码修改网络用户路由器的 DNS 设置，进而使终端用户登录一些导航网站时，跳转至其他被劫持的网站，从而获取流量的，定性为破坏计算机信息系统罪；当行为人利用联通公司内部网络系统的漏洞，盗用公司其他员工工号登录内部网络系统非法为他人办理手机号码上网流量包获利时，定性为盗窃罪；当行为人利用在网络中心工作的便利非法控制域名解析系统，致使用户被劫持而强行跳转到非意图访问的页面的行为，认定为非法控制计算机信息系统罪。同样的犯罪对象——流量，因行为方式的不同，认定了不同的罪名。这说明，虽然原则上对于网络中财产性利益以网络犯罪处理较为适宜，但在例外情况下还不能舍弃财产犯罪的处理方式。另外，对于网络专门保护模式，有学者提出，将非法获取他人虚拟财产的行为认定为网络犯罪的做法可能形成处罚的漏洞，即如果没有采用侵入计算机系统的方法获取财产性利益，而是使用欺骗等手法，就不符合非法侵入计算机信息系统罪的构成要件，不能认定为计算机犯罪。[①] 笔者认为，只要是以非法侵入计算机信息系统或以其他技术手段获取数据的行为，原则上以网络犯罪罪名来认定，如果是通过其他手段如欺骗、胁迫或利用职务之便而非法获取网络中财产性利益的行为，宜根据其行为性质选择其他罪名，如盗窃罪、诈骗罪等，当然，还是依然面临有效解决网络财产性利益的价值认定难题。除了上述分析，网络犯罪专门保护的立法趋势与司法适用倾向其实已经突显了网络财产性利益保护模式的应然选择。只是网络犯罪保护模式同样面临一些问题：既有罪名犯罪对象范围狭隘、危害行为类型既有漏洞又存在罪名间的竞合等，这些都需要以后的网络犯罪立法逐步完善。其中，犯罪对象范围需要扩大的问题在刑法适用中可以运用一定的解释方法进行扩容，而罪名间危害行为的竞合问题成为刑法适用不断遇到的难题。具体说，随着网络犯罪罪名体系的不断扩容，尤其是《刑法修正案（七）》颁布以后，网络犯罪罪名之间以及网络犯罪和传统犯罪罪名之间的竞合现象更加突出。如流量劫持案件，就暴露出非法控制计算机信息系统罪与破坏计算机信息系统罪的竞合关系。这在网络财产性利益犯罪案件中非常常见。罪名竞合的原因主要在于立法时间不同所导致的整体性协调不足，以至于形成犯罪对象或行为的重合与交叉，长远看，需要立法的整体性改进。短期看，这是一个刑法适用难题。

（三）网络犯罪罪名竞合的难题与解决路径

在运用现行网络犯罪罪名对财产性利益进行刑法保护时，一个最为突出的问题就是罪名竞合的处理问题。首先，非法控制计算机信息系统罪和破坏计算机信息系统罪的竞合。1997 年《刑法》规定了破坏计算机信息系统罪，《刑法修正案（七）》增加了非法控制计算机信息系统罪，由于立法的系统性原因（修改的"碎片化"）导致两个罪的司法竞合。当然，也存在传统犯罪在网络空间的实施所导致的网络犯罪与传统犯罪的司法竞合，如盗窃罪与非法获取计算机信息系统数据罪的竞合等，由于本文观点是原则上适用网络犯罪，所以在此只讨论网络犯罪罪名之间的竞合处理原则。这里的竞合是指法条竞合，即一个行

---

① 张明楷. 非法获取虚拟财产的行为性质. 法学，2015（3）.

为虽然符合多个罪名的构成要件，但是通过适用其中一个构成要件的法律后果就能够评价其行为所具有的不法与责任内容时便是法条竞合。[①] 法条竞合是在规范适用过程中出现的一种特别现象。对于法条竞合的种类，理论上是众说纷纭。日本刑法学者泷川幸辰将法条竞合分为逻辑性的法条竞合和评价性的法条竞合，前者是指特别关系的竞合，如诈骗罪和金融诈骗罪的关系，其特征是实施一行为必然符合两个法条的规定。后者是指其他关系的竞合，其特征是实施一行为并不必然触犯两个法条的规定。[②] 在非特别关系的法条竞合下，由于违法行为的复杂性和多样性，使得有关法条的交叉关系难以发现或判断，当某个具体的违法行为闯进了法条间本身存在的交叉区域，就会使有关法条之间的交叉关系显现出来。[③] 非法控制计算机信息系统罪与破坏计算机信息系统罪就属于非特别关系的法条竞合。根据刑法规定，非法控制计算机信息系统罪是指对国家事务、国防建设、尖端科学技术领域以外的计算机信息系统实施非法控制，情节严重的行为。而破坏计算机信息系统罪包括：违反国家规定，对计算机信息系统功能进行删除、修改、增加、干扰，造成计算机信息系统不能正常运行，后果严重的行为；对计算机信息系统中存储、处理或者传输的数据和应用程序进行删除、修改、增加的操作，后果严重的行为；故意制作、传播计算机病毒等破坏性程序，影响计算机系统的正常运行，后果严重的行为。在流量劫持案件中，行为人通过非法控制互联网域名解析系统，致使终端用户在访问被劫持网站时，强行跳转到另外的页面，致使用户实际访问的页面与意图访问的页面不同，这种行为兼具"非法控制"和"破坏"计算机信息系统的双重特点，以至于这种行为符合了两个罪名的犯罪构成，说明这两个罪名的犯罪构成有交叉部分，即破坏计算机信息系统罪中，通过对计算机信息系统中存储、处理或者传输的数据和应用程序进行删除、修改、增加的操作行为，与非法控制计算机信息系统罪中利用病毒、恶意软件等非法控制他人计算机信息系统的行为有交叉重叠的部分，这是有些案件出现两种罪名可以适用的原因。选择罪名时需要注意行为是符合破坏计算机信息系统罪所要求的"后果严重"，还是达到了非法控制计算机信息系统罪所要求的"情节严重"，如果达到"后果严重"的标准，就以破坏计算机信息系统罪论处，因为破坏计算机信息系统罪的法定刑要重于非法控制计算机信息系统罪，这是罪刑均衡的内在要求。如果没有达到"后果严重"，而是达到了"情节严重"，就认定为非法控制计算机信息系统罪。

其次，在侵犯网络中财产性利益的案件中，经常遇到的罪名竞合还有非法获取计算机信息系统数据罪与侵犯公民个人信息罪、侵犯商业秘密罪等。在计算机网络的用途越来越广泛的背景下，人们存储于计算机中的信息种类和数量都越来越多，由此，在非法获取计算机信息系统数据案件中，当行为人通过植入恶意软件等多种方式获取计算机网络中的信息数据时，这些数据或许是个人信息，也许是商业秘密，也或许是其他具有经济价值的信息，甚至更多的是多种信息的混合。在刑法对于非法获取计算机信息系统数据罪的规定中，没有对数据的内容范围作细致的规定，就是说，不管数据的种类是什么，是个人信

① 张明楷 . 罪数论与竞合论探究 . 法商研究，2016（1）.
② 陈兴良 . 刑法竞合论 . 法商研究，2006（2）.
③ 周建军 . 法条竞合犯抑或想象竞合犯 . 刑事法评论，2008（1）.

息、商业秘密或者其他权利等，也不管权利人对自己的计算机信息系统中存储、处理或者传输的数据是否拥有知识产权，都属于本罪的犯罪对象。那么，如果行为人非法获取的是权利人的商业秘密或个人信息等数据，其行为就可能涉及两个以上的罪名，导致侵犯商业秘密罪、侵犯公民个人信息罪等罪名和非法获取计算机信息系统数据罪的法条竞合关系出现。① 从这几个罪的犯罪对象看，它们之间的关系是一般法和特别法的关系，其中，非法获取计算机信息系统数据罪属于一般法，侵犯商业秘密罪、侵犯公民个人信息罪等罪名属于特别法。在罪名选择时遵循特别法优于一般法的原则。

---

① 孙玉荣. 非法获取计算机信息系统数据罪若干问题探讨. 北京联合大学学报（人文社会科学版），2013（2）.

规范维护视角下虚拟财产的刑法保护

胡宗金*

内容摘要： 由于理论界和实务界对虚拟财产是否具有价值以及是否属于财产存在分歧，侵犯虚拟财产的行为是否构成侵犯财产罪存在争议。刑法具有独立于民法的任务，刑法的任务在于确证规范的有效性。虚拟财产是否具有价值与虚拟财产是否属于刑法的保护对象是两个不同的问题。即使虚拟财产没有价值，当虚拟财产被他人非法侵害并且该侵害反映出行为人对法规范的否认时，刑法也应该对此作出否定评价。侵犯财产犯罪的构成要件是"财物"而非"财产"，如果将虚拟财产视为财产存在争议，则可以将虚拟财产解释为"财物"中的"物"，进而把侵犯虚拟财产的行为认定为刑法分则第五章中的犯罪。侵犯虚拟财产的量刑应该以情节为依据。通过侵入或者非法控制计算机信息系统而获取虚拟财产的行为，构成非法获取计算机系统数据罪与侵犯财产类犯罪的想象竞合犯。

关键词： 虚拟财产　民刑分界　确证规范　现实操作

随着信息网络技术的发展，网络虚拟财产逐渐走进我们的生活。近年来，虚拟财产是否具有价值、属于何种权利以及是否应该得到刑法保护等问题，在法学界引起了激烈讨论。虚拟财产在网络和现实中被窃取、骗取、强取案件时常发生，刑法学界的既有研究成果并不能为该类案件的解决提供令人信服的依据，这也使得对该问题的研究具有紧迫性。本文首先阐述刑法保护虚拟财产的困境以及该困境产生的原因；其次，从刑法和民法具有不同的任务为视角，以刑法的任务在于确证规范的有效性，论证刑法保护虚拟财产的原因和依据；最后，对刑法保护虚拟财产的司法实践操作细节作出说明。

一、刑法保护虚拟财产的困境及其原因

近年来，针对虚拟财产的犯罪案件时有发生，由于实务界以及学术界对虚拟财产的认

---

* 中国人民大学法学院刑法学专业博士研究生。

识存在分歧与不足，法官对于犯罪情节类似的案件往往作出不同的判决。① 如何界定虚拟财产的性质，进而如何保证的司法裁决的一致性，引起了刑法学界的广泛关注。

在研究中，首先面临如何定义虚拟财产的问题。虚拟财产的外延并不清晰，在数十年的研究中，"并未形成一种关于虚拟财产外延的通说"②。目前，关于虚拟财产的定义具有广义说和狭义说两种观点：广义说认为，虚拟财产包括在网络环境下一切以数字化形式存在的对象，包括计算机文件、信息空间、网站等③；狭义说则仅指网络游戏中的游戏道具、虚拟货币。④ 为了方便讨论，本文在狭义上使用虚拟财产，即把虚拟财产理解为网络游戏中的游戏道具、虚拟货币，但是后文分析表明，虚拟财产可以泛指网络环境下一切以数字化形式存在的对象。

《刑法修正案（七）》出台后，大多数侵害虚拟财产的行为基本上可以以我国《刑法》第285条非法获取计算机信息系统数据罪、非法控制计算机信息系统罪追究行为人的刑事责任，但是侵害虚拟财产的行为在获取信息系统数据的同时，在客观上转移了被害人管理下的虚拟财产，仅认定行为人成立非法获取计算机信息系统数据罪，是否可以完整评价该行为存在疑问。⑤ 另外，在现实生活中，以暴力、胁迫等方法获取被害人虚拟财产的案件也已经出现⑥，由于这类案件不能以侵害计算机系统的相关犯罪追究行为人的刑事责任，如果该行为不构成侵犯财产犯罪，可能会导致刑法处罚的漏洞。上述考量使得是否应该将侵犯虚拟财产的行为认定为侵犯财产类犯罪存在深入讨论的必要。我国刑法学者关于虚拟财产是否应该得到刑法保护的相关研究，也主要是在侵犯虚拟财产行为是否构成刑法分则第五章相关犯罪的意义上展开的。因此，本文以行为人窃取网络游戏中的游戏道具、虚拟货币为例，对该种行为是否构成盗窃罪进行分析。

通过对以往研究论文的梳理可以发现，刑法学者在分析该问题时，首先要解决的问题就是"虚拟财产是否具有价值"⑦，在得出肯定结论后，进一步讨论"窃取网络虚拟财产行为侵害了何种法益"⑧。概言之，学者们将争议的焦点放在对虚拟财产的认识上，即虚拟财产是否具有价值以及如何界定其权利属性。该研究思路是清晰的：如果虚拟财产具有价值，属于财产，刑法就应该对其进行保护。⑨ 笔者认为，这种研究思路值得商榷。

首先，就目前而言，学者们对虚拟财产是否具有价值、是否属于财产尚未能达成一致意见。围绕"虚拟财产是否有价值"，存在两种截然不同的观点。一种观点认为，虚拟财

---

① 同样是侵入他人游戏账号窃取他人游戏币、游戏装备的行为，我国法院作出了两种截然不同的判决：判处非法获取计算机信息系统数据罪的判决可以参见（2015）涟刑初字第00119号、（2015）包刑初字第00094号、（2014）涟刑初字第0314号、（2014）宿中刑终字第0055号、（2014）青刑初字第00090号等等；判处侵犯财产罪（主要是盗窃罪）的参见（2014）姑苏刑二初字第0126号、（2014）熟刑二初字第0064号、（2006）穗中法刑二终字第68号、（2012）金婺刑初字第01326号（诈骗罪）等等。

② 申晨. 虚拟财产规则的路径重构. 法学家，2016（1）.

③ 王竹. 物权法视野下的虚拟财产二分法及其法律规则. 福建师范大学学报（哲学社会科学版），2008（5）.

④ 钱明星，张帆. 网络虚拟财产民法问题探析. 福建师范大学学报（哲学社会科学版），2008（5）.

⑤ 张明楷. 非法获取虚拟财产的行为性质. 法学，2015（3）.

⑥ 霍仕明，张国强. 虚拟财产遭遇真实抢劫的量刑困惑. 法制日报，2009-06-04.

⑦ 于志刚. 论网络游戏中虚拟财产的法律性质及其刑法保护. 政法论坛，2003（6）.

⑧ 刘明祥. 窃取网络虚拟财产行为定性探究. 法学，2016（1）.

⑨ 张明楷. 非法获取虚拟财产的行为性质. 法学，2015（3）.

产不具有效用、稀缺、流转三种属性，没有价值，不能将其认为是财产，不应得到刑法的保护①；对此持反对意见的学者们则认为，虚拟财产具有价值，属于一种财产，应该得到刑法的保护。② 肯定虚拟财产属于财产的学者，对虚拟财产权利属性的认识"整体上呈现出学说上的多歧样态"③，主要观点有物权说、债权说、知识产权说、新型财产说等等。将刑法是否保护虚拟财产的结论建立在如此不确定事实的基础上，存在问题。其次，由于对虚拟财产的基本认识存在争议，在司法实践中，即使法院认定虚拟财产具有价值，被告人构成财产类犯罪，被告人也会以虚拟财产不具有价值为由进行辩护④，如果法院不能对其定罪的理由作出充分解释，法院判决的合理性可能会受到质疑。笔者认为，以物品具有价值作为刑法保护虚拟财产的前提和理由，可能与刑法从属性观念存在一定程度的关联⑤，因此，为了说明该种研究进路是否合适，需要对刑法从属性理论作出分析。

所谓刑法从属性是指刑法具有从属的、补充的、二次的性质，只有在其他部门法的制裁不充分的场合，刑法才能被适用。⑥ 如果刑法从属于其他部门法，即刑法属于其他部门法的保障法和后盾法，那么，某事物是否值得刑法保护需要考察该事物在其他部门法中的性质——当该事物受到其他法律的保护，但是其他法律不能为其提供充足保护时，才需要刑法的介入。⑦ 坚持刑法从属性的学者在论述刑法的任务时往往主张法益保护说，即认为刑法的任务是辅助性的法益保护。⑧ 坚持法益保护说的学者一般认为，刑法的保护对象应该同时具备"法"和"益"两个维度，即刑法的保护对象必须是一种利益，且该利益受到法律的保护。⑨

刑法的从属性地位以及法益保护任务使得学者们在研究虚拟财产是否值得刑法保护时，分析虚拟财产的价值以及财产属性成为绕不开的环节。当虚拟财产是否具有价值存在争议时，刑法是否应该对其进行保护也就难以得出定论。退一步而言，即使肯定虚拟财产具有价值，属于财产，但是理论界对财产范围的界定也存在法律的财产说、经济的财产说和法律—经济的财产说等不同的观点⑩，观点的分歧会导致财产范围的差异，因此，该研究进路在很多重大问题上难以达成一致意见，容易导致司法实践的茫然。

关于侵犯虚拟财产是否构成侵犯财产罪的争议可以视为是对侵害违禁品行为如何定性

---

① 侯国云 . 论网络虚拟财产刑事保护的不当性——让虚拟财产永远待在虚拟世界 . 中国人民公安大学学报（社会科学版），2008（3）；侯国云，么惠君 . 虚拟财产的性质与法律规制 . 中国刑事法杂志，2012（4）.

② 王志祥，袁宏山 . 论虚拟财产刑事保护的正当性——与侯国云教授商榷 . 北方法学，2010（4）；张明楷 . 非法获取虚拟财产的行为性质 . 法学，2015（3）.

③ 董笃笃 . 虚拟财产法律学说的回顾与反思 . 重庆邮电大学学报（社会科学版），2013（5）.

④ 以虚拟财产不具有价值论证该行为不构成侵犯财产罪成为该类案件中经常使用的辩护理由，具体参见（2007）浙刑三终字第 73 号、（2013）一中刑终字第 115 号。

⑤ 黎宏教授在论文中明确表示"财产犯罪的保护法益，横跨民法和刑法两个法律领域，因此，确定财产犯罪的保护法益，就不得不考虑民法的规定""民法所保护的合法利益就成为财产犯罪侵害法益的中心内容。对民法上不加保护的利益，就没有必要在刑事上加以保护"。黎宏 . 论财产犯罪的保护法益 . 人民检察，2008（23）. 但是，黎宏教授又以财产犯罪的保护法益还包括"未经法定程序不得没收的利益"为由，将侵害违禁品的行为，认定为财产犯罪。

⑥ 马克昌主编 . 外国刑法学总论（大陆法系）. 北京：中国人民大学出版社，2009：5～6.

⑦ 张明楷 . 刑法学 . 北京：法律出版社，2011：24～25.

⑧ 克劳斯·罗克辛 . 德国刑法学总论 . 第 1 卷 . 王世洲，译 . 北京：法律出版社，2005：23.

⑨ 张明楷 . 法益初论 . 北京：中国政法大学出版社，2000：163～165.

⑩ 江溯 . 财产犯罪的保护法益：法律—经济财产说之提倡 . 法学评论，2016（6）.

这一问题的延续。有学者认为，无论将盗窃罪的法益视为本权还是占有状态，均无法解释违禁品成为盗窃罪对象的理由，因此，"毒品、假币等违禁品根本不能成为财产权利的客体。如果把绝对违禁品纳入财产犯罪的对象，将造成这样的局面：民法和行政法都不予保护的对象却受到刑法的保护"[1]；也有学者以违禁品不具有财产的属性，而否认毒品属于盗窃罪的对象。[2] 随着最高司法机关关于盗窃、抢夺、抢劫违禁品构成盗窃罪、抢夺罪、抢劫罪司法解释的出台，侵犯违禁品的行为是否可以构成侵犯财产罪的讨论丧失了实践意义，学界逐渐将该话题转移到对侵害虚拟财产行为性质的分析上。这段发展史也表明，有必要在理论上对侵害无价值或者价值不确定之物的行为作出学理上的解读，以回应学界质疑、解答实践困惑。以司法解释或者修改立法等方式解决问题的做法，只是回避问题并不能真正解决问题。当现实中出现与立法或者司法解释中性质类似、却没有被相关规定所包含的事物时，仍然会导致司法实践的茫然和刑法理论的困惑。

一般而言，侵犯财产罪的犯罪对象具有价值性，可以将其清晰地界定为财产。在一般案件中，规范与法益交织在一起，往往使人混淆二者之间的界限，难以进一步反思刑法处罚该行为究竟是为了保护法益还是为了确证规范。虚拟财产出现后，虚拟财产的价值性和财产属性存在分歧，这种在理论上难以说清其性质的事物的出现，反而给我们反思刑法与民法的区分、反思刑法的保护对象等基本理论提供了难得的契机。很多学者之前的研究将虚拟财产是否应该得到民法的保护作为讨论刑法是否对其进行保护的前提。为了更好地说明该问题，我们有必要将讨论带回到民法与刑法的区分依据以及刑法是否具有独立任务这一根本问题上，通过对该问题的回答寻找刑法是否应该保护虚拟财产的理由。

二、民刑分界视角下的刑法任务

在现代法治社会中，已经不可能出现以一部法律调整全部社会生活领域的现象。法律部门的分化使得各个部门法在特定的领域内发挥调整社会生活的作用，其中，民法和刑法无疑是联系最为紧密、实践适用率最高的两大实体法。刑法和民法的关系得到了学者们的长期关注和讨论，其中，如何区分刑法和民法则是该问题的关键。目前而言，我国关于民刑分界的主流学说主要表现为两种：第一，刑法与民法的区分主要表现为调整手段的差异，民法以损害赔偿为调整手段，而刑法以剥夺行为人生命、自由、财产的方式实现对法益的保护[3]；第二，刑法处罚具有严重社会危害性的行为，民法处理危害性不大的行为[4]，该观点实际是以违法性"量"的大小作为民刑分类依据。

以调整手段为视角说明民刑之间的界限与法律部门的一般分类方式不协调。通说认为，调整社会关系的差异是划分法律部门的主要依据，但是，在说明刑法作为一个部门法

① 高翼飞. 侵犯财产罪保护法益再探究. 中国刑事法杂志, 2013（7）.
② 徐志军, 等. 盗窃毒品行为的刑法性质评析. 净月学刊, 2013（5）.
③ 李海东. 刑法原理入门（犯罪论基础）. 北京：法律出版社, 1998：1；木村龟二. 刑法学词典. 顾肖荣, 等, 译校. 上海：上海翻译出版公司, 1991：4.
④ 于改之. 刑民分界论. 北京：中国人民公安大学出版社, 2007：61、231.

的理由时，学界却抛弃了一般分类标准而以调整手段作为依据[①]，这显然在理论的一贯性上存在缺陷。另外，该种区分标准只是从形式上对民刑关系进行了区分[②]，而没有对民刑区分的实质理由作出解释。以违法性"量"的大小作为民刑区分依据，即认为刑事犯罪与民法不法具有等级或者程度上的差异，刑事犯罪的严重性高于民事不法，违法性超过民法范畴则进入刑法领域。笔者认为，该种认识与现实司法实践不符，主要表现在：第一，一个行为可能同时构成民事侵权和刑事犯罪，例如，高空抛物致人死亡的行为，有可能按照《侵权责任法》第 87 条要求侵权人承担侵权责任，也有可能按照《刑法》第 233 条以过失致人死亡罪追究当事人的刑事责任，并且刑事责任的追究并不意味着侵权人可以免除民事责任，刑事附带民事诉讼就是该种现象在诉讼环节的典型反映，"量"的大小并不能合理解释这种司法现象，因为如果违法行为已经达到了严重的程度，就已经进入了刑法的领域，追究当事人的刑事责任即可，而无须再追究民事责任；第二，如果刑事犯罪仅仅是危害程度更大的民事不法，则难以解释为什么刑法属于公法，而民法属于私法，即危害程度"量"的差异为什么可以导致公私法之间"质"的区别[③]；第三，实践中，造成严重损失的行为不一定会被追究刑事责任，即使违约行为造成对方损失数额特别巨大，也不能因为损失特别巨大而认定违约方构成犯罪。

笔者认为，对于民法和刑法的区分依据，较为恰当的解释为，民事违法是对被害人权利的损害，而刑事犯罪则是对社会、对共同体的危害。换言之，民法的作用是对损害进行赔偿，以恢复到损害未发生时的状态为目标；刑法则以保护共同体的安全、确证共同体规范的有效性为任务。该种认识可以对上述问题作出合理解释：第一，一个行为可能同时构成对被害人个人权利的损害与对共同体的危害，因此，让行为人承担民事责任的同时，追究行为人的刑事责任，也就具有了合理性；第二，在具体个案中，被害人可以对个人的权利作出让渡，对民事责任问题意思自治，但是被害人却不能对共同体的危害发表见解，只有国家可以代表共同体对行为人进行追诉，这使得被害人可以对民事赔偿进行意思自治而不能决定是否发动刑罚；第三，即使对个人造成了特别巨大的损失，但是如果没有对共同体造成危害也无须承担刑事责任。

从民法与刑法的区分标准可以看出，刑法具有独立的任务，并不从属于民法。民法的任务在于通过确定权利、义务，对损失方进行财产上的赔偿，以恢复到财产未被侵害前的状态，因此，在民法中判断一个事物是否具有价值以及价值量的大小，是进行一系列民事司法活动的前提；刑法则通过惩罚破坏规范的行为，确证规范的有效性，当行为人以行为表达出对规范的否认时刑法就应该介入，刑法的任务在于保护规范的现实性和社会规则的有效性。社会的同一性是通过规范而不是通过状态或者财富来决定的。[④] 社会是规范的现

---

① 李其瑞. 法理学. 北京：中国政法大学出版社，2011：106.

② 陈忠林，王昌奎. 刑法概念的重新界定及展开. 现代法学，2014（4）.

③ 这种"质"的差异主要表现在，刑法（公法）以国家公诉为原则，排除被害人意志对案件追诉的影响（自诉案件除外），而民法（私法）则主要以当事人的意思自由为原则，当事人之间可以就是否承担责任以及责任的大小进行协商。

④ 格吕恩特·雅科布斯. 行为 责任 刑法——机能性描述. 冯军，译. 北京：中国政法大学出版社，1997：107～108.

实性，当规范被认可时，秩序就被稳定了，人们也就摆脱了自然状态，进入社会状态。① 规范具有现实性的唯一的办法是，把违反交往规范的行为贬低为边缘性的东西，谁违反了确定的交往规则，谁就脱离了社会而生活在自己的个体性的世界中。② 在现实案件中，破坏规范者主张规范的无效性，但是刑罚则表明这种主张不足为准。③ 正如黑格尔所言，犯罪行为是对法律的否定，刑罚不过是否定的否定。④ 犯罪对个人而言，是忠诚的缺乏；对社会而言，是规范的否定。⑤ 举例而言，故意杀人行为造成了被害人的死亡，侵害了他人的生命权，行为人需要对侵害被害人生命权的行为承担民事赔偿责任，同时，行为人在没有正当化根据的前提下实施杀人行为表明了行为人对于不得杀人规范的否定。行为人的杀人行为对社会而言是一个重要的意义表达：被害人的生命是不重要的，不得杀人的规范是无效的。此时国家就需要动用刑罚以否认行为人的错误世界观，确证社会规范的有效性。简言之，民法与刑法具有不同保护对象，民法的保护对象是被害人的法益，刑法的任务则在于保护规范的有效性，维系社会共同体的存在，避免人类陷入自然状态。

以保护对象的差异区分民法与刑法的做法也得到了一些学者的肯定，在西方哲学史上，康德明确以行为危害个别人还是共同体为标准区分民事不法与刑事犯罪。⑥ 也有学者表达了类似的观点，例如，违反刑法不仅是对犯罪的个体受害者的犯法行为，也是对更大的社区及其规范体制的犯法行为⑦；刑法仅与社会秩序的防卫有关，刑法借助于公诉方式仅仅是对社会受到的损失进行补救，民法则是对个人损害给予赔偿。⑧ 我国传统刑法理论认为，社会危害性是犯罪最基本的特征。⑨ 近年来，受到德日刑法学思想的影响，主张以法益损害替代社会危害性的见解成为有力的学说。⑩ 笔者认为，从民刑分界的视角而言，如果在否定规范的意义上理解犯罪行为的社会危害性，我国传统刑法理论中的社会危害性理论可能存在重新解释的余地和空间。

三、刑法保护虚拟财产的规范视角解读

笔者认为，刑法具有独立性，刑法的独立性主要体现在刑法具有独特的任务和目的。刑法的任务不在于法益的保护，而在于通过刑罚确证社会规范的有效性，进而维护社会的存续。⑪ "犯罪是对隐藏于生活利益背后的法规范、社会同一性以及公众规范认同感的公然

① 京特·雅科布斯. 规范·人格体·社会：法哲学前思. 冯军，译. 北京：法律出版社，2001：46.
② 京特·雅科布斯. 规范·人格体·社会：法哲学前思. 冯军，译. 北京：法律出版社，2001：59～61.
③ 格吕恩特·雅科布斯. 行为 责任 刑法——机能性描述. 冯军，译. 北京：中国政法大学出版社，1997：109.
④ 黑格尔. 法哲学原理. 范扬，张企泰，译. 北京：商务印书馆，1961：100.
⑤ 雅科布斯. 刑法保护什么：法益还是规范适用. 比较法研究，2004（1）.
⑥ 康德. 法的形而上学原理——权利的科学. 沈叔平，译. 北京：商务印书馆，2005：164.
⑦ 弗朗西斯·福山. 大分裂——人类本性与社会秩序的重建. 刘榜离，等译. 北京：中国社会科学出版社，2002：33.
⑧ 卡斯东·斯特法尼. 法国刑法总论精义. 罗结珍，译. 北京：中国政法大学出版社，1998：35.
⑨ 高铭暄，马克昌. 刑法学. 北京：高等教育出版社，北京大学出版社，2016：45.
⑩ 张明楷. 刑法学. 北京：法律出版社，2011：90；陈兴良. 社会危害性理论——一个反思性检讨. 法学研究，2000（1）.
⑪ 刑法究竟是为了保护法益还是确证规范的有效性？该问题在德国刑法学界引起了激烈的讨论。具体请参见克劳斯·罗克信. 刑法的任务不是法益保护吗. 樊文，译. 刑事法评论，2006（2）；雅科布斯. 刑法保护什么：法益还是规范适用. 比较法研究，2004（1）.

侵犯，而不仅仅是对法益本身的侵害。"① 因此，破坏规范，对社会共同体造成侵害的行为，不论该行为具体侵害的对象是否具有价值，均应该认为构成犯罪。刑法学者在讨论是否应该采用刑法保护虚拟财产时，不应该将精力放在探讨虚拟财产是否具有价值、属于何种权利上，这是民法学者的任务，而非刑法学者应该关心的问题。刑法研究者应该从侵害虚拟财产行为的性质入手，分析该种行为是否破坏了社会规范，是否有必要动用刑罚。

在刑法意义上，财产不是作为外在的对象来表现的，而是作为规范，作为有保证的期待来表现的。② "法律之所以保护某类财产，不在于它是'物'、不在于它有价值，而在于其存在着法律必须保护的社会关系。"③ 行为人窃取他人虚拟财产的行为，是一个重要的意义表达，即是以侵犯财物的方式表明行为人对财物归属规范的漠视和否认。④ 立法者将盗窃罪规定在刑法中表明该种社会规范得到了国家的承认和认可，当行为人通过其行为表明了自己对该规范的否认时，在符合罪刑法定原则的前提下，就应该将该行为认定为犯罪，通过动用刑罚权向社会宣告这种假想规则的无效性。因此，刑法的作用在于确证规范的有效性，只要行为人侵犯虚拟财产的行为表明了他对社会规范的否定，虚拟财产在价值和权利属性上的争议，并不能成为刑法对虚拟财产进行保护的障碍。

刑法以刑罚的手段对破坏社会规范的行为进行惩罚，没有对社会规范进行破坏的行为，即使损害了有价值的事物、损害了民事权利客体，也不应该构成犯罪。相反，只要某种行为破坏了社会规范，即使该犯罪对象不具有价值、不属于民事权利的客体，甚至是法律明令禁止的物品，也不会对该行为的可罚性产生影响。例如，2013 年最高人民法院、最高人民检察院发布的《关于办理盗窃刑事案件适用法律若干问题的解释》第 1 条第 4 款规定，"盗窃毒品等违禁品，应当按照盗窃罪处理的，根据情节轻重量刑"⑤。可以看出，不得以违背占有人意志的秘密手段获得其控制下财物的规范也当然地及于违禁品。在讨论虚拟财产是否应该得到刑法的保护时，分析虚拟财产是否具有价值、属于民法上的物权还是债权、如何认定虚拟财产的所有者等问题并不是一个合适的进路。

有观点认为，如果刑法保护虚拟财产，那么，意味着事实上法律承认虚拟财产的合法化。⑥ 只要仔细分析该观点并且对照目前的法律现状，就可以发现该观点的问题。如上文所述，在我国，毒品、假币、淫秽物品等属于违禁品，但是这并不妨碍窃取这些违禁品的行为构成盗窃罪。刑法打击对某类事物的犯罪，并不意味着国家承认了该犯罪对象的合法性。国家将某行为认定为犯罪只是表明国家对该行为的否定评价以及对该行为所违反的社会规范的保护，而不是认为该犯罪对象是值得保护的。在具体的犯罪中，犯罪对象只是一

---

① 周光权．刑法学的向度——行为无价值论的深层追问．北京：法律出版社，2014：172.

② 雅科布斯．刑法保护什么：法益还是规范适用．比较法研究，2004（1）.

③ 霍仕明，张国强．虚拟财产遭遇真实抢劫的量刑困惑．法制日报，2009－06－04.

④ 盗窃罪表明的规范是，不得以违背现实占有人意志的秘密手段获得其控制下的财物．

⑤ 与此类似的解释，2005 年 6 月 8 日最高人民法院《关于审理抢劫、抢夺刑事案件适用法律若干问题的意见》规定：关于抢劫特定财物行为的定性：以毒品、假币、淫秽物品等违禁品为对象，实施抢劫的，以抢劫罪定罪；抢劫的违禁品数量作为量刑情节予以考虑。抢劫赌资、犯罪所得的赃款赃物的，以抢劫罪定罪，但行为人仅以其所输赌资或所赢赌债为抢劫对象，一般不以抢劫罪处罚.

⑥ 侯国云．论网络虚拟财产刑事保护的不当性——让虚拟财产永远待在虚拟世界．中国人民公安大学学报（社会科学版），2008（3）.

个符号，它代表的是社会规范的存在，犯罪行为所侵害的是犯罪对象所承载的社会规范，换言之，刑法的保护对象是犯罪行为所侵犯的社会规范，而不是犯罪对象本身。行为人窃取某财物不应该理解为在自然意义上拿走了一个财物，而是对该财物背后所体现的社会规范的否认。国家禁止盗窃、抢夺、抢劫毒品、假币、淫秽物品等违禁品，表明不得违背当事人意志而获得其控制下财物的规范得到国家的确认和保护。正是在该逻辑上，即使应该禁止虚拟财产与现实财产的交易[①]，也并不妨碍刑法对侵犯虚拟财产的行为进行惩罚。盗窃罪不以对被害人造成经济上的损失为要件，即使盗窃行为并未造成被害人的损失，只要窃取行为表明了行为人对法规范的否定，应该认定为盗窃罪，我国刑法规定入户盗窃、携带凶器盗窃、扒窃构成盗窃罪，在一定程度上反映了该思想。

只要行为人对财物的占有形成了一种平和状态，这种平和占有状态本身就值得刑法保护。[②] 刑法只保护占有的有无，并不负责判断这种占有的对错，对于犯罪分子占有的赃物，行为人即使对其具有民法上的取回权，也不能以窃取或者强取的方式将财物取回，因为这种行为本身已经构成了对社会规范的否认。[③] 盗窃行为是对整个社会财产分配规范的否认，它不是通过市场而是以自己创设的方式取得财产，如果不对这种否认规范的行为进行纠正，社会也就会崩溃，而回到人与人之间靠暴力和阴谋决定财物归属的状态。

四、侵犯虚拟财产行为的司法惩治

当然，即使在理论上得出刑法应该保护虚拟财产的结论，在司法实践中，对行为人施加刑罚处罚也要符合罪刑法定原则的要求。如果该行为不符合我国刑法分则规定的构成要件，即使该行为值得刑法保护，也不能对行为人定罪处刑。这里主要涉及对侵犯财产罪构成要件的解释。

一般而言，我国刑法分则第五章犯罪的侵犯对象是财产，这可以从该章类罪名中使用"财产"一词窥见一二，但是我国刑法区分"财产"和"财物"。虽然我国刑法分则第五章以"侵犯财产罪"作为章节名称，同时，我国刑法总则第91条、第92条对"公共财产"和"公民私有的个人财产"的含义进行了界定，但是我国刑法分则第五章中的相关罪名，例如抢劫罪、盗窃罪、诈骗罪、抢夺罪、聚众哄抢罪、侵占罪等罪名的构成要件均使用了"财物"。可以看出，立法者使用"财物"，而非"财产"作为刑法分则第五章的构成要件是经过深思熟虑的。从语言文字的范围上看，"财物"的范围比"财产"的范围更为广泛，"财物"在外延上包括"钱财"和"物品"[④]。虚拟财产不具有现实形态，因此，虚拟财产这种无体物是否可以解释为"物品"是问题的关键。作为侵犯财产罪客体的"物"或者"财物"，只要是"可管理之物"，就能成为侵犯财产罪的客体，这是刑法独特的物的概

---

① 侯国云. 论网络虚拟财产刑事保护的不当性——让虚拟财产永远待在虚拟世界. 中国人民公安大学学报（社会科学版），2008（3）.

② 马寅翔. 占有概念的规范本质及其展开. 中外法学，2015（3）.

③ 但是，该行为对社会规范否认的程度弱于一般意义上的盗窃或者抢劫行为，这可以在量刑上进行体现。

④ 当代汉语词典. 北京：中华书局，2009：137.

念。① 虚拟财产虽然不具有现实的物理形态，但是它处于被害人的管理之下，同时，"物"包括有体物和无体物并没有超过语言文字的界限。因此，即使虚拟财产没有价值，也符合我国刑法分则第五章的构成要件。

也有学者认为，虚拟财产在民法上是一种债权②，在日本、韩国、德国、意大利等国，盗窃财产性利益均不成立盗窃罪，侵犯虚拟财产的行为自然不构成盗窃罪。③ 在该逻辑下，学者们主张，最佳途径是单独设立盗窃财产性利益的罪名与处罚规定。④ 笔者不同意这种观点，正如张明楷教授所言，从他们的论证理由上可以看出，该种观点显然是根据外国刑法用语得出的结论，我国刑法没有区分财物与财产性利益，只有一个"财物"的概念，"财物"可以包括财产性利益，这并没有超过国民的预测可能性。⑤ 总之，如果虚拟财产具有价值，属于一种债权则可以将其解释为构成要件中的"财"；如果虚拟财产不具有价值，也可以将其解释为"物"。无论上述何种解释都可以将虚拟财产认定为侵犯财产类犯罪构成要件中的"财物"。

在司法实践中，大多数案件肯定了虚拟财产的价值，认为窃取虚拟财产的行为构成盗窃罪。这些案件的论证逻辑基本是，被盗游戏币系被害人花费一定成本购买，具有市场价值，并以交易金额作为盗窃罪的犯罪数额。⑥ 在理论上，学者们主要以虚拟财产具有使用价值（可以给使用者带来身心的愉悦）和交换价值（现实中存在大量的买卖、交换虚拟财产的行为）论证虚拟财产具有价值和财产属性。⑦ 笔者不对结论作出评价，但是上述的论证理由值得商榷。对于某物品是否具有价值、是否属于财产，不能以行为人需要花费金钱获得该物品为前提，获得毒品、枪支、淫秽物品等违禁品，行为人也需要支付金钱，但是法律并不能认定这些违禁品属于财产；相同的逻辑，毒品、淫秽物品也可以给使用者带来身心的愉悦，但是国家也不肯定它们具有使用价值。

如何计算虚拟财产的价值？虚拟财产是否有价值？本文不对该问题作出肯定或者否定的回答。该问题即使在民法领域也存在激烈的争论，并且否定虚拟财产具有价值以及否认虚拟财产属于财产的观点不在少数，有民法学者认为，数据不是民事权利的客体，数据亦无独立经济价值，也不宜将其独立视作财产⑧；虚拟财产是否具有财产性这一问题的消极误导性作用大于其积极的引导性作用。⑨ 前文已述，虚拟财产是否具有价值与虚拟财产是否是刑法的保护对象是两个不同的问题，刑法是否对行为进行处罚，并不以该行为指向的对象属于其他法律的保护对象为前提。即使虚拟财产没有价值，当虚拟财产被他人非法侵害并且该侵害反映出行为人对法规范的否认时，刑法也应该对该行为作出否定性评价。同

---

① 木村龟二. 刑法学词典. 顾肖荣等译校. 上海：上海翻译出版公司，1991：6.
② 刘明祥. 窃取网络虚拟财产行为定性探究. 法学，2016（1）.
③ 陈云良，周新. 虚拟财产刑法保护路径之选择. 法学评论，2009（2）.
④ 刘明祥. 窃取网络虚拟财产行为定性探究. 法学，2016（1）.
⑤ 张明楷. 非法获取虚拟财产的行为性质. 法学，2015（3）.
⑥ 参见（2013）徐刑初字第 317 号、（2013）徐刑初字第 222 号、（2007）浙刑三终字第 73 号等等.
⑦ 赵秉志，阴建峰. 侵犯虚拟财产的刑法规制研究. 法律科学，2008（4）；王志祥，袁宏山. 论虚拟财产刑事保护的正当性——与侯国云教授商榷. 北方法学，2010（4）.
⑧ 梅夏英. 数据的法律属性及其民法定位. 中国社会科学，2016（9）.
⑨ 董笃笃. 虚拟财产法律学说的回顾与反思. 重庆邮电大学学报（社会科学版），2013（5）.

时，无论对虚拟财产作何种理解，均不会超出犯罪构成要件中"财物"的范围，因此，不存在违反罪刑法定的问题。值得讨论的是，认为侵犯虚拟财产的行为构成侵犯财产罪需要解决如何确定法定刑的问题。[①] 笔者认为，对于该问题，可以借鉴我国对侵犯违禁品的处罚原则进行，即以犯罪情节轻重确定量刑幅度。在判断情节是否严重时，应综合考虑行为的次数、行为的手段、获取虚拟财产的数量、销赃数额等因素。

如果在现实中行为人使用暴力或者胁迫的手段迫使被害人将虚拟财产转移到自己的账户中，则构成抢劫罪或者敲诈勒索罪。[②] 如果采用非法获取计算机信息系统数据的方式窃取或者对计算机信息系统实施非法控制而强取被害人的虚拟财产，可能同时构成我国《刑法》第 285 条的非法获取计算机信息系统数据罪与我国《刑法》第 264 条盗窃罪。该种行为构成想象竞合犯、牵连犯还是数罪并罚也是值得探讨的问题。笔者认为，行为人在客观上只是实施了获取计算机系统数据这一个行为，而该行为在客观上同时符合我国《刑法》第 285 条与第 264 条的构成要件，并且该两个法条之间不存在包含关系，因此，应该认定该行为构成想象竞合犯而从一重处罚。[③]

---

① 以盗窃罪为例，根据数额和情节的差异，刑法规定了三档法定刑。
② 类似案例参见霍仕明，张国强. 虚拟财产遭遇真实抢劫的量刑困惑. 法制日报，2009 - 06 - 04.
③ 张明楷. 刑法学. 北京：法律出版社，2011：434～437.

破坏计算机信息系统罪司法实践分析与刑法规范调适

——基于100个司法判例的实证考察

周立波[*]

内容摘要： 通过对100个已判案例的考察分析，发现破坏计算机信息系统罪在司法实践中存在相同行为定性争议较大，罪数形态认定不一以及罪名"口袋化"趋势明显等问题。这些问题直接破坏了破坏计算机信息系统罪在定罪量刑过程中的准确性和正当性，损害了司法公信力和国民的预测可能性。为解决这些问题，需要从根本上明确破坏计算机信息系统罪的法益保护范围，在刑事立法和司法解释规范上作出调整。在立法层面，需要完善《刑法》第286条第2款的构成要件；在司法层面，需要对破坏计算机信息系统罪中的"计算机信息系统数据""后果严重""计算机信息系统不能正常运行"等罪状进行合理解释，以此使破坏计算机信息系统罪在新的时代背景下更好的发挥刑法规制功能。

关键词： 破坏计算机信息系统罪　口袋化　司法实践　刑法规范

近年来，随着信息网络技术的不断发展，危害计算机信息系统和网络安全的犯罪行为逐渐增多。与此同时，在司法实践中，作为规制网络犯罪核心罪名之一的破坏计算机信息系统罪的刑法适用也相应地呈现高频态势。笔者通过对无讼案例库中100个破坏计算机信息系统罪案例进行分析，发现破坏计算机信息系统罪在司法实践中存在较多问题，有必要在新的时代背景下对传统的破坏计算机信息系统罪进行反思，以期使本罪更好地发挥打击犯罪和保障自由的双重规制功能，不断适应刑法理论和实践的新发展。

一、破坏计算机信息系统罪之司法现状透视

为了能够对破坏计算机信息系统罪目前的司法现状有更直观的认识，笔者以"案由：破坏计算机信息系统罪"和"文书形式：判决"为关键词，在无讼案例库进行了搜索，共搜索到310个已经判决的案例。在此基础上，笔者又按照搜索到的案例与"破坏计算机信

---

* 浙江财经大学东方学院讲师，华东政法大学刑法学博士研究生。

息系统罪"的相关性程度抽取 100 个关联性较高的案例进行统计分析[1]，以此来探究破坏计算机信息系统罪在司法实践中的基本现状。

(一) 破坏计算机信息系统罪行为定性争议较大

对上述 100 个案例进行统计发现，检察院、辩护人与法院这三方主体对同一个行为在定性上完全一致的有 44 个，这也即意味着公诉机关指控的罪名、辩护人辩护的罪名与法院最终认定的罪名（包括一审法院与二审法院认定不一致的情形）出现过争议的有 56 个，占到一半以上的数量。并且，有些破坏计算机信息系统的行为，在实践认定过程中不仅出现两种不同罪名的争议，甚至出现三种不同罪名的争议。例如，在杨某破坏计算机信息系统罪一案中[2]，公诉机关指控的罪名是破坏计算机信息系统罪，被告人和辩护人认为只构成非法获取计算机信息系统数据罪，而被害单位的诉讼代理人则认为应该以盗窃罪认定，法院最终认定的罪名为非法获取计算机信息系统数据罪，由此可见，这个案件中就出现了三个不同罪名的争议。类似这样的争议还出现在破坏计算机信息系统罪与其他罪名的争议之中。

笔者经过梳理归纳，出现争议较多的主要有以下五种破坏计算机信息系统的行为类型：一是对于破坏计算机信息系统中财产性数据的行为，在定性时与盗窃罪、非法获取计算机信息系统数据罪的争议较大。如行为人修改计算机信息系统，非法增加游戏账户中的充值数额或游戏币；通过修改网络间传输数据的方式为手机账户充值电信资费；对于收银系统中的收银数据进行删除修改从而侵吞所收取的现金等。二是对于开发、制作外挂程序和私服干扰计算机信息系统运行的行为，在定性时与非法经营罪、侵犯著作权罪的争议较大。如行为人制作游戏外挂软件进行出售牟利；私自架设网络服务器进行出租等。三是修改、删除计算机信息系统中的数据导致使用人不能正常使用的行为，在定性时与非法控制计算机信息系统罪的争议较大。如行为人修改账户密码数据、用户权限数据锁定电脑或手机等。四是对于实施破坏计算机信息系统的行为导致网络服务中断、生产经营受损的行为，在定性时与破坏生产经营罪的争议较大。如行为人对网吧进行 DDos 攻击导致网络服务中断；在网络论坛进行大量的恶意发帖导致网站无法运行等。五是对于以破坏计算机信息系统为名索取财物的情形，在定性时与敲诈勒索罪的争议较大。如行为人利用苹果手机的抹掉功能以删除手机中的数据相威胁索取被害人财物；对计算机数据库进行加密以数据库的恢复使用为名索要财物等。以上这些行为类型是目前破坏计算机信息系统罪在定性时出现争议较多的情形。此外，破坏计算机信息系统罪与非法侵入计算机信息系统罪，提供侵入、非法控制计算机信息系统的程序、工具罪，侵犯公民个人信息罪、诈骗罪、伪造国家机关证件罪等罪名也曾出现定性上的争议。

(二) 破坏计算机信息系统罪罪数形态认识不一

从司法实践来看，行为人实施破坏计算机信息系统犯罪主要可以概括为两大类型：一

---

① 需要说明的是，"关联性"程度的高低是通过搜索案例时使用的关键词与搜索到的案例中出现这些关键词次数的多少来进行衡量评价的，也即所搜索的案例中关键词出现的频率高，则意味着案例的关联性程度高，反之则亦然。

② 参见北京市海淀区人民法院（2016）京 0108 刑初 1084 号刑事判决书。

是直接以计算机信息系统为破坏对象；二是利用计算机信息系统作为工具实施其他犯罪行为，而在此过程中导致计算机信息系统的破坏。不管是第一种类型还是第二种类型，都可能出现在符合破坏计算机信息系统罪的同时构成其他类型的犯罪，因此也出现了行为人实施的行为是构成一罪还是数罪或者在构成数罪的情况下应该如何定罪处罚的罪数形态认定问题。

笔者对上述 100 个案例进行归纳梳理后发现，司法实践中对某些特定类型犯罪的罪数形态的认定和处理并没有形成统一的认识。特别是一些行为人为达到非法占有他人财产的目的而实施了破坏计算机信息系统的行为，司法实践部门在认定罪数形态时存在不同的认识。例如，在梁某破坏计算机信息系统罪一案中（以下简称案例一）[①]，被告人梁某在网上购买大量苹果 iCloud 账户和密码，通过骗取被害人的信任，登录被害人"苹果云端"将"查找我的 iphone"功能设置成丢失或抹掉，远程锁定被害人的苹果手机，致使手机不能正常运行，后以"解锁费"名义向被害人共计索要人民币 14 950 元。法院审理认为，被告人梁某对计算机信息系统功能进行干扰，造成计算机信息系统不能正常运行，直接认定为破坏计算机信息系统罪。在白某敲诈勒索罪一案中（以下简称案例二）[②]，被告人白某雇佣他人攻击被害公司的人民棋牌游戏服务器及另一公司的游戏服务器，致使游戏服务器瘫痪无法正常运行，并以此向对方勒索共计价值 51 360 元游戏币。一审法院认为，被告人白某敲诈勒索他人财物，数额巨大，构成敲诈勒索罪。而在曾某、王某破坏计算机信息系统罪一案中（以下简称案例三）[③]，被告人曾某与王某结伙或者单独使用聊天社交软件，诱骗被害人先注销其苹果手机上原有的 ID，再使用被告人提供的 ID 及密码登录。利用苹果手机相关功能将被害人手机的 ID 密码进行修改，远程锁定被害人的苹果手机，此后以解锁为条件索要钱财，共锁定苹果手机 11 部，索得人民币合计 7 290 元。法院审理认为，行为人通过修改被害人手机的登录密码，远程锁定被害人的智能手机设备，使之成为无法开机的"僵尸机"，属于对计算机信息系统功能进行修改、干扰的行为，造成 10 台以上智能手机系统不能正常运行，构成破坏计算机信息系统罪。同时，行为人采用非法手段锁定手机后以解锁为条件，索要钱财，在数额较大或多次敲诈的情况下，其目的行为又构成敲诈勒索罪。在此案件中，手段行为构成的破坏计算机信息系统罪与目的行为构成的敲诈勒索罪之间成立牵连犯，应当从一重罪处断以破坏计算机信息系统罪论处。而在叶某、邓某犯破坏计算机信息系统罪、敲诈勒索罪一案中（以下简称案例四）[④]，被告人叶某、邓某结伙经事先策划，利用黑客技术侵入宁波多家公司的计算机信息系统，在未予备份的情况下删除系统中存储的数据，并以帮助恢复数据为名，向被害单位敲诈共计 9 300 余元。法院审理认为，被告人对计算机信息系统中存储的数据进行删除，其行为已构成破坏计算机信息系统罪。被告人以非法占有为目的，采用要挟的方法多次索取他人财物，其行为又构成敲诈勒索罪，依法对两罪进行数罪并罚。从上述这些案例来看，尽管犯罪形态并不完全一致，但行为人的行为方式基本一样，即都是通过实施破坏计算机信息系统的行为来达到索

---

① 参见江苏省淮安市淮安区人民法院（2016）苏 0803 刑初 666 号一审刑事判决书。
② 参见吉林省长春市中级人民法院（2017）吉 01 刑终 276 号二审裁定书。
③ 参见最高检第九批指导性案例（检例第 35 号）。
④ 参见浙江省宁波市江北区人民法院（2015）甬北刑初字第 444 号一审刑事判决书。

要钱财的目的。对于这种行为类型，司法实践中在认定时对行为是构成一罪还是数罪的认识并不一致，如案例一和案例二都直接认定为一罪，而案例三和案例四都认定为两罪。同时，在认为构成数罪的情况下，对数罪进行具体处理认定时也不一样，如案例三是按照牵连犯原则从一重处罚，而案例四则直接对两罪进行数罪并罚。由此可见，司法实践中对破坏计算机信息系统罪罪数形态的认识存在较大的分歧。

（三）破坏计算机信息系统罪呈现"口袋化"趋势

对上述破坏计算机信息系统罪的行为定性和罪数形态存在的争议进行进一步的统计分析，可以发现，司法实践部门在一些争议行为的最终定性上都偏向于以破坏计算机信息系统罪进行认定处罚，由此出现了犯罪认定的"口袋化"趋势。这主要体现在以下两个方面：

一方面，破坏计算机信息系统罪逐渐成为一些传统犯罪和其他纯正网络犯罪的口袋罪。在对上述 56 个曾出现罪名认定争议的司法案例进行统计发现，最后认定为破坏计算机信息系统罪的有 45 个，占比高达 80.36%。也即意味着，最终认定为其他罪名的仅为 11 个。其中认定为盗窃罪的 1 个①，认定为敲诈勒索罪的 1 个②，认定为非法经营罪的 1 个③，认定为破坏生产经营罪的 1 个④，认定为非法获取计算机信息系统数据罪的 2 个⑤，认定为非法控制计算机信息系统罪的 3 个⑥，认定为提供侵入、非法控制计算机信息系统的程序、工具罪的 2 个⑦，其他的都以破坏计算机信息系统罪定罪处罚。在这些犯罪行为的认定过程中，盗窃罪、敲诈勒索罪、非法经营罪等属于传统的侵犯财产和危害经济秩序类犯罪，因这些犯罪行为在信息网络时代往往通过计算机网络实施，其所实施的行为基本同时都符合破坏计算机信息系统罪目前的构成要件，司法实践部门出于认定的便利或定案的惰性，往往都以破坏计算机信息系统罪进行规制。对于其他纯正的危害计算机信息系统的犯罪，因在实施非法获取、非法控制或提供工具程序行为的过程中往往都会对计算机信息系统数据进行修改、删除、增加，所以也往往都以破坏计算机信息系统罪认定处罚。

另一方面，破坏计算机信息系统罪逐渐成为一些数据类违法犯罪行为的口袋罪。通过对上述 100 个案例中以破坏计算机信息系统罪定罪的 89 个案例进行统计，发现其中以《刑法》第 286 条第 1 款进行认定的有 34 个，以《刑法》第 286 条第 2 款进行认定的 51 个，以《刑法》第 286 条第 3 款进行认定的只有 4 个。⑧ 从这一统计结果可以看出，司法

---

① 参见福建省福州市鼓楼区人民法院（2016）闽 0102 刑再 1 号再审刑事判决书。
② 参见吉林省长春市中级人民法院（2017）吉 01 刑终 276 号二审裁定书。
③ 参见上海市徐汇区人民法院（2016）沪 0104 刑初 1178 号一审刑事判决书。
④ 参见湖南省湘潭市中级人民法院（2017）湘 03 刑终 93 号一审刑事判决书。
⑤ 参见北京市海淀区人民法院（2016）京 0108 刑初 1084 号一审刑事判决书。贵州省遵义市红花岗区人民法院（2016）黔 0302 刑初 162 号一审刑事判决书。
⑥ 参见吉林省长春市中级人民法院（2017）吉 01 刑终 331 号一审刑事判决书。海南省第二中级人民法院（2017）琼 97 刑终 74 号二审刑事判决书。安徽省蚌埠市禹会区人民法院（2016）皖 0304 刑初 246 号一审刑事判决书。
⑦ 参见浙江省苍南县人民法院（2017）浙 0327 刑初 546 号一审刑事判决书。江苏省常州市天宁区人民法院（2016）苏 0402 刑初 736 号一审刑事判决书。
⑧ 需要说明的是，在《刑法》第 286 条破坏计算机信息系统罪构成要件的设置中，总共有三个条款，分别对应三种不同的行为类型。笔者为考察每一种行为类型在司法实践中的适用情况，对这三种行为类型分别进行了统计。

实践中适用《刑法》第 286 条第 2 款进行规制的司法案例占了一半以上。也即绝大多数案例中都是因为对破坏计算机信息系统中的数据实施了删除、增加、修改的破坏行为而被认定为破坏计算机信息系统罪。通过对上述 51 个案例的进一步分析归类可以发现，有些数据的破坏确实导致了计算机信息系统不能正常运行，此类案件有 16 个，占比 31.4%。如对网吧服务器中的服务数据进行格式化操作，删除系统数据，导致网吧服务不能正常运行①；对电脑数据库中的"索引"文件删除，导致电脑系统瘫痪，致使某公司的票务系统无法正常工作②，等等。而有些数据的破坏并不会导致计算机信息系统本身不能正常运行，而更多的是对计算机信息系统中存储的数据的安全造成危害，此类案件有 35 个，占比 68.6%。如非法删除交警支队计算机信息系统中的交通违章数据③；非法删除教务管理系统中学生的处分数据信息④；非法修改工商局综合业务管理平台中企业的名称、经营范围等数据信息⑤；违规删除电商平台中的差评记录⑥；等等。通过对这些数据进行删除、增加、修改操作从而获取相关利益，更多侵犯的是数据本身的安全性，是一种侵犯数据法益的违法犯罪行为，而非典型的破坏计算机信息系统的行为，但目前的司法实践都以破坏计算机信息系统罪进行定罪处罚。由此可见，破坏计算机信息系统罪已逐渐成为其他数据类违法行为或数据类犯罪行为的口袋罪。

二、破坏计算机信息系统罪之问题原因分析

从上述司法实践的基本现状来看，破坏计算机信息系统罪在认定适用过程中存在较多问题。造成这些问题的原因多种多样，从司法实践部门来看，一方面，网络因素的介入使很多传统犯罪变得更加复杂。司法工作人员由于技术理解能力的不足和司法经验的不足，容易简单地套用破坏计算机信息系统罪用以解决某些案件的定性难题；另一方面，破坏计算机信息系统罪的法定刑偏高，因此，只要案件涉及网络和计算机，无论是解释为"想象竞合犯"还是"牵连犯"，按照"从一重处罚"的规则都可以说于法有据，起码不会是错案。⑦ 笔者认为，之所以在司法实践中会存在上述现象，在很大程度上不是因为司法工作人员的问题，而是破坏计算机信息系统罪的刑法规范本身出了问题，有必要从源头上寻找问题的突破点。

（一）破坏计算机信息系统罪法益保护范围不明

破坏计算机信息系统罪是 1997 年刑法典新增的罪名。此后二十年，此罪的罪状没有发生任何变化。根据立法者当初的设想，破坏计算机信息系统罪旨在加强对计算机信息系

---

① 参见黑龙江省牡丹江市西安区人民法院（2017）黑 1005 刑初 57 号一审刑事判决书。
② 参见广东省深圳市宝安区人民法院（2016）粤 0306 刑初 7626 号一审刑事判决书。
③ 参见江苏省灌云县人民法院（2016）苏 0723 刑初 394 号一审刑事判决书。
④ 参见四川省崇州市人民法院（2016）川 0184 刑初 611 号一审刑事判决书。
⑤ 参见山东省寿光市人民法院（2016）鲁 0783 刑初 301 号一审刑事判决书。
⑥ 参见江苏省宿迁市宿豫区人民法院（2017）苏 1311 刑初 38 号一审刑事判决书。
⑦ 于志刚. 口袋罪的时代变迁、当前乱象与消减思路. 法学家，2013（3）.

统的管理和保护，保障计算机信息系统功能的正常发挥，维护计算机信息系统的安全运行。① 因此，对于破坏计算机信息系统罪所保护的法益，一开始主要是为了保护计算机信息系统的功能和运行安全。

从《刑法》第286条的规定来看，破坏计算机信息系统罪的主要行为类型有三种：一是破坏计算机信息系统功能类，即违反国家规定，对计算机信息系统功能进行删除、修改、增加、干扰，造成计算机信息系统不能正常运行，后果严重的行为。二是破坏计算机信息系统数据和应用程序类，即违反国家规定，对计算机信息系统中存储、处理或者传输的数据和应用程序进行删除、修改、增加的操作，后果严重的行为。三是制作传播破坏性程序类，即故意制作、传播计算机病毒等破坏性程序，影响计算机系统正常运行，后果严重的行为。第一种和第三种行为类型都在罪状描述中直接指明了必须造成"计算机信息系统不能正常运行"和"影响计算机信息系统正常运行"，明确了此两种行为类型所要保护的法益是"计算机信息系统的正常运行"，符合立法者设立此罪时的立法原意。但值得注意的是，在第二种行为类型的罪状描述中并没有要求破坏数据和应用程序的犯罪行为必须造成计算机信息系统不能正常运行的后果。也即意味着，从文本含义来看，破坏数据和应用程序类的破坏计算机信息系统犯罪所保护的对象应是计算机信息系统中的数据和应用程序，只要对数据和应用程序进行删除、修改、增加，达到司法解释规定的"后果严重"的标准，就可以认定为破坏计算机信息系统罪。这不禁让人产生这样的疑问，即破坏计算机信息系统罪所保护的法益到底是计算机信息系统运行的安全还是计算机信息系统中数据和应用程序的安全，还是两者兼而有之？

由于破坏计算机信息系统罪罪状设置的不同，理论界对此罪构成要件之一的"后果严重"产生了不同的认识，特别是对破坏数据和应用程序犯罪行为中"后果严重"的理解。一种观点认为，这里的后果严重，是指使国家重要的计算机信息系统功能、数据和应用程序被破坏，严重破坏计算机信息系统的运行，或者影响计算机信息系统的正常运行，使正常的工作秩序遭到严重破坏等等，即因计算机信息系统不能正常运行而造成各种各样的严重后果。② 另一种观点认为，其他行为类型中的"严重后果"需要造成计算机信息系统不能正常运行或者影响计算机系统的运行，但第二种行为类型的"严重后果"应解读为"使用户重要的计算机数据和资料遭到不可恢复的破坏，影响正常的工作和生活，因数据和应用程序被破坏而造成重大经济损失等"③。也即意味着，第二种行为类型的严重后果并不必然需要造成计算机信息系统不能正常运行。可见，第二种行为类型侧重保护的是计算机信息系统的数据和应用程序，而不是整个计算机信息系统的功能和正常运行。

由此可以看出，对于破坏计算机信息系统罪所要保护的法益范围，不同的人有不同的理解，并没有形成统一的认识。由于一个具体犯罪的法益具有合理确定犯罪圈、划定刑罚处罚范围以及在司法实践中区分此罪和彼罪、合理确定罪数的功能，法益范围的不明将直接导致司法实践部门在对刑法规范理解和适用过程中的混乱。上述司法实践中出现的破坏

---

① 高铭暄. 中华人民共和国刑法的孕育诞生和发展完善. 北京：北京大学出版社，2012：513.
② 陈兴良. 规范刑法学. 第2版. 下册. 北京：中国人民大学出版社，2008：814.
③ 邢永杰. 破坏计算机信息系统罪疑难问题探析. 社会科学家，2010（7）.

计算机信息系统罪的行为定性问题、罪数形态问题，"口袋化"问题在很大程度上是因为对破坏计算机信息系统罪法益保护范围的理解不一致而导致。

（二）破坏计算机信息系统罪司法解释扩张严重

1. "计算机信息系统数据和应用程序"规范内涵的扩张

2011 年"两高"颁布了《关于办理危害计算机信息系统安全刑事案件应用法律若干问题的解释》（以下简称《解释》）。《解释》第 4 条规定了破坏计算机信息系统功能、数据或者应用程序"后果严重"的五种情形，分别为：（1）造成 10 台以上计算机信息系统的主要软件或者硬件不能正常运行的；（2）对 20 台以上计算机信息系统中存储、处理或者传输的数据进行删除、修改、增加操作的；（3）违法所得 5 000 元以上或者造成经济损失 10 000 元以上的；（4）造成为 100 台以上计算机信息系统提供域名解析、身份认证、计费等基础服务或者为 1 万以上用户提供服务的计算机信息系统不能正常运行累计 1 小时以上的；（5）造成其他严重后果的。其中第二种情形，在《解释》中只规定了对计算机信息系统中存储、处理或者传输的数据实施相关行为的破坏，与《刑法》第 286 条第 2 款的规定并不一致，也即在司法解释中删除了对"应用程序"这一对象的破坏。换言之，《解释》将刑法规范中对"数据和应用程序"的破坏直接规定为对"数据"的破坏。对于司法解释中这样一个有意无意的改变，"两高"的解释部门并没有作出有针对性的说明，而只是在对《解释》作相关说明时提到，从司法实践来看，破坏数据、应用程序的案件，主要表现为对数据进行删除、修改、增加的操作，鲜有破坏应用程序的案件。因此，对于《刑法》第 286 条"对计算机信息系统中存储、处理或者传输的数据和应用程序进行删除、修改、增加的操作"的规定，应当理解为"数据""应用程序"均可以成为犯罪对象，而并不要求一次破坏行为必须同时破坏数据和应用程序，这样才能实现对计算机信息系统中存储、处理或者传输的数据、应用程序的有效保护，有效维护计算机信息系统安全。[①] 但是这样的说明，并不能成为删除"应用程序"这一对象的理由，如此解释，事实上违反了司法解释是基于刑法规范进行解释的这一基本原则。

更为严重的是，这样的解释也有意无意地扩张了原来刑法所确立的"计算机信息系统数据和应用程序"的规范内涵。根据破坏计算机信息系统罪的立法原意，虽然刑法条文在破坏数据和应用程序的行为类型中没有"造成计算机信息系统不能正常运行"的罪状描述，但有一点较为明确的是，这些数据和应用程序应属于计算机信息系统中的数据和应用程序。换言之，对这些数据和应用程序的删除、增加、修改会直接影响计算机信息系统的运行或造成计算机信息系统不能运行的严重后果。如删除计算机信息系统中的系统文件、数据库、系统程序，直接导致计算机信息系统崩溃、运行中断等严重后果。但按照《解释》的规定，"数据"并不需要与计算机信息系统直接相关，也不需要数据能直接影响计算机信息系统的运行，只要是计算机信息系统中的数据都可以理解为计算机信息系统数据。如此一来，《解释》使刑法规范中"计算机信息系统数据和应用程序"不当地扩大为

---

① 喻海松 .《关于办理危害计算机信息系统安全刑事案件应用法律若干问题的解释》的理解与适用 . 人民司法，2011（19）.

计算机信息系统中的所有数据，成为司法实践中以破坏计算机信息系统罪去打击所有涉及计算机数据类犯罪的源头。

2."后果严重"定量标准的扩张

破坏计算机信息系统罪属于结果犯，在三种犯罪行为类型的构成要件中都有"后果严重"的规范要件。对于"后果严重"的定量标准，在2011年《解释》中通过列举的方式进行了明确，主要从破坏计算机信息系统的台数、计算机信息系统使用的用户、提供服务的时间，以及违法所得和经济损失等要素进行评价和衡量。但在这些衡量要素中，有些与计算机信息系统的运行有直接或者间接的关系，而有些则没有任何的关系。如第一种情形"造成十台以上计算机信息系统的主要软件或者硬件不能正常运行"和第四种情形"造成为一百台以上计算机信息系统提供域名解析、身份认证、计费等基础服务或者为一万以上用户提供服务的计算机信息系统不能正常运行累计一小时以上"，这两种情形都直接造成了计算机信息系统不能正常运行。但第二种情形"对二十台以上计算机信息系统中存储、处理或者传输的数据进行删除、修改、增加操作"和第三种情形所规定的"违法所得五千元以上或者造成经济损失一万元以上"，从字面含义看，与计算机信息系统的运行并没有直接的联系。应当看到，破坏计算机信息系统罪规定在刑法分则第六章妨害社会管理秩序罪中，属于扰乱公共秩序类的犯罪。后果严重的程度应从其所破坏或扰乱的公共秩序这一角度考量才能作出合理的评价。而"违法所得和经济损失"的评价因素却是基于财产和经济的角度，两者在很大程度上不具有对等性。换言之，用财产性利益的评价要素去衡量扰乱公共秩序的严重程度不具有正当性，也极易造成人们对破坏计算机信息系统罪定性认识的混乱。如在司法实践中，只要出现对计算机信息系统中的数据进行删除、修改、增加，从中获利5 000元以上或造成当事人经济损失1万元以上的就按照破坏计算信息系统罪定罪处罚，极易造成破坏计算机信息系统罪是财产类犯罪的假象。

在刑法中，财产性利益的评价要素主要用于财产类犯罪中，如盗窃罪中"数额较大"的定量标准就以盗窃财产数额的大小来决定。而在破坏计算机信息系统罪中，则不宜只有纯粹的财产性评价要素作为"后果严重"这一构成要件的评价标准。如果要使用这一评价要素，也应严格的对此作出限制，即违法所得和造成经济损失必须与计算机信息系统的正常运行有直接的关联。如果单纯以违法所得和经济损失的数额大小去评价和衡量破坏计算机信息系统行为后果的严重性，则会造成"后果严重"认定标准的偏离，并在很大程度上扩大了破坏计算机信息罪的打击范围。

三、破坏计算机信息系统罪之刑法规范调适

破坏计算机信息系统罪在司法实践中出现的各种乱象，是传统危害计算机信息系统犯罪在信息网络犯罪行为不断更新迭代下规制不适的一个缩影。刑事立法中任何犯罪的设立都有其时代背景和立法局限。在网络犯罪不断发展的时代背景下，破坏计算机信息系统罪作为传统的计算机犯罪，一方面在贯彻罪刑法定原则下应尽可能激发其规制的潜力，另一方面对于本罪的规制功能也应有清醒的认识，避免其成为打击信息网络犯罪的"万能钥匙"。通过对破坏计算机信息系统罪司法实践的梳理和问题原因的分析，笔者认为，为更

好的发挥破坏计算机信息系统罪打击犯罪和保障自由的刑法功能，需要从以下两个方面作出调整。

（一）宏观思路：法益保护的明确和制裁思路的转变

1. 明确法益范围：以"计算机信息系统的运行安全"为具体法益

法益即刑法保护的利益，是刑法学理论中的基础性概念。尽管法益是一个颇具争议性的概念[①]，但人们已基本达成共识，也即法益是刑法建立刑罚正当性的前提和特定行为入罪化的实质标准。[②] 法益具有立法上确定犯罪和法定刑的指导功能，也有司法上对构成要件进行解释的功能。法益的保护范围决定着一个犯罪刑法规范的边界。从刑法理论而言，刑法保护的都是具体的法益，并且刑事立法上规定的具体罪名都有其所保护的特定法益。如果一个犯罪在设置刑法规范时所保护的法益过于宽泛，则可能导致这个犯罪与其他犯罪的界限难以区分，也可能导致这个犯罪在司法实践中被进一步地"口袋化"。

由上分析，从破坏计算机信息系统罪目前的刑法规范设置来看，立法者在设置此罪时所要保护的法益范围并不明确。除了计算机信息系统运行安全被一致认可为破坏计算机信息系统罪所保护的法益外，也有观点认为破坏计算机信息系统罪所保护的法益还包括计算机信息系统中数据的安全以及计算机信息系统所有人与合法用户的合法权益。[③] 对于计算机信息系统的运行安全，是破坏计算机信息系统罪设置时需要最直接保护的利益，理应属于破坏计算机信息系统罪的保护法益，而对于计算机信息系统中数据的安全和计算机信息系统所有人与合法用户的合法权益是否应该成为破坏计算机信息系统罪的法益，则需要进一步地辨析。

笔者认为，计算机信息系统中的数据安全法益和所有人与合法用户的合法权益这两种法益都不应成为破坏计算机信息系统罪所要保护的法益。首先，数据安全法益有其独立的内涵，不属于破坏计算机信息系统罪专门保护的法益。在大数据时代，数据不仅属于计算机信息系统的重要组成部分，而且很多情况下有其独立的财产价值和附着的人身利益。在计算机信息系统中存储、传输和处理的很多数据并不与计算机信息系统的运行有直接的关联，而是有其自身独立的价值。如教务信息管理系统中的学生信息，工商行政管理系统中的企业信息，以及游戏网站中的账户数值，这些数据信息直接体现的是数据拥有主体的人身利益或财产价值，与计算机信息系统本身的运行安全并没有直接的关联。换言之，对这些数据信息的删除、增加、修改并不会导致计算机信息系统不能正常运行，而更多损害的是数据拥有者的相关权益。如果用破坏计算机信息系统罪强行去规制这些犯罪行为，则会突破破坏计算机信息系统罪法益保护的范围，导致破坏计算机信息系统罪被"口袋化"，并且会更进一步地损害国民对犯罪的预测可能性。例如，在司法实践中，对于修改游戏账户中的账户值而进行盗窃的行为，检察机关以行为人对计算机信息系统中数据的增加指控构成破坏计算机信息系统罪。但行为人始终认为自己并没有删除、修改被害单位的计算机

---

① 克劳斯·罗克辛. 德国刑法学总论. 第1卷. 王世洲，译. 北京：法律出版社，2005：14；张明楷. 法益初论. 北京：中国政法大学出版社，2000：1.

② 舒洪水，张晶. 近现代法益理论的发展及其功能化解读. 中国刑事法杂志，2010（9）.

③ 高铭暄，马克昌. 刑法学. 第七版. 北京：北京大学出版社，高等教育出版社，2016：534.

信息系统，没有导致计算机信息系统不能正常运行，即使有罪也不认为自己的行为构成破坏计算机信息系统罪。[①] 如果把这样的行为认定为破坏计算机信息系统罪，则在一定程度上会导致破坏计算机信息系统犯罪的认定与人们对破坏计算机信息系统罪的一般认识相去甚远，影响司法制裁的公信力。其次，所有人与合法用户的合法权益这种法益过于模糊，应进行明确。刑法所保护的法益应是经验上可以把握的实体。"若保护的法益抽象得无法让人把握，则该对象不能被看做法益。例如，将无法还原为具体法益的社会秩序、工作秩序、社会心理秩序等作为保护法益，必然导致处罚范围的不确定。"[②] 具体犯罪的法益应该是具体明确的，而合法用户的合法权益却是广泛无边的。对这种合法权益应进行限制，以明确破坏计算机信息系统罪的法益保护范围。

笔者认为，破坏计算机信息系统罪所保护的具体法益应是立法者设置此罪时确立的计算机信息系统的运行安全，不应包括计算机信息系统中的数据安全。而对于所有人与合法用户的合法权益也应限制在计算机信息系统运行安全这一具体的合法权益，由此明确破坏计算机信息系统罪的规制范围。

2. 转变制裁思路：以专门的数据犯罪罪名制裁侵犯数据安全的行为

由上分析，随着大数据时代的到来，数据进一步显示出了其独立的价值功能，有其独立的法益。对于实践中出现的破坏计算机信息系统数据的行为，目前的司法实践部门基本以破坏计算机信息系统罪进行打击规制，这一司法实践的制裁思路理应转变。因为对计算机信息系统中数据的破坏毕竟不同于对计算机信息系统正常运行的破坏。计算机信息系统中的数据并不必然都直接与计算机信息系统的运行有关。由此，从宏观角度而言，应对计算机信息系统数据与计算机信息系统中存储的其他数据进行区分，确立区分制的犯罪制裁思路，使破坏计算机信息系统罪回归本来的制裁范围，也使其他侵犯数据法益的行为用专门的数据犯罪罪名进行更好的打击制裁。具体而言，应区分两种情况：

一是对计算机信息系统数据采取各种破坏行为，造成计算机信息系统不能正常运行的，则应以破坏计算机信息系统罪进行规制。这里的数据必须是与计算机信息系统运行有关的数据，属于计算机信息系统中系统功能、应用程序的组成部分，如计算机信息系统中的系统文件，数据库数据等。这些数据才是破坏计算机信息系统罪规制的范畴。

二是对计算机信息系统中的数据实施侵害，根据数据所体现的不同法益用相应的罪名进行规制。应该看到，计算机信息系统中的数据除了与计算机信息系统运行有关的数据，还有其他存储在计算机信息系统中的各类数据信息，如虚拟财产数据，身份认证数据等。对这些数据信息的删除、增加、修改并不会导致计算机信息系统不能正常运行，不应以破坏计算机信息系统罪进行规制。但在信息网络时代，数据信息的价值日益突显，理应得到专门的保护。在司法实践中，也出现了大量的侵犯数据信息法益的行为，给数据信息拥有主体的合法权益和管理秩序带来了严重危害，理应用刑法予以规制。事实上，我国刑法对数据信息的保护除了用计算机类犯罪罪名（非法获取计算机信息系统数据罪和破坏计算机信息系统罪）进行规制外，还有专门的数据犯罪罪名，如侵犯公民个人信息罪、侵犯商业

[①] 参见杨国辉破坏计算机信息系统罪一案，北京市海淀区人民法院（2016）京 0108 刑初 1084 号刑事判决书。

[②] 张明楷. 法益保护与比例原则. 中国社会科学，2017（7）.

秘密罪、非法获取国家秘密罪、泄露内幕信息罪等。当计算机信息系统中的数据属于上述特定性质的数据信息时，理应通过这些专门的数据犯罪进行制裁。例如，对计算机信息系统中存储的有关个人身份的数据信息实施删除、增加、修改行为，其侵犯的更多的是公民个人信息法益，理应用侵犯公民个人信息类犯罪来进行规制。此外，对于计算机信息系统中有关财产性利益的数据，应适用相关的财产类犯罪来进行规制。如行为人在秘密情况下对游戏系统中账户数据的修改增加，在实际不支付钱款的情况下增加自己账户的游戏币，其客观上侵犯的是游戏公司的虚拟财产利益，而并没有导致游戏系统不能正常运行，在将虚拟财产普遍解释为财物的情况下，应适用盗窃罪进行规制。

由此，通过对计算机信息中的数据进行二元划分，转变破坏计算机信息系统罪对侵犯计算机信息系统数据行为一刀切的制裁思路，将侵犯计算机信息系统运行无关的数据行为进行分流制裁，用专门的数据犯罪罪名进行规制，可以避免破坏计算机信息系统罪与其他数据类犯罪在刑法适用上的纠缠不清，也可以避免破坏计算机信息系统罪的"口袋化"趋势，实现刑法打击的精确性和正当性。

（二）具体路径：刑事立法和刑事司法的双重调适

1. 立法层面：规范破坏计算机信息系统罪的构成要件

从刑事立法角度而言，刑法规范的设置及刑法条文的描述直接影响犯罪的本质属性和处罚范围。破坏计算机信息系统罪属于危害计算机信息系统运行安全的犯罪，应在刑法罪状的描述中直接予以体现，由此缩小司法解释的适用空间，收缩口袋。笔者建议，对《刑法》第 286 条破坏计算机信息系统罪第 2 款的罪状进行重新调适，在罪状条文中增加"导致计算机信息系统不能正常运行"的构成要件，明确破坏数据和应用程序类犯罪行为的规范含义，使破坏计算机信息系统罪回归到刑法本应规制的范围。

具体而言，破坏计算机信息系统罪第 2 款的规范内容应在法益保护范围的指导下进行修正。一方面，将"导致计算机信息系统不能正常运行"明确作为《刑法》第 286 条第 2 款的构成要件，将条文设置成"违反国家规定，对计算机信息系统中存储、处理或者传输的数据和应用程序进行删除、修改、增加的操作，导致计算机信息系统不能正常运行，后果严重的，依照前款的规定处罚"。从《刑法》第 286 条的规定来看，破坏计算机信息系统罪中危害到计算机信息系统运行安全的有两种不同表述，分别是第 1 款中的"导致计算机信息系统不能正常运行"和第 3 款中的"影响计算机系统运行"。这两种表述的内涵并不一样，在危害后果的程度上有区别，前面一种的危害程度高，后面一种的危害程度低。至于采用哪一种表述，应结合不同破坏行为的特点，采用适合行为类型的罪状表述。从破坏计算机信息系统罪中犯罪行为的作用对象来看，计算机信息系统数据和应用程序与计算机信息系统功能都属于计算机信息系统内部的犯罪对象，而计算机病毒等破坏性程序属于计算机信息系统之间传播的破坏性因素。在司法解释中，对于"后果严重"的情形解释，是将数据和应用程序与功能放在同一条款同一层面进行解释，而对于破坏性程序"后果严重"的情形进行了单独解释。从刑事立法设置体系思维的角度，对破坏计算机信息系统数据和应用程序类犯罪的构成要件的设置可以借鉴破坏计算机信息系统功能类犯罪的构成要件，在《刑法》第 286 条第 2 款中设置"导致计算机信息系统不能正常运行"的罪状描述，以此明确破坏计算机信息系统罪法益保护的范围。另一方面，明确《刑法》第 286 条第 2 款的规范含义，也即对破坏数据和应用程序类的行为只有导致计算机信息系统不能正常运行，达到司法解释中"后果严重"的情形，才能按破坏计算机信息系统罪定罪处罚。如果只是破坏计算机信息系统数据和应用程序，但没有导致计算机信息系统不能正常运行，即使符合司法解释规定的"后果严重"的情形，仍不能以破坏计算机信息系统罪认定。

2. 司法层面：对破坏计算机信息系统罪进行合理的解释

鉴于刑法规范文本含义自身存在的弹性空间，不同的人可能出现不同的理解。因此，为了正确的理解和适用刑法的规定，对刑法规范的司法解释显得十分必要。但司法解释也有其弊端，如果进行不当的扩大解释或错误解释，则反而损害刑法条文本来的规范内涵。因此，司法解释需慎重，基本的解释原则就是必须在刑法文本语义射程的范围之内进行解释。并且，司法解释必须结合犯罪行为自身的特点进行有针对性的解释。对于破坏计算机信息系统罪，为明确其刑法条文的规范内涵和防止其"口袋化"趋势，除了立法上对构成要件进行限制外，在司法层面应主要从以下三个方面着手，对可能出现泛化理解的核心罪状进行合理的解释。

其一是对计算机信息系统数据的规范内涵应进行严格的限制解释。对于计算机信息系统数据的含义，刑法的规定为"计算机信息系统中存储、处理和传输的数据"。在 2011 年的《解释》第 4 条第 2 项中也只是沿用刑法的规定，并没有进行进一步的阐释说明。根据刑法的文本描述，计算机信息系统中的一切数据都属于计算机信息系统数据。如对这一规定不进行限制解释，则必然导致破坏计算机信息系统罪的泛化趋势。因为，计算机信息系统中的数据既包括组成计算机信息系统的系统数据、系统文件，也包括在计算机信息系统中的但不属于计算机信息系统组成数据的数据，如计算机信息系统中存储的文字数据、图片数据、视频数据等，对这些数据的删除、增加、修改，并不会必然导致计算机信息系统不能正常运行，只是危害到了这些数据本身的完整性、保密性和可用性，侵犯的是数据法益而不是计算机信息系统运行安全这一法益。对这些数据法益的侵犯，应由相关的数据类犯罪进行规制，而不应由破坏计算机信息系统罪进行规制。在司法实践中，计算机信息系统数据应理解为影响计算机信息系统运行的数据。

其二是对财产型的"后果严重"的情形应进行合理的限定。如上所述，根据 2011 年的《解释》第 4 条第 3 项的规定，只要违法所得 5 000 元或者造成经济损失 1 万元就符合破坏计算机信息系统罪"后果严重"的标准。在司法实践中，这一财产型"后果严重"的定量标准容易使人形成只要达到数额标准就认为符合这一规定的认识，导致破坏计算机信息系统罪适用范围的不断扩大。应当对财产型"后果严重"的情形在理解适用时进行限定。具体而言，应从两个方面着手：一是财产型的后果必须与破坏计算机信息系统行为具有关联性，也即违法所得和经济损失是基于实施了破坏计算机信息系统运行行为而产生。二是财产型后果中的经济损失必须是给被害人造成的直接经济损失，也即破坏计算机信息系统行为与其所造成的经济损失必须具有直接的因果关系，而不包括间接的经济损失。如此，才能体现破坏计算机信息系统罪是出于对计算机信息系统运行安全的保护，而不是为了保护计算机信息系统中涉及的财产利益。

其三是对"计算机信息系统不能正常运行"这一规范内涵应进行单独的解释。鉴于计算机信息系统属于专业的计算机技术领域的概念，司法实践中对何为"计算机信息系统不能正常运行"的规范含义并没有统一的认识，并且常让人产生歧义。这将直接影响司法实践中对破坏计算机信息系统行为进行准确的定罪量刑。因"计算机信息系统是否正常运行"属于破坏计算机信息系统罪中造成严重后果中的核心评价要素，有必要对此作出统一的规范。在司法实践中，计算机信息系统不能正常运行主要表现为行为人实施的破坏行为导致了计算机信息系统运行的崩溃、中断、迟缓、干扰、强制等情形。所以，在必要时应归纳总结实践中发生的计算机信息系统不能正常运行的情形，将其上升为司法解释规范进行明文规定，以更好地指导司法实践部门对"计算机信息系统不能正常运行"这一规范内涵的理解和适用。

《刑法》与《网络安全法》的衔接*

——从拒不履行信息网络安全管理义务罪切入

周光权**

内容摘要：为了有效监管互联网，打造更加高效的安全监管格局，《网络安全法》重申了我国一直贯彻的"代理式监管思路"，由互联网企业来承担相关的审查责任。面对网络监管力度的提升，司法审判上认定拒不履行信息网络安全管理义务罪应当注意几点。《网络安全法》已然提供给了足够的前置法支撑，在认定本罪时，应遵循严格的法秩序统一原理。本罪作为纯正不作为犯是义务犯，行为人对特定义务的有意识违反奠定了正犯性，其是否物理性地支配结果并不重要。实务中，若本罪与其他犯罪之间存在竞合关系，倡导优先查明作为行为，再视情形决定是否进一步查明不作为的存在与否。本罪并非对中立的帮助行为进行处罚，其客观归责体现为经责令改正而不改正，原本可以防止风险的实现而不予防止。由于违法信息和刑事案件证据之间存在交叉，当网络服务提供者面对相互冲突的监管义务时，若确实难以同时履行，则只要履行其中一个义务，就应阻却违法性。

关键词：互联网监管　法秩序统一　义务犯　义务冲突

我国立法机关对如何有效监管互联网一直非常重视。2016 年 11 月 7 日，十二届全国人大常委会第二十四次会议通过的《中华人民共和国网络安全法》（以下简称《网络安全法》）从"维护网络空间主权和国家安全"的高度出发，打造了更为高效的安全监管格局。一方面，《网络安全法》第 50 条规定，国家网信部门和有关部门依法履行网络信息安全监督管理职责，发现法律、行政法规禁止发布或者传输的信息的，应当要求网络运营者停止传输，采取消除等处置措施，保存有关记录；对来源于中华人民共和国境外的上述信息，应当通知有关机构采取技术措施和其他必要措施阻断传播。该法还要求政府有关监管部门在依照上述规定切实履行好监管职责的同时，应当依法不断加强自身技术能力建设，实现对网络安全状况的同步监测、预警、应急。《网络安全法》第 23 条规定的"网络关键设备和网络安全专用产品认证、检测制度"，以及第三章新设立的"关键信息基础设施的运行安全"规定等，将政府的安全监管手段提升到新的层次。另一方面，法律要求有关监管措施在互联网企业层面得到落实。《网络安全法》重申了在我国一直得以贯彻的"代理式监

* 清华大学法学院教授、博士生导师。
** 编者注：作者论文提交于 2017 年 12 月。

管思路"，即为了解决海量信息传输带来的内容监管问题，由互联网企业自身来承担对传播信息的审查责任，发现其业务平台上存在违法信息的，要及时阻断、保存记录并报告主管部门，互联网企业由此承担了更多的信息网络安全协助监管义务。①

本文试图结合我国《刑法》所规定的网络犯罪以及《网络安全法》的相关规定，探讨在网络安全监管力度大幅度提升的当下，司法审判上认定拒不履行信息网络安全管理义务罪应当注意的问题，以期有助于准确定罪量刑，同时厘清包括网络服务提供者在内的众多互联网企业履行其安全监管责任的边界。

一、"自己的孩子自己抱"
——《网络安全法》和《刑法》共同的互联网监管思路

（一）拒不履行信息网络安全管理义务罪与《网络安全法》的衔接

1. 《刑法修正案（九）》第 28 条关于拒不履行信息网络安全管理义务罪的规定

我国《刑法》中所规定的网络犯罪大致包括四种类型：（1）侵入型网络犯罪。包括非法侵入计算机信息系统罪、非法获取计算机信息系统数据罪、非法控制计算机信息系统罪（《刑法》第 285 条），其共同点在于都要求行为人非法侵入计算机信息系统。（2）破坏型网络犯罪。破坏计算机信息系统罪（《刑法》第 286 条），是指行为人进入系统后，破坏计算机信息系统的功能、数据或程序，至于是否系非法侵入并不重要。（3）违背监管义务型网络犯罪。即网络服务提供者不履行法定信息网络安全管理义务，经监管部门责令采取改正措施而拒不改正的行为（《刑法》第 286 条之一，即《刑法修正案（九）》第 28 条）。（4）边缘型网络犯罪。包括三个罪名：其一，提供侵入、非法控制计算机信息系统程序、工具罪（《刑法》第 285 条第 3 款）。其二，非法利用信息网络罪（《刑法》第 287 条之一），即利用信息网络设立用于实施诈骗、传授犯罪方法、制作或者销售违禁物品、管制物品等违法犯罪活动的网站、通讯群组的；发布有关制作或者销售毒品、枪支、淫秽物品等违禁物品、管制物品或者其他违法犯罪信息的；为实施诈骗等违法犯罪活动发布信息的三种情形。实践中，已有被告人利用信息网络为他人设立、维护虚假的"最高人民检察院"网站，供他人窃取客户登录网银的密码等资料而被论以本罪的判决。② 其三，帮助信息网络犯罪活动罪（《刑法》第 287 条之二），明知他人利用信息网络实施犯罪，为其犯罪提供互联网接入、服务器托管、网络存储、通讯传输等技术支持，或者提供广告推广、支付结算等帮助，情节严重的。

本文重点关注的是违背监管义务型网络犯罪。《刑法修正案（九）》第 28 条新增的拒不履行信息网络安全管理义务罪在客观方面表现为网络服务提供者不履行法律、行政法规规定的信息网络安全管理义务，经监管部门责令采取改正措施而拒不改正，且出现了以下特定情形：（1）致使违法信息大量传播。如果接到改正通知后立即采取措施，侵权、淫秽、危害国家安全、虚假信息等违法信息虽仍有所传播，但数量明显减少，并未大量传播

---

① 王融. 中国互联网监管二十年. http：//www. tisi. org/4944，最后访问日期：2017 年 11 月 18 日。
② 安健. 设立虚假最高检网站被他人利用实施诈骗. 人民法院报，2017 - 11 - 21.

的，不构成本罪。（2）致使用户信息泄露，造成严重后果的。这主要是指涉及公民个人隐私的信息泄露，数量大，引发社会恐慌等情形。（3）致使刑事案件证据灭失，情节严重的。这主要是指在接到不得删除、销毁有关信息的指令后，仍然违反指令，违法删除有关数据、信息，使司法机关查处特定案件变得很困难，从而妨害司法秩序的情形。（4）有其他严重情节的。经行政部门处理是构成本罪的前置条件，即必须是经监管部门责令采取改正措施而拒不改正的，才有成立本罪的余地。

2.《网络安全法》关于互联网企业监管责任的规定

《网络安全法》是我国网络安全领域的基础性法律，其对互联网企业履行网络安全监管义务极其重视。该法第9条规定，网络运营者开展经营和服务活动，必须遵守法律、行政法规，履行网络安全保护义务，接受政府和社会的监督，承担社会责任。这一规定要求互联网企业"履行网络安全保护义务"，这和《刑法修正案（九）》规定的拒不履行信息网络安全管理义务罪"自己的孩子自己抱"的代理式监管总基调相一致。

在《网络安全法》中，并无某一个具体条文和《刑法修正案（九）》第28条所规定的拒不履行信息网络安全管理义务罪相对接，其将"网络服务提供者"（在《网络安全法》中使用的是"网络运营者"这一广义的概念）的安全监管义务分散规定在不同条文中。例如：（1）《网络安全法》第25条规定，网络运营者在发生危害网络安全的事件时，立即启动应急预案，采取相应的补救措施，并按照规定向有关主管部门报告，并在该法第59条规定了行政处罚措施。这和《刑法修正案（九）》第28条所规定的"致使违法信息大量传播"行为紧密关联。（2）《网络安全法》第42条第2款规定，网络运营者应当采取技术措施和其他必要措施，确保其收集的个人信息安全，防止信息泄露、毁损、丢失。在发生或者可能发生个人信息泄露、毁损、丢失的情况时，应当立即采取补救措施，按照规定及时告知用户并向有关主管部门报告，并在该法第64条规定了行政处罚措施。这一规定要求网络运营者自身不得泄露其收集的个人信息，也要求其必须采取措施，包括物理的、技术的以及管理的措施来确保个人信息安全，防止其收集的个人信息泄露。[①] 这和《刑法修正案（九）》第28条"致使用户信息泄露，造成严重后果"的规定相协调。（3）《网络安全法》第21条规定，"网络运营者应当按照网络安全等级保护制度的要求，履行安全保护义务……（三）采取监测、记录网络运行状态、网络安全事件的技术措施，并按照规定留存相关的网络日志不少于六个月"，并在该法第59条规定了行政处罚措施；《网络安全法》第28条规定，网络运营者应当为公安机关、国家安全机关依法维护国家安全和侦查犯罪的活动提供技术支持和协助，并在该法第69条规定了行政处罚措施。这些规定都与《刑法修正案（九）》第28条"致使刑事案件证据灭失"的规定相衔接。

（二）法律衔接的意义：坚持法秩序统一性原理

毋庸讳言，《网络安全法》作为《国家安全法》的下位法，具有国家法和行政管制法的双重属性。就刑法和行政管制法之间的关系而言，违法多元论以及各种相对论（包括"缓和的违法一元论""行政法导向说"，以及违法相对性、刑法既有独立性又有从属性等

---

① 杨合庆. 中华人民共和国网络安全法释义. 北京：中国民主法制出版社，2017：104.

主张）都有似是而非、绕着困难走之嫌，没有实益，也难言合理。如果要严格坚守刑法和其他部门法的法秩序统一性立场，就只能承认"严格的违法一元论"。

违法一元论以各个法领域的规范之间不能有冲突这一法秩序统一性思想立论，其基本主张是：违法性在所有的法秩序中都应当是单一的，而不能是多元的。在一个法领域不被禁止的事情，在其他法领域也不能被禁止；在一个法领域被认定为违法的事情，在其他法领域绝对不可能被当作合法的（只是其他法领域有可能不会制定处罚措施来理会这种行为）。这一意义上的违法性一元论在德国是多数说。[①] 按照这一逻辑，某种行为，如果不违反民事、行政法律法规，就不可能具有刑事违法性；刑法上关于犯罪的认定，以民事上构成违约或者侵权、行政上违反行政管理法规为前提。"仅从刑法独立性的立场出发进行考虑的见解是不妥当的"[②]。这主要是因为刑法是保障法，是"第二次法"，需要动用刑法来定罪处刑的行为，一定是违反其他法律且其他法律的处理难以和行为的危害性相当，也难以达到预防效果的情形。按照法秩序统一性原理，不能将民事上、行政法上合法的行为，在刑法上作为违法处理；在定罪的场合，民商法、行政法上的违法性判断能够为刑事违法性提供支撑。

按照严格的法秩序统一性原理和违法一元论，《网络安全法》作为前置法对于拒不履行信息网络安全管理义务罪认定的意义在于：一方面，网络服务提供者的行为在行政法上被允许时，即便貌似产生了社会危害性，在刑法中也应被认定为具有正当性，前置的行政法为"出罪"奠定了基础。另一方面，行政法上所禁止的行为，如果符合刑法上的构成要件时，该行为在刑法上就具有违法性，前置法为刑法奠定了"入罪"的基础。

毋庸讳言，在《网络安全法》出台之前，对行政法上的何种义务能够成为《刑法修正案（九）》所规定的拒不履行网络安全管理义务罪的作为义务并非不言自明。对此，有学者指出，我国现存的法律法规对网络服务提供者规定了一种一般性、积极性的监管义务，且义务范围不明确，责任条款缺乏体系性。这可能会导致网络服务提供者在手足无措中触犯了法律红线，也会在无形之中压制网络服务提供者自由经营的空间，从而使得网络用户自由沟通信息的权利受到影响。[③] 因此，网络服务提供者所承担的一般性网络安全管理义务很难直接作为刑法上作为义务的法律依据看待。但是，这一质疑在《网络安全法》颁行之后就没有多少支撑了。

应当看到，互联网监管方面的行政法律、法规为犯罪认定奠定基础这一点，无论在理论和实务上都很重要。例如，《刑法修正案（七）》第 7 条规定，"违反国家规定"出售、非法提供个人信息的，才可能构成犯罪。但是，我国《刑法》第 96 条对"违反国家规定"的范围有严格限制，仅限于全国人大及其常委会制定的法律和决定，以及国务院制定的行政法规、规定的行政措施和发布的决定、命令。但是，在保护公民个人信息这方面，在《刑法修正案（七）》颁行之前，全国人大及其常委会制定的法律和决定，以及国务院制定的行政法规等严重滞后，导致长期以来很多侵犯公民个人信息的行为因为缺乏前置法而无

---

① 曾根威彦. 刑法学基础. 黎宏，译. 北京：法律出版社，2005：214.
② 佐伯仁志等. 刑法和民法的对话. 于改之，张小宁，译. 北京：北京大学出版社，2012：59.
③ 王华伟. 网络服务提供者的刑法责任比较研究. 环球法律评论，2016（4）.

法定性，有的勉强定罪的案件在说明行为人究竟违反哪一个"国家规定"方面只能"顾左右而言他"，出现处罚正当性方面的疑问。为此，《刑法修正案（九）》第 17 条将《刑法修正案（七）》第 7 条规定的"违反国家规定"修改为"违反国家有关规定"，如此一来，就出现了我国《刑法》分则中唯一的一处"违反国家有关规定"表述，而在其他条文中涉及前置法的，都使用"违反国家规定"的字样，这其实是由前置立法不能为定罪提供充足的法律支撑所导致的。最高人民法院、最高人民检察院《关于办理侵犯公民个人信息刑事案件适用法律若干问题的解释》（2017 年 5 月 8 日公布）第 2 条规定，违反法律、行政法规、部门规章有关公民个人信息保护的规定的，应当认定为《刑法》第 253 条之一规定的"违反国家有关规定"。这一司法解释表明：一方面，要成立侵犯公民个人信息罪，不必再像《刑法修正案（九）》出台之前那样要去寻找全国人大及其常委会制定的法律和决定以及国务院制定的行政法规，前置法的位阶大幅度降低。另一方面，不是任何一种规范依据都可以成为认定本罪的前置法。[①] 按照前述解释，在法律、行政法规之外，只有各部委的部门规章才有可能成为认定本罪的前置法依据。除此之外的地方立法、互联网行业协会的规定等，不能成为认定本罪的规范依据。但是，在《网络安全法》出台后的今天，如果准确理解其第 42、45、47 条的规定，就可以将侵犯公民个人信息罪的"违法国家有关规定"和《刑法》分则其他罪名中规定的"违反国家规定"作相同理解[②]，因为《网络安全法》已然能够为网络犯罪以及通过互联网实施的侵犯公民个人信息罪的认定提供足够的前置法支撑。[③]

二、义务犯的法理与"不履行安全管理义务"

本罪在客观上首先表现为网络服务提供者不履行法律、行政法规规定的信息网络安全管理义务。网络服务提供者不履行安全管理义务，其实质是不履行法律、行政法规规定的义务[④]，因此，认定本罪需要坚持义务犯的法理。

（一）义务来源：法律、行政法规的规定

在很长一段时间里，有关网络安全管理的法律法规在我国相对滞后，即便有一些法律法规也都比较抽象，难以在实践中操作，什么是网络服务提供者"不履行法律、行政法规规定的信息网络安全管理义务"很难界定。但是，近年来这种状况有所改变，在全国人大常委会通过的《关于加强网络信息保护的决定》，以及国务院制定《互联网信息服务管理办法》《计算机信息网络国际联网安全保护管理办法》《电信条例》中，对网络服务提供者

---

① 在 2013 年，大约有 24 个规范性文件涉及公民个人信息保护；到 2016 年年底，则有 50 多个法律或规范性文件涉及这一领域。其中，既有中央立法也有地方立法；既有国务院层面的规定也有各部委的规定；既有行政法规也有行业协会的规范性文件，可以说"政出多门"，相关规定显得比较混乱。

② 其实，如果《网络安全法》制定在前，《刑法修正案（九）》制定在后，对侵犯公民个人信息罪的罪状设计似乎可以使用"违反国家规定"的表述。

③ 附带提及，最高人民法院、最高人民检察院《关于办理侵犯公民个人信息刑事案件适用法律若干问题的解释》第 1 条对"公民个人信息"概念的界定，基本照搬了《网络安全法》第 77 条第 5 项关于个人信息的用语解释。

④ 郎胜. 中华人民共和国刑法释义. 第 6 版. 北京：法律出版社，2015：498.

履行法律、行政法规规定的信息网络安全管理义务有直接或间接的规定。而《网络安全法》对网络服务提供者的信息网络安全管理义务则规定得更为系统和完整，主要包括以下内容：（1）落实信息网络安全管理制度和安全保护义务。其要求网络运营者建立相应的管理制度，包括网站安全保障制度、信息安全保密管理制度、用户信息安全管理制度等，尤其是规定为网络用户提供服务时要实行"实名制"，并采取措施防止用户个人信息泄露。这在《网络安全法》第 24 条、第 41 条、第 42 条中都作了明确规定。（2）及时发现、处置违法信息。一旦发现违法信息，必须立即停止传输。采取删除措施，防止信息扩散，保存有关记录，并向有关主管部门报告。这在《网络安全法》第 25 条、第 47 条中都有完整体现。（3）网络服务提供者在提供服务过程中，必须对网上信息和网络日志信息记录进行备份和留存。这在《网络安全法》第 21 条第 3 项中有明确规定。上述《网络安全法》关于网络服务提供者管理责任的规定，成为其成立本罪的义务来源。

（二）成立本罪的实质在于义务违反

本罪行为人违反法律、行政法规所规定的网络服务提供者的管理义务，因此，本罪是纯正的不作为犯。在讨论不作为犯时，应当从义务犯的法理出发，而不能依照支配犯的逻辑进行思考。

罗克辛教授认为，由于犯罪事实支配是现实的支配，是存在论、事实论意义上的支配，不能涵盖所有正犯类型，其适用范围是有限的，尤其在纯正身份犯、不作为犯领域，犯罪支配理论并不适用。在区分作为犯和不作为犯时，罗克辛引入了功能性的规范视角即"义务犯"理论。义务犯的实质根据在于对行为人所承担的社会角色和规范义务的违反，其不法内涵是通过特定的不履行积极行为义务表现出来的，因此，违反特定义务的人成为整个犯罪的核心角色和关键人物，其对特定义务的有意识违反奠定了正犯性。[①] 按照这一逻辑，就违反个人的社会角色及其背后的义务而言，行为人是否物理性地以身体动静支配了结果并不重要。例如，负有监管国有公司财产职责的国家工作人员是擅离职守导致财物被盗，还是伙同他人窃取该公司财物，对贪污罪的正犯性并无影响，其实行行为的外在形式对定罪无关紧要；铁路扳道工没有按时扳道从而导致事故的，其之前是以作为的方式外出，还是喝醉之后睡着了，抑或在宿舍和别人打架，对于案件定性没有丝毫影响，不作为的认定总是和一项积极义务联系在一起，对这种义务的违反决定了行为的不法性。

应该认为，无论是不作为还是作为，行为都与法益风险有关。作为犯是以积极制造法益风险的方式支配了犯罪进程和法益侵害结果，评价的重心在于行为人做了不该做的事情；不作为犯则主要体现为违背义务导致原本可以不发生的结果发生了，评价的重点在于行为人如果稍做努力履行义务结果就能够避免。这样看来，作为是存在论意义上的不法判断；不作为是规范论意义上的不法评价。前者涉及一项原本就不应该实施的行动支配；后者仅事关规范对什么都没有做的行为人的评价态度。

就本罪中的网络服务提供者而言，其与犯罪支配行为将符合构成要件的事件流程掌握在手中不同，因为以不作为方式构成犯罪的网络服务提供者正好什么也没有控制，只是具

---

① 何庆仁. 义务犯研究. 北京：中国人民大学出版社，2010：11 以下.

有将事件流程抓在手中的可能性。网络服务提供者既没有上传违法信息，也没有下载违法信息，其不是支配了流程，而仅仅是违反了监管义务，其不存在和信息制作者、发布者的作为行为相同的犯罪事实支配性。

如果用犯罪支配原理来解释本罪，就可能存在以下不足：（1）什么是对结果发生的原因有支配并不明确。在不履行信息网络安全管理义务的场合，与其说是网络服务提供者支配了结果发生的原因，还不如说什么都没有做的不作为者仅有纯粹的、潜在的"支配可能性"，仅具有某种假定性和结果避免可能性，而现实地看行为人其实什么都没有支配。（2）违法信息得以传播的结果原因是相关用户的上传行为。如果把上传软件不删除或不限制他人使用的行为也视为支配了结果，在实务上会导致范围不当的追溯。例如，搜索网站提供检索、下载的软件，在其软件被他人用于下载侵权音乐作品时，不能认为该搜索网站支配了侵犯著作权的犯罪行为；同理，对移动通讯公司提供通讯服务的行为，也不能认定为以不作为方式支配了电信诈骗的结果。（3）犯罪支配意义上"对结果的原因有支配"其实包括了不同类型的所谓"支配"，用词相同，意思迥异。其中，作为犯的支配是事实性、物理性的身体支配；在不作为犯中，如果一定要说存在"支配"，其也只不过是规范性的保护支配，这种支配不是一个经验的存在，而是规范的归属，是给义务违反披上一个支配的外衣。[①] 其实，对不作为犯应当论以正犯性的不是其支配，而是拥有特定社会地位和被赋予特定社会期待的人违背其职责义务要求。对此，何庆仁博士指出：身份犯、不作为犯等义务犯中，特别的社会地位不是保护性支配的前提，而是塑造特别义务的基础。"特别社会领域不同于一般社会领域之处，在于它对某些人提出了特别的积极要求，行为人只要进入该领域，就必须依要求行事。换言之，该领域中的特别社会地位产生的不是支配而是特别义务，行为人居于该特别地位就承担起相应的特别义务，当其违反了义务之时，该领域的机能力就排他性地被行为人所损害，故而在正犯性的判断上，是通过有犯罪支配的作为、无犯罪支配的作为还是不作为违反义务，对于特别社会地位的要求来说都是一样的，都应该是正犯。因此，在义务犯或者保证人身份犯赖以存在的特别社会领域中，决定性的不是存在论意义上的犯罪支配，而是机能论的义务违反"[②]。这等于说，本罪作为纯正不作为犯是义务犯，其实质根据在于对行为人所承担的社会角色和规范义务的违反，其不法内涵是通过特定的不履行积极行为义务表现出来的，因此，违反特定义务的人成为整个犯罪的核心角色和关键人物，其对特定义务的有意识违反奠定了正犯性。[③] 按照这一逻辑，对违反个人的社会角色及其背后的义务而言，行为人是否物理性地以身体动静支配了结果并不重要。[④]

（三）作为犯和不作为犯的竞合及其处理

《刑法修正案（九）》第 28 条第 3 款规定，拒不履行信息网络安全管理义务，同时构成其他罪的，依照处罚较重的规定定罪处罚。由此可能出现本罪的不作为犯与其他犯罪的

① 周光权. 犯罪支配还是义务违反——"快播案"定罪理由之探究. 中外法学，2017（1）.

② 何庆仁. 义务犯研究. 北京：中国人民大学出版社，2010：67.

③ 对此更为详尽的分析，请参见何庆仁. 义务犯研究. 北京：中国人民大学出版社，2010：11.

④ 周光权. 行为无价值论的中国展开. 北京：法律出版社，2015：318.

作为犯的竞合。例如，网络服务提供者在接到有关主管部门的责令后，不仅拒不履行监管义务，还采取更为有力的技术手段为违法犯罪信息（淫秽物品、诈骗信息、危害国家安全的信息或涉恐的信息）的大量传播提供支持的；以及行为人自行发布缓存软件以帮助淫秽等违法信息传播，通过"调整"职业行为的方式补充了他人主行为的缺陷或排除障碍的，就是实施了积极的不法行为（作为行为），此时，就需要讨论其行为究竟是成立作为犯还是不作为犯的问题。

在出现作为和不作为竞合的情形时，原本应分别查明行为人的积极作为行为和消极的不履行信息网络安全管理义务行为，再适用想象竞合犯"从一重罪处断"的法理。纯粹从教义学上讲，对于想象竞合的行为人究竟符合哪些犯罪的构成要件，需要在判决书中明确列举出来，以便于让人判断行为人所触犯的多个罪名孰轻孰重，以及法官对从一重罪处断的把握是否准确，以防止司法人员不当行使司法权。换言之，对于想象竞合，在一个说理充分的判决书中，应当分别列出被告人所触犯的罪名，然后从一重罪处断。[①] 这是因为想象竞合存在两个违法事实和责任，那么，在判决宣告时，必须将这些事项逐一清晰地列举出来，以实现刑法的充分评价，并有效发挥想象竞合的澄清功能（Klarstellungsfunktion）。"法官的审判工作，并不只在判一个刑就好了，而是也要让人知道，行为人错在哪里。犯罪宣告的本身，同时也就是在宣示，什么事情是错的，是不被容许发生的。从此一观点出发，到底行为人做错了什么事，我们必须有清楚的交代。"[②] 因此，是否有必要详细审查并交代罪犯所触犯的罪以实现积极一般预防的效果，是否能将某种竞合关系认定为想象竞合是需要考虑的。

但是，基于以下考虑，本文提倡在实务上，如果拒不履行信息网络安全管理义务罪与其他犯罪之间存在竞合关系的，最好是做有别于通常的想象竞合犯认定逻辑的处理，即先查明作为行为或犯罪支配事实，再视情形决定是否有必要进一步查明不作为犯的存在与否，未必非得对作为犯和不作为犯都同时予以查明。主要理由是：（1）这是由本罪较低的法定刑所决定的。由于本罪的法定最高刑是 3 年有期徒刑，本罪为轻罪，这就决定了如果被告人的核心行为是作为即积极参与互联网违法犯罪行为，即便可以将其评价为除了作为之外还有不作为，在定罪理由的论证上也应当优先讨论作为（支配行为），因为一旦可以确定作为行为的存在，而这些作为行为所应受到的处罚原则上都会高于本罪的法定最高刑，就使本罪没有适用空间。因此，在出现作为和不作为的竞合时优先讨论犯罪支配问题，事实上可以使司法判断更为经济。（2）先考虑作为犯有很多优点。虽然从规范论的角度看，就对法益侵害而言，作为的犯罪支配与不作为的义务违反的危害性并无差别，也谈不上作为的支配犯在操纵结果方面一定比不作为的义务违反的贡献要大；作为者的犯罪支配也不能阻断、吸收不作为者的义务违反。因此，在直接正犯的行为出现作为和不作为的结合时，先讨论作为还是不作为原本是无所谓的。但是，在支配行为和义务违反同时存在时，先讨论作为似乎更好。对此，许玉秀教授指出，作为犯操控法益侵害的因果流程是可以从物理上检验的，作为行为是实际存在的；不作为犯未实施的结果防止行为和法益受害

---

① 周光权. 刑法总论. 第 3 版. 北京：中国人民大学出版社，2016：382.

② 黄荣坚. 基础刑法学（下）. 第 4 版. 台北：元照出版有限公司，2012：898.

之间的因果流程，无法进行科学的、物理上的检验，完全是一种想象和假定，这种想象关系的评价基础只不过是"可能性"[①]。从刑法方法论上看，事实的、经验的、存在论上的判断应当优先，因为其更为直观，更为不易变化，对其所作的判断更容易达成共识。因此，一个被告人如果存在作为和不作为的竞合或结合，更适宜先从作为的角度切入，讨论作为犯是否成立。归结起来讲，义务犯的成立需要太多推论，其因果关系的判断采用的是假定的条件说，其判断大量涉及价值论和规范论，达成共识并非没有难度。而作为的判断是存在论、事实性判断，判断上简单易行，极少出错。对此，林钰雄教授指出："由于不作为行为乃作为的补充形态，因此，只要招致构成要件该当（结果）的行为是作为方式，此时不作为就退居其次，直接论以作为犯"[②]。（3）本罪中作为义务的确定并非不言自明。前已述及，由于相关网络管制的法律法规在我国相对滞后，不同时期制定的网络管理法律、行政法规的用语、规范目的、规制范围都有差别，法律、行政法规为网络服务提供者确定了哪些信息网络安全管理义务，其边界并不十分清晰，不作为犯的确定本身就非易事，在行为人的作为和不作为同时存在时，径直查明作为行为并予以判决，有助于提高裁判效率且不易出错。

三、"经责令改正而拒不改正"使本罪不再是中立帮助行为

（一）客观归责论与处罚的限定

在实务中，认定网络服务提供者是否拒不履行信息网络安全管理义务时通常遭受的质疑是，其可能是对中立帮助行为进行处罚。例如，在"快播案"中，辩护律师就提出了这一问题。其在庭审中辩称，虽然快播公司在客观上导致了不好的结果出现，但这是基于技术发展的需要，因而不能将技术中立的行为认定为犯罪行为。[③] 本文认为，并不能简单得出拒不履行信息网络安全管理义务罪是对中立帮助行为进行处罚的结论。

需要承认，某些行为确实对于维持日常生活是必不可少的，但是，这些行为也可能与犯罪的帮助行为有关联，这就引出了中立行为的概念。中立行为，是指从外观上看，通常可以反复、继续实施的日常生活行为或业务行为。在刑法上成为问题的是中立行为的帮助的定性，也就是虽然实施的是日常行为或相关职业行为，但客观上给他人的犯罪提供了帮助的在这种情形下，能否作为帮助犯处理？帮助犯，是指为他人犯罪产生提供物质或心理支撑，对犯罪有促进、推动作用的行为。帮助犯概念其实已经表明其成立是相对容易的，只要某种行为对正犯行为有一定影响力，能够为正犯"壮胆"，或者使得正犯在犯罪时的障碍更少，帮助行为和法益侵害结果之间的因果关系（条件关系、相当因果关系）就存在，帮助犯就成立。这等于说，帮助犯对于犯罪的"贡献"是有限的"贡献"，明显有别于正犯的"贡献"。正犯行为的实施并不完全依托于帮助犯，帮助犯只不过为正犯的实行提供或多或少的"支持"而已，帮助犯对于犯罪的参与是"最低限度"的参与。帮助者的物

① 许玉秀. 当代刑法思潮. 北京：中国民主法制出版社，2005：582.
② 林钰雄. 新刑法总则. 台北：元照出版有限公司，2014：524.
③ 参见北京市海淀区人民法院（2015）海刑初字第 512 号刑事判决书。

理帮助作用虽然没有发挥，但是，该帮助对实行者所产生的心理影响仍然存在，使正犯在犯罪时心里更踏实的，成立精神帮助，帮助行为和实行行为及其后果之间的因果联系仍然存在，帮助犯成立。如果将这一立场贯彻到中立行为的帮助中，就会得出结论：中立行为人通常对正犯的行为有认识（至少有间接故意），客观上对造成结果的正犯行为起到了促进和推动作用的场合，按照传统的帮助犯因果关系理论，似乎应当作为帮助犯处罚。但是，通说认为，如果持这种立场，很多正常的社会生活，特别是常见的经营或营业活动可能都无法开展，社会生活就可能停滞，同时，也会限制许多人的行动自由。因此，理论上一般会借助于客观归责论寻找不将中立行为作为帮助犯处罚的依据。

如果将客观归责论借用到网络犯罪中，就应该认为，单纯提供网络技术的"中立帮助行为"（经营行为），原则上就不能处罚。一方面，从辨识能力的角度看。因为网络传输的信息量大，相关信息涉及不同的领域，许多信息属于全新类型，网络服务提供者没有足够的时间、充足的力量去辨别有关信息是否违法。另一方面，从处理和控制能力上看。面对瞬间生成的海量信息，网络服务商的处理能力有限，随时要求网络服务商控制局面，全面履行网络安全监管义务，等于令现代社会的网络运营瘫痪。因此，网络服务商无论是接入前知悉申请网络接入的用户的犯罪意图，还是事后得知网络用户利用网络实施犯罪的事实，由于法律并无明文规定其有事前拒绝接入和事后断开网络连接的义务，故其原则上都不应承担帮助犯的刑事责任。[①]

（二）"经责令改正而拒不改正"要件决定了本罪并非处罚中立的帮助行为

通常而言，网络服务提供者的行为都是中性的业务行为或中立帮助行为。但是，如果网络服务商在接到有关主管部门的正式通知后，"经责令改正而拒不改正"的，其履行义务就具有期待可能性，理当成立帮助犯，在《刑法》分则将该行为予以正犯化的场合，对其定罪就是合理的，这可以从客观归责的角度肯定行为的客观构成要件符合性。这清晰地提示我们，不能认为拒不履行信息网络安全管理义务罪是对中立的帮助行为进行处罚。

本罪不是处罚中立的帮助行为的主要理由在于：其成立的前提是网络服务提供者不履行法律、行政法规规定的信息网络安全管理义务，"经监管部门责令采取改正措施而拒不改正"。监管部门是否责令改正成为本罪的关键要素。换言之，信息网络安全监管部门事前未依据法律、行政法规规定发出指令；相关指令没有法律、行政法规依据；或者不是根据法律、行政法规而仅依据部门规章发出改正通知；仅仅发出口头整改通知，甚至违法发出指令的，网络服务提供者均不构成本罪。显而易见，在这里有一个结果归属能否实现的问题。

在运用客观归责论时，需要区分风险创设以及风险实现等类型，且根据逻辑顺序依次进行判断。"作为一种规范的必然，客观归责理论一直以来就强调行为客观面的判断，重视客观构成要件行为的重要，而作为供作判断依据的客观构成要件，必定是行为人主观上所认定的客观构成要件。"[②] 从客观归责的角度看，作为是制造原本就不存在的法益危险；

---

① 周光权. 网络服务商的刑事责任范围. 中国法律评论，2015（2）.

② 许玉秀. 主观与客观之间——主观理论与客观归责. 北京：法律出版社，2008：32.

不作为是并未消灭一个已然存在的法益危险。[①] 在网服务提供者接受有关监管部门的责令后仍不履行监管义务的，就可以将那些貌似中立帮助行为但具有危险性的行为予以犯罪化。因此，本罪的客观归责表现为经责令改正而拒不改正，原本可以防止风险的实现而不予防止。在这个意义上，行为制造了法益风险；在风险得以实现的场合，追究网络服务提供者的刑事责任就是理所当然的。换言之，行为人在接受指令或处罚后，已经积极认识到提供工具、平台的行为是他人犯罪实现的一部分，或者对犯罪实现具有直接性，在此基础上仍拒不履行监管义务的，不能否定其行为的不法性。这等于说，从实质上来看，网络服务提供者不履行监管义务的不作为的实质是一种导致风险升高的行为，因而不能排除其刑事责任。

当然，客观归责论能够为"经责令改正而拒不改正"的定罪提供支撑，但反过来也能够为限制处罚提供依据。即行为人虽然属于"经责令改正而拒不改正"，但由于成立本罪要求特定后果或情节（如违法信息"大量"传播、泄露用户信息造成严重后果、灭失刑事案件证据情节严重），如果行为人经监管部门通知采取改正措施而拒绝执行，在此之前违法信息已大量传播的，该结果就不能归属于行为人；网络服务提供者接到指令后，虽采取了一定措施，但由于不可克服的技术困难，致使用户信息泄露，造成严重后果的，也不能进行结果归属。

四、拒不履行信息网络安全管理义务罪适用的其他问题

（一）拒不履行信息网络安全管理义务罪适用上的现实难题

《刑法》关于本罪的规定禁止网络服务提供者致使违法信息大量传播，致使用户信息泄露，致使刑事案件证据灭失。但是，在实践中认定本罪的难题在于：（1）网络服务提供者履行监管义务存在"角色混同"现象。由于网络平台直接承载线上经营活动，履行监督管理义务有技术、资源优势，因而目前政府相关监管部门对于平台治理延续了传统的代理监管思路，对于平台仍然要求其"自己的孩子自己抱"，其后果必然是要求平台履行事前审查、事中监控、报告、事后处理等一系列配套管理义务。但是，网络平台本身就是市场主体，法律又要求其实施监管，势必导致其履行相关管理职责时缺乏权威性、中立性，参与执法又"中气不足"。（2）政府和网络服务提供者的监管责任难以轻易厘清。这一点在部分市场类监管部门开始探索协同监管机制之后显得更为突出。例如，国家质检总局曾向电商平台开放"3C"认证信息数据库，监管部门由此能够通过电商平台数据了解到"全国商品质地地图"，从而提升了监管效率；工商总局曾与网络安全企业合作建立"全国网络交易平台监管服务系统"，汇集国内所有网络商品交易平台和经营者的相关数据，使各地工商部门可以随时发现和查处违法违规网站。但是，在监管机构之间的横向合作和纵向联动成为未来互联网监管的重要特征，政府相关部门的监管和电商平台的监控同时存在的情形下，法律上的责任边际如何划定就是一个难题。在政府和网络服务提供者同时履行监管义务的情形下，一旦出现监管上的漏洞，如果将所有监管责任推到网络服务提供者身上未

---

① 蔡圣伟. 刑法问题研究（一）. 台北：元照出版有限公司，2008：186.

必须符合公平原则。上述两种情形都使得拒不履行信息网络安全管理义务罪的司法适用存在很多难题。（3）在实务中，我国互联网监管部门主体众多[①]，且相关监管部门的监管经常越界，处罚标准不明确，处罚依据不充分，禁止网络服务商开展正常业务的指令过多，网络服务商如果都执行，相关服务工作则无法开展，也与现代社会信息量大、传输快的特点不符合。如果扩大本罪的适用范围，势必会阻碍网络科学技术的发展。

（二）义务冲突与拒不履行信息网络安全管理义务罪的认定

义务冲突，是指行为人在存在多个法律上的义务，并且这些义务不能同时相容与兼顾而使其无法同时全部履行时，允许行为人只履行其中一部分而对未履行的部分予以正当化，不以犯罪处理的情形。当两个等价的作为义务发生冲突，行为人只能履行其中一个义务时，行为能够被正当化的理由在于：在等价的不作为义务中，无论行为人如何选择，其行为的社会相当性都应当被承认，义务冲突能够阻却违法。例如，父亲在火灾发生之际不能同时救出两个孩子时，其只救出其中一个儿子，对另一个孩子的死亡，不能认为父亲的行为违法。[②]

就拒不履行信息网络安全管理义务罪而言，可能存在义务冲突的情形。这主要存在于本罪的网络服务提供者"致使违法信息大量传播"和"致使刑事犯罪证据灭失"之间。因为网络服务商要防止违法信息大量传播，最有效的方法是删除有关信息，但其删除信息行为事后又有可能"致使刑事犯罪证据灭失，严重妨害司法机关依法追究犯罪"，这会令网络企业无所适从，陷入"旋转门"困境中。[③]

具体到实践中可能出现的情形是：在公安机关向网络服务提供者发出指令，要求其保存用户信息或采取其他安全防卫措施后，其他互联网监管机构又向网络服务提供者发出某些信息违法，为防止其传播而需要删除的指令，这样一来，势必会导致相关刑事追诉活动因为重要证据灭失而遇到严重障碍。之所以出现这种情形，与有关法律、行政法规将监管权力赋予不同部门紧密相关。《网络安全法》第 8 条规定，国家网信部门负责统筹协调网络安全工作和相关监督管理工作。国务院电信主管部门、公安部门和其他有关机关依照本法和有关法律、行政法规的规定，在各自职责范围内负责网络安全保护和监督管理工作。县级以上地方人民政府有关部门的网络安全保护和监督管理职责，按照国家有关规定确定。因此，有多个政府部门可以向网络服务提供者发出不得实施可能"致使违法信息大量传播"的行为的指令。而违法信息的范围又非常广泛。《电信条例》（2016 年 2 月 6 日修订）第 56 条规定，任何组织或者个人不得利用电信网络制作、复制、发布、传播含有下列内容的信息：（1）反对宪法所确定的基本原则的；（2）危害国家安全，泄露国家秘密，颠覆国家政权，破坏国家统一的；（3）损害国家荣誉和利益的；（4）煽动民族仇恨、民族

[①] 关于信息网络安全的监管机构，在中央层面就有 50 多个部门在不同程度不同领域参与网络监管。其中主要的监管机构是以"三驾马车"（网信办、工信部和公安部）为核心。此外，随着互联网从媒体属性发展到产业属性、以工商总局、质量技术监督部门为代表的市场性监管机构影响力也不断提升。这些监管部门基于机构自身的历史渊源、管理职责的不同，在监管风格上有着较大差异。政出多门势必给网络服务提供者履行信息网络安全监管义务带来一定程度的困扰。

[②] 周光权. 刑法总论. 第 3 版. 北京：中国人民大学出版社，2016：223.

[③] 周光权.《刑法修正案九》（草案）的若干争议问题. 法学杂志，2015（5）.

歧视，破坏民族团结的；（5）破坏国家宗教政策，宣扬邪教和封建迷信的；（6）散布谣言，扰乱社会秩序，破坏社会稳定的；（7）散布淫秽、色情、赌博、暴力、凶杀、恐怖或者教唆犯罪的；（8）侮辱或者诽谤他人，侵害他人合法权益的；（9）含有法律、行政法规禁止的其他内容的。《网络安全法》第 12 条第 2 款规定，任何个人和组织使用网络应当遵守宪法法律，遵守公共秩序，尊重社会公德，不得危害网络安全，不得利用网络从事危害国家安全、荣誉和利益，煽动颠覆国家政权、推翻社会主义制度，煽动分裂国家、破坏国家统一，宣扬恐怖主义、极端主义，宣扬民族仇恨、民族歧视，传播暴力、淫秽色情信息，编造、传播虚假信息扰乱经济秩序和社会秩序，以及侵害他人名誉、隐私、知识产权和其他合法权益等。利用网络传播上述内容违反相关法律法规规定的信息的，就是致使违法信息大量传播。而违法信息和犯罪信息（刑事案件证据）经常有交叉，其界限很难厘清，因此，网络服务提供者可能面临同时需要履行相互冲突的监管义务的情形。在这种义务冲突的情况下，应当认为，只要网络服务提供者履行其中一个义务，且确实难以同时履行相互冲突的其他义务的，就应该阻却违法性，其行为难以成立本罪。①

---

① 类似的观点请参见张明楷. 刑法学. 第 5 版. 北京：法律出版社，2016：1050.

网络服务提供者的间接刑事责任

——兼论刑事责任与非刑事法律责任的衔接

敬力嘉[*]

内容摘要：数据化为基础的信息网络社会具备显著的间接性特征。我国《刑法修正案（九）》增设了拒不履行信息网络安全管理义务罪，网络服务提供者"经监管部门责令改正而拒不改正"是其构成要件，以行政裁量取代了对网络服务提供者主观责任的规范判断，突破了责任原则的约束，为网络服务提供者创设了间接刑事责任。应当坚持刑法中的消极责任原则，将本罪修正为"不履行信息网络安全管理义务罪"，"责令改正而拒不改正"属于量刑情节。在预防性司法的理论进路下，应在社会风险管理的整体意义上理解犯罪风险预防，以《网络安全法》第 74 条为基础，以网络服务提供者为规制对象，构建层次分明的法律责任体系。具体来说，在能够认定网络服务提供者具有间接故意或过失时，适用"不履行信息网络安全管理义务罪"；不能明确认定其主观责任时，充分发挥前刑法规范的积极调控功能。

关键词：网络服务提供者　间接刑事责任　消极责任原则　法律责任体系　预防性司法

一、问题提出：网络服务提供者的间接刑事责任

作为信息通信技术（ICT）在当前发展阶段的成就，网络空间的形成与发展，使人类社会进入了以数据化为基础的信息网络化时代。人们相互之间的身份识别与互信的构建，已经无法再依赖于面对面的直接交流，只能依托于例如个体姓名录入（PNRs）、电子产品密码（EPCs）[①] 等间接的抽象技术机制实现。而从法律规范作为社会治理手段的层面来看，它以调整公民个体行为与行为之间的关系，以协调或弥补可能由之产生的利益冲突和法益侵害为中心。因此，这样抽象机制的强化，所导致的行为间关系间接化从而带来的规制困境，是这一变化给法律规范带来的核心挑战。

具体到刑法，这一挑战集中体现在刑事责任认定上。传统上为了限制国家刑罚权，保障公民自由，在责任原则框架下，刑事责任主要在消极和静态的意义上，作为刑罚的前提

---

* 武汉大学法学院、弗赖堡大学法学院博士研究生。本文受基金项目"2016 年国家建设高水平大学公派研究生项目，CSCNO. 201606270181"资助。

① See Irma van der Ploeg, Jason Pridmore, *Digitizing Identities：Doing Identity in a Networked World*, Routledge Taylor & Francis, 2016, p. 2.

以及预防刑的上限而存在①，这是刑法谦抑性在教义学层面的集中体现。在此前提下，刑事责任主要被构建为一种直接责任，也就是出现对刑法所保护法益的侵害时，将其归责于实施不法且有责犯罪行为的人。然而，网络空间的间接性②冲击了传统社会治理体系中静态、直接的权力作用机制的根基：行为与结果之间清晰的因果关系，以及明确的行为人主观责任。刑事归责的过程，不再仅仅是将外在结果直接归责于特定行为人，还包括因果关系或主观责任证明困难时，在行为人与他人的法关系中，以符合积极一般预防目的的方式对刑事责任进行分配。这对传统意义上的直接刑事责任提出了严峻挑战。

作为应对，我国刑事立法进入了活性化阶段，试图运用刑罚权作为最具强制力的工具，实现网络犯罪风险的前置性预防。以此考量，刑法为网络服务提供者创设了拒不履行信息网络安全管理义务罪。本罪中"责令改正而拒不改正"这一要件，通常被我国学界理解为推定网络服务提供者具有明知的依据③，并以此为据，认为本罪原则上仍坚持了责任原则，不涉及间接刑事责任的问题。笔者结合 2016 年 12 月 20 日颁布的《最高人民法院、最高人民检察院、公安部关于办理电信网络诈骗等刑事案件适用法律若干问题的意见》（以下简称《意见》）第 3 条第 6 款④和第 8 款⑤，以及《网络安全法》的相关规定进行分析后发现，这一认知有误。因为，在网络服务提供者违反《网络安全法》赋予的信息网络安全管理义务，被监管部门"责令改正"之前，已造成用户信息泄露或诈骗信息大量传播，而这些信息被第三人利用实施诈骗犯罪，造成"严重后果"时⑥，网络服务提供者不构成拒不履行信息网络安全管理义务罪，同样的情形，在经监管部门"责令改正而拒不改正"之后发生，就构成本罪。换言之，虽仍需要判断不法，但是否经监管部门"责令改正而拒不改正"这一行政裁量，取代了对网络服务提供者主观责任的规范判断，属于间接刑事责任。

在犯罪风险预防的考量下，以社会转型时期的需要⑦等理由突破责任原则的限制，乃至否定刑法的最后手段性，运用刑法积极介入社会治理的价值取向，如今在学界已经变得相当有力，这种间接刑事责任无疑是符合这一价值取向的，也并未违背刑法解释的基本原则。而基于刑法应当恪守谦抑性的基本立场，对于此种突破责任原则的间接刑事责任，笔

---

① Vgl. Hans-Heinrich Jescheck/Thomas Weigend, *Lehrbuch des Strafrechts*, AT, 5. Aufl., Dunckler & Humblot, 1996, S. 428; Arthur Kaufmann, *Das Schuldprinzip*, 2. Aufl., Carl Winter, 1976, S. 280 f.; Heinz Zipf, *Der strafrechtliche Schuldbegriff*, in: JBl 1980, S. 190 ff.

② 笔者认为，它是流动性的另一个面向。关于流动性，参见齐格蒙特·鲍曼. 被围困的社会. 郇建立，译. 南京：江苏人民出版社，2005：15.

③ 谢望原. 论拒不履行网络安全管理义务罪. 中国法学，2017（2）.

④ 《意见》第 3 条第 6 款规定："网络服务提供者不履行法律、行政法规规定的信息网络安全管理义务，经监管部门责令采取改正措施而拒不改正，致使诈骗信息大量传播，或者用户信息泄露造成严重后果的，依照刑法第二百八十六条之一的规定，以拒不履行信息网络安全管理义务罪追究刑事责任。同时构成诈骗罪的，依照处罚较重的规定定罪处罚。"

⑤ 《意见》第 3 条第 8 款规定："金融机构、网络服务提供者、电信业务经营者等在经营活动中，违反国家有关规定，被电信网络诈骗犯罪分子利用，使他人遭受财产损失的，依法承担相应责任。构成犯罪的，依法追究刑事责任。"

⑥ 这也是我国当下现实生活中最为普遍的现状，最需要规制的，是"责令改正"之前已经泄露的用户信息被恶意利用，进行违法犯罪行为的情形。

⑦ 周光权. 转型时期刑法立法的思路与方法. 中国社会科学，2016（3）.

者认为有必要予以严肃反思。本文需要探讨的问题有三：第一，网络服务提供者间接刑事责任的内涵是什么？第二，它在我国刑事立法中是否存在？第三，如果存在，如何妥当适用？

二、网络服务提供者间接刑事责任的实定法考察

（一）网络服务提供者间接刑事责任的概念

明确网络服务提供者间接刑事责任的概念，是本文立论的前提。所谓直接与间接刑事责任，根据笔者的阅读，在德日刑法的相关文献中尚未见到相关的界分。而从起源看，侵权法与刑法具有天然的亲缘关系①，它对于直接侵权责任与间接侵权责任的划分具备重要参考价值。

1. 侵权法理论中的"直接侵权责任"与"间接侵权责任"

大陆法系侵权法理论中明确存在直接侵权责任与间接侵权责任的划分，认为如果行为人实施侵权行为并因此使他人遭受损害，在符合侵权责任构成要件的情况下，行为人承担之侵权责任为直接侵权责任；若为行为人之外的第三人所实施，行为人承担的是间接侵权责任②，在传统上这两种责任类型均被认为属于过错责任。③ 而随着"危险责任"④ 概念的提出并在德国立法与理论中被接受，德国法中的间接侵权责任开始借由安全注意义务⑤的扩展，有限度地突破过错原则的限制。民法中着眼于版权保护、需要对侵权风险进行主动监管的"妨害人责任"（Störerhaftung），扩展适用到网络平台提供者，便是这一趋向的体现。⑥

普通法系的侵权法理论中，使用的则是"自己责任"与"替代责任"的分类，在"一个人应为代表他的利益行事时所犯错误承担责任"⑦ 之核心原则指引下，初始限于雇佣关系⑧，其后扩展到版权保护⑨等领域，其"替代责任"的内涵在上述间接责任定义基础上，借由注意义务的扩展⑩为路径，有限突破了过错原则的限制。但具体到网络服务提供者的侵权责任认定上，普通法系国家则坚持其对网络空间谨慎介入的一贯态度。比如美国，在

---

① See Reinhard Zimmermann，*The Law of Obligations：Roman Foudations of he Civilian Tardition*，Oxford University Press，1996，pp. 922ff.

② See Paula Gillker，*Vicarious Liability in Tort：A Comparative Perspective*，Cambridge University Press，2010，p. 231.

③ 如《法国民法典》第 1384 条和《德国民法典》第 831 条，参见汪华亮 . 基于合同关系的替代责任：一个法律经济学的视角 . 法商研究，2015（1）.

④ Ruemelin，AeP88（1898）285，301.

⑤ 王泽鉴 . 侵权行为法 . 第一册 . 北京：中国政法大学出版社，2001：94.

⑥ Sandra Mießner，*Providerhaftung，Störerhaftung und Internetauktion*，Frankfurt am Main［u. a.］：Lang，2008，S. 77.

⑦ John T. Cross，*Contributory and Vicarious Liability for Trademark Dilution*，80 Or. L. Rev. 625，638.

⑧ Kelly Tickle，*The Vicarious Liability of Electronic Bulletin Board Operators for the Copyright Infringement Occurring on Their Bulletin Boards*，80 Iowa L. Rev. 391，411.

⑨ Shapiro，Bernstein Co. v. H. L. Green Co. 316 F. 2d 304（2d Cir. 1963），305.

⑩ Mark A. Geistfeld，*Tort Law：The Essentials*，Wolters Kluwer2008，p. 159.

版权保护方面有"避风港原则"与"红旗原则"① 为网络服务提供者提供责任豁免；对除此之外的网络侵权责任认定，则遵照《侵权法（第二次修正）》的规定，"只有一方主体明知第三方的行为破坏了其应遵守的义务，并对该第三方行为给予了实质支持与鼓励"② 时，该主体为第三方的侵权行为承担责任，仍然坚持着过错原则。

可以说，"间接"侵权责任对过错原则的突破，在侵权法的意义上代表着风险社会背景下，大陆法系国家对网络空间侵权风险前置性预防的强调；而"替代"侵权责任对过错原则的坚持，代表着普通法系国家对法律权威介入网络空间发展之自由空间的谨慎。我国侵权法理论中基本继受了普通法系的这一分类③，但以《侵权责任法》第 7 条④作为原则性规定，我国通过对特定主体创设安全保障义务⑤，以及为特定类型的网络服务提供者创设相应的作为义务⑥，部分突破了过错原则对替代责任适用范围的限制。

2. 刑法中的间接刑事责任

再将视野收回刑法规范中来。参考间接侵权责任的定义，及其面临的挑战，可以认为本文所探讨的间接刑事责任，是指行为人之外的第三人实施的行为造成了法益侵害结果，第三人的行为在刑法评价中不法且有责，应受刑法处罚，在不要求行为人符合有责性评价的前提下，为该第三人的行为所承担的刑事责任。

在保障公民自由的基本理念指引下，近代以来的刑法理论保持着对刑罚权发动对公民自由所可能造成之最严重限制与剥夺的警惕，刑法体系以行为为中心构建，在限制预防刑为己任的消极责任原则⑦框架下，要求行为人原则上只为自己直接造成的法益侵害承担刑事责任。在技术革命尚未到来的时代，限制国家刑罚权的恣意发动为刑法学理论关注的重心，此种间接刑事责任概念在刑法理论中并无显著的探讨价值。

随着工业革命以来人类社会中风险的不断增加，以及防控措施的介入所新催生之风险的推波助澜⑧，刑事责任认定中的消极责任原则，面临着与间接侵权责任认定中过错原则所面临的同样挑战。可以看到的结果是，消极责任原则逐渐被预防需求所软化，行为的概念由个体延伸向社会⑨，行为的范畴由作为延伸向不作为⑩，因果关系的判断由实然存在

---

① Michael L. Rustad，*Global Internet Law*，West Academic Publishing，2014，p. 452.

② RESTATEMENT（SECOND）of TORTS § 876（b）(1979).

③ 杨立新. 侵权责任法. 北京：法律出版社，2015：131.

④ 《侵权责任法》第 7 条规定："行为人损害他人民事权益，不论行为人有无过错，法律规定应当承担侵权责任的，依照其规定。"否定了过错原则过于侵权责任的绝对限制。

⑤ 《侵权责任法》第 27 条规定："宾馆、商场、银行、车站、娱乐场所等公共场所的管理人或者群众性活动的组织者，未尽到安全保障义务，造成他人损害的，应当承担侵权责任。因第三人的行为造成他人损害的，由第三人承担侵权责任；管理人或者组织者未尽到安全保障义务的，承担相应的补充责任。"

⑥ 《消费者权益保护法》第 44 条规定："消费者通过网络交易平台购买商品或者接受服务，其合法权益受到损害的，可以向销售者或者服务者要求赔偿。网络交易平台提供者不能提供销售者或者服务者的真实名称、地址和有效联系方式的，消费者也可以向网络交易平台提供者要求赔偿；网络交易平台提供者作出更有利于消费者的承诺的，应当履行承诺。"

⑦ Vgl. Claus Roxin，*Strafrecht AT*，Band 1，*Grundlagen*，*der Aufbau der Verbrechenslehre*，4. Aufl.，C. H Beck，2006，S. 854，Rn. 7.

⑧ 尼尔·克里斯蒂. 犯罪控制工业化. 胡菀如，译. 北京：北京大学出版社，2014：3.

⑨ Vgl. Claus Roxin，*Strafrecht AT*，Band 1，*Grundlagen*，*der Aufbau der Verbrechenslehre*，4. Aufl.，C. H Beck，2006，S. 155.

⑩ 陈兴良. 不作为犯论的生成. 中外法学，2012（4）.

延伸向规范意义上的支配或者创设、升高法不允许之风险。[①] 虽然这只是将刑事责任直接性的认定由事实层面扩展向规范层面，但也充分体现了积极一般预防的目的[②]在逐步消解"责任"对刑罚权发动的限制功能，在刑法积极参与社会治理[③]的理念推动下，开始动摇对限制刑罚权发动的必要性，也就是刑法最后手段性和谦抑基本立场的坚持[④]，探讨的重点变成了如何在积极一般预防目的的指引下，让行为人为第三人直接造成的法益侵害结果承担刑事责任。本文所要探讨的，是被风险预防需求突破消极责任原则限制的间接刑事责任，也就是出于犯罪预防需求，消解对待评价行为之有责性的判断要求，从而为第三人的犯罪行为所承担的刑事责任，在我国刑法中是否存在。

（二）网络服务提供者的间接刑事责任

1. 网络服务提供者的规制必要

毋庸置疑，过去近二十年中我国互联网产业的蓬勃发展，成功担当了经济社会高速发展强劲引擎的角色。根据 2017 年中国互联网络信息中心（CNNIC）在京发布的第 39 次《中国互联网发展状况统计报告》显示，截至 2016 年 12 月，我国网民规模达 7.31 亿，互联网普及率为 53.2%。同时，商务交易、互联网金融以及各类互联网公共服务类应用均实现用户规模稳定增长，多元化、移动化特征明显，这充分体现出网络服务提供者在我国经济社会中愈加重要的功能。

然而，网络服务提供者重要性增强的另一面，便是我国经济社会的运转，对网络服务提供者所提供服务依赖性的同步增强。它们的服务过程在网络空间中以数据化的形态实现，基于网络空间中数据处理的超高速[⑤]，人类的个体思维能力无法快速到足以应对其中即刻产生的犯罪风险乃至灾难性的后果[⑥]；而我国网民主体部分受教育程度较低，也影响到社会整体应对网络空间犯罪风险的能力。[⑦] 因此，从整体上构建以网络服务提供者为规制对象的法律制度以应对网络犯罪风险，成为了应然之选。

2. 网络服务提供者的间接刑事责任

（1）刑法创设的间接刑事责任："责令改正而拒不改正"的解构

在这样的背景下，我国通过《刑法修正案（九）》增设的拒不履行信息网络安全管理义务罪，对网络服务提供者不作为实质构成帮助进行独立处罚，所保护的法益是特定主体的信息专有权，保护的对象是特定主体的专有信息。在网络服务提供者导致"致使违法信息大量传播""致使刑事证据灭失，情节严重""致使用户信息泄露，造成严重后果"，以

---

① Vgl. Friedrich-Christian Schroeder, *Die Genesis der Lehre von der objektiven Zurechnung*，in：Festschrift für Nikolaos K. Androulakis，2003，S. 668.

② 陈金林. 积极一般预防理论研究. 武汉：武汉大学出版社，2013：203.

③ 周光权. 转型时期刑法立法的思路与方法. 中国社会科学，2016（3）.

④ 王世洲. 刑法的辅助原则与谦抑原则的概念. 北京大学法学院刑事法学科群. 犯罪、刑罚与人格——张文教授七十华诞贺寿集. 北京：北京大学出版社，2009：62.

⑤ 2012 年版 ipad 的运算速度最高即可达到每秒钟 10 亿次。

⑥ MarkJohnson，*Cybercrime*，*Security and Digital Intelligence*，Gower Publishing Limited，2013，pp. 2 - 5.

⑦ 在学历构成上，我国网民依然以中等学历群体为主，初中、高中/中专/技校学历的网民占比分别为 37.0%、28.2%。数据来自第 38 次《中国互联网发展状况统计报告》。

及其他具有相当性的信息专有权被侵犯的情形下，第三人利用所获得受刑法保护的专有信息实施犯罪，造成严重后果，网络服务提供者是否构成拒不履行信息网络安全管理义务罪，无须判断其主观责任，以是否经由行政监管部门"责令改正而拒不改正"取而代之，符合上文关于间接刑事责任的界定。

基于对德国刑法理论的考察，可以认为，从不纯正不作为犯的规范构造看，是否坚持责任原则，存在争议。就不纯正不作为犯的理论主张而言，主要有德国著名刑法学家许乃曼教授和罗克辛教授①所主张的、以对"造成原因的结果的支配"作为可罚性基础的支配犯理论，和雅科布斯所主张的、纯粹以义务违反作为可罚性基础的、彻底规范化的义务犯理论。②

后者框架下，若认可本罪为网络服务提供者设定了网络信息安全保护的积极义务，则它自然成立不作为"致使违法信息大量传播""致使用户信息泄露，造成严重后果"和"致使刑事案件证据灭失，造成严重后果"，以及其他被刑法所保护专有信息权被侵犯所应构成之犯罪的正犯。首先毋庸置疑的，是规范化的义务犯理论框架下，有责性的判断完全失去了位置。其次，本罪所独立规制的，是网络服务提供者之不作为，对此三种以及与之相当的危害结果发生实质构成帮助的情形，独立处罚之意义，正在于其可谴责性较之正犯为低。一味将之作为正犯处罚，一是完全否定了本条存在之必要性，二是完全丧失了刑法教义学对刑罚权恣意发动的内在限制，滑向重刑主义。因此这一进路并不可取，不能作为网络服务提供者间接刑事责任认定的理论根据。

前者框架下，基于德国刑法总则中通过其第 13 条③总括地规定了保证人地位，在作为义务来源实质化的大趋势下，其解释的根本逻辑落脚在保证人对于"造成结果的原因的支配"上，将之视作不纯正不作为犯与作为犯等价的核心。也就是说，就不纯正不作为犯的归责判断而言，其处罚的当然根据是保证人地位及其刑事作为义务的存在，以及行为人对于造成结果之原因的支配。④

首先，应判断网络服务提供者的保证人地位以及其产生的刑事作为义务。保证人地位是不纯正不作为犯对"造成结果的原因的支配"的来源，亦即可罚性的前提。在我国刑法总则中并无保证人地位条款的背景下，对不纯正不作为犯作为义务实质来源的解释，暂且搁置对此违反罪刑法定原则的质疑，面临的最大问题，在于保证人地位的解释趋于恣意。本罪作为独立的处罚规定，处罚的是网络服务提供者不纯正不作为之实行行为构成帮助，成为网络服务提供者保证人地位的法定来源。其次，判断是否有对"造成结果的原因的支配"，要求对行为人的有责性进行判断。笔者认为这一归责路径是可取的。因为如果不问行为人对其行为所造成的结果有无认识，只要客观上出现某种结果就让他承担责任，即使

---

① Vgl. Claus Roxin, *Strafrecht AT, Band II, Besondere Erscheinungsformen der Straftat*, 4. Aufl., C. H Beck, 2006, S. 716, Rn. 17.

② 何庆仁. 德国刑法学中的义务犯理论. 陈兴良. 刑事法评论. 第 24 卷. 北京：北京大学出版社, 2009：252～258.

③ "不防止属于刑法构成要件的结果发生的人，只有当其依法必须保证该结果不发生的义务，且当其不作为与因作为而使法定构成要件的实现相当时，才依法受处罚。"Vgl. Art. 13 StGB, 52 Auflage, Beck-Texte im dtv, 2014。

④ 敬力嘉. 论拒不履行网络安全管理义务罪——以网络中介服务者的刑事责任为中心展开. 政治与法律, 2017 (1).

纳入"客观处罚条件"①，也无法改变它作为结果责任的本质属性，是不足取的，不应突破责任原则的限制。

那么，在"导致违法信息大量传播"等相应专有信息权被侵犯的场合下，被非法获取此类专有信息的第三人利用实施其他犯罪时，是否能够通过本罪"经监管部门责令采取改正措施而拒不改正"的规定，推定得出网络服务提供者的"明知"，从而在证明网络服务提供者主观责任比较困难的前提下，以监管部门"责令改正"的通知取代责任原则的功能，限缩本罪处罚范围？笔者认为不能。

本罪条文的表述，是网络服务提供者违反信息网络安全管理义务，经监管机构责令改正而拒不改正，导致"违法信息大量传播"等后果。对于作为拒不履行信息网络安全管理义务罪构成要件的四种情形，认为网络服务提供者对它们应具备直接故意才能构罪的观点②，笔者认为没有以法益作为本罪建构的起点，并不妥当。本罪保护的法益是特定主体的专有信息权，而这些专有信息权被侵犯产生的严重后果，体现了它们的重要性，是它们成为刑法所保护法益的前提，应是本罪构成的构成要件要素。因此，网络服务提供者构成本罪，应当具有对严重后果的认识。鉴于"责令改正而拒不改正"才是本罪的客观行为，要求体现网络服务提供者明知故犯、故意而为的态度，因此，认定网络服务提供者对严重后果具有间接故意而非过失，是恰当的。

而认定"责令改正而拒不改正"的前提，是界定何为"改正"。我国《网络安全法》第 47 条的规定："网络运营者应当加强对其用户发布的信息的管理，发现法律、行政法规禁止发布或者传输的信息的，应当立即停止传输该信息，采取消除等处置措施，防止信息扩散，保存有关记录，并向有关主管部门报告。"第 42 条第 2 款规定："在发生或者可能发生个人信息泄露、毁损、丢失的情况时，应当立即采取补救措施，按照规定及时告知用户并向有关主管部门报告。"那么本罪中"改正"的含义应是在发现用户发布和传输违法信息时，立即停止传输，并采取消除等措施，防止信息扩散，并保存记录，向有关部门报告；用户信息泄露时，采取"补救措施"，并及时告知用户和向有关主管部门报告。

前者的核心在"防止信息扩散"和"保存记录"。而在如今的网络时代，"保存记录"或许还能做到，防止已经传播出去的信息扩散真的能够做到吗？笔者认为太难。举一个简单的例子，如今广泛普及的智能手机基本都具备截屏功能，完全能够在信息被消除之前进行保存，这种已形成的扩散网络服务提供者无法防止。而后者的核心在于"补救措施"，内涵是什么？修补用户信息保护机制中存在的问题，防止继续泄露，是其应有之义。然而，根据《网络安全法》第 46 条③和第 42 条第 1 款④的规定，网络服务提供者不履行网络

---

① 所谓"客观处罚条件"，发源和发展于德国刑法理论，通说是指"不法中立要件"，也就是刑法中所有排除责任原则的、与犯罪行为无关的处罚条件的集合，代表了从法律后果出发，将这些基于政策性的处罚需求，而排除责任原则的处罚条件常态化、体系化的构建。但结果加重犯尚且需要行为人对加重结果至少具备过失，客观处罚条件在刑法理论中日趋独立的体系地位，并不能改变它是残余的结果责任的属性，不能以此为依据排除责任原则的适用。参见梁根林. 责任主义原则及其例外——立足于客观处罚条件的考察. 清华法学，2009（2）；王钰. 对客观处罚条件历史性质的考察. 清华法学. 2012（1）.

② 谢望原. 论拒不履行网络安全管理义务罪. 中国法学. 2017（2）.

③ 《网络安全法》第 46 条规定："任何个人和组织应当对其使用网络的行为负责，不得设立用于实施诈骗，传授犯罪方法，制作或者销售违禁物品、管制物品等违法犯罪活动的网站、通讯群组，不得利用网络发布涉及实施诈骗，制作或者销售违禁物品、管制物品以及其他违法犯罪活动的信息。"

④ 《网络安全法》第 42 条第 1 款规定："网络运营者不得泄露、篡改、毁损其收集的个人信息"。

安全管理义务的表现，已包括导致违法信息大量传播，用户信息泄露以及刑事证据灭失等侵犯特定信息专有权的情形。对于责令改正之前已造成的这些危害结果，上述层面的补救措施显然无法"改正"。

"责令改正"前，第三人利用获取的专有信息实施其他犯罪，造成严重后果的，网络服务提供者显然存在故意、过失或者两者皆无的情形。若与第三人实施之罪具有共同故意的，应当构成第三人实施之罪的共同正犯，没有拒不履行信息网络安全管理义务罪适用的空间。本罪的故意，无须认识到确切的"严重后果"，限于间接故意，也就是对危害结果的放任。然而，鉴于"经责令改正拒不改正"是构成本罪必备的行为要件，那么同样是故意或过失泄露用户信息，造成相应严重后果的，结合《网络安全法》第 64 条①和第 68 条②规定，在"责令改正"之前只能适用行政处罚，"责令改正"之后故意者可适用本罪刑罚。这就产生了两个问题：第一，既然"责令改正"之前，网络服务提供者侵犯特定主体专有信息权的故意，并不在推定可得的范围内，为何同样是网络服务提供者侵犯特定主体的专有信息权，"责令改正"之前就不能适用本罪处罚？第二，如果"责令改正而拒不改正"不是构成要件要素，为何本罪不处罚过失犯？

（2）《意见》体现的网络服务提供者间接刑事责任

结合《意见》第 3 条第 6 款和第 8 款，在网络服务提供者导致"诈骗信息大量传播"和"用户信息泄露"，所产生的严重后果是第三人成功实施诈骗犯罪时，对上文提出的两个疑问进行进一步探讨。

首先来看《意见》第 3 条第 8 款。关于责任主体的内容之外该款可以提炼出三个值得注意的要件："违反国家有关规定""被电信网络诈骗犯罪分子利用，使他人遭受财产损失"和"依法承担相应责任，构成犯罪的，依法追究刑事责任"。首先来看"被电信网络诈骗犯罪分子利用，使他人遭受财产损失"。"他人"遭受之财产损失，当然是认定网络服务提供者应承担刑事责任所要求的法益侵害结果，按照刑事归责的必然逻辑，应当追问的是，此结果是由何行为所造成？从"被电信网络诈骗犯罪分子利用"的要件来看，《意见》的制定者希望规制的，应当是在犯罪人利用电信网络实施诈骗的案件中，网络服务提供者对于其犯罪行为的完成与他人财产损失之法益侵害后果的实现具备原因力的情形。通过对所谓"被利用"的解释，才能明确本款规制的网络服务提供者之行为。

从文义来看，"被利用"通常是指被作为手段，亦即工具，来达到某种目的。如唐代大诗人元稹在其《说剑》诗中所言："曾经铸农器，利用剪稂莠。"其"利用"就是这个意思。《侵权责任法》第 36 条"网络用户利用网络服务实施侵权行为"等表述，也是在这个

---

① 《网络安全法》第 64 条规定："网络运营者、网络产品或服务的提供者违反本法第二十二条第三款、第四十一条至第四十三条的规定，侵害个人信息依法得到保护的权利的，由有关主管部门责令改正，可以根据情节单处或者并处警告、没收违法所得、处违法所得一倍以上十倍以下罚款，没有违法所得的，处一百万元以下罚款，对直接负责的主管人员和其他责任人员处一万元以上十万元以下罚款；情节严重的，并可以责令暂停相关业务、停业整顿、关闭网站、吊销相关业务许可证或者吊销营业执照。"

② 《网络安全法》第 68 条规定："网络运营者违反本法第四十七条规定，对法律、行政法规禁止发布或者传输的信息未停止传输、采取消除等处置措施、保存有关记录的，由有关主管部门责令改正，给予警告，没收违法所得；拒不改正或者情节严重的，处十万元以上五十万元以下罚款，并可以责令暂停相关业务、停业整顿、关闭网站、吊销相关业务许可证或者吊销营业执照，对直接负责的主管人员和其他直接责任人员处一万元以上十万元以下罚款。"

意义上使用。鉴于本《意见》所规定的，是网络服务提供者对于电信网络诈骗犯罪所应承担的法律责任，接下来，还需要再来看《意见》第 3 条第 6 款的规定：网络服务提供者拒不履行信息网络安全管理义务的行为，符合拒不履行信息网络安全管理义务罪构成要件，违法且有责的，成立此罪，同时构成诈骗罪的，处以处罚较重的罪名。成为问题的，是在"违法信息大量传播"的"违法信息"是诈骗信息，且行为人借此成功实施了诈骗犯罪，以及"导致用户信息泄露，造成严重后果"，此"严重后果"是指所泄露的用户信息被第三人利用，实施诈骗犯罪时，对网络服务提供者刑事责任的认定。

当网络服务提供者与诈骗犯罪行为人存在事前通谋，也就是网络服务提供者具备诈骗罪的共同故意时，网络服务提供者无疑应当构成相应诈骗罪的共同正犯，没有拒不履行信息网络安全管理义务罪适用的空间，这点并无疑问。值得探讨的，是在无法认定网络服务提供者具备共同故意的场合，网络服务提供者应当承担怎样的法律责任。

例如，在 2016 年 8 月 19 日所发生的震惊全国的徐玉玉电信诈骗案中，公安机关经全力工作，查明了电信网络诈骗团伙的犯罪嫌疑人杜某，利用技术手段攻击了"山东省 2016 高考网上报名信息系统"，并在网站植入木马病毒，获取了网站后台登录权限，盗取了包括徐玉玉在内的大量考生报名信息，利用徐玉玉的个人信息实施精准诈骗，成功骗取了徐玉玉 9 900 元钱，徐玉玉在报警后因为心脏衰竭而亡。按照本文的观点，鉴于我国高校和行政机构对信息安全保护机制乃至意识都非常薄弱的现状，如果能够证明负责运营山东省高考网上报名信息系统的网络服务提供者，对于用户信息的泄露至少具备过失，为什么不能够适用拒不履行信息网络安全管理义务罪对其进行处罚？

因此，不能不对"责令改正而拒不改正"的规范地位进行反思。反观《网络安全法》第 64 条和第 68 条规定，"责令改正而拒不改正"只是对网络服务提供者行政处罚升格的要件。笔者认为，在拒不履行信息网络安全管理义务罪的认定中，同样应当只将它视为量刑情节，而非定罪的构成要件，由此，刑事不法和有责，而非监管机构的行政认定，得以重新成为本罪刑事违法性的基础；另一方面，对于网络服务提供者过失侵犯特定主体信息专有权，从而导致严重后果的情形，也能纳入本罪的处罚范围，本罪罪名也因此应当修正为"不履行网络安全管理义务罪"。这样来看，本罪处罚范围唯一的限缩要件，似乎就被去除了，但其实并非如此。首先，对网络服务提供者应承担的信息网络安全管理义务，应当严格限缩其范围，本文不作进一步展开；其次，鉴于网络服务提供者主观责任认定的现实困难，基于犯罪预防的考量，对于难以认定其主观责任的情形，应尝试充分发挥前刑法规范的积极调控功能。这样一来，才能充分而合理地发挥本罪应有的功能。笔者拟厘清犯罪"预防"的内涵，以此为基础展开进一步的探讨。

三、正当根基的反思：积极一般预防与预防性司法

（一）作为刑法基本理念的预防

构建"法规范壁垒"①，以实现对网络空间犯罪风险有效的预防，面对数据化网络空间

---

① 托尔·布约格.恐怖主义犯罪预防.夏菲，李休休，译.北京：中国人民公安大学出版社，2016：16.

中高度不确定之犯罪风险时，无疑是刑法的理性选择，拒不履行网络安全管理义务罪构建的间接刑事责任似乎亦然。那么在刑法中坚持消极责任原则，以限制刑罚权恣意发动，是否与"预防"相抵触？

1. 占据优势地位的积极一般预防理论

在刑法理论中，"预防"一般在刑罚目的的意义上被使用，与报应相对应。大陆法系刑法理论的语境下，二者的激烈论争[①]逐渐以积极一般预防占据优势地位而趋于沉寂。[②]积极一般预防理论最为重要的根据，即是认为在人类社会已经进入风险社会的当下，人类整体面临着具有高度不确定性的技术风险与制度性风险，民众个体难以应对。[③] 只有通过刑罚向法共同体证实法秩序的不可违反性，来强化民众的法忠诚感[④]，才能实现"通过处罚部分犯罪，整体上预防所有犯罪"[⑤] 的追求。这一以犯罪风险预防为支撑的预防刑法观已经超出了刑罚论的范畴，开始站在刑法基本理念的层面，挑战近代以来刑法理论的观念支撑——谦抑性。德国著名学者罗克辛将有责性（Schuld）改造为答责性（Verantwortlichkeit）[⑥]，从而将预防纳入责任的内涵，即是这一挑战下，为限制刑罚而存在的消极责任原则被风险预防需求软化的直接体现。这对于成文法体系下，刑法有效回应社会的变化，具有其积极的意义。

2. 规范妥当性考量下坚持消极责任原则的必要性

然而，这样的风险预防理念，是否可以彻底否定当下中国坚持刑法谦抑，具体来说即坚持消极责任原则的必要性，而成为上文所言之网络服务提供者间接刑事责任的正当根基？ 笔者以为不能。首先，从规范层面的妥当性来说，风险预防需求不能否定坚持消极责任原则的必要性。训练民众对于刑法规范的信赖，与刑法规范本身是值得信赖的，是两回事。将积极一般预防作为刑罚发动的正当根据，在合目的性的考量下软化甚至放弃限制刑罚权恣意发动为核心内涵的消极责任原则，不能忽视的，是刑罚权对公民自由的强制之维。

刑法规范，无疑是由国家强制力保证实施的。积极一般预防意义上将刑法规范确立之法秩序的有效运转，作为实现在当下的风险社会中的刑法规范视野内，实现犯罪预防的唯一有效路径，实质就是认为，在具备高度不确定性的当下社会，实现犯罪预防只有通过树立刑法规范的绝对权威来实现。此预防理论的支持者希望将这一权威塑造为民众自主的信赖、信仰[⑦]，来模糊其中的强制属性，对于笔者来说，并不具备足够的说服力。由强制力进行驯化而达成的、对法秩序的"忠诚"，显然与自主的信任与信赖不能混为一谈。[⑧] 而为

① Walter，ZStW 111（1999），S. 130；Zipf，in：Maurach/Zipf，AT 1，§5Rdn. 3.

② Walter Stree，in：Adolf Schönke Horst Schröder u. a.（Hrsg.），Kommentar，Strafgesetzbuch，24. Aufl.，Beck，1991，Vorbem.，§§38 ff.，Rn. 2.

③ 乌尔里希·贝克. 世界风险社会. 吴英姿，孙淑敏，译. 南京：南京大学出版社，2004：102.

④ Vgl. Claus Roxin，*Strafrecht AT*，Band 1，*Grundlagen，der Aufbau der Verbrechenslehre*，4. Aufl.，C. H Beck，2006，S. 80，Rn. 26.

⑤ 陈金林. 积极一般预防理论研究. 武汉：武汉大学出版社，2013：5.

⑥ Vgl. Claus Roxin，*Strafrecht AT*，Band 1，*Grundlagen，der Aufbau der Verbrechenslehre*，4. Aufl.，C. H Beck，2006，S. 852，Rn. 3.

⑦ Hans Welzel，*Das Deutsche Strafrecht*，de Gruyter，1947，S. 3.

⑧ 张永和. 信仰与权威——诅咒（赌咒）、发誓与法律之比较研究. 北京：法律出版社，2006：184～188.

了将这种强制力保障的权威修饰为公民自主的遵循，重新将法律与道德相勾连，乃至在刑法中"注入爱"①，从而为"自由即服从"的悖论寻找合理注脚的努力，同样不可取。毕竟"上帝的归上帝，恺撒的归恺撒"，当今社会主要应由法律、道德、宗教、习俗四种社会规范互补地支撑着，不能将其中任意的两种进行混同，否则就会演化出不能受任何质疑的权威，进而通向不同形式的专制。坚持消极责任原则，即是要求在"犯罪已如同空气污染和交通堵塞一样普遍的日常风险"②的当代风险社会中，刑法权威应当保持必要的谦逊与克制，才能树立民众对刑法规范长久的信任，避免探索社会问题解决方案的自由空间受到侵蚀。在此意义上，消极责任原则是教义学体系内依旧值得信赖的安全阀。

3. 现实可能性考量下坚持消极责任原则的必要性

从现实层面的可能性来说，在我国，风险预防也不能否定刑法中坚持消极责任原则的必要性。近年来，面对社会发展转型时期突出的社会问题，我国的刑事立法进入空前活性化的阶段，出现了显著向预防刑法转向的趋势③；我国学者也在"风险刑法"的语境下，结合立法，对当代风险社会背景下传统刑法的基本架构，从犯罪构成体系，到具体的行为论，法益理论，因果关系理论，刑事归责理论等受到的冲击进行了深入的考察，并形成了极有见地的论述。④ 在以类型化⑤作为刑法规范确定性与社会现实非确定性间握手言和之基本路径的前提下，明确坚持刑法对于公民自由保障之价值立场的学者，希望将宪法中的基本原则，特别是比例原则，作为刑罚为风险预防而发动之正当性的衡量标准⑥；而构建积极的风险刑法体系的支持者，则直接认为安全的价值在一定阶段可以高于自由的价值⑦，应当扬弃传统刑法谦抑自守的价值立场。二者都主张不再坚持消极责任原则对于刑罚权发动的限制功能。

对于后一种观点，本文不作展开。笔者的基本立场非常明确，保障民众的自由，是当代法治国家刑法应然的价值立场。前一种观点，主要来自对德国理论的借鉴。然而，应当看到，德国刑法教义学中逐渐对消极责任原则进行解构的趋势，之所以能够较少触及刑法人权保障功能被削弱的疑虑，很大程度上有赖于其完备的宪法与程序法作为保障。⑧ 在司法实践中，还有德国联邦宪法法院以及欧洲层面的欧洲人权法院，保持着对德国刑事司法运行的有效监督。⑨ 换言之，德国有基于成熟宪法体制的刑事司法制度作保障，约束预防性刑法的权力之维，对民众自由可能产生的不利后果。诚然，我国已经在建设社会主义法治国家的道路上取得了伟大成就，但还远远没有达到可以放开刑法内部的约束机制的程

---

① 哈罗德·J·伯尔曼. 法律与宗教. 梁治平，译. 北京：商务印书馆，2014：90.

② 戈登·休斯. 解读犯罪预防——社会控制、风险与后现代. 刘晓梅，刘志松，译. 北京：中国人民公安大学出版社，2009：216.

③ 劳东燕. 风险社会中的刑法——社会转型与刑法理论的变迁. 北京：北京大学出版社，2015：15～35.

④ 相关论著与论文均较为丰富，代表性论著可参见劳东燕. 风险社会中的刑法——社会转型与刑法理论的变迁. 北京：北京大学出版社，2015：15～35；代表性论文可参见张明楷. "风险社会"若干刑法理论问题反思. 法商研究，2011（5）.

⑤ 焦旭鹏. 风险刑法的基本立场. 北京：法律出版社，2014：4.

⑥ 罗伯特·阿列克西. 法理性 商谈——法哲学研究. 朱光，雷磊，译. 北京：中国法制出版社，2011：207～208.

⑦ 郝艳兵. 风险刑法——以危险犯为中心展开. 北京：中国政法大学出版社，2012：61.

⑧ Vgl. Hirsch, *Das Schuldprinzip und seine Funktion im Strafrecht*, ZStW 106 (1994).

⑨ Vgl. Klaus Tiedemann, *Verfassungsrecht und Strafrecht*, 1990, S. 44 ff.

度。脱离我国的实际国情，侈谈既可充分运用刑法预防犯罪又可以外部机制约束其恣意发动的理想状况，未尝不是以刑法为中心的心态主导下的一种浪漫主义。"现代社会中犯罪的危险，主要不在犯罪本身，而在于用来打击犯罪的战斗可能导致社会向极权方向发展。"① 因此，作为刑罚权发动必要的内部安全阀，刑法中的消极责任原则应当坚持。

（二）预防性司法的应然内涵：社会风险管理

如果刑法理论构成了思考的边界，从而只将刑罚作为可供选择的、实现对网络空间犯罪风险"预防"之手段，那么，网络服务提供者间接刑事责任所代表的预防诉求，与刑法中的消极责任原则无法调和，本文对网络服务提供者间接刑事责任的探讨就到此为止，应以对《意见》第 3 条第 8 款正当性的否定结束。但预防性司法的理论进路为笔者提供了新的思路：如果能够跳出刑法理论的范围，将网络空间犯罪风险预防作为一个需要治理的社会问题，可供选择的治理手段不限于刑罚时，就有了在坚持刑法中消极责任原则的同时，继续探讨此间接刑事责任的空间。

1. 预防性司法的理论进路

所谓预防性司法（Preventive Justice），是近些年来在英美刑法学界对于本国刑事立法动向与刑事政策理念的总结，受到学界密切关注。面对日益增长的新型犯罪风险，例如恐怖主义、有组织犯罪等，英美政府日趋倾向于将多种可能促进目标犯罪发生的预备与持有行为作为犯罪的实行行为予以刑事处罚，甚至对被认为可能具有人身危险性的对象实施预防性拘留②，这种以犯罪风险预防为原驱动力的选择被学者归结为预防性司法③，直接导致了英美两国"刑法泛化"④ 现象的出现。

除了对预防性司法的批判之外，不能否认的是它的内核，前置性防控犯罪风险，也就是对安全的诉求，在当下社会有其合理性与必然性。但防控犯罪风险只是限于在刑法理论的范畴内探讨刑罚应当如何发动吗？恐怕不然。在此语境下，基于将犯罪作为一种社会现象，为了研究刑法规范在整体社会治理机制中对其适当反应⑤而展开的犯罪预防研究，就给予了笔者很大启发。

在社会治理的层面，犯罪预防是指通过积极主动的措施减少未来犯罪发生或者降低犯罪损害的结果⑥，是犯罪控制的一种新模式，是中央政府从传统上承担的直接社会控制角色转变到加重基层个人及组织之社会控制责任这一转型的组成部分。⑦ 换言之，应当从社会治理公共政策的层面来理解犯罪预防，其实质是试图将犯罪风险作为一种社会运行中的风险进行有效管理，合理分配，从而将其转化为实害的可能性尽可能地降低，或者分散犯

---

① 尼尔·克里斯蒂. 犯罪控制工业化. 胡菀如，译. 北京：北京大学出版社，2014：3.
② Antony Duff, *Symposium on Preventive Justice Preface*, Criminal Law & Philosophy, 2015, pp. 499 - 500.
③ Andrew Ashworth, Lucia Zedner and Patrick Tomlin, *Prevention and the Limits of the Criminal Law*, Oxford University Press, 2013, pp. 1 - 9.
④ 何荣功. 自由秩序与自由刑法理论. 北京：北京大学出版社，2013：10～12.
⑤ Bernd-Dieter Meier, *Kriminologie*, Verlag C. H. Beck 2003, S. 2.
⑥ 托尔·布约格. 恐怖主义犯罪预防. 夏菲，李休休，译. 北京：中国人民公安大学出版社，2016：5.
⑦ 亚当·苏通，阿德里恩·切尼，罗伯·怀特. 犯罪预防——原理、观点与实践. 赵赤，译. 北京：中国政法大学出版社，2012：5.

罪行为造成的损害结果，法律规范只是可供选择的应对机制之一，绝非全部。

在当代风险社会的背景下，社会共同体对分配正义的关注重心已经由财富分配正义向风险分配正义转变。因为在当下这个弥散高度不确定性和不可预见性的犯罪风险的社会中，从某种程度上讲不可能完全防范或消灭犯罪风险，它是人类理性追求发展的必然产物，只能通过人类社会共同认可的行为准则[①]进行管理。

2. 犯罪风险管理与危险规制

刑法规范也已经由对犯罪人实施惩罚的社会机制转变为实现犯罪风险管理的社会机制之一，绝非全部。希望在以天量数据流动为基底的网络空间中，"通过处罚部分犯罪预防所有犯罪"，只能是一个美好的理想。[②] 笔者关注的，是刑法规范作为一种犯罪风险管理的社会机制，是否可以通过激发其他的社会机制，来确保而非抑制刑法规范对于犯罪风险的有效管理[③]，同时避免刑法规范的运行抑制其他社会机制的积极作用。当然，本文关注的核心限于法规范领域内，不包括此外的综合应对措施。这种努力的核心，是要在刑法规范领域探讨犯罪风险预防时，摆脱刑法为中心，选择性地将犯罪风险作为增加刑法在社会治理中话语权的理由的做法[④]，基于对刑罚权所具备强制力的谨慎态度，在明确刑法适用界限的前提下，寻找犯罪风险管理的整体考量下，法规范对其整体的应然应对。

这个问题需要分为两个层次：第一，法规范在犯罪风险管理考量下，对于民众行为前置性规制的限度为何；第二，刑法规范前置性规制的限度为何。第一个问题的答案，笔者认为应当在于风险和危险的区分。一般来说，风险是指根据当前社会科学技术的发展水平与一般人的认知水平，无法判断其发生的盖然性、严重性以及影响广泛性的损害发生可能性；危险是指在法益保护的目的内，以合比例性原则作为限制、根据当前社会科学技术发展水平与一般人认知水平、通过可执行和证实的方法验证具备足够盖然性的损害发生可能性。[⑤] 对于风险的管理，政府可以在预防性的社会公共政策指导下，综合运用各种手段对其进行前置性干预；法律规范，包括刑法规范，则只有在风险被规范体系判定为危险之后，才可以对其进行相应的规制。依据法达格·奥斯特尔伯格的分类，社会中的主要社会机构分为四个基本类型：以达到理性目标为主的生产机构，以照顾与服务为主的生殖医疗机构，以政治和权力为主的社会机构以及协调原则、价值和思维方式的社会机构。[⑥] 鉴于法律规范的权威是由国家强制力所保障，广泛适用法律规范介入风险管理，由于缺乏规范体系的限制，必然依赖于政策性的抉择，从而会给予国家权力广阔的空间，逐渐使法律由协调原则、价值和思维方式的社会机构转向以达到理性目标为主的生产机构，导致法律沦为效用的工具，进而使整个社会治理结构失序。法律规范，包括刑法规范，可以介入的，应当是危险，而非风险。

---

① 不仅是法律规范，还包括道德规范、职业伦理等一切人类社会的行为规范。

② Sarah Summers, Crhistian Schwarzenegger, Gian Ege, Finlay Young, *The Emergency of EU Criminal Law*, Hart Publishing, 2014, pp. 114 – 116.

③ See J. Elster, *Nuts and Bolts for the Social Sciences*, Cambridge University Press, 1998.

④ 于志刚, 郭旨龙. 网络刑法的逻辑与经验. 北京：中国法制出版社, 2015：25～34.

⑤ Rüdiger Breuer, *Gefahrenabwehr und Risikovorsorge im Atomrecht*, Deutsches Verwaltungsblatt, 93. Jahrgang des Reichsverwaltungsblatt, 1978, S. 829 – 831.

⑥ 尼尔·克里斯蒂. 犯罪控制工业化. 胡菀如, 译. 北京：北京大学出版社, 2014：147.

第二个问题的答案，在于理顺前刑法规范中设定之法律责任与刑法规范设定之刑事责任之间的关系。谦抑性逐渐被视作不符合当代中国社会发展需求的、过于保守的古典刑法立场。[①] 它在刑法教义学内部体现为对消极责任原则的坚持，笔者在上文已经对此必要性进行了充分的论述；它在刑法与其他部门法的外部关系中，则体现为刑法的最后手段性，也就是通常所说的，对造成损害之行为，应首先适用民法规范和行政法规范进行调控，调控无效者，才能适用刑法调控。[②] 后者在限制刑罚权的消极意义上来理解刑法规范与前刑法规范之间的关系，固然必要，但笔者以为，从积极意义来看，对于站在犯罪风险管理层面的预防性司法而言，在坚持刑法中消极责任原则的前提下，更应当关注如何通过前刑法规范体现其预防的积极能动性。前刑法规范承担着作为社会管理依据的职能，就犯罪风险向法律可以介入之危险的规范判断来说，相较于刑法，具备更大的灵活性，笔者就将以此为路径，尝试对网络服务提供者间接刑事责任进行重新建构。

四、网络服务提供者刑事责任与非刑事法律责任的衔接

(一) 预防性司法视域下法律责任的有效衔接

经过上文的批判性反思，可以明确笔者的立场，是应当将电信网络诈骗犯罪风险作为一种社会风险，"预防"是对此风险的整体管理。

在法规范的视域内，这要求为网络服务提供者构建层次分明的法律责任体系，理顺不同类型法律责任之间的界限与联系，组织起法规范对网络犯罪风险有效且联动的反应。这样，既可以确保我国刑法坚守消极责任原则的内在约束，作为对网络犯罪处罚最为严厉的最后一道防线，也可以能动地通过前刑法规范的适时调控，对社会发展变化中出现的新问题进行及时回应。最为重要的是，这样一来，就能为刑法规范与前刑法规范之间搭建规范层面、而非政策层面的沟通桥梁，让民法规范与行政法规范调控的有效性切实纳入刑事立法变动与刑事司法判断的考量。这实质就是让"民法规范与行政法规范调控无效，再由刑法规范进行调控"的抉择建立在切实规范判断的基础上，而非政治正确、却无人问津的口号。

具体到本文探讨的主题，笔者基于坚持刑法中消极责任原则的立场，认为基本思路应当是，适用刑法预防侵犯信息专有权的犯罪，在犯罪行为人非法获取网络服务提供者所占有的特定主体专有信息，并利用其实施其他犯罪，网络服务提供者对此结果具有间接故意或过失时，适用"不履行信息网络安全管理义务罪"对其进行处罚；在同样情形下，不能认定网络服务提供者对于第三人所实施犯罪的主观责任时，应积极适用前刑法规范的积极调控功能，整体构建出以网络服务提供者为规制主体、以特定主体专有信息为保护对象的多层次犯罪控制机制。作为我国规制互联网空间的基本法，《网络安全法》第 74 条明确规定："违反本法规定，给他人造成损害的，依法承担民事责任。违反本法规定，构成违反治安管理行为的，依法给予治安管理处罚；构成犯罪的，依法追究刑事责任。"在强调刑

---

① 周光权.转型时期刑法立法的思路与方法.中国社会科学，2016（3）.
② 梁根林.刑事法网：扩张与限缩.北京：法律出版社，2005：65.

法积极预防功能的当下，本条明晰了预防性犯罪控制框架下法律责任应有的层次，不因为涉及网络有任何不同，是构建网络服务提供者法律责任体系的法律依据。

（二）被害人经济利益的预防性与补偿性保护

下面就以电信网络诈骗犯罪为例，进行具体分析。所谓电信网络诈骗犯罪，即以非法占有为目的，利用电信网络作为工具，实施各类骗取公私财物，数额较大的行为。这并不是实定法中一类特殊的诈骗犯罪类型，事实上具备司法解释效力的《意见》对它的集中关注，是在回应我国日益严峻的此类诈骗犯罪形势。[①] 在间接性特征日趋显著，从而使信息交流结构逐渐取代社会生产模式[②]，成为考察人类行为之基本框架的当代信息网络社会，此类行为通过信息数据的流动实现，既导致行为对象的不特定性和所侵害法益的多样性，致使防控的困难，也导致对其行为轨迹获取困难，致使诈骗行为的罪过、因果关系等认定犯罪构成的关键要素确认困难，从而难以实现有效的法律规制。

笔者认为，因为难以对此类犯罪实现有效规制，被害人的经济利益得不到有效保护，从而制造的对社会管理秩序的风险，是将此类犯罪类型化应对的实质动因。也就是说，对它类型化应对，主要出于保护广大公众的经济利益，继而维护社会稳定的目的。此类犯罪行为所制造的对众多不特定被害人经济利益的危险，以及由此产生的对社会管理秩序的风险，实质上决定了它的外延。而对于社会管理秩序之风险产生的根源，在于此类犯罪被害人的经济利益得不到有效保护。

刑法能够实现的法益保护并非直接的法益保护，而是预防性或补偿性的。[③] 对于电信网络诈骗犯罪被害人的经济利益而言，刑法能够实现的只能是补偿性保护。《意见》第 3 条第 6 款和第 8 款所作出的尝试，是希望基于网络服务提供者在网络空间信息流动中所处的守门人地位，通过对它科赋前置性的刑事责任，实现对被害人经济利益的预防性保护。本文已经对此尝试进行了充分论证，基于对刑法中消极责任原则的坚持，应当只认可对于故意而非过失犯的刑事归责。

笔者认为，对于难以认定网络服务提供者主观明知程度，而电信网络诈骗犯罪分子又利用其服务为他人制造了财产损失的，可以在本文所言整体性的网络服务提供者间接责任框架下，探索由前刑法规范实现被害人经济利益的预防性保护和补偿性保护，从而实现对社会管理秩序的预防性保护。首先是赃款的追回。若能在犯罪行为给被害人造成实际损害之前及时追回犯罪人所获赃款，截回被害人的经济损失，当然最好。我国 2016 年 10 月人民银行发布了《关于加强支付结算管理防范电信网络新型违法犯罪有关事项的通知》，其中规定的要求一人在同一银行只能开设一个一级账户、加强对异常开户的监控、要求银行与支付机构提供实时到账、次日到账等转账服务选项，就是通过加强对资金流的控制，加

---

① 2016 年 1 月至 7 月，全国共立电信诈骗案件 35.5 万起，同比上升 36.4%，造成损失 114.2 亿元。2013 年至今，全国共发生被骗千万元以上的电信诈骗案件 104 起，百万元以上的案件 2 392 起。参见最高检检察技术信息研究中心主任赵志刚：突破惩治网络犯罪"四难"困境，载网易新闻中心，http://news.163.com/15/1202/08/B9QNJER 100014SEH.html，最后访问日期：2017 年 1 月 22 日。

② 斯科特·拉什.自反性及其化身：结构、美学、社群.乌尔里希·贝克，安东尼·吉登斯，斯科特·拉什.自反性现代化——现代社会秩序中的政治、传统与美学.赵文书，译.北京：商务印书馆，2014：152.

③ 高桥则夫.规范论和刑法解释论.戴波，李世阳，译.北京：中国人民大学出版社，2011：45.

强对被害人经济利益预防性保护的有益尝试。

但是，在司法实践中，网络空间的间接性在此类犯罪中体现为犯罪行为的跨地域性和极强的隐蔽性，使追赃仍然非常困难。在赃款追回不可得时，基于《侵权责任法》第 36 条和《消费者权益保护法》第 44 条等相关法律的规定，完全可以通过追究网络服务提供者的侵权责任，来实现对被害人经济损失的补偿性保护。正如前文所述，相关法律法规中为网络服务提供者创设的相应注意义务与作为义务，可以作为网络服务提供者应承担的作为与不作为侵权责任的义务来源，不论网络服务提供者有无过错。

例如，根据《消费者权益保护法》第 44 条的规定，若被侵权的消费者通过网络交易平台提供者提供的信息，不能找到其平台之上实施侵权行为的商品或服务提供者时，该网络交易平台提供者应当承担不真正连带责任。[①] 也即是说，网络服务提供者应当为该实施侵权行为的商品或服务提供者承担赔偿责任，之后可以向其追偿。

而鉴于我国民法领域并未给网络服务提供者创设普遍的一般安全保障义务，且《侵权责任法》第 37 条为宾馆、商场、银行、等公共场所的管理人、群众性活动组织者所设置的安全保障义务是否能够对网络服务提供者适用，也尚未达成共识。[②] 在"被利用"的后两种情形下，若法律法规中没有为网络服务提供者创设相应的作为义务，根据具体情状，可以让网络服务提供者承担适当的公平责任。结合网络服务提供者的类型进行进一步的细化展开，则是今后结合相关立法的完善需要持续深化的问题，本文不作涉入。

五、结语

经过本文对拒不履行网络安全管理义务罪，以及《意见》第 3 条的第 6 款和第 8 款的深入解析，可以认为，网络服务提供者的间接刑事责任，在我国刑事立法中实然存在，是在刑法规范层面对以行政裁量突破责任原则的认可，应当予以修正。在将预防网络犯罪风险作为社会治理公共政策的前提下，应以《网络安全法》为根基，明确法律所保护的对象是特定主体的专有信息，为网络服务提供者构建层次分明的法律责任体系，便可在恪守刑法应当谦抑的基本立场，坚持刑法中消极责任原则的同时，能动地发挥前刑法规范的积极调控功能，实现对网络犯罪的有效治理。

---

① 杨立新. 网络平台提供者的附条件不真正连带责任与部分连带责任. 法律科学，2015（1）.
② 刘文杰. 网络服务提供者的安全保障义务. 中外法学，2012（2）.

网络服务提供者协助管理义务及刑事责任的边界

——从"快播案"判决及相关评论切入

皮　勇*

内容摘要： 对网络服务提供者设立协助管理义务是各国立法的趋势，国内外立法规定的义务内容基本相同，主要是协助执法、内容信息监管、用户数据保护，我国相关立法在协助管理义务的类型化、区别化方面与国外立法的差距较大。我国网络服务提供者可能构成作为犯形式的单独犯、帮助犯、帮助他人利用信息网络犯罪活动罪和拒不履行信息网络安全管理义务罪，前二者与国外相关立法相似，国外网络服务提供者违反协助管理义务的法律责任主要是民事责任和行政责任，我国刑法中的拒不履行信息网络安全管理义务罪存在过度犯罪化的缺憾。

关键词： 网络服务提供者　信息网络安全管理义务　中立的帮助行为　刑事责任

在信息化网络化社会中网络服务提供者处于枢纽地位，网络社会活动高度依赖于网络服务，同时，与网络服务相关的违法犯罪数量迅速增长，给网络社会治理带来新的严峻挑战。网络服务提供者协助网络安全管理是治理网络社会的关键，"网上信息管理，网站应负主体责任"[①]，新通过的《网络安全法》和《刑法修正案（九）》明确规定了网络服务提供者的信息网络安全管理义务和法律责任，包括刑事责任。在网络服务提供者的信息网络安全管理义务及刑事责任问题上，刑法理论界对相关立法和司法判决的看法存在严重分歧，影响着网络社会治理路径的选择。网络服务的法治化是各国立法面临的共同课题，我国应当从本国社会信息化网络化实际出发，借鉴国外立法的成功经验，适当设定网络服务提供者的信息网络安全管理义务，合理划定其承担刑事责任的边界。

一、"快播案"引出的问题

2016年9月"快播案"审结宣判，"快播案"的事实认定和判决理由引起刑法学者的热议，存在支持和批判有罪判决的两种对立观点。

在批判有罪判决的观点中，又有基于案件事实和基于判决理由而提出批判意见的两种不同情形。例如，有学者认为，"快播既不是一个淫秽信息的内容提供者，也不是一个专

---

* 武汉大学法学院教授、博士生导师。本文受国家社会科学基金重点项目（项目号13AFX010）资助。

① 习近平．在网络安全和信息化工作座谈会上的讲话．人民日报，2016-04-26.

门供用户发布淫秽信息的平台，但是作为一款可以播放各种视频信息的播放器软件，客观上为那些分享淫秽信息的用户提供了帮助和便利，这就是其涉嫌犯罪的事实基础"[①]。进而提出快播公司不应承担刑事责任的观点，就属于前者情形。而海淀区人民法院审理查明的事实是：快播公司不只是向用户提供资源服务器程序（QSI 软件）和快播播放器程序（QVODPlayer 软件），其网络系统按其设计目标抓取访问量大的文件放入快播公司的缓存服务器中，将从用户到用户的信息传播渠道改变为从公司的缓存服务器到用户，以加快文件的传输速度；为了规避版权和淫秽视频带来的法律风险，该系统将被抓取的文件由单服务器传输完整文件改为多服务器协作传输打散的文件，最后在用户端集合播放；快播公司盈利受益于大量用户的点播；快播公司因涉及传播淫秽视频资源受过两次行政查处。因此，前者情形观点缺乏事实基础。但是，该案判决书认定，"快播公司具备承担网络安全管理义务的现实可能但拒不履行网络安全管理义务"，"放任其网络平台大量传播淫秽视频，因而构成传播淫秽物品牟利罪。"[②] 将拒不履行网络安全管理义务与构成传播淫秽物品的行为关联在一起，一定程度上误导了学者的判断。

属于后者情形的论述以中立帮助行为理论为立论基础。例如，有学者提出"网络中立帮助行为"的概念，"尽管网络中立帮助行为具有上述特殊性，但其只是在中立帮助行为的内核之外披上了网络化的外衣，在刑事法理上并没有彻底脱离中立帮助行为的基本范畴，因此对其进行分析仍然应当运行在中立帮助行为的理论基础之上。"[③] "网络中立帮助行为的案件的处理走向了'变通化'，即对于存在正犯但难以抓获的情形以及没有正犯的情形，实务部门往往会避开帮助犯的探讨，在刑法规范中寻找'既有'的罪名，对其进行扩张解释，直接将网络中立帮助行为作为分则罪名的正犯行为处理。……快播案最终在网络服务提供者的网络安全管理义务的牵引下以传播淫秽物品牟利罪论。"[④] 中立帮助行为理论研究的是外观上无害、客观上对正犯行为或结果起到促进作用的行为，德国刑法理论称之为"外部的中立的行为"[⑤]，希望提出区别于应当处罚的帮助犯的不处罚标准，该理论以存在具体的实行犯为前提，通常以传统社会环境中的不负有法定义务的日常行为或者业务行为为研究对象。将该理论用于分析网络服务提供者的所谓"中立的帮助行为"，实质上否定其负有信息网络安全管理义务，这与事实相矛盾[⑥]，而且，网络服务提供者"客观上帮助"的并非具体的正犯，而是在概括的故意和盈利目的驱动下为包括违法犯罪人在内的大量不特定的用户提供网络服务，理论适用的条件和对象不同，故以上观点值得商榷。

支持该案判决的代表性观点认为，"快播公司拉拽淫秽视频文件存储在缓存服务器里，并且向用户提供缓存服务器里的淫秽视频文件的行为，则不是中立的帮助行为，而是传播

① 车浩. 谁应为互联网时代的中立行为买单？. 中国法律评论，2015（3）.

② 吴铭等制作、复制、出版、贩卖、传播淫秽物品牟利罪—审刑事判决书，北京市海淀区人民法院（2015）海刑初字第 512 号。

③ 刘艳红. 网络中立帮助行为可罚性的流变及批判——以德日的理论和实务为比较基准. 法学评论，2016（5）.

④ 刘艳红. 无罪的快播与有罪的思维——"快播案"有罪论之反思与批判. 政治与法律，2016（12）.

⑤ Vgl. Marcus Wohlleben, Beihilfe durch aeusserlich neutrale Handlungen, 1996, S. 4.

⑥ 谢望原. 论拒不履行信息网络安全管理义务罪. 中国法学，2017（2）.

淫秽物品的正犯行为……一审判决还从快播公司负有网络视频信息服务提供者应当承担的网络安全管理义务，并且具备管理的可能性但没有履行网络安全管理义务的角度，论证了快播公司构成传播淫秽物品牟利罪。……快播公司拉拽淫秽视频文件存储在缓存服务器之后，就有义务防止用户观看该视频文件，但快播公司却同时向用户提供缓存服务器里的淫秽视频文件。所以，从作为与不作为相结合的角度，也能说明快播公司的行为属于传播淫秽物品"[1]。该观点中有两点值得商榷：一是将包括单纯的缓存服务在内各类网络传输缓存服务一概认定为应负刑事责任的传播行为；二是将他人提供的淫秽信息进行有规避法律目的的分解、分散传输和整合行为定性为不履行信息网络安全管理义务行为，并类比于砍伤人后继续砍杀来说明其既是作为犯又是不作为犯。[2]《网络安全法》和其他互联网管理法规规章禁止任何人传播违法信息，按照前述学者的观点，该类禁止性规范也可以认为是设立了不得传输违法信息的义务，但是，它不等同于信息网络安全管理义务，后者不可能由传播淫秽物品牟利罪的法条推导出。从文义上讲，管理义务是指对服务或管理对象依法管理的义务，自身违法犯罪行为不在"管理"的含义范围内，否则，网络服务提供者故意传播自己制作、整理、编辑的淫秽信息也可以按拒不履行信息网络安全管理义务罪定罪处罚，这明显是对犯罪性质的错误认识。

"快播案"判决及相关评论争议的焦点是网络服务提供者的信息网络安全管理义务及其刑事责任，网络服务提供者是网络社会的核心单元，信息网络安全管理义务的范围及相关刑事责任的边界直接影响网络服务提供者的行为，进而传导影响整个网络社会活动乃至我国社会信息化发展，其合理设立具有重要的社会意义。当前我国刑法被认为向"功能性、积极性"转变[3]，积极介入网络社会治理，除了前述判决体现的司法趋势外，《刑法修正案（九）》设立了拒不履行信息网络安全管理义务罪，从刑法上确立了网络服务提供者的信息网络安全管理义务，将其与刑事责任直接联系。刑法是一把双刃剑，过度介入网络社会治理会损害社会的公正和发展，应使之不超出良性、适度的范围，关键是适度设定网络服务提供者的信息网络安全管理义务，合理划定其刑事责任的边界。

二、信息网络安全管理义务的适度设定

网络服务提供者是社会服务提供者，本来不具有社会管理的权力和义务，信息网络安全的义务"是国家向网络服务提供者（服务商）施加的义务——从另一个角度看，这也是一种授权，服务商有权删除网络信息——法律要求他们这么做，否则将承担法律责任。"[4]这种法律责任是在特殊的网络社会环境中产生。当前网络违法犯罪数量巨大且具有跨区域性，仅靠以条块架构组织起来的传统国家管理部门难以管控，而网络服务提供者能够在第

---

① 张明楷. 快播案定罪量刑的简要分析. 人民法院报，2016 - 09 - 14.

② 张明楷教授的这种观点未获得广泛的认同，部分学者认为，禁止规范和命令规范不可能同时存在于一个刑法规范中，规定禁止性规范的刑法条文不能成为作为义务的来源。肖中华. 论不作为犯罪的几个问题. 王作富主编. 刑事实体法学. 北京：群众出版社，2000：81；林亚刚. 刑法学教义（总论）. 北京：北京大学出版社，2014：114～115.

③ 周光权. 积极刑法立法观在中国的确立. 法学研究，2016（4）.

④ 秦前红，李文才. 网络公共空间治理的法治原理. 现代法学，2014（6）.

一时间管控信息网络空间的违法犯罪活动，实时管理能力超过专门的社会管理部门，而且，它们构建网络信息活动空间、设定网络活动规则、直接管理网络信息活动，与包括违法犯罪者在内的服务接受者共生互利，具有特殊的社会地位和能力，应当是"网络社会重要的组织力量，对维护网络信息安全负有重要社会责任"[1]。为了有效治理网络社会，信息发达国家普遍对网络服务提供者设立信息网络安全管理义务，适度设定该义务的范围成为立法的关键。

（一）国外网络服务提供者的信息网络安全管理义务

目前国外立法对网络服务提供者规定的信息网络安全管理义务主要是协助执法、信息内容监管和个人数据保护。

1. 协助执法义务

协助执法义务是指网络服务提供者协助犯罪侦查部门以技术手段获取他人通信内容或通信相关数据，包括通信监视、数据留存及其附随义务。协助执法义务不仅多见于外国刑事立法中，也是国际组织的重要立法内容。协助执法义务通常是要求公共电信服务提供者承担，随着互联网通信的发展，提供公共通信服务的网络服务提供者也是该义务的承担者。[2]

协助通信监视义务，是指网络服务提供者依照法律规定和调查机关的要求，利用通信技术主动对被监控对象的通信数据与通信内容进行实时获取和记录。代表性的立法包括欧盟理事会《关于合法拦截通信的决议》、[3] 欧洲理事会《关于网络犯罪公约》、[4] 德国《电信法》和《电信监控法令》、[5] 美国《通信协助执法法》等。[6] 协助执法义务的内容，通常是要求网络服务提供者具备一定的通信监控能力，提供通信监控接口或称交换接口，具备及时响应能力、实时监控能力、监控数据传输和安全保障能力，以及承担协助解密和信息保密义务。批评者认为以上立法导致网络服务提供者成本大增，影响自身运营和发展，也必然侵犯公众隐私，削弱与客户的信任关系。对此国外立法采取两种限制方法：一种是限制协助监控能力，避免强制网络服务提供者过度投入。如欧洲理事会《关于网络犯罪的公约》第 20 条、第 21 条规定的协助，限于"服务提供商在其技术能力范围内"；另一种是提供协助监控的费用或者补偿，如美国 1994 年《通信协助执法法》第 109 条[7]、德国 2004 年《电信法》的相关规定。[8]

数据留存义务，是指网络服务提供者采取一定技术手段保存用户使用通信网络所产生

---

① 李源粒. 网络安全与平台服务商的刑事责任. 法学论坛，2014（6）.

② 德国《2005 电信监控条例》第 3 条规定，协助通信监控义务适用于提供公共电信服务的电信运营商，公共通信服务、互联网接入服务和其他互联网服务的提供者都被纳入"服务提供者"的范围。Vgl. Telekommunikations-Ueberwachungsverordnung，2005，§3.

③ See Council Resolution of 17 January 1995 on the lawful interception of telecommunications，§3. §8. §9.

④ See Council of Europe Convention on Cybercrime，2001，§20. §21.

⑤ Vgl. Telekommunikationsgesetz，2004，§110，Telekommunikations-Ueberwachungsverordnung，2005.

⑥ See Communication Assistance for Law Enforcement Act，1994，Chapter I，§103.

⑦ See Communication Assistance for Law Enforcement Act，1994，Chapter I，§109.

⑧ Vgl. Telekommunikationsgesetz，2004，§110 - 9.

的通信数据，在有关部门调查刑事犯罪、恐怖活动等时予以提供。例如《美国法典》第2704条规定了数据保护备份，第2703条规定了按要求披露用户通信或者记录。[1] 根据2006年欧洲议会和欧盟理事会《关于存留因提供公用电子通信服务或者公共通信网络而产生或处理的数据及修订第2002/58/EC指令的第2006/24/EC指令》，2008年德国对多部法律进行了修改，要求德国公用电信和公共通信网络服务提供者承担存储数据、保护数据安全的数据留存义务。前述指令和立法遭受广泛的批评和反对，2010年德国联邦宪法法院以侵犯通信秘密与违背比例原则为由判决数据留存的法律违宪，2014年欧洲法院判定前述指令无效，认为，留存的数据作为一个整体可能提供相关人的确切信息从而侵犯人身相关权利，数据留存对所涉基本权利所造成的广泛、严重的干涉不能充分限制在绝对必要的情形下，未要求数据必须在欧盟境内留存，不能确保对独立机构的保护和安全要求的符合性。[2] 2015年德国通过《通信数据的存储义务与最高存储期限引入法》，对网络服务提供者的数据留存义务进行了若干限制，包括限制存储的数据类型、存储期限、政府机关使用数据的范围。

除了以上两项主要的执法协助义务外，国外立法还规定网络服务提供者承担相关附随义务，如按照有权机关的要求提供所持有的数据、报告违法信息和活动[3]、提供相关技术协助、保密等义务。[4]

2. 信息内容监管义务

信息网络空间存在海量的违法内容信息，执法部门仅靠自身的力量难以有效监控，欧美立法规定网络服务提供者承担内容信息监管义务。

欧盟2000年《电子商务指令》（以下简称《指令》）中规定了信息社会服务提供者的义务。[5] 包括：（1）一般性非监管义务和特殊情况下法律或命令规定的监督义务[6]；（2）信息服务提供者在知晓非法活动后迅速删除、阻止他人访问非法信息义务[7]；（3）信息存储服务提供者对非法信息活动的注意义务。[8] 该指令还对提供"纯粹传输""缓存""存储"

---

[1] See18U. S. C. § 2703, § 2704.

[2] See "The Court of Justice declares the Data Retention Directive to be invalid", http：//europa. eu/rapid/press-release _ CJE-14-54 _ en. html.

[3] 美国法典第2258A条规定了网络服务提供者报告其系统中的涉及儿童色情或者儿童性滥用的视频材料的违法信息和活动的义务，并规定了罚金。See18U. S. C. § 2258A.

[4] See Council of Europe Convention on Cybercrime，2001，§ 18. § 19.

[5] See Directive 2000/31/EC of the European parliament and of the Council of 8 June 2000 on certain legal aspects of information society services, in particular electronic commerce, in the Internal Market（Directive on electronic commerce）.

[6] 欧盟《指令》序言第47段规定："欧盟成员国不应当对服务提供者强加监督义务，所规定的义务应当为一般性的。此规定不涉及特殊情况下的监督义务，特别是不得影响各成员国官方根据国内立法发布的命令。" See preamble of Directive on electronic commerce,（47）.

[7] 欧盟《指令》序言第46段规定："为了可以适用限制责任的条款，信息服务提供者包括存储服务提供者在被通知或知晓非法活动时，必须迅速删除涉及的信息或者阻止他人访问该信息；……本指令不影响成员国规定在删除信息或者阻止他人访问该信息前必须迅速履行的特别要求。" See preamble of Directive on electronic commerce,（46）.

[8] 欧盟《指令》序言第48段规定："本指令不影响成员国为了发现和阻止一定类型的非法活动，要求为用户提供存储服务的服务提供者承担注意责任和义务，该注意义务对服务提供者应当是合理的，并有相应的国内立法规定。" See preamble of Directive on electronic commerce,（48）.

服务的三类中间服务提供者规定了共同免责条件和普通监督义务的排除①，该共同免责条件是"不得修改传输的信息，但不包括在传输过程中进行的技术性处理，因为这些处理不改变所传输信息的完整性。……只是使该传输更有效率……是纯技术性的、自动的和被动的，这表明其既不知道也无法控制传输或存储的信息内容"②。缓存、存储服务提供者在知晓非法活动后，必须迅速移除或者阻止他人访问涉及的信息，才能免责。以上免责的规定"不应影响法院或者行政机关根据成员国的法律制度，要求服务提供者终止或者预防侵权行为的可能性"③。也不适用于"服务提供者故意与服务接受者合作实施超越'纯粹传输服务'或'缓存'活动的非法行为"④。

德国早在 1997 年就在《电信服务法》规定了服务提供者的信息内容管理义务，承担一般法律要求的封锁他人提供的违法内容信息的义务，但是，同时满足"知晓内容""技术上有可能阻止""阻止不超过其承受能力"三个条件的，免除其法律责任。此外，对自己提供的内容信息应承担责任。⑤ 在服务提供者仅"提供（违法内容信息）利用途径"或者"自动缓存（违法内容信息）"时，不负有监管义务。⑥ 在前述欧盟指令生效后，德国 2007 年《电信媒体法》承袭了前述两部法律文件的立场，对提供"作为信息的传输通道""为加速信息传输的临时存储""信息存储"三种中间网络服务的服务提供者规定，除非同时满足前述三个条件，对他人提供的违法信息不承担责任，但是，包括以上三类中间网络服务提供者在内的所有服务提供者都必须承担法律规定的移除或者拦阻对违法信息访问的义务，同时，对自己提供的信息依照一般法律承担责任。⑦

《美国法典》第 17 章第 512 条、第 47 章第 230 条规定了服务提供者不承担民事责任的条件。《美国法典》第 17 章第 512 条规定了提供短时间的数字网络通信、系统缓存、根据用户指令在系统或者网络中寄存信息、信息地址工具服务的四类服务提供者免除民事责任的条件，其共同免责条件是服务提供者：（1）不是信息的提供者，不能对信息内容进行修改，也不能对信息进行选取；（2）不知晓目标信息是侵权材料，或者没有认识到明显存在侵权行为的事实或者情况，或者在认识到后或者得到侵权通知后，迅速予以移除该信息或者阻断、屏蔽对其的访问；（3）服务提供者没有在其网络用户的侵权行为中直接获得经

---

① See Directive on electronic commerce, §12-15.

② See preamble of Directive on electronic commerce, (42), (43).

③ See Directive on electronic commerce, §12-14.

④ See preamble of Directive on electronic commerce, (44).

⑤ 德国 1997 年《电信服务法》第 5 条规定："（1）服务提供者根据一般的法律对自己提供的内容负责；（2）如果所提供的内容是他人的，那么只有在服务提供者知晓这些信息的内容，并且在技术上有可能阻止且进行阻止不超过其承受能力的情况下，才承担责任……（4）如果服务提供者在不违反《电信法》第 85 条关于保守通信秘密规定的情况下知晓信息内容，有技术可能加以阻止，且阻止不超过其承受能力的，那么，根据一般的法律产生的对于违法内容信息的封锁义务不受影响。" Vgl. Teledienstegesetz, 1997, §5.

⑥ 德国 1997 年《电信服务法》第 5 条第（2）项规定："服务提供者对只由自己提供利用途径，而由他人提供的内容不负责任。基于用户的要求，自动、短时间地提供他人的内容信息，该行为被视作介绍通道。" Vgl. Teledienstegesetz, 1997, §5。

⑦ 德国 2007 年《电信服务法》第 7 条至第 10 条规定：（1）服务提供者应当根据一般的法律对自己提供的信息承担责任。（2）第 8 条至第 10 条意义内的服务提供者无须监控他们传输或者储存的信息，或者搜索显示存在违法行为的事实。即使根据第 8 条到第 10 条的规定服务提供者不承担责任，也不得影响根据一般的法律规定的移除或者拦阻对信息的访问的义务。必须保护电信法第 88 条规定的隐私。Vgl. Telemediengesetz, 2007, §7-10。

济利益。① 《美国法典》第 47 章第 230 条是对私人拦阻或审查可能对未成年人造成损害的淫秽、下流、骚扰等冒犯性信息的保护，规定网络服务提供者不因拦阻和审查内容信息而承担发布信息的民事责任。② 需要注意的是，以上两条规定只免除了服务提供者的民事责任，服务提供者仍然会因违反美国法典其他法条而承担行政、刑事责任。③

3. 用户数据保护义务

欧美国家重视保护个人数据，明确规定网络服务提供者承担保护和管理用户个人数据的义务。德国 2007 年《电信媒体法》第 4 章 "数据保护" 规定了服务提供者承担保护用户数据的义务④，服务提供者只能在相关法律许可或者用户同意的范围内，为了提供电信多媒体服务或者为了其他目的而收集和使用个人数据。⑤ 除了法律规定的可以不告知用户的情形，服务提供者在收集、存储、传输和使用个人数据前，必须将相关情况告知用户并获其同意。有权机关可以依法要求网络服务提供者提供个人数据，协助相关部门履行法定职责。

《美国法典》第 121 章 "存储的有线和电子通信和交易记录访问" 规定了保护用户个人数据的义务，第 2702 条 "自愿披露用户通信或者记录"、第 2703 条 "按照要求披露用户通信和记录"、第 2704 条 "备份保护" 规定了通信服务提供者披露、备份用户通信数据和内容信息的义务，禁止电子通信服务提供者违反法律规定和未经用户同意，故意披露存储的或者服务中他人的通信的内容数据，同时，规定了服务提供者披露数据的免责事由，如服务提供者非故意获取的内容信息看似与犯罪活动相关、出于善意相信出现了涉及死亡或者严重伤害的紧急事件等情况。⑥ 政府部门可以依法要求披露用户通信和记录⑦，服务提供者负有依照政府部门的要求备份保护用户电子通信内容的义务。⑧

前述欧美立法对网络服务提供者规定的信息网络安全管理义务具有以下特点，有必要研究和借鉴。

（1）网络服务提供者原则上应承担一般法律规定的管理义务，单纯技术服务类型的网络服务提供者在一定条件下不承担民事责任。不同类型的服务提供者承担的管理义务有一

---

① See 17 U. S. C. § 512 (a), (b), (c), (d) (2006).

② 《美国法典》第 47 章第 230 条 (c) 规定："(1) 任何服务提供者或者交互式计算机服务使用者不应当被当做其他内容信息提供者提供的信息的发布者或者演讲者；(2) 任何自愿的以善良动机的限制访问、获取以上冒犯性信息的，以及为限制以上信息而采取的行动或者技术手段，不承担民事责任。" See47U. S. C. § 230 (c) (2006)。

③ 《美国法典》第 47 章第 230 条 (e) "对其他法律的影响" 款明确规定："本条不应被解释为修改本节 223 条或者第 231 条、关于淫秽的第 71 条、关于儿童性利用的第 18 章第 110 条或者其他联邦刑事法律的执行。" 但是，美国法院的判决确认网络服务提供者没有义务监控他人上传的内容信息，这是因为 "考虑到一般情况下需要大量的人力来审查上传到互联网的数以百万的文件，附加此义务将会使对互联网的访问戛然而止。" Lawrence G. Walters. 美国网络服务提供者的刑事责任——基于网上色情信息的视角. 刑法论丛，2015 (4). 杨新绿，涂龙科译：467.

④ Vgl. Telemediengesetz, 2007, § 11-15.

⑤ 这里的 "其他目的"，根据德国《电信媒体法》第 14 条 "库存的数据" 之 (2) 的规定，是 "根据有权机关的命令，服务提供者可以在具体案件中提供库存的数据相关信息，其范围以起诉犯罪、州警察当局预防危险、联邦和州机构履行保护宪法、联邦情报机构和军队反情报机构或者保护知识产权的法定职责的需要为限。" Vgl. Telemediengesetz, 2007, § 14 (2)。

⑥ See 121 U. S. C. § 2702 (a), (b), (c).

⑦ See 121 U. S. C. § 2703.

⑧ See 121 U. S. C. § 2704.

定差别：第一，协助执法机关进行通信监控、数据留存和保护用户数据是各类公共通信服务提供者的共同义务；第二，网络服务提供者不承担审查用户上传信息的义务，如果没有同时满足"知晓内容""技术上有可能阻止""阻止不超过承受能力"等条件，提供纯粹传输、缓存、数据存储服务等所谓中间服务提供者不对用户提供的非法信息承担责任，否则，与其他网络服务提供者一样要承担一般法律规定的移除或者拦阻访问非法信息的管理义务；第三，网络服务提供者收集、存储、传输和使用个人数据，必须符合相关法律或者经用户同意，在法律规定的情况下，可以向政府部门、执法机关提供用户个人数据。

（2）在一定程度上体现了适当性和利益平衡原则。网络服务提供者履行法定的管理义务受技术、成本等因素限制，欧美前述立法体现了适当性原则，如对提供执法协助的公共电信服务提供者规定了补偿或支付费用，对所谓中间服务提供者规定免责条件，对数据留存的范围和使用条件进行限制。信息网络安全管理义务是国家管理权的延伸，过度扩展必然侵犯公众的网络表达和言论自由等权利，前述立法体现了维护法秩序和保障公民权利的平衡，如将网络服务提供者协助收集通信内容数据限定在严重犯罪的范围内，限制网络服务提供者收集、使用用户数据等。

（3）规定了义务冲突解决机制。网络服务提供者履行协助执法与保护用户数据两种义务时可能发生冲突，政府部门和执法机关要求网络服务提供者披露用户数据，会导致后者违反与用户之间的保密约定，如果不规定义务冲突解决机制，将会使网络服务提供者处于两难境地。前述欧美立法规定，网络服务提供者应当根据有权机关的要求提供、披露用户个人数据，免除其违反服务协议的法律责任，避免了义务冲突。

（二）我国网络服务提供者的协助管理义务及国内外相关立法比较

我国互联网的发展与电信业有着紧密的关系，公众使用的互联网接入服务是从起初的拨号上网发展到当前的光纤上网和无线网络服务，主要由中国电信、中国移动和中国联通等电信企业提供，公共电信服务提供者和互联网服务提供者被合称为网络服务提供者。①目前我国关于网络服务提供者的协助管理义务的立法具有以下特点：

第一，网络服务提供者协助管理义务立法的多层级化。相关法律法规规章有《刑法》、全国人民代表大会常务委员会《关于加强网络信息保护的决定》《反恐怖主义法》《网络安全法》等法律以及大量的行政法规和部门规章。

第二，法律和行政法规对网络服务提供者简单类型化②，部门规章进行了更细致的类

---

① 我国《网络安全法》第76条规定："网络运营者，是指网络的所有者、管理者和网络服务提供者。"第24条规定："网络运营者为用户办理网络接入、域名注册服务，办理固定电话、移动电话等入网手续，或者为用户提供信息发布、即时通讯等服务，在与用户签订协议或者确认提供服务时，应当要求用户提供真实身份信息。"这里办理固定电话、移动电话等入网手续的只可能是公共电信服务提供商，故我国法律中的网络服务提供者包括公共电信服务提供者和互联网服务提供者。

② 《反恐怖主义法》区分电信业务经营者和互联网服务提供者，《刑法》《网络安全法》和《关于加强网络信息保护的决定》将二者统称网络服务提供者或者网络运营者，除了《刑法》第287条之二规定了"提供互联网接入、服务器托管、网络存储、通讯传输等技术支持"的犯罪主体，其他法律未对网络服务提供者进行分类，而规定网络服务提供者的协助管理义务的行政法规仅有国务院《互联网信息服务管理办法》，该办法区分了互联网信息服务提供者和互联网接入服务提供者。

型化。① 以上法律法规章将网络服务提供者分为中间服务提供者（包括网络接入、服务器托管、网络存储、虚拟空间租用、通信传输等纯粹的网络技术服务提供者）、互联网信息服务提供者、网络交易服务提供者（包括为网络商品交易、网络金融服务等市场交易活动提供第三方交易平台的服务提供者）。

第三，各类网络服务提供者的协助管理义务差别小。现行立法对各类网络服务提供者规定的协助管理义务见下表 1 中的 A－G 项义务。《刑法》只概括提出信息网络安全管理义务，但未明确其内容，而《网络安全法》《反恐怖主义法》《加强网络信息保护的决定》三部法律法规交叉规定了各类网络服务提供者承担表 1 中的 A、C、D、E、F、G 项义务，国务院《互联网信息服务管理办法》规定了互联网信息服务和接入服务提供者承担 B 项义务，各类网络服务提供者承担几乎完全相同的协助管理义务。其中，互联网信息服务提供者和互联网接入服务提供者承担的协助管理义务最宽，而第三方交易平台服务提供者只承担与中间服务提供者相同的义务。

表 1　　　　　　　　　　　　网络服务提供者协助管理义务

协助管理义务的种类 网络服务提供者的种类	A. 技术支持和协助②	B. 数据留存③	C. 保护个人信息④	D. 管理发现的违法信息⑤	E. 主动审查含有恐怖主义、极端主义内容信息⑥	F. 真实身份验证⑦	G. 对不提供实名认证者拒绝服务⑧
1. 中间服务提供者	有	有⑨	有	有	有	有	有
2. 互联网信息服务提供者⑩　2.1　互联网直播服务提供者	有	有	有	有	有	有	有
2.2　即时通信服务工具公众信息服务提供者	有	有	有	有	有	有	有
2.3　互联网信息搜索服务提供者	有	有	有	有	有	有	有

① 《互联网直播服务管理规定》《即时通信工具公众信息服务发展管理暂行规定》《互联网用户账号名称管理规定》《互联网信息搜索服务管理规定》《移动互联网应用程序信息服务管理规定》《网络出版服务管理规定》《通信短信息服务管理规定》《规范互联网信息服务市场秩序若干规定》《电信和互联网用户个人信息保护规定》《网络交易管理办法》等部门规章将网络服务提供者分为互联网直播服务、即时通信服务工具公众信息服务、信息搜索服务、移动互联网应用程序信息服务、网络出版服务、短信息服务、第三方交易平台服务提供者。

② 见《网络安全法》第 28 条、《反恐怖主义法》第 18 条。

③ 见《互联网信息服务管理办法》第 14 条、《网络交易管理办法》第 30 条和第 35 条。

④ 见《网络安全法》第 41 条、第 42 条、第 43 条和第 44 条以及《关于加强网络信息保护的决定》第 2 条。

⑤ 见《网络安全法》第 47 条、《反恐怖主义法》第 19 条、《关于加强网络信息保护的决定》第 5 条。

⑥ 见《反恐怖主义法》第 19 条。

⑦ 见《网络安全法》第 24 条、《反恐怖主义法》第 21 条、《关于加强网络信息保护的决定》第 6 条和《网络交易管理办法》第 35 条。

⑧ 见《网络安全法》第 24 条、《反恐怖主义法》第 21 条。

⑨ 见国家工商行政管理局颁布的《网络交易管理办法》第 35 条。

⑩ 见《互联网信息服务管理办法》第 13 条、第 14 条、第 15 条。

续前表

网络服务提供者的种类 / 协助管理义务的种类		A. 技术支持和协助	B. 数据留存	C. 保护个人信息	D. 管理发现的违法信息	E. 主动审查含有恐怖主义、极端主义内容信息	F. 真实身份验证	G. 对不提供实名认证者拒绝服务
2. 互联网信息服务提供者	2.4 移动互联网应用程序信息服务提供者	有	有	有	有	有	有	有
	2.5 网络出版服务提供者	有	有	有	有	有①	有	有
	2.6 短信息服务提供者	有	有	有	有	有	有	有
	2.7 其他互联网公共信息服务提供者	有	有	有	有	有	有	有
3. 第三方交易平台服务提供者		有	有②	有	有	有	有	有

我国网络服务提供者承担以上立法规定的多种信息网络安全管理义务，而非"只具备中立义务"③，"不再是纯粹的商业活动经营者。因而，在法律上都兼具网络服务提供者与网络安全管理者双重主体形象"④。从社会地位和作用上分析，网络服务提供者是网络社会生态环境的主要创建者、网络活动规则的主要制定者，有责任向社会平衡提供便捷和安全产品，当前"重便捷、轻安全、缺信用"的网络服务状况是网络违法犯罪状况严峻的基础环境和重要条件。在网络社会环境下，只有网络服务提供者才能及时、直接管控网络违法犯罪活动，如果不要求其承担必要的安全管理义务，其社会作用实际上偏向于网络违法犯罪，因此，在法理上网络服务提供者也不应当"中立"。

比较国内外相关立法，二者规定的协助管理义务内容基本相同，都包括协助执法、数据留存、保护用户信息、管控违法信息和违法活动，但是，差别也比较明显，主要表现在以下方面：

1. 不同网络服务提供者的管理义务的类型化、区别化差异大。前述欧美立法根据网络服务提供者的业务活动类型和义务承受能力，规定了类型化、区别化的协助管理义务，中间服务提供者的义务要明显轻于互联网信息服务提供者。我国对网络服务提供者的类型化立法不充分，仅前述行政法规和部门规章对网络服务提供者进行了分类⑤，其管理义务几乎没有区别。

2. 管理义务立法的适当性差别大。法治国原则不仅要有法可依，立法内容还应适当⑥，前述欧美立法在一定程度上体现了适当和利益平衡原则，而我国相关立法存在义务

① 见《网络出版服务管理规定》第23条。

② 见《网络交易管理办法》第30条。

③ 刘艳红.网络时代言论自由的刑法边界.中国社会科学，2016（10）.

④ 梁根林.传统犯罪网络化：归责障碍、刑法应对与教义限缩.法学，2017（2）.

⑤ 有学者批评我国关于网络服务提供者的立法存在"类型化缺失"，这不符合立法的实际情况。王华伟.网络服务提供者的刑事责任比较研究.环球法律评论，2016（4）.

⑥ 王利明.法治：良法与善治.中国人民大学学报，2015（2）.

设置不当等问题：（1）各类网络服务提供者的管理义务基本无差别，特别是要求提供互联网接入、信息存储和缓存等中间服务的提供者承担前述 D、E 项义务，不符合该类服务提供者的业务活动性质和承受能力，也必然阻碍我国社会的信息化。（2）对第三方交易平台服务提供者的义务加载不足。在网络交易活动中，网络违法犯罪人能直接侵害公众的人身、财产权益，相比于中间服务和互联网信息服务，第三方交易平台活动服务提供者如淘宝网等电商网，掌握巨量的用户信息，控制交易的能力更强，本应承担更高程度的管理义务，而当前立法仅由部门规章规定其留存用户信息和交易信息，且法律规范的层级低、效力弱，难以保障相关法律责任的落实。（3）保护用户信息的义务设置不完善。网络服务提供者可以依法向国家相关部门和调查机关披露用户信息，欠缺披露的实体和程序方面的规定。（4）数据留存义务设置不适当。用户数据留存义务不仅会严重影响网络服务提供者的经营活动，也会被用于侵犯公众的合法权利，我国相关立法对该项义务设置得过于宽泛；（5）义务设置没有体现利益平衡原则。我国立法不仅没有规定网络服务提供者协助管理的补偿或者支付费用，反而将其协助义务范围设置得过于宽泛，对用户权利的保障也不充分。

信息网络安全管理义务是网络服务提供者承担法律责任包括刑事责任的基本前提，我国相关立法在网络服务提供者的类型化、义务的区别化和适当化等方面存在不足，加重了网络服务提供者的法律责任，还使部分网络服务提供者承担刑事责任的范围泛化。我国应当借鉴国外相关立法，适度设立信息网络安全管理义务，推进前述类型化、区别化和适当化立法。同时，也要注意的是，当前我国网络交易平台服务提供者的管理义务严重不足。网络经济活动缺乏网络交易平台服务提供者的安全管理，是当前互联网经济、金融领域的诈骗犯罪泛滥的重要原因之一，未来应对网络交易平台服务提供者加载与其社会地位和能力相适应的网络安全管理义务。

三、网络服务提供者的刑事责任的合理界定

前述欧美立法规定网络服务提供者承担的法律责任分为三类：（1）对自己提供的内容信息，网络服务提供者应当承担一般法律规定的责任。前述欧盟和德国立法规定，网络服务提供者的身份或业务活动性质不是豁免法律责任的依据，如果其实施了法律规定的违法犯罪行为的，应当承担法律责任包括刑事责任。这类刑事责任与网络服务提供者的管理义务无关，因网络服务提供者自身违反了法律的禁止性规定而负担。（2）对于他人提供的内容信息，前述欧美立法规定网络服务提供者应承担内容信息监督义务，同时设定了排除法律责任的条件，只有同时满足法律规定的"知情""技术上有可能阻止""阻止不超过其承受能力"等条件的，网络服务提供者才承担一般的法律规定的责任包括刑事责任。网络服务提供者承担这类刑事责任并非因为构成违反相关网络管理义务的犯罪，而是因为符合传统犯罪立法的规定。[①]（3）违反协助执法、用户个人数据保护相关管理义务的，网络服务

---

① 美国司法判例显示，网络服务提供者可能因为知晓他人上传的儿童色情、诈骗等内容，被认为触犯共同犯罪条款、《美国法典》第 18 章第 1952 条、第 2252 条、第 2257 条、第 1961～1968 条等而受到刑事处罚。Lawrence G. Walters. 美国网络服务提供者的刑事责任——基于网上色情信息的视角. 刑法论丛，2015（4），杨新绿，涂龙科译：468～484.

提供者要承担相关立法规定的法律责任，主要是民事责任和行政责任，如《美国法典》第2252条、第2258A条规定违反协助执法或报告违法内容信息义务的法律责任是民事罚金，也有国家如英国《调查权管理法案》第11条第（7）款对违反协助执法义务的行为规定了监禁、罚金等刑事处罚。

与国外立法相似，根据网络服务提供者的行为过程中是否涉及他人的违法活动，我国刑法规定网络服务提供者承担刑事责任的情况分为三种，第一种是构成作为形式的单独犯，第二种是构成帮助性质的犯罪，第三种是构成违反信息网络安全管理义务的不作为犯。我国与国外立法不同之处有两点：第一，网络服务提供者违反用户个人信息保护、协助执法等信息网络安全管理义务的，不仅要承担行政法律责任，还可能构成拒不履行信息网络安全管理义务罪而承担刑事责任；第二，针对他人提供的违法信息或实施的违法活动，网络服务提供者在知晓违法信息或违法行为的内容时，既可能构成传统犯罪的共同犯罪，也可能构成帮助信息网络犯罪活动罪，还可能因拒不履行阻断违法信息传播的管理义务而构成拒不履行信息网络安全管理义务罪。以上应负刑事责任的行为表现出与网络服务相同的技术特性，且与正常业务活动紧密联系，新近刑法立法追究后两种情形中网络服务提供者的刑事责任，被批评在网络服务领域刑法过度扩张。[①] 因此，有必要研究和合理划定网络服务提供者承担刑事责任的边界。

（一）作为犯形式的单独犯

随着社会网络化发展，不仅出现了新型网络犯罪，传统犯罪也向网络化发展，这两类行为都可以由网络服务提供者实施。网络服务提供者单独构成作为犯，类似于前述德国立法规定的对自己提供的信息"承担一般法律规定的责任"的情形，如互联网信息服务提供者故意传播自己制作、编辑整理的恐怖主义内容信息的可能构成宣扬、煽动恐怖主义罪。

网络服务提供者自己制作并传播违法内容信息，当然构成相应的传播违法内容信息的犯罪，对于他人制作的违法内容信息，网络服务提供者在知晓内容的情况下故意进行了编辑、整理等并通过自己的网络服务器传播的，也应构成犯罪。"快播案"中快播公司并非只是为用户分享视频信息提供传输通道或者不对信息进行加工的交流空间，而是对视频信息进行了基于自身经营利益考虑的筛选、促进快速传播，对违法视频信息进行了分散传输和整合方式的编辑处理，应视为传播自己提供的违法内容信息，因此，"快播案"判决对其行为按照传播淫秽物品牟利罪认定是有事实和法律依据的。根据前文对前述国外立法的分析，该案如果发生在境外，也不会被免于承担法律责任。张明楷教授认为，"快播公司拉拽淫秽视频文件存储在缓存服务器里，并且向用户提供缓存服务器里的淫秽视频文件的行为，则不是中立的帮助行为，而是传播淫秽物品的正犯行为"，该观点将缓存服务一概视为正犯的传播行为是不妥当的，会严重扩大互联网信息服务提供者的刑事责任范围，进而阻碍互联网应用和网络社会的发展，前述国外立法将未同时满足前文提及的三个条件的缓存服务免除法律责任的模式，值得我国借鉴。除了构成传播内容信息相关犯罪外，网络

---

① 刘宪权. 论信息网络技术滥用行为的刑事责任——《刑法修正案（九）》相关条款的理解和适用. 政法论坛，2015（6）；陈洪兵. 中立行为的帮助. 北京：法律出版社，2010：233.

通信接入、主机托管、数据存储服务提供者非法获取用户的通信内容的可能构成侵犯通信自由罪或侵犯公民个人信息罪，非法获取、非法提供用户的个人信息的可能构成侵犯公民个人信息罪等。

在第一种情形下网络服务提供者承担刑事责任，与其信息网络安全管理义务无关，学者们对其适当性不存异议。而且，由于网络服务提供者具有技术、业务活动优势，侵犯的对象更广泛，危害更严重，隐蔽性更强，在一定情况下有必要从重处罚[①]，不少学者也支持比传统形式的犯罪处罚更重。[②]

（二）具有帮助性质的犯罪

网络服务提供者明知他人利用信息网络实施犯罪而为其提供帮助的，我国按照两种方式追究刑事责任：第一种是按帮助犯处理。由于网络服务提供者的帮助犯罪行为与其业务活动相关，容易与其正常业务活动相混淆，其主观心态成为犯罪成立的关键要件。根据我国刑法通说，帮助犯与实行犯之间必须存在共同犯罪故意，可以为共谋的故意或片面帮助的故意。[③] 第二种是按新设立的帮助利用信息网络犯罪活动罪独立定罪处罚。学者们对该罪的设立和适用争议较大。在国内外立法中，网络服务提供者构成具有帮助性质的犯罪都不以其信息网络安全管理义务为犯罪成立的前提条件，司法实务也不将其违反信息网络安全管理义务作为影响刑事责任程度的因素。

按帮助利用信息网络犯罪活动罪追究网络服务提供者的刑事责任，需要符合《刑法》第 287 条之二规定的构成条件。该罪的危害行为应当为具有计算机、网络技术服务性质的技术支持和帮助，否则，无法对利用信息网络实施的犯罪起到帮助作用，或者因其与普通的帮助犯罪没有区别，不需要予以独立犯罪化。该罪行为还受法条所列举行为方式的特性的限制，该罪法条采用了兼有列举式和概括式的行为描述方式，列举的"提供互联网接入、服务器托管、网络存储、通讯传输"涵盖前文分析的中间网络服务行为，利用互联网"提供广告推广、支付结算"涵盖前文分析的第三方交易服务平台服务行为，因此，网络服务提供者可以构成该罪。

1. 帮助信息网络犯罪活动罪不是帮助犯的量刑规则

有学者认为，"我国《刑法》第 287 条之二所规定的帮助信息网络犯罪活动罪，并不是帮助犯的正犯化，只是帮助犯的量刑规则"[④]，否认其独立犯罪化的价值，同时，意味着构成该罪必须符合共同犯罪的构成条件，客观上限制了该罪的适用。当网络服务提供者仅为某一个具体的下游犯罪提供帮助时，的确可以按照传统的帮助犯定罪处罚，但是，追究其刑事责任要依附于实行犯的查证和追究责任，在网络犯罪产业链态势下，"被帮助的正犯作为犯罪行为的直接实行行为人，不仅服务器可能设置在境外，而且其人可能也躲避在

---

① 最高人民法院、最高人民检察院、公安部《关于办理电信网络诈骗等刑事案件适用法律若干问题的意见》第 2 条规定，对利用网络技术手段实施电信网络诈骗的，酌情从重处罚。

② 例如，张明楷教授认为："网络诽谤的特点，决定了其本身就是值得处罚的情节严重的行为。"诽谤犯罪网络化应比传统诽谤犯罪危害更大，处罚应更重。张明楷：网络诽谤的争议问题探究. 中国法学，2015（3）.

③ 高铭暄，马克昌主编，赵秉志执行主编. 刑法学. 北京：北京大学出版社，高等教育出版社，2013：165～166.

④ 张明楷. 论帮助利用信息网络犯罪活动罪. 政治与法律，2016（2）.

境外。对网络共同犯罪进行刑事归责时，经常面临提供网络服务的帮助犯被追诉而正犯却逍遥法外的困境"[1]，同时，收集、审查、认定网络犯罪案件中的电子数据仍然是追诉网络犯罪案件的重大司法实务难题，案件办结的困难大，实际上可能最终无法追究其刑事责任，而且，按其他犯罪处理也往往缺乏事实和法律依据。事实上网络服务提供者从来就不是为了某一个或者少数人服务而是服务于公众，将其行为按照帮助犯定罪处罚没有反映网络服务的产业链行为特征，不能做到罚当其罪和有效遏制犯罪。因此，笔者不同意这种观点，这种观点是以传统物态社会的视角观察网络社会，共同犯罪理论建立在"一人对一人"或者"一人对少数人"传统社会活动基础上，不适分析"一人服务于人人、人人服务于一人"网络社会活动。该罪行为不同于传统的帮助犯，其技术支持和帮助行为具有明显的犯罪产业链行为特征，是整个网络犯罪链的重要环节，它并非为帮助某一个具体下游犯罪而单独存在，而是为了谋求自身独立的经济利益为众多下游网络犯罪提供服务。它具有不同于帮助犯的独立性，"网络空间中某些犯罪的帮助行为的社会危害性已经远远超过了实行行为的危害性"[2]，这种比实行行为社会危害性更严重的社会危害性不可能为从属性行为所具有，只能是因其自身具有独立性。

将该罪行为按照方式行为独立犯罪化[3]，给予兜底性刑罚处罚，可以与按照帮助犯模式处理相互补充，例如，该罪行为人明知相互独立的多人实施网络犯罪而给与技术支持与帮助，按照帮助犯处理可能都不能成立犯罪，但是，其帮助多人的行为可以被评价为"情节严重"，可以按照该罪处理；当按照帮助犯处罚更重时，如构成贩卖毒品罪的帮助犯，仍然应按照贩卖毒品罪定罪处罚。至于该罪是否过度扩展刑法的边界，笔者认为，构成该罪不仅要求行为人明知他人犯罪，还必须满足"情节严重"的要件，在规范层面避免了过度犯罪化。该罪立法具有必要性和合理性，有利于全面、全程遏制网络犯罪，是我国刑法顺应网络社会发展的适应性调整，而不是所谓的积极主义的刑法立法。[4]

2. 帮助信息网络犯罪活动罪不是帮助犯的正犯化

还有学者认为，该罪立法是帮助犯的正犯化，"完全可以脱离正犯去评价共犯行为，共犯行为的独立属性为这种刑法评价预留了足够的理论空间，对共犯正犯化的立法规定在共同犯罪理论体系中不存在障碍"[5]。笔者也不同意这种观点，理由是：（1）我国刑法学通说认为，仅教唆犯具有从属性和独立性的双重属性，认为帮助犯也具有独立性缺乏法律依据和刑法理论支撑。（2）帮助犯的正犯化的基础是行为在性质上仍然属于帮助犯，只是因为存在新的犯罪立法，其定罪脱离原来的正犯，但是，这种立法"弱化了正犯责任应有的独立性，也造成了正犯责任和片面共犯责任的适用冲突，一旦通过总则性司法解释将片面共犯全面引入后，帮助利用信息网络犯罪活动罪就会被空置"[6]。可见，对该罪作帮助犯正犯化的解读面临立法与帮助犯理论相互排斥的问题。（3）受限于刑事责任的从属性。如果

---

① 梁根林. 传统犯罪网络化：归责障碍、刑法应对与教义限缩. 法学，2017（2）.

② 于志刚. 论共同犯罪的网络异化. 人民论坛，2010（29）.

③ 我国《刑法》第285条、第286条规定的犯罪行为都是按照帮助犯手段行为设立的犯罪，与按照侵犯的犯罪客体设立的犯罪形成了相互补充的关系。

④ 周光权. 积极刑法立法观在中国的确立. 法学研究，2016（4）.

⑤ 陆旭. 网络服务提供者的刑事责任及展开——兼评《刑法修正案（九）》的相关规定. 法治研究，2015（6）.

⑥ 于志刚. 网络空间中犯罪帮助行为的制裁体系与完善思路. 中国法学，2016（2）.

该罪在性质上仍然定位为帮助犯，则其刑事责任必然要从属于正犯，或者依附于正犯的刑罚，或者只能规定较轻的刑事责任。有学者提出"必要帮助犯的主犯化"[①]"帮助行为可以在共同犯罪中起主要作用"等观点[②]，试图解决帮助犯的刑罚从属性和刑罚较轻的问题，不仅难以获得共同犯罪理论上的广泛认同，反而说明了下游犯罪对这类帮助性质的犯罪的依赖性，后者在犯罪链活动中起主要作用，是核心的犯罪行为，需要独立成罪和进行刑事责任的独立评价。

从罪刑单位的结构看，该罪设置了独立的法定刑，不可能是下游犯罪的帮助犯的量刑规则，但是，该罪法定刑较轻似乎意味着立法者将其定性为从属性的犯罪。对其他犯罪能起到帮助性质的作用，不等于就是帮助犯，也不应被评价为帮助犯的正犯化——仅承认犯罪的独立性而对其比照实行犯规定轻得多的法定刑。实际上我国刑法中具有帮助性质的犯罪较多，如洗钱罪、运输毒品罪等，这些犯罪的行为人都明知下游犯罪的犯罪性质，由于其自身在犯罪产业链条中的独立性，并被立法评价为具有严重危害性，被设定为独立的犯罪并规定了多层次的法定刑，且法定刑并非一律相对较轻。因此，符合帮助犯特征的犯罪并非都是帮助犯的正犯化，还要看该犯罪在犯罪生态中是否具有独立的地位。帮助利用信息网络犯罪活动罪与洗钱罪、运输毒品罪的特性相同，刑法将其设立为独立的犯罪是合理的，该罪与《刑法》第285条规定的"提供侵入、非法控制计算机信息系统的程序、工具罪"相似。为了使相关犯罪的罪刑均衡，应破除其帮助犯性质的认识，其法定刑设置上应当增设"具有特别严重情节的，处三年以上七年以下有期徒刑，并处罚金"。其罪名解释为"为他人利用信息网络实施犯罪提供技术支持和帮助罪"更为恰当。

（三）违反信息网络安全管理义务的不作为犯

前文分析到，国外立法如英国仅将拒不履行协助执法义务的行为入罪，我国法律和行政法规规定了较为宽泛的协助管理网络的义务，并在刑法中规定了拒不履行信息网络安全管理义务罪，该罪是法定犯、不作为犯和情节犯，其立法的适当性及其司法适用值得研究。

1. 对立法适当性的思考

网络社会的良好治理不能缺少网络服务提供者协助管理，这只证明了网络服务提供者协助管理的必要性，而不是将拒不履行协助管理义务行为犯罪化的合理依据。我国刑法学通说认为，犯罪具有相当程度的社会危害性、刑法违法性和应受刑罚处罚性[③]，不具备其中任何一个特性，犯罪立法就缺乏必要性和合理性。

首先，该罪行为是否具有严重的社会危害性存疑。该罪被设定为情节犯，情节要件标准的模糊性降低了入罪门槛，部分不具有严重社会危害性的行为可能按该罪处罚，理由是：（1）难以区分行政违法行为和犯罪行为。《网络安全法》《反恐怖主义法》和《互联网信息服务管理办法》都将"情节严重"规定为对网络服务提供者适用较重行政处罚的条

---

① 李民，高凤立. 必要帮助犯之主犯化——以网络涉枪犯罪中提供"交易平台"和"技术信息"为例. 大连海事大学学报（社会科学版），2015（6）.

② 谢彤. 帮助行为可以在共同犯罪中起主要作用. 华东政法学院学报，2002（1）.

③ 高铭暄主编. 刑法专论（上）. 北京：高等教育出版社，2006：124.

件，其内容可以涵盖《刑法》第 286 条之一列举的 4 项情节。无论未来对拒不履行信息网络安全管理义务罪的"情节严重"作何种司法解释，其作为酌定情节的性质不会改变，致使司法实践中难以区分行政法意义上的"情节严重"与刑法意义上的"情节严重"，该罪与行政违法行为的边界不清晰。（2）该罪是法定犯和不作为犯，严重后果应当是构成条件。该罪的后果并非正常的网络服务引起，只是因为网络服务提供者的保证人地位[①]，被要求"对于危险源的监督，产生了保护他人法益不受来自于自己控制领域的危险威胁的义务。这种对于危险源的控制是不作为犯的义务。这种保证人义务的根据在于，复杂社会系统中的秩序必须依赖于（处分权人所管理的）特定空间和特定控制领域的安全。"[②] 网络服务提供者违反信息网络安全管理义务，只有在应当履行、有能力且不超过合理的承受能力范围，而未防止他人违法行为或者系统危险导致严重后果，才具备了刑事追责的可能性和必要性。该罪可以类比于《刑法》第 139 条规定的消防责任事故罪，行为人违反消防管理法规且拒绝执行改正措施，造成严重后果的，才承担刑事责任，相比之下，拒不履行信息网络安全管理义务罪不是危害公共安全罪，犯罪性质不如消防责任事故罪严重，如果没有发生严重后果，仅具有"严重情节"，不足以证明该罪行为具有严重的社会危害性及追究刑事责任的必要。（3）危害后果界定不明确。该罪法条规定的"违法信息大量传播"和"刑事案件证据灭失，情节严重"的界线不清晰，违法信息大量传播的标准难以合理划定，轻罪刑事案件的证据灭失不应被评价为情节严重和具有严重的社会危害。

其次，该罪行为是否应受刑罚处罚存疑。刑法是其他部门法的保障法，刑罚是一把"双刃剑"，只有其他法律手段不能有效规制时，才能发动刑罚，刑法立法和适用都应遵循谦抑原则。[③] 该罪规定的信息网络安全管理义务由《网络安全法》《反恐怖主义法》《加强网络信息保护的决定》以及国务院《互联网信息服务管理办法》设定，并规定了相应的行政法律责任[④]，网络服务提供者拒不履行该义务的，最重可能被处以关闭网站、吊销经营许可证或者营业执照等处罚。如果其受到以上重处，要么已经丧失提供网络服务的能力而不可能实施该罪，要么其身份已经不是网络服务提供者，不应适用该罪。而且，拒不履行信息网络安全管理义务罪是轻罪，对单位犯罪只能处以罚金，法律责任反而比前述行政处罚轻，并没有剥夺其再犯能力。虽然能通过对直接责任人员处以刑罚来遏制犯罪，但是，受行政监管的网络服务提供者都是以单位形式存在，处罚单位比处罚个人效果更好，且能避免短期自由刑的流弊。当然，前述行政法律法规规定的行政处罚适用标准、处罚轻重、处罚措施不统一，行政执法可能遇到困难，解决之道应当是继续完善前述立法，而不是以刑代管。

---

① 宫厚军."保证人说"之演变及其启示.法商研究，2007（1）.

② 乌尔里希·齐白.网络服务提供者的刑法责任—刑法总论中的核心问题.王华伟，译.赵秉志主编.刑法论丛，2016（4）.

③ 张明楷.论刑法的谦抑性.法商研究，1995（4）.

④ 《网络安全法》规定的法律责任包括警告、没收违法所得、罚款、责令暂停相关业务、停业整顿、关闭网站、吊销相关业务许可证或营业执照，《反恐怖主义法》规定的法律责任是对直接责任人员的罚款、拘留，《关于加强网络信息保护的决定》规定的法律责任是警告、罚款、没收违法所得、吊销许可证或者取消备案、关闭网站、禁止有关责任人员从事网络服务业务、记入社会信用档案并予以公布，以及依法给予治安管理处罚。国务院《互联网信息服务管理办法》规定的法律责任是责令改正、吊销经营许可证或责令关闭网站。

无论从国内外立法比较还是从该罪的实际效果分析，该罪立法滥用刑法的威慑惩罚功能，欠缺立法的必要性和适当性，不能替代良好的行政监管，对我国信息社会的发展弊大于利。笔者认为，该罪不应设立，未来至少应提高该罪的入罪门槛，将其修改为结果犯。

2. 司法适用的限制

基于前文分析，拒不履行信息网络安全管理义务罪存在过度犯罪化的缺陷，在立法没有修改前，对该罪的构成要件应当进行缩限解释，避免对网络服务提供者不当施刑。

（1）违反信息网络安全管理义务的认定

该罪是不作为犯，违反信息网络安全管理义务是成立该罪的前提，认定义务的范围应注意以下两点：第一，该义务的来源是国家法律和行政法规，当前仅有《网络安全法》《反恐怖主义法》《关于加强网络信息保护的决定》《互联网信息服务管理办法》，其他部门规章和地方性法规不能成为义务的来源①；第二，义务的内容受限于刑法规定的范围。根据以上法律和行政法规，该罪的信息网络安全管理义务是网络用户身份的实名认证和服务限制、协助执法、关键信息基础设施中的个人信息和重要数据的境内留存、保护个人信息、监管所发现的违法信息以及针对恐怖主义、极端主义内容信息的监督义务，但是，违反前述6项义务，并非都要承担刑事责任，根据《刑法》第286条之一的规定，还必须能够造成"违法信息传播""用户信息泄露""刑事案件证据灭失"，并有其他严重情节。

其中，违反对网络用户身份实名验证和服务限制义务与发生上述3种结果之间的因果链条更长，本身不具有引起的性质，不可能引起严重后果，没有制造出法所不允许的风险②，违反该义务不应是该罪的危害行为，只可能是行政违法行为。此外，对于网络服务提供者未能完全履行恐怖主义、极端主义内容信息的监督义务，以至于该类信息大量传播的，也不应当追究刑事责任。《反恐怖主义法》要求网络服务提供者对传输、存储、处理的恐怖主义、极端主义内容信息进行内容审查、搜索和过滤，超越了网络服务提供者的管理能力和合理承受能力，如果其已经尽到必要的努力，即使出现前述内容信息大量传播的，也不应追究其刑事责任。

（2）拒不履行义务的认定

本罪是特殊的不作为犯，除了满足不作为犯的基本特征，还必须被监管部门责令采取改正措施，因此，认定拒不履行义务时，应注意以下几点：

第一，监管部门责令其采取改正措施的认定。《网络安全法》第8条规定，国家网信部门负责统筹协调网络安全工作和相关监督管理工作。国务院电信主管部门、公安部门和其他有关机关依照相关法律和行政法规，在职责范围内负责网络安全的监督管理工作。其他部门如工商行政部门、广播电影电视部门依据部门规章责令网络服务提供者采取改正措施，不应被认为是符合该罪规定的监管部门。有权监管部门提出的改正措施应指向相对具体的违法行为和违法内容信息，而不能是一般性的责令履行信息网络安全管理义务。

---

① 有学者认为，只要是法律明文规定的义务都可以成为网络服务提供者不作为犯罪的义务来源，这种观点会进一步导致网络服务提供者刑事责任的扩大化。秦天宁，张铭训. 网络服务提供者不作为犯罪要素解构——基于"技术措施"的考察. 中国刑事法杂志，2009（9）.

② 陈兴良. 从归因到归责：客观归责理论研究. 法学研究，2006（2）.

第二，网络服务提供者履行义务能力的认定。该罪是不作为犯，成立该罪，网络服务提供者必须具有能力履行前述义务、执行监管部门责令的改正措施。网络服务提供者的管理能力不同于服务能力，其受限于互联网技术及其整体构架、信息系统的软硬件设备设施、网络服务平台管理的技术和条件、网络服务的经营成本等多方面。以网络信息服务提供者为例，面对海量的图片、音视频形式的色情、暴恐等违法信息，网络信息服务提供者目前只有特征信息的计算机自动搜索和人工审查两种措施，无法实时、无遗漏地发现全部违法信息，如果违法内容信息被使用了隐藏技术、非通用语言和密码技术等，则更难以做到有效发现和监管。因此，对网络服务提供者履行义务能力的认定，笔者认为，可以参考前述德国立法的规定，必须同时满足"在技术上有可能阻止""进行阻止不超过其承受能力"的条件，并采取兼顾业界一般能力水平和个体能力的判断标准，即以当时多数网络服务单位履行义务能力的一般水平为基础，具体考察特定单位实际履行义务的可能性和承受能力。① 如果改正措施超出了当时的一般能力水平，或者要求投入的管理成本太高，以致严重影响被监管人的正常经营，不能认为其具有履行义务的能力。

第三，故意不执行改正措施的认定。该罪的"核心是拒不改正"②，主观上具有拒不履行协助管理义务、对抗法律的心态，客观上其拒不改正、未阻止法定后果的发生，分为两种情形，一种是完全不执行，另一种是表面应付、实际上不执行，前者容易判断，而后者则容易与执行不能、执行迟缓、执行困难等相混淆。笔者认为，应当综合考虑监管部门责令的改正措施的内容和网络服务提供者执行改正措施的实际状况，如果内容比较明确、具体，执行难度不大，处于行为人有能力执行的范围内的，行为人不投入必要的人力物力、故意拖延和应付的，应当认定为拒不执行改正措施；如果是超出了行为人的管理能力，或者是改正工作量巨大导致过程长，或者其能力不足以完全改正，即使发生法定的后果，也不应认定为故意不执行改正措施。③

（3）严重情节

《刑法》第286条之一规定了4项"严重情节"，对违反用户信息保护义务的按照结果犯认定，对违反其他义务的按照情节犯认定。前文分析到，"严重情节"的界限模糊，对该要件"粗犷"适用不仅会使网络服务提供者承担个案的刑事责任，还会对大量网络服务提供者的日常经营以现实的刑事责任风险压力，迫使其强化对网络信息的筛查监控，危及公众的网络表达和言论自由权利。笔者认为，在该构成要件没有修改之前，对其的认定应当符合宪法原则，兼顾打击犯罪与保护人权。④ 由于该条对违反用户信息保护义务要求造成严重后果，对该罪的其他"严重情节"也应按"造成严重后果"来解释。可以考虑对"刑事案件证据灭失"解释为导致应判处三年以上的重罪的构成要件事实证据灭失，对"致使违法信息大量传播"规定高于故意传播违法信息的犯罪的数量标准，且违法信息的大量传播应与严重危害社会的事件有因果关系。由于违法信息的种类繁多，我国刑法没有

① 钱叶六.不作为犯的实行行为及其着手之认定.法学评论，2009（1）.

② 赵秉志，刘志伟，袁彬.关于《中华人民共和国刑法修正案（九）》新增及修改罪名的意见.法学杂志，2015（10）.

③ 周光权.网络服务商的刑事责任范围.中国法律评论，2015（2）.

④ 张翔.刑法体系的合宪性调控——以"李斯特鸿沟"为视角.法学研究，2016（4）.

对所有违法信息规定故意传播类犯罪，无法都采取参照的方法，法官在裁量时应当对比处最重的行政处罚的数量标准，避免轻易入刑。

四、结论

网络服务提供者在网络社会中处于枢纽地位，网络社会的治理需要网络服务提供者协助管理，对网络服务提供者设立协助管理义务是各国立法的趋势，无论在法理还是立法上，网络服务提供者都不是具有"中立的义务"。国内外立法要求网络服务提供者承担的义务基本相同，主要是协助执法义务（协助通信监视和数据留存与提供）、内容信息监管、用户数据保护，我国相关立法在协助管理义务的类型化、区别化方面与国外立法差距较大。

国外立法较少专门对网络服务提供者规定犯罪立法。网络服务提供者对自己提供的内容信息，应当承担一般法律规定的责任；对他人提供的内容信息，在满足"知情""技术上有可能阻止"和"阻止不超过其承受能力"三项条件时，网络服务提供者有义务阻止，如果不阻止，将承担一般的法律规定的责任，包括刑事责任；网络服务提供者违反法律规定的管理义务，承担的法律责任主要是民事责任和行政责任。

我国网络服务提供者可能构成作为犯形式的单独犯、共同犯罪中的帮助犯、帮助他人利用信息网络犯罪活动罪和拒不履行信息网络安全管理义务罪，前二者与国外立法相似，拒不履行信息网络安全管理罪立法的必要性、适当性需要继续研究，当前应当对该罪进行限制性解释适用。

论拒不履行信息网络安全管理义务罪中的"经监管部门责令改正"

赖早兴*

内容摘要： 拒不履行信息网络安全管理义务罪是《刑法修正案（九）》新设的罪名。"经监管部门责令改正"是该罪成立的一个前提条件。在理解和把握监管部门的责令改正时应当强调合格的责令改正主体、法定的监管权限、完整的责令改正通知内容、合理的通知方式，也要处理好网络服务提供者对责令改正所持的异议。

关键词： 拒不履行信息网络安全管理义务罪　监管部门　责令改正　实体与程序

《刑法修正案（九）》在《刑法》第286条之一中增设拒不履行信息网络安全管理义务罪。该罪是指网络服务提供者不履行法律、行政法规规定的信息网络安全管理义务，经监管部门责令采取改正措施而拒绝执行，致使违法信息大量传播，或致使用户信息泄露，造成严重后果，或致使刑事犯罪证据灭失、严重妨害司法机关依法追究犯罪，或有其他严重情节的行为。这说明，"经监管部门责令改正"[①]是网络服务提供者构成拒不履行信息网络安全管理义务罪的前提条件。如果网络服务提供者没有接到监管部门责令改正的通知且拒绝履行法律、行政法规规定的信息网络安全管理义务，即使致使用户信息泄露、造成严重后果，或致使刑事犯罪证据灭失、严重妨害司法机关依法追究犯罪，或有其他严重情节，也不构成拒不履行信息网络安全管理义务罪（可能会构成其他的罪）。因此，"经监管部门责令改正"在拒不履行信息网络安全管理义务罪的认定中具有十分重要的意义。在理解"经监管部门责令改正"时，笔者认为要注意以下几点：

一、合格的责令改正主体

本罪成立的前提是网络服务提供者拒绝根据监管部门责令改正的要求采取措施履行法

＊ 对外经济贸易大学法学院教授、博士生导师。本文为司法部国家法治与法学理论研究项目"行政法与刑法衔接问题研究"（13SFB3012）阶段性成果；湖南省社科基金项目"行政罚与刑罚衔接关系问题研究"（11JL11）阶段性成果。

① 《刑法》第286条之一使用的是"经监管部门责令采取改正措施"，为简略起见，笔者使用"经监管部门责令改正"代替。

律、行政法规规定的信息网络安全管理义务，因此这里的监管部门是指信息网络安全管理部门，监管部门也是对网络服务提供者进行监管。2016 年 11 月颁布的《网络安全法》在界定"网络运营者"时将网络服务提供者与网络的所有者、管理者区别开来。如此看来，在网络运营者中，除了网络管理部门和电信、联通、移动等网络所有者外，其他提供网络服务的个人或单位都是网络服务提供者。《网络安全法》规定，网络运营者要制定内部安全管理制度和操作规程，确定网络安全负责人，落实网络安全保护责任。这就要求网络服务提供者（如果是单位）设立内部安全管理部门，管理本网络服务提供者的内部网络安全问题。但显然，其内部网络安全管理部门针对本网络服务提供者某部门在网络安全方面存在的问题而提出的改正要求，不属于《刑法》第 286 条之一规定的"经监管部门责令改正"。

那么这里的"监管部门"是指什么部门呢？《网络安全法》第 8 条规定："国家网信部门负责统筹协调网络安全工作和相关监督管理工作。国务院电信主管部门、公安部门和其他有关机关依照本法和有关法律、行政法规的规定，在各自职责范围内负责网络安全保护和监督管理工作。县级以上地方人民政府有关部门的网络安全保护和监督管理职责，按照国家有关规定确定。"这里明确列举的有国家网信部门、国务院电信主管部门、公安部门。该列举性规定与《反恐怖主义法》第 19 条关于"网信、电信、公安、国家安全等主管部门"的列举类似。这里的国家网信部门是 2014 年成立的中央网络安全和信息化领导小组，其办事机构即中央网络安全和信息化领导小组办公室，由国家互联网信息办公室承担具体职责。[①]"国务院电信主管部门"为国务院工业和信息化部。由于网络信息安全涉及方方面面，《网络安全法》在此并没有将与此有关的所有监管部门都列举出来，而是作了概括性规定。对于不履行网络安全保护义务的网络运营者的处罚主体，《网络安全法》也只是规定"由有关主管部门"责令改正，给予警告或罚款。从管理权限上看，国家安全部、文化部、国资委、国家工商总局、广电总局、新闻出版总署等部门都有相关领域互联网管理权限，都属于这里的"其他有关机关"[②]。另外，我国网络安全实行分级管理，与中央部门对应的各县级以上地方人民政府有关部门也是网络安全的监管部门。

二、明确的法定监管权限

监管部门是在网络服务提供者不履行法律、行政法规规定的信息网络安全管理义务时通知其采取改正措施，因此监管部门只能是在其法定职权的范围内，就法定的监管内容向网络服务提供者提出采取改正措施的要求。

---

① 2014 年 8 月 26 日国务院发出《关于授权国家互联网信息办公室负责互联网信息内容管理工作的通知》（国发〔2014〕33 号）授权重新组建的国家互联网信息办公室负责全国互联网信息内容管理工作，并负责监督管理执法。

② 这里的"其他有关机关"具体包括哪些单位，难以列举。2006 年国家有关部门联合成立了"全国互联网站管理工作协调小组"，成员单位包括：信息产业部、国务院新闻办公室、教育部、文化部、卫生部、公安部、国家安全部、商务部、国家广播电影电视总局、新闻出版总署、国家保密局、国家工商行政管理总局、国家食品药品监督管理局、中国科学院、总参谋部通信部。这里恐怕还不是网络管理的全部单位。例如从 2009 年 12 月到 2010 年 5 月底，中央外宣办、全国"扫黄打非"办、工业和信息化部、公安部、新闻出版总署等九部门在全国范围内联合开展了深入整治互联网和手机媒体淫秽色情及低俗信息专项行动。

如上所述，我国网络安全管理职权由同一级别的不同部门及不同级别的部门行使，这就要求网络安全管理上既要讲部门管理，也要讲级别管理。不具有事项管理权限的部门不得行使管理权，非属于某级别管理的事项，该级别的部门不得管理，这是行政职权划分中法定性的要求。凡是无相关法定管理职权、监管内容不符合法律规定的，其监管部门责令改正通知不具有法律效力，网络服务提供者可以拒绝执行，其行为不构成拒不履行信息网络安全管理义务罪。这就要求监管部门责令网络服务提供者采取改正措施时，必须有明确的法律依据。这种依据不是概括性的，而是明确的法律依据。例如根据《互联网信息服务管理办法》第18条第2款的规定，新闻、出版、教育、卫生、药品监督管理、工商行政管理和公安、国家安全等有关主管部门，在各自职责范围内依法对互联网信息内容实施监督管理。这就是一条概括性的规定，它只是规定上述部门有对互联网信息内容实施监督管理的权限，但并没有明确在什么情况下、针对何事、有什么样的管理权限。但很多情况下，法律、法规有明确的监督管理权限的规定。例如，公安机关发现网络服务提供者在网络上宣扬封建迷信、淫秽、色情、赌博、暴力、凶杀、恐怖信息时，可以依据《计算机信息网络国际联网安全保护管理办法》第18条的规定通知其关闭或者删除。为证明其监管职权和监管内容的合法性，在监管机构的监管责令改正通知中应当明确列出法律依据。

现在，我国网络安全管理部门众多[①]，难免出现监管中交叉重叠或监管真空的情况。现在，从中央到地方开始推行行政部门权力清单制度。例如2015年12月28日国务院办公厅发布《国务院部门权力和责任清单编制试点方案》，确定在国家发展改革委、民政部、司法部、文化部、海关总署、税务总局和证监会开展权力和责任清单编制试点工作。其目的在于以清单形式列明行政部门行政权责及其依据、行使主体、运行流程等，依法公开行政权责，清晰行政权力的边界。在此之前（2015年3月24日），中共中央办公厅、国务院办公厅就印发了《关于推行地方各级政府工作部门权力清单制度的指导意见》，其目的是指导地方各级政府工作部门将行使的各项行政职权及其依据、行使主体、运行流程、对应的责任等，以清单形式明确列示出来。如果推行行政部门权力清单制度，明晰不同级别行政部门权力范围与界限，也清晰同一级不同行政部门之间权力范围与界限，那么网络安全管理部门就能做到依法行政，网络服务提供者也能明确监管的合法性。

三、完整的责令改正通知内容

网络服务提供者不履行法律、行政法规规定的信息网络安全管理义务时，监管部门责令改正通知其采取改正措施，这是一种行政管理的行为。从行政法律关系上看，监管部门的该类责令行为不是行政强制措施而属于行政命令。根据《行政强制法》的规定，行政强制措施是指行政机关在行政管理过程中，为制止违法行为、防止证据损毁、避免危害发生、控制危险扩大等情形，依法对公民的人身自由实施暂时性限制，或者对公民、法人或

---

① 面对网络安全管理部门众多的状况，人们称之为"九龙治水"。林琳，舒华英. 根治"九龙治水"需建立政监分离的统一监管机构. 通信信息报，2008-03-19；方兴东. 九龙治水是中国网络治理的制度创新. 21世纪经济报道，2016-04-06.

者其他组织的财物实施暂时性控制的行为。显然监管机关通知网络服务提供者采取改正措施时不是对其人身自由的限制，也不是对其财物的控制，而是对行为的要求。行政命令是行政主体依法要求相对人进行一定的作为或不作为的意思表示。监管机关通知网络服务提供者采取改正措施就是要求其作出一定的行为。因此，《刑法》第286条之一中的监管部门"责令"改正是一种行政命令。如果网络服务提供者接到要求采取改正措施的通知后仍不改正时，会有后续的行政处罚对其进行处理。应当注意的是，这里的行政命令与《行政诉讼法》第13条第2项"行政法规、规章或者行政机关制定、发布的具有普遍约束力的决定、命令"不同，前者是一种具体行政行为，后者是一种抽象行政行为。既然监管部门责令改正通知是一种行政命令，就应当有合理的作出与送达程序。

首先，应当查明事实。合格的监管部门应当依法查明网络服务提供者不履行法律、行政法规规定的信息网络安全管理义务的事实。这是监管部门发出责令改正通知的前提。无论是监管部门接到群众举报还是自身在例行检查中发现网络服务提供者不履行法律、行政法规规定的信息网络安全管理义务，都应当根据相关举报或线索对具体事实进行核实。同时，监管部门还要评估网络服务提供者不履行法律、行政法规规定的信息网络安全管理义务可能导致的后果，如违法信息的性质、影响程度，泄露用户信息可能造成的后果等。因为现在是网络社会，监管部门对网络的管理应当具有一定的宽容度，不能群众一举报就要求网络服务提供者采取改正措施。实际上，只有违法行为的社会危害性达到一定的程度才有必要由监管部门介入处理。如果监管部门认为网络服务提供者确实存在不履行法律、行政法规规定的信息网络安全管理义务的事实且其社会危害性达到了应当采取行政措施的程度，监管部门即可发出监管通知，责令网络服务提供者采取改正措施。在其通知中必须载明该事实及其危害，以便网络服务提供者明白自己网络服务提供中存在的问题，进而采取针对性的措施予以改正。

其次，应当列明法律依据。"行政机关作出的行政行为必须具有合法的规范性文件的依据。"[①] 这里的法律依据有两个方面的内容：一是网络服务提供者履行法律、行政法规规定的信息网络安全管理义务的依据。该法律依据是告知网络服务提供者有法律规定的信息网络安全管理之义务。从实践情况看，网络服务的提供者既有单位又有个人。并非任何单位都有法务部门（尤其是小型公司），单位的管理者可能对单位承担的信息网络安全管理义务并不了解，自然人主体更可能出现此类问题。因此，告知网络服务提供者承担信息网络安全管理义务的规定实有必要。二是监管部门作出责令改正这一行政命令的法律依据。该法律依据是告知网络服务提供者监管部门是有权管理部门，有权依法对其未履行法律、行政法规规定的信息网络安全管理义务的行为进行管理。在通知中列明两个方面的法律依据都有助于网络服务提供者在了解自身义务、明确监管部门权力的基础上积极根据通知的要求采取针对性的措施履行自己信息网络安全管理义务。

再次，应当明确期限。责令改正通知中应当告知网络服务提供者采取措施履行信息网络安全管理义务的时间。监管部门认为网络服务提供者未依法履行信息网络安全管理义务导致的后果严重时，可以要求其立即采取措施消除影响或防止事态进一步恶化。但对于一

---

① 章剑生. 现代行政法基本理论. 北京：法律出版社，2008：139.

些非紧急事态，监管部门可以要求网络服务提供者限期采取措施履行其信息网络安全管理义务。例如依据 2016 年颁布的《网络出版服务管理规定》，网络出版物不得含有宣扬淫秽、色情、赌博、暴力或者教唆犯罪的内容，如果网络出版服务单位传播此内容，出版行政主管部门可以依据第 52 条的规定责令其删除相关内容并限期改正。

最后，应当载明拒不执行的后果。行政命令作为一种行政行为必须有行政强制力作为后盾。"行政命令从行政法理论上讲，有时作为一种程序行为被后续的行政行为所吸收，有时可以作为一种独立的行政行为。"① 此处的责令改正属于前者。监管部门责令网络服务提供者采取措施依法履行信息网络安全管理义务而网络服务提供者拒不履行时，行政机关会采取相应的后续行政处罚措施。不过，现在行政法律、法规中监管部门责令改正通知有时与行政处罚同时作出。例如，根据《网络出版服务管理规定》，传播含有宣扬淫秽、色情、赌博、暴力或者教唆犯罪内容的网络出版物，由出版行政主管部门责令删除相关内容并限期改正，没收违法所得，处以罚款；情节严重的，责令限期停业整顿或者由国家新闻出版广电总局吊销"网络出版服务许可证"，由电信主管部门依据出版行政主管部门的通知吊销其电信业务经营许可或者责令关闭网站。通过行政处罚措施的强制，使监管部门责令采取改正的通知得以执行。

四、合理的通知方式

行政行为可以分为要式行政行为和非要式行政行为。要式行政行为，是指必须具备某种书面文字或具有特定意义符号的行政行为；非要式行政行为，是指行政法规范没有要求必须具备某种书面文字或特定意义符号的行政行为。从实际情况来看，行政行为的表现方式多种多样，既有明示的，也有默示的；既有口头的，也有书面的等。本条中"监管部门责令改正"的通知应当采取什么方式？有学者反对非正式的通知方式，认为："监管部门不同级别的人都有可能通过电话、口头通知发布'责令'，如果将这种非正式的通知包含在'责令'之内，会给企业履行义务带来困扰，导致入罪的风险过大。"② 笔者赞同责令改正的通知应当采取书面的形式，不能以口头的方式将内容告知网络服务提供者。这主要是考虑到两个方面的功用：一是内容明确，便于网络服务提供者知悉监管部门的意图及应当采取的具体措施；二是保留证据，因为在拒不履行信息网络安全管理义务罪的构成中"经监管部门责令改正"是犯罪成立必须考虑的因素，侦查机关在侦查时必须收集监管部门的该通知，审查起诉时必须审查该内容，它通常也会成为开庭审理时控辩双方的争议点之一。

或许有人认为，在紧急情况下，可以由监管部门口头通知网络服务提供者，要求其立即采取措施。例如网络服务提供者提供大量、露骨的色情内容，监管部门得到举报后，经查实，可以作出口头的通知。但笔者认为，口头通知无法全面、明确表达监管内容，也无法附随拒不执行通知内容时的行政处罚。而且，既然口头通知作出时所需要的违法事实、

---

① 胡建淼. 行政与法治. 北京：国家行政学院出版社，2014：219.

② 王文华. 拒不履行信息网络安全管理义务罪适用分析. 人民检察，2016（6）.

法律依据、改正措施等内容都已经由监管部门掌握，监管部门责令改正书面通知的作出也无须耗费太长的时间，完全可以及时作出书面通知。

另外，通知作出后应当以适当的方式送达网络服务提供者。我国行政法律、法规尚未就行政命令的送达方式作出明确的规定。《行政处罚法》第 40 条规定："行政处罚决定书应当在宣告后当场交付当事人；当事人不在场的，行政机关应当在七日内依照民事诉讼法的有关规定，将行政处罚决定书送达当事人。"监管部门的责令改正通知能不能参照该规定中的送达方式？笔者认为，行政处罚与这里的监管部门责令改正通知存在着性质上的差异：前者是行政机关对行政相对人违法行为的处罚，多数属于事后责任追究；后者是行政机关对行政相对人违法行为的排除，并非责任追究。由于监管部门责令改正通知是要求网络服务提供者接到通知后采取通知中的改正措施履行信息网络安全管理义务，这决定了监管部门责令改正通知应当主要采取当场交付网络服务提供者或其主要负责人的方式。当然，现在网络发达，如果采取网上办公，监管部门可以通过电子邮件的方式将责令改正的通知发送到网络服务提供者或其主要负责人的邮箱中，同时通过电话等方式告知其查收通知。

五、合规的异议处理

监管部门的责令改正通知送达后，网络服务提供者可能对该行政命令持有异议。这种异议可能针对的是责令采取改正措施通知作出的基础事实，也可能是对责令改正发出的主体，还可能是对责令改正通知作出的法律依据等。无论是针对哪个方面持有异议，网络服务提供者都应当可以通过适当方式表达与救济。

网络服务提供者对附有行政处罚的监管部门责令改正通知有异议时，可以通过行政复议或行政诉讼的方式解决争议。《行政复议法》第 6 条对可以申请行政复议的事项进行了列举性规定。该条中并没有将具有行政命令性质的监管部门责令改正通知作为可以申请行政复议的事项加以列举，但该条第（十一）项概括性规定"认为行政机关的其他具体行政行为侵犯其合法权益的"实际上将监管部门的责令改正通知作为可以申诉复议的事由。因为，监管部门要求网络服务提供者采取措施履行信息网络安全管理义务，会干涉其提供服务的内容，网络服务提供者完全可能认为该行政行为侵犯了其合法权益。网络服务提供者对监管部门责令改正通知持异议且经行政复议后，其对复议决定仍然不服的，可以依据《行政诉讼法》提起行政诉讼，或者不经行政复议而直接提起行政诉讼。

如果监管部门的责令改正通知没有附随行政处罚，那么这种通知实际上是一种中间行政行为。因为如前所述，如果监管部门的责令改正通知得不到网络服务提供者的执行，行政机关会对其进行行政处罚。行政法学者通常认为，如果某行政行为为多段行政行为，中间行政行为原则上不具有可复议性和可诉性，其最后阶段行政行为才具有可复议性和可诉性。因此，从行政法理论上看，当网络服务提供者对没有附随行政处罚的责令改正通知不服时，其不履行也没有即时的不利后果，完全没有必要申请复议或提起行政诉讼。如果其不履行通知遭到行政机关的行政处罚时，可以对行政处罚申请行政复议或提起行政诉讼。根据《刑法》第 286 条之一的规定，网络服务提供者若对通知有异议而拒不执行，即使该通知没有附有行政处罚，也可能会有刑法上的后果，因为这是构成拒不履行信息网络安全管理义务罪的客观要件之一。因此，基于刑事责任的考虑，当网络服务提供者对作为中间行政行为、没有附随行政处罚的责令改正通知不服时仍应当允许其提起行政复议或行政诉讼。

网络服务提供者对监管部门责令改正通知持异议而申请行政复议或提起行政诉讼时，监管部门的通知是不是应当停止执行？《行政处罚法》第 45 条规定："当事人对行政处罚决定不服申请行政复议或者提起行政诉讼的，行政处罚不停止执行。"笔者认为，监管部门责令改正通知的目的在于要求网络服务提供者采取积极措施履行信息网络安全管理义务，防止危害发生或继续发生，因此行政复议或行政诉讼时，监管部门责令改正通知不停止执行；网络服务提供者不得以其对监管部门责令改正通知已经申请行政复议或提起行政诉讼为由，拒绝采取改正措施。

六、结语

理解和适用拒不履行信息网络安全管理义务罪时，应当正确把握"经监管部门责令改正"。只有当责令改正的监管主体合格、具有明确的法定监管权限、在责令改正通知中载明完整的内容并采取合理的通知方式，才能认定为"经监管部门责令改正"。如果网络服务提供者对监管部门的责令改正通知持有异议，则应当允许其申请行政复议或提起行政诉讼。不得将申请行政复议或提起行政诉讼的行为理解为拒不履行网络信息安全管理义务的行为。

非法利用信息网络罪的理解与适用

张 尹*

内容摘要： 应建立在行政处罚与刑罚的双层治理模式下理解和适用非法利用信息网络罪。《刑法》第287条之一中"违法犯罪"仅指满足刑法定性、却无须满足刑法定量要求的行为。"情节严重"应从违法犯罪信息数量，同一信息被点击、转发的数量，群组成员数和网站会员数，违法所得，严重后果、社会影响以及累受行政处罚等方面具体化。行为人为自己诈骗发送信息，需确定"着手"时点。若行为人只是发送了信息，还未得到相对方回应，或即使得到回应却无任何诈骗成功可能性时，只得认定为非法利用信息网络罪。行为人为他人诈骗发送信息，若行为人与下游犯罪人之间存在共谋，或行为人明知他人实施诈骗，仍旧为其发送信息，成立诈骗罪的共犯，以从犯处罚。

关键词： 预备犯　行政处罚　违法犯罪　情节严重　从犯

《刑法》第287条之一设置非法利用信息网络罪，意在规制利用信息网络设立用于实施诈骗、传授犯罪方法等违法犯罪活动的网站、通讯群组，发布有关制作或者销售违禁物品、管制物品或者其他违法犯罪信息，为实施诈骗等违法犯罪活动发布信息的情节严重行为。本罪生效之后，司法实践亦出现相关案例。笔者整理当前案例后发现，本罪适用存在如下问题：其一，适用标准模糊，即只要行为人利用信息网络实施违法行为且信息数量较大，便径直认定为非法利用信息网络罪，而未对本罪构成要件进行说明论证。其二，同案异判现象，即针对同一种行为，既有案例认定为诈骗罪，也有案例认定为非法利用信息网络罪，且法院并未说明此种差异缘由。针对上述问题，本文试图从性质、构成要件等方面，理解和适用非法利用信息网络罪。

一、非法利用信息网络罪的适用前提

在解释某个法律用语时，应确定基本解释立场，即将眼光放至整个条文，寻找规范目的、保护法益以及欲达至的法律效果，确定条文性质。同时，被解释的词语不得脱离这个

＊ 中国人民大学法学院刑法学博士研究生。

预设框架。① 故在理解与适用非法利用信息网络罪之前，需厘清其适用前提与功能定位。

(一) 学界观点及评析

在本罪设立之初，理论界对非法利用信息网络罪的性质存在多种描述，如预备行为实行化、以网络为犯罪工具或者信息散布型网络犯罪等。

1. 预备行为实行化

刑法学界将《刑法修正案（九）》设立的准备实施恐怖活动罪与非法利用信息网络罪称为预备行为实行（既遂）化，即某类预备行为的犯罪性质、危害性极为严重，其危害后果难以预测、评估、挽回，抑或难以产生确定的危害后果。因此，刑法将这种实质上的预备行为法定提前化、提升为具体犯罪构成中的实行行为，以严厉打击此类犯罪。② 故对非法利用信息网络等行为，原可基于《刑法》第 22 条作为诈骗罪、传授犯罪方法罪、贩卖淫秽物品牟利罪等的预备犯处罚，现因《刑法》第 287 条之一被独立评价为一种实行犯，直接以非法利用信息网络罪定罪处罚。因而本罪具有惩罚时点大大提前③及抽象危险难以确证④等弊端。与该批评如影随形的，是学界对我国普遍处罚预备犯的质疑。理由有：其一，预备行为尚未着手，无法确切表征行为人违反、敌对法规范意识，也不能自证行为人意图通过构成要件行为实现结果无价值；其二，预备行为不具有实行行为定型性，其内涵与外延的不确定性会导致不当扩大处罚范围。⑤

因此，有学者提出，应将本罪理解为实质预备犯。⑥ 因为实质预备犯通过立法者设置独立的构成要件获得了形式合法性，因其对重大法益的抽象危险获得了实质正当性。⑦ 详言之，通过法律拟制技术，"使刑法对实质预备犯的处罚受到实行行为的类型化、个别化、法定化机能的严格规制，符合现代行为原理所固守的，以实行行为为刑罚处罚基底这一基本立场"⑧。

不难发现，双方讨论的焦点均是实行行为定型性、类型性，对法益的抽象危险两方面。然而，双方均是宽泛地提及实行行为类型性、封闭性，却未进一步提出界限或标准。如果说《刑法》第 22 条中"准备工具、制造条件"不符合实行行为的类型化、个别化、法定化的话，第 120 条之二中"其他准备"为何又不言自明地具备了定型性？推而广之，

---

① 姚诗. 非法行医罪"情节严重"的解释立场与实质标准. 政治与法律，2012（4）.

② 于志刚. 网络犯罪与中国刑法应对. 中国社会科学，2010（3）.

③ 车浩. 刑事立法的法教义学反思——基于《刑法修正案（九）》的反思. 法学，2015（10）.

④ 阎二鹏. 预备行为实行化的法教义学审视与重构——基于《中华人民共和国刑法修正案（九）》的思考. 法商研究，2016（5）.

⑤ 梁根林. 预备犯普遍处罚原则的困境与突围. 中国法学，2011（2）.

⑥ 实质预备犯与形式预备犯相对，前者是指刑法将准备行为规定为独立的犯罪类型，之所以对其既遂化，是因该预备行为的抽象危险十分严重，值得作为既遂犯处理。如《刑法》第 102 条、第 120 条、第 125 条等。后者是指刑法将准备行为作为基本犯罪构成要件行为（实行行为）之前的行为予以规定的情形。如《刑法》第 22 条. 张明楷. 论《刑法修正案（九）》关于恐怖犯罪的规定. 现代法学，2016（1）.

⑦ 阎二鹏. 预备行为实行化的法教义学审视与重构——基于《中华人民共和国刑法修正案（九）》的思考. 法商研究，2016（5）.

⑧ 梁根林. 预备犯普遍处罚原则的困境与突围. 中国法学，2011（2）."独立预备罪的行为，在分则条文得到了具体描述，并非无定型、无限定的行为，因而从形式上说完全具备实行行为的特点"，张明楷. 论《刑法修正案（九）》关于恐怖犯罪的规定. 现代法学，2016（1）.

分则条文中大量的"其他"兜底型条款，是否也当然具有定型性、封闭性？所以有学者认为"即使是立法试图对预备行为进行类型化描述，由预备行为只是为犯罪的实行创造便利条件这一特质所决定，也不可能具有实行行为所应有的明确性、限定性与封闭性"[①]。因此，空泛地陈述实行行为定型性、类型性难以证成或证伪。另一方面，刑法理论对抽象危险虽定义不一，核心要素往往为"特定行为的典型危险"[②]"立法上推定……不需要司法上具体判断"[③]。持实质预备犯观点的论者的逻辑乃是某预备行为具有抽象危险（A）→立法将其实行化→该立法正当，A 中抽象危险等于"立法推定之危险"，故上述逻辑线亦为：某预备行为具有立法推定的危险→立法将其实行化→该立法正当，即用立法当然推定之物来论证此处立法的正当性。同理，质疑此种立法模式的论者便是以某行为不具备立法推定之物来反驳此处立法不具有正当性。

本文认为，"一部刑法典主要是属于它那个时代和那个时代的市民社会情况的"[④]，当前我国设立非法利用信息网络罪有其必要性。互联网 2.0 时代，即时通讯工具的出现和迅速传播标志着以交互为主模式的到来。相应地，网民之间"点对点"地利用网络工具进行侵害成为犯罪标准模式。[⑤] 网络的无地域性，极易在短时间内组织多地、不特定人参与犯罪，或针对不特定人实施犯罪。而待查清线索，犯罪已蔓延到很大规模。[⑥] 并且，较之个人，某些行为造成损失较小，但放之整个网络用户，损失却是重大的。[⑦] 就当前我国实际来看，截至 2017 年 12 月，中国网站数量为 533 万个、网页数量 2 604 亿个。网民规模达 7.2 亿，互联网普及率为 55.8%。手机网民规模达 7.53 亿，网民中使用手机上网人群的占比提升至 97.5%。[⑧] 潜在受害人范围之广、危害后果之严重无法估量。是故，在当今社会，社会生活的复杂化与犯罪的高科技化，使得许多网络犯罪行为一旦得逞，便会造成不可估量的侵害后果，所以，不能等待造成侵害后果后再处罚，提前介入成为一种更有效率的保护。网络犯罪的特点，决定了必须实行法益保护的早期化。[⑨]

2. 网络作为犯罪工具或者信息散布型网络犯罪

有学者基于网络在犯罪中的地位，将网络犯罪分为三个阶段：网络作为犯罪对象、网络作为犯罪工具、网络作为犯罪空间。非法利用信息网络罪属于第二阶段，特点是利用网络的技术优势来实施传统犯罪，针对的仍然是现实社会的法益，传统的定罪量刑标准等规则体系基本未发生变化，因此，通过扩张解释现存构成要件便可解决大部分犯罪形式。[⑩]

司法解释和审判实践也是采取类似态度。在《刑法修正案（九）》生效之前，便有规定通过互联网将国家秘密或者情报非法发送给境外的机构、组织、个人的，依照为境外窃

① 梁根林. 预备犯普遍处罚原则的困境与突围. 中国法学，2011（2）.
② 林钰雄. 新刑法总则. 台北：元照出版社，2014：101.
③ 张明楷. 刑法学. 第五版. 北京：法律出版社，2016：167.
④ 黑格尔. 法哲学原理. 范扬，张企泰，译. 北京：商务印书馆，1961：229.
⑤ 于志刚，吴尚聪. 我国网络犯罪发展及其立法、司法、理论应对的历史梳理. 政治与法律，2018（1）.
⑥ 沈德咏.《刑法修正案（九）》条文及配套司法解释理解与适用. 北京：人民法院出版社，2015：262.
⑦ 张明楷. 网络时代的刑法理念——以刑法的谦抑性为中心. 人民检察，2014（9）.
⑧ 中国互联网信息中心. 第 41 次中国互联网络发展状况统计报告：13～22.
⑨ 张明楷. 网络时代的刑法理念——以刑法的谦抑性为中心. 人民检察，2014（9）.
⑩ 于志刚. 网络、网络犯罪的演变与司法解释的关注方向. 法律适用，2013（11）.

取、刺探、收买、非法提供国家秘密、情报罪定罪处罚；将国家秘密通过互联网予以发布，情节严重的，依照故意泄露国家秘密罪定罪处罚。[①] 抑或，"制作、传播邪教宣传品，宣扬邪教，破坏法律、行政法规实施，具有下列情形之一的，依照刑法第三百条第一款的规定，以组织、利用邪教组织破坏法律实施罪定罪处罚……（三）利用互联网制作、传播邪教组织信息的"[②]。甚至在《刑法修正案（九）》生效后，审判实践中，依旧将利用信息网络传授犯罪方法的案件定性为传授犯罪方法罪。[③]

也有学者将非法利用信息网络罪定位为信息散布型网络犯罪，"发布信息"是本罪处罚的关键和围绕的中心。信息散布型网络犯罪，是指在信息网络上散布违法犯罪信息，或者非法散布不应公开信息的犯罪行为。基于受众多寡与中止信息扩散的可能性，线下与线上实施信息散布型犯罪的社会危害性存在天壤之别。针对信息散布型网络犯罪，立法者不再完全按照传统犯罪的规定定罪处罚，同时特别强调法益保护的早期化。[④]

纵观我国刑法规定，信息散布型犯罪有《刑法》第 103 条、第 105 条、第 111 条、第 120 条之三、第 161 条、第 177 条之一、第 180 条、第 181 条、第 219 条、第 221 条、第 222 条、第 246 条、第 249 条、第 253 条之一、第 287 条之一、第 291 条之一、第 295 条、第 308 条之一、第 363 条、第 364 条、第 398 条、第 431 条、第 432 条等。并且，在《刑法修正案（九）》生效前，亦有单行刑法、司法解释扩张解释部分罪状，使其囊括利用信息网络传播的手段。[⑤]

可见，虽然网络作为犯罪工具、信息散布型网络犯罪的确属于非法利用信息网络罪的特征之一，却非专属特征，无法以此有效区分它与其他罪名。将非法利用信息网络罪归类于这两方面，不仅无助于划定本罪适用范围、解释其构成要件，同时，还与传统犯罪司法解释产生混淆。因此，应在其他理论框架下分析本罪。

（二）本文观点

如前所述，网络技术特征使得网络空间中违法犯罪行为的危险性被急剧放大。[⑥] 立

① 2001 年 1 月 22 日施行的《最高人民法院关于审理为境外窃取、刺探、收买、非法提供国家秘密、情报案件具体应用法律若干问题的解释》第 6 条。

② 2001 年 6 月 11 日施行的《最高人民法院、最高人民检察院关于办理组织和利用邪教组织犯罪案件具体应用法律若干问题的解释（二）》第 1 条。

③ 案情简介：被告人梁某在其个人网络博客网站详细记录自己对崇信县公安局网站信息系统植入木马、上传黑页的详细手法、步骤和使用的工具软件，截至案发，该网页共被浏览 1 829 次。法院认定被告人梁某构成传授犯罪方法罪，判处拘役 6 个月。参见甘肃省平凉市崆峒区人民法院（2017）甘 0802 刑初 429 号刑事判决书。类似案例：被告人刘某建立 qq 聊天群，通过收费方式传授 FD 软件操作技巧并发布相关互联网平台漏洞。群内成员利用该软件、技术，在注册充值某金融平台账户过程中，修改充值数据实施盗窃，共计 39 900 余元。法院认定被告人刘某犯传授犯罪方法罪，判处有期徒刑 2 年 6 个月。参见上海市第一中级人民法院（2018）沪 01 刑终 234 号刑事裁定书。

④ 刘宪权. 网络犯罪的刑法应对新理念. 政治与法律，2016（9）.

⑤ 参见 2000 年 12 月 28 日全国人民代表大会常务委员会通过的《关于维护互联网安全的决定》；2004 年 9 月 6 日施行的《最高人民法院、最高人民检察院关于办理利用互联网、移动通讯终端、声讯台制作、复制、出版、贩卖、传播淫秽电子信息刑事案件具体应用法律若干问题的解释》；2010 年 2 月 4 日施行的《最高人民法院、最高人民检察院关于办理利用互联网、移动通讯终端、声讯台制作、复制、出版、贩卖、传播淫秽电子信息刑事案件具体应用法律若干问题的解释（二）》等。

⑥ 于志刚. 传统犯罪的网络异化研究. 北京：中国检察出版社，2010：393.

法者急需作出回应以管控社会、维护秩序。而非法利用信息网络罪客观行为要素具有一定开放性，足以一般性地规制信息网络时代的非法行为。[①] 因而，非法利用信息网络罪实际上属于"兜底性罪名"，其既是对现有罪名体系难以充分评价网络危害行为的回应，也使刑法能在较长时间满足信息时代的保护需求，不致滞后于时代。[②] 但是，让刑法独当一面来治理、管控网络社会，难免过分夸大其功能，也过分增加其负担。本文认为，应建立行政处罚与刑罚的双层治理模式，应对网络时代非法利用信息网络的违法犯罪行为。

首先，网络治理是多元主体以多样化形式进行的协调活动和秩序化过程。[③] 就法律治理层面而言，刑法作为法律的一种，应与民法、行政法等一道，共同作为国家治理、管控社会的工具。

其次，刑法谦抑性、保障法地位的性质使然。当前我国个人违法脱序现象与普遍性社会规则之间一直处于紧张状态之中。这种紧张状态往往成为立法者扩大刑罚适用范围的理由，以刑罚制裁作为管制特定行为的"一剂猛药"。[④] 但无论是基于谦抑性原理、抑或比例原则，刑法都应在其他部门法力所不逮的领域，发挥管控、治理网络违法犯罪行为的保障法功能。

最后，行政制裁与刑事制裁均注重程序保障。行政处罚立法、体系的逐步完善，使其在追求效率的同时，愈发注重公正与公开。《行政处罚法》[⑤] 第30条强调行政处罚应以事实为依据，以法律为准绳。第31条确定行政相对人的权利。第32条与第35条是对行政相对人的保障、救济措施。第五章第三节规定了听证程序。第41条则是对行政机关的监督与职责要求。因此程序方面的逐步完善，使得行政处罚与刑罚均成为"同时满足公共安全保护需要与维护个人权利和保障之核心内容的最佳妥协"[⑥]。

本文的行政制裁与刑事制裁的双层治理模式在新近《网络安全法》得到完整体现。其一，第46条规定，"任何个人和组织应当对其使用网络的行为负责，不得设立用于实施诈骗，传授犯罪方法，制作或者销售违禁物品、管制物品等违法犯罪活动的网站、通讯群组，不得利用网络发布涉及实施诈骗，制作或者销售违禁物品、管制物品以及其他违法犯罪活动的信息"，这与《刑法》第287条之一规定的行为模式完全重合。其二，第67条规

[①] 参见孙道萃. 非法利用信息网络罪的适用疑难与教义学表达. 浙江工商大学学报，2018（1）.

[②] 于志刚，吴尚聪. 我国网络犯罪发展及其立法、司法、理论应对的历史梳理. 政治与法律，2018（1）.

[③] 何明升，等. 网络治理：中国经验与路径选择. 北京：中国经济出版社，2017：22.

[④] 吴振宇. 行政处罚与刑罚交错适用之困境与出路——从"永帮公司诉枣庄国税局税务行政处罚案"展开. 当代法学，2013（5）.

[⑤] 《行政处罚法》第30条规定："公民、法人或者其他组织违反行政管理秩序的行为，依法应当给予行政处罚的，行政机关必须查明事实；违法事实不清的，不得给予行政处罚"。第31条规定"行政机关在作出行政处罚决定之前，应当告知当事人作出行政处罚决定的事实、理由及依据，并告知当事人依法享有的权利"。第32条规定："当事人有权进行陈述和申辩。行政机关必须充分听取当事人的意见，对当事人提出的事实、理由和证据，应当进行复核；当事人提出的事实、理由或者证据成立的，行政机关应当采纳。行政机关不得因当事人申辩而加重处罚"。第35条规定："当事人对当场作出的行政处罚决定不服的，可以依法申请行政复议或者提起行政诉讼"。第41条规定："行政机关及其执法人员在作出行政处罚决定之前，不依照本法第三十一条、第三十二条的规定向当事人告知给予行政处罚的事实、理由和依据，或者拒绝听取当事人的陈述、申辩，行政处罚决定不能成立；当事人放弃陈述或者申辩权利的除外"。

[⑥] 弗朗西斯科·维加诺. 意大利反恐斗争与预备行为犯罪化——一个批判性反思. 吴沈括，译. 法学评论，2015（5）.

定"违反本法第四十六条规定，设立用于实施违法犯罪活动的网站、通讯群组，或者利用网络发布涉及实施违法犯罪活动的信息，尚不构成犯罪的，由公安机关处五日以下拘留，可以并处一万元以上十万元以下罚款；情节较重的，处五日以上十五日以下拘留，可以并处五万元以上五十万元以下罚款"，同时，《刑法》第 287 条之一的入罪标准为"情节严重"。因此，《网络安全法》实际上也建立了一个针对非法利用信息网络行为的整体公法治理模式，并以"尚不构成犯罪""情节较重""情节严重"分别施以行政处罚与刑事处罚。

综上，本文以行政制裁与刑事制裁的双层治理模式为背景，从行政责任、刑事责任的区别出发，结合《网络安全法》《刑法》所规定的的行为模式，理解与适用非法利用信息网络罪。

二、非法利用信息网络罪的适用范围

根据《刑法》第 287 条之一的规定，非法利用信息网络罪的适用范围关涉两方面，其一是"违法犯罪"含义的理解，其二是"情节严重"的范围界定。在详细论述前，需划定行政制裁与刑事制裁的范围。

前文所述，《网络安全法》与《刑法》规定了相同的行为模式——设立用于实施违法犯罪活动网站、通讯群组，发布违法犯罪信息以及为实施违法犯罪活动发布信息。本文认为，即使两者均表述为"违法犯罪"，也应作不同理解。首先，法律条文用语具有统一性和相对性。前者一般是指同一部刑法典中的同一用语，应具有完全相同的含义，如"幼女"；后者是指为了维护刑法协调与实现刑法的正义理念，某个用语若处于不同条文或同一条文不同款项，可具有不同含义，如"暴力"[①]。因此，可以基于目的解释对两者的"违法犯罪"作不同解释。其次，行政处罚功能在于促使违法行为人认识到法律、秩序，并重回秩序当中，以此来确认和恢复社会的外部秩序，而刑罚在秩序维护之余，更强调报应、预防，并集中体现为对犯罪人的伦理谴责和人格评价，进而在一定程度上对犯罪人进行排斥。[②] 因而，刑罚重于行政处罚，决定了刑罚适用范围必定小于行政处罚的适用范围。最后，无论是基于量的差异理论、质的差异理论抑或质量差异理论[③]，行政不法与刑事不法均是存在区别的。[④] 这些区别体现在行为类型、法益侵犯方式、主观方面、情节、数额、后果等。[⑤]

综上，两者关系如图 1 所示。

---

① 张明楷 . 刑法分则的解释原理 . 第 2 版 . 北京：中国人民大学出版社，2011：775～778.

② 时延安 . 行政处罚权与刑罚权的纠葛及其厘清 . 东方法学，2008（4）；时延安 . 网络规制与犯罪治理 . 中国刑事法杂志，2017（6）.

③ 陈兴良 . 论行政处罚与刑罚处罚的关系 . 中国法学，1992（4）.

④ 违法一元论则认为，违法性是公法、私法等所有法领域共通的东西，是对整体法规范秩序的违反。不存在刑事不法与行政不法的区分。孙国祥 . 行政犯违法性判断的从属性和独立性研究 . 法学家，2017（1）.

⑤ 陈兴良 . 论行政处罚与刑罚处罚的关系 . 中国法学，1992（4）；王莹 . 论行政不法与刑事不法的分野及对我国行政处罚法与刑事立法界限混淆的反思 . 河北法学，2008（10）；孙国祥 . 行政犯违法性判断的从属性和独立性研究 . 法学家，2017（1）.

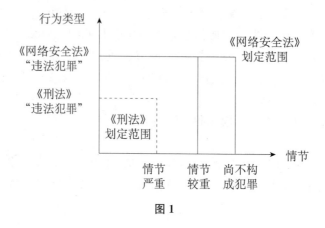

图 1

（一）"违法犯罪"的含义

对《刑法》第 287 条之一中"违法犯罪"的含义理解，目前学界主要有四种不同观点：认为"违法犯罪"仅指"犯罪"，"违法"二字纯属表达上的赘言。[①] 或者基于实质预备犯视角，对"犯罪"做狭义理解。[②] 也有对"违法犯罪"作扩张解释，即使发布的违法信息本身不触犯其他罪名，行为人也成立非法利用信息网络罪。[③] 还有将"违法"解释为"刑事违法"，而非一般意义的行政违法或违反其他法域的行为。[④]

本文认为，此处"违法"并非表达上的赘言，其一，如前所述，网络时代的预备行为往往具有较大社会危害性，甚至某些情况下，超过传统犯罪实行行为的危险性。即使某些行为不构成犯罪，也不可当然推论，利用信息网络准备实施这些行为亦不能成立犯罪。同时，后文会进一步论证，此处"违法"并非泛指一切违反法律的行为。其二，即使没有《刑法》第 362 条，为犯罪分子"通风报信，情节严重"的，也可直接适用《刑法》第 310

---

① 其理由为：首先，直接实施违法行为与为违法行为准备工具、制造条件的行为相比，前者的危害性大于后者，在危害性更大的前者都不构成犯罪的情况下，却将危害性较小的后者入罪，违反了刑事立法的比例性原则，也与我国《刑法》第 13 条的犯罪概念及第 22 条犯罪预备的规定存在冲突；其次，《刑法》第 362 条与第 310 条中的规定可知，第 362 条中的"违法犯罪分子"乃为第 310 条中"犯罪的人"，即，违法犯罪指犯罪而不包括违法；最后，从域外网络犯罪刑事立法来看，也没有将网络违法行为的预备行为犯罪化的规定，而只有将网络犯罪行为的预备行为实行行为化的规定。参见欧阳本祺，王倩.《刑法修正案（九）》新增网络犯罪的法律适用. 江苏行政学院学报，2016（4）.

② 成立非法利用信息网络罪的前提是行为人实施了该犯罪活动或者行为人的预备活动与犯罪活动之间存在紧密联系。张堂斐. 论非法利用信息网络罪中的违法犯罪活动——以实质预备犯为视角. 鸡西大学学报，2017（3）.

③ 如行为人设立网站、通讯群组用于编造、发布虚假信息，但编造、发布的虚假信息既不属于恐怖信息也不属于险情、疫情、灾情、警情的，则有可能构成非法利用信息网络罪（苏青. 网络谣言的刑法规制：基于《刑法修正案（九）》的解读. 当代法学，2017（1）. 还有学者认为，《刑法》第 287 条之一中"情节严重"已经对网络预备行为的处罚范围作出严格的预先控制，同时，非法利用信息网络罪属于典型轻罪，如果要求服务对象是刑法意义上的犯罪，则本罪危害性、危险性普遍很高，甚至高于正犯行为。并且，作为信息网络时代的兜底罪名，对"其他违法犯罪"也应适度扩张。但是，形式层面不排除任何违法、犯罪活动，也仍需区分非法利用信息网络是作为独立预备行为，还是作为其他犯罪的犯罪手段、客观构成要件，从而严格入罪条件。孙道萃. 非法利用信息网络罪的适用疑难与教义学表达. 浙江工商大学学报，2018（1）.

④ 论者认为，联系刑法条文的相关表述看，立法者欲明确区分刑事违法与一般违法行为时会有明确的提示，如组织未成年人进行违反治安管理活动罪法条的表述为"组织未成年人进行盗窃、诈骗、抢夺、敲诈勒索等违反治安管理活动的"，立法者并未使用违法、非法等用语，由此可反证将"违法"解释为刑事违法并不存在障碍。阎二鹏. 预备行为实行化的法教义学审视与重构——基于《中华人民共和国刑法修正案（九）》的思考. 法商研究，2016（5）.

条，立法却仍增设此条文，并将后者加重法定刑条件的"情节严重"作为前者入罪条件，说明此立法意在刻意区分两者窝藏、包庇对象范围。故较之"犯罪"，"违法犯罪"的范围应存在区别。其三，帮助信息网络犯罪活动罪表述为"明知他人利用信息网络实施犯罪，为其犯罪提供……技术支持"，其与本罪同为《刑法修正案（九）》所设立的网络犯罪，具有"帮助行为正犯化"的性质，但立法条文却明确区分了"犯罪"与"违法犯罪"，若"违法"只是赘言，实无须特此区别规定。明确了"违法"并非赘言之后，则需进一步探究其范围。对此，需回归到我国刑法立法特点。

与德、日刑法中"立法定性、司法定量"不同，我国刑法采取了"立法定性与定量"模式。《刑法》第 13 条"但书"把人类认识发展史上的"定量分析"引进刑法领域，而从定量角度观察，我国刑法上的具体罪可粗分为三类：（1）没有直接的定量限制，如故意杀人罪；（2）直接规定了数量限制，如盗窃罪；（3）写明"情节严重""情节特别恶劣""造成严重后果"才应受刑罚制裁的罪，如聚众扰乱社会秩序罪等。[①] 因此，在我国若"盗窃、诈骗少量财物，属于违反治安管理处罚法的行为；只有盗窃、诈骗公私财物数额较大的，才构成刑法中的盗窃罪、诈骗罪"[②]。同理，《刑法》第 310 条中"'犯罪的人'必须是触犯刑法实施了犯罪行为的人，既包括犯罪之后潜逃在外，尚未被司法机关发觉的人或未缉拿归案的犯罪分子，也包括被拘留、逮捕、判刑劳改而后越狱逃跑的犯罪分子……如果窝藏包庇的对象不是实施了犯罪行为的人，而是只有一般违法行为、尚不构成犯罪的人，不构成本罪"[③]。因而，若需成立犯罪[④]，有定量要求的诈骗罪需满足数额较大；没有定量要求的非法制造、买卖枪支罪或者制作、贩卖淫秽物品牟利罪则需行为人实施相应行为。然而，一方面，就实践案例来看，只从信息内容[⑤]本身难以判断行为人的诈骗数额、或线下是否实施相应行为。另一方面，若行为人已经构成诈骗罪、非法制造、买卖枪支罪或者制作、贩卖淫秽物品牟利罪，直接以上述罪名认定即可，又何须非法利用信息网络罪来多此一举？[⑥] 因而，立法者设立本罪，显然是为了处理那些尚不构成诈骗罪，传授犯罪方法罪，非法制造、买卖枪支罪的发布信息的行为。故"违法犯罪"的范围并非需要成立犯罪，即达到犯罪的定量要求。

那么，"违法犯罪"是否可包含仅违反前置法的行为呢？如被告人黄某通过语音在名为"穆斯林礼拜"的微信群（成员 100 人以上）中教他人做礼拜，也在名为"梁堡道堂文

---

① 储槐植. 我国刑法中犯罪概念的定量因素. 法学研究，1988（2）.

② 高铭暄，马克昌. 刑法学. 第 7 版. 北京：北京大学出版社，高等教育出版社，2016：47.

③ 马克昌. 百罪通论（下卷）. 北京：北京大学出版社，2014：984～985.

④ 同时，也有学者提出"刑事违法性"标准，但是"刑事违法性"一般是作为犯罪的特征之一来使用的，且论述多集中在与社会危害性的关系上。诚然，论者是在区分民事违法性、行政违法性前提下使用刑事违法性的，只是在我国犯罪"定性＋定量"模式下，对刑事违法性的界定仍需回答是否需要满足定量因素。如此，仍旧回到本话题。

⑤ 信息主要分为两类：（1）广告信息：内容为"代开发票××""时时彩网站××""六合彩网站××"，淫秽视频的截图作为销售图片，管制刀具、弓弩、枪支等管制器具的销售图片。（2）诈骗信息：内容为"想知道对方手机的通话和短信吗？如需请拨：××经理"或者"尊敬的建行用户，你的账户已有 1 万分积分，可以兑换百分之五的现金，请登录网站兑换"等。

⑥ 或许有论者会认为，正是因为线下行为难以查清构成相应犯罪，才设立非法利用信息网络罪来"打早打小"，然而这是本罪的立法目的，而非此处所讨论的具体适用。在实体法上探讨罪名具体适用时，是以所有事实均可查清作为前提的。

化学习"的微信群（成员 100 人以上）中讲解《古兰经》有关古尔邦节宰牲的内容。法院认为"黄某明知微信群里人数众多……在非宗教活动场所不能从事宗教活动，却私建微信群，进行讲经、教经等非法宗教活动，扰乱了正常的宗教活动管理秩序，违反了我国有关宗教事务管理的法律法规的规定……行为情节严重，社会危害性大，构成非法利用信息网络罪"①。本案中，黄某行为乃"在非宗教场所从事宗教活动"，违反了《宗教事务条例》第 12 条②与第 20 条③规定。然而，我国刑法中却并未对"在非宗教场所从事宗教活动"予以规制。因而，黄某利用信息网络实施的行为仅违反了国务院制定的行政法规，并未违反刑法，却仍旧被法院认定为非法利用信息网络罪，该院便是扩大解释了"违法犯罪"，即行为本身不触犯其他罪名，行为人也成立非法利用信息网络罪。

本文认为，这样的处理有待商榷。首先，基于本文行政制裁与刑事制裁的双层治理模式，《刑法》中"违法犯罪"较《网络安全法》中"违法犯罪"范围更窄，而后者才应包含一切违反刑法及前置法的行为。

其次，罪刑法定原则所派生的刑法明确性原则，要求构成要件应当具有定型性和类型性。纵然无法达到绝对明确性，也应尽可能减少明确性原则所附带的模糊性。若将本罪中"违法犯罪"解释为包含一切违法行为，"则入罪口袋简直无边无际"④。

再次，刑法例举式规定中的"等""其他"之类的兜底语或兜底条款。并不是可毫无限制的包容万象，而是必须对其作严格的限定，这个限定就是同类解释。⑤ 即当制定法文字含义不清时，附有具体文字的概括性文字含义需根据具体文字所涉及的同类或同级事项来确定。⑥《刑法》第 287 条之一中"违法犯罪"之前所列举的诈骗、传授犯罪方法、制作或者销售毒品、枪支、淫秽物品等，共同特征均是刑法明文规制的行为。故依照同类解释规则，作为兜底的"违法犯罪"也应为刑法明文规制之行为，而非泛指一切违反民事、行政、经济等前置法的行为。

复次，刑法中其他包含"违法犯罪"的条文，亦对"违法犯罪"予以限缩。如认定第 294 条中黑社会性质组织时，"违法，主要是指黑社会性质组织在实施犯罪活动过程中所伴随的违法活动，如果仅仅实施了违法活动，而未实施犯罪活动，则不能认定为黑社会性质组织"⑦。

最后，英美普通法中的共谋犯曾处罚实施违法行为、犯罪行为或者以违法或犯罪的方式实施合法行为的共谋协议，但因违反法制原则受到严厉批评。按照法制原则，如果一种行为没有被规定为犯罪，就不能处罚旨在实施这种行为的协议。其后，模范刑法典明确立

---

① 新疆维吾尔自治区高级人民法院伊犁哈萨克自治州分院（2017）新 40 刑终 78 号刑事判决书。

② 条文内容为"信教公民的集体宗教活动，一般应当在经登记的宗教活动场所（寺院、宫观、清真寺、教堂以及其他固定宗教活动处所）内举行，由宗教活动场所或者宗教团体组织，由宗教教职人员或者符合本宗教规定的其他人员主持，按照教义教规进行"。

③ 条文内容为"宗教活动场所可以按照宗教习惯接受公民的捐献，但不得强迫或者摊派。非宗教团体、非宗教活动场所不得组织、举行宗教活动，不得接受宗教性的捐献"。

④ 车浩. 刑事立法的法教义学反思——基于《刑法修正案（九）》的反思. 法学，2015（10）.

⑤ 余文唐. 法律文本：标点、但书及同类规则. 法律适用，2017（17）.

⑥ 李大勇. 其他行政强制执行方式之界定. 政治与法律，2014（5）.

⑦ 中华人民共和国最高人民法院刑事审判第一、二、三、四、五庭主办. 中国刑事审判指导案例 05 卷. 增订第 3 版. 北京：法律出版社，2017：116.

场，规定共谋犯中协议的内容仅限于犯罪行为，而不包括违法行为。[①] 无论是非法利用信息网络罪中的发布信息、设立群组，还是共谋犯中的共谋协议，均体现了对犯罪提前处罚的预防性措施。共谋犯规定演变的原理，也能对我们如何评价本罪的"违法犯罪"提供一些启示，即违法犯罪应"仅限于犯罪行为"。

综上，《刑法》第 287 条之一中违法犯罪是指需满足刑法定性、却无须满足刑法定量要求之行为。就当前司法解释来看，对利用信息网络实施涉毒犯罪的规定中[②]，规制的行为均属《刑法》明文规定的行为，如《刑法》第 347 条制造毒品、《刑法》第 350 条非法生产制毒物品等。但是，规定利用信息网络发布招嫖违法信息，情节严重的，以非法利用信息网络罪定罪处罚[③]，便存在疑问。因为行为人利用信息网络发布的卖淫、嫖娼信息，属于仅违反前置法[④]，不符合《刑法》第 287 条之一的"违法犯罪"，应排除本罪适用。若行为人构成介绍卖淫罪，应直接认定为介绍卖淫罪，而非非法利用信息网络罪。

而就实践中案例来看，如被告人刘某明知"代开发票""时时彩网站""六合彩网站"等是违法犯罪的广告信息，却通过信息网络向他人发送上述违法犯罪的广告信息[⑤]，"代开发票"为《刑法》第 205 条之一所规制的行为，"时时彩网站""六合彩网站"为《刑法》第 303 条所规制的行为。对于前者，无须达到"情节严重"即"虚开发票一百份以上或者虚开金额累计在四十万元以上"等。[⑥] 对于后者，无须被告人刘某再去实施"利用互联网、移动通讯终端等传输赌博视频、数据、组织赌博活动，建立赌博网站并接受投注"等。[⑦] 另如被告人施某为牟利，设立 QQ 群（群成员达 130 余人）并于 2017 年 6 月 7 日发布 2017 年高考试题与答案供他人作弊，经教育部考试中心说明，该语文试题为绝密。[⑧] 高考试题、答案属于《刑法》第 284 条之一的法律规定的国家考试试题、答案，就行为类型而言，符合非法利用信息网络罪中的"违法犯罪"。而前述黄某仅仅违反前置法的"在非宗教场所从事宗教活动"的行为，不符合《刑法》第 287 条之一中"违法犯罪"，认定非法利用信息网络罪有待商榷。

---

① 英国法律委员会也主张共谋犯罪必须限制于实施刑事犯罪的协议，如果一个人按协议实施的行为不是犯罪行为，那么该协议就不是犯罪协议。刘士心. 美国刑法中的犯罪论原理. 北京：人民出版社，2010：264～265.

② 2016 年 4 月 11 日最高人民法院《关于审理毒品犯罪案件适用法律若干问题的解释》第 14 条规定：利用信息网络，设立用于实施传授制造毒品、非法生产制毒物品的方法，贩卖毒品，非法买卖制毒物品或者组织他人吸食、注射毒品等违法犯罪活动的网站、通讯群组，或者发布实施前述违法犯罪活动的信息，情节严重的，应当依照刑法第 287 条之一的规定，以非法利用信息网络罪定罪处罚。

③ 参见 2017 年 7 月 25 日最高人民法院、最高人民检察院《关于办理组织、强迫、引诱、容留、介绍卖淫刑事案件适用法律若干问题的解释》第 8 条。实践中亦有相关案例，如被告人储某共建立 4 个信息分享群用于卖淫女与嫖客联系，群成员分别达到 487 人、500 人、500 人以及 100 人。法院认定被告人储某利用信息网络发布卖淫嫖娼违法活动信息，情节严重，其行为已构成非法利用信息网络罪。参见上海市松江区人民法院（2017）沪 0117 刑初 1938 号刑事判决书。本文认为，储某应认定为介绍卖淫罪，而非非法利用信息网络罪。

④ 《治安管理处罚法》第 66 条规定，卖淫、嫖娼的，处 10 日以上 15 日以下拘留，可以并处 5 000 元以下罚款；情节较轻的，处 5 日以下拘留或者 500 元以下罚款。而《刑法》并未规制卖淫、嫖娼行为。

⑤ 福建省龙岩市新罗区人民法院（2017）闽 0802 刑初 93 号刑事判决书。

⑥ 参见 2011 年 11 月 21 日最高人民检察院、公安部《关于公安机关管辖的刑事案件立案追诉标准的规定（二）》的补充规定第 2 条。

⑦ 参见最高人民法院、最高人民检察院、公安部《关于办理网络赌博犯罪案件适用法律若干问题的意见》第 1 部分。

⑧ 参见江苏省高邮市人民法院（2018）苏 1084 刑初 20 号刑事判决书。

（二）"情节严重"的范围

情节，即刑法明文规定，表明行为法益侵害程度而为犯罪成立所必需的一系列主观与客观情状。[①] 我国刑法条文在描述罪状时，若难以增加某个特定要素、抑或难以预见需具备哪些要素时，往往作一个整体性规定，即情节严重、情节恶劣的，以犯罪论处。[②] 对"情节严重"的具体认定，需结合行为性质、刑事后果、行为人主观恶性等各个方面综合判断。结合当前针对信息网络犯罪案件的司法解释[③]，非法利用信息网络罪的"情节严重"主要体现为如下六方面：

第一，信息数量。非法利用信息网络罪作为信息传播型犯罪，信息数量的多少，直接反映了行为法益侵害性的高低。如《关于办理侵犯知识产权刑事案件适用法律若干问题的意见》（以下简称《知识产权意见》）规定"传播他人作品数量合计在五百件（部）以上的"。或者，《关于办理诈骗刑事案件具体应用法律若干问题的解释》规定"发送诈骗信息五千条以上的"。

第二，信息被点击、转发的数量。网络世界，各种信息被点击、浏览与转发是相当正常的现象，因而，违法犯罪信息实际被点击、浏览、转发的结果必须归属于行为人。[④] 如《知识产权意见》规定"实际被点击数达到五万次以上的"，《关于办理利用信息网络实施诽谤等刑事案件适用法律若干问题的解释》（以下简称《网络诽谤解释》）规定"同一诽谤信息实际被点击、浏览次数达到五千次以上，或者被转发次数达到五百次以上的"。抑或《关于办理利用互联网、移动通讯终端、声讯台制作、复制、出版、贩卖、传播淫秽电子信息刑事案件具体应用法律若干问题的解释》（以下简称《淫秽电子信息解释》）规定"淫秽电子信息实际被点击数达一万次以上"。

第三，群组成员数、网站会员数。《刑法》第 287 条之一规制行为之一即设立通讯群组，因此，通讯群组成员多寡，影响违法犯罪信息的受众面，从而决定了行为社会危害性的大小。正如《知识产权意见》规定"以会员制方式传播他人作品，注册会员达到一千人以上的"。或者《关于办理网络赌博犯罪案件适用法律若干问题的意见》（以下简称《网络赌博意见》）规定"参赌人数累计达到 120 人以上"。或者《淫秽电子信息解释》规定"以会员制方式出版、贩卖、传播淫秽电子信息，注册会员达二百人以上的"。

第四，违法所得。数额往往是区分行政不法与刑事不法的关键因素，如盗窃、诈骗少量财物，属于违反《治安管理处罚法》的行为，而盗窃、诈骗公私财物数额较大的，则构成刑法中的盗窃罪、诈骗罪。因此，行为人非法利用信息网络的违法所得大小是决定其承担行政责任还是刑事责任的关键因素。正如《知识产权意见》规定"非法经营数额在五万元以上的"。或者《网络赌博意见》规定"参与赌博网站利润分成"或者"建立赌博网站后……违法所得数额在 3 万元以上"，《淫秽电子信息解释》规定"利用淫秽电子信息收取

---

① 陈兴良. 规范刑法学. 第 3 版. 北京：中国人民大学出版社，2013：201.

② 参见张明楷. 刑法分则的解释原理. 第 2 版. 北京：中国人民大学出版社，2011：588.

③ 当然，在参考各个司法解释规定的数量、程度、范围时，需注意非法利用信息网络罪与其他罪名法定刑的协调。

④ 张明楷. 网络诽谤的争议问题探究. 中国法学，2015（3）.

广告费、会员注册费或者其他费用，违法所得一万元以上"等。

第五，严重后果及社会影响。在我国四要件犯罪构成体系中，客观方面既包括危害行为，也包括危害结果。因而，行为所导致的后果，乃衡量某一行为是否成立某些犯罪的关键因素。正如《网络诽谤解释》所规定的"造成被害人及其近亲属精神失常、自残、自杀等"。

第六，累受行政处罚。累受行政处罚，即数次因同样违法行为分别受到相应行政处罚，又实施应受行政处罚的相同性质违法行为。较之一般违法者，累受行政处罚具有更深主观恶性和人身危险性，单纯依靠行政处罚难以达到教育、惩戒效果，应采取更严厉的刑事制裁手段。① 如《网络诽谤解释》规定"二年内曾因诽谤受过行政处罚，又诽谤他人"。

三、为实施诈骗发布信息行为的认定

《刑法》第 287 条之一专门单列一项，规制为实施诈骗而利用信息网络发布信息的行为。"信息网络"是指"以计算机、电视机、固定电话机、移动电话机等电子设备为终端的计算机互联网、广播电视网、固定通信网、移动通信网等信息网络，以及向公众开放的局域网"②。而在《刑法修正案（九）》生效之前，司法解释规定，利用发送短信、拨打电话、互联网等电信技术手段对不特定多数人实施诈骗，诈骗数额难以查证，而信息、电话达到一定数量的，认定为诈骗罪（未遂）。③ 因此，两者规制的行为存在重合。同时，即使在《刑法修正案（九）》生效后，司法实践中对利用信息网络发布诈骗信息的行为，部分认定为非法利用信息网络罪，部分认定为诈骗罪（未遂），前者法定刑多为一年有期徒刑，后者法定刑可达六年有期徒刑，刑罚后果相差悬殊。针对此种同案异判、刑罚后果悬殊的现象，本文认为有必要准确认定发布诈骗信息的行为。而就当前实践中发生的案例来看，主要划分为两大类，一是被告人先后实施发送诈骗信息与诈骗行为，二是被告人受人雇用，为他人实施诈骗发送信息。下文分情况展开论述。

需说明的是，刑法分则所规定的"为了……"都不限于为了自己，而是包括为了他人④，故《刑法》第 287 条之一中"为实施诈骗等违法犯罪活动发布信息"的行为，既包括为自己实施诈骗发布信息，亦包括为他人实施诈骗发布信息。⑤ 因而下文所讨论的两种行为，在满足"情节严重"的情况下，均可构成非法利用信息网络罪。但鉴于《刑法》第 287 条之一第 3 款规定"有前两款行为，同时构成其他犯罪的，依照处罚较重的规定定罪

---

① 刘宪章. 累受行政处罚者的刑罚适用. 人民检察，2003（5）.

② 2013 年 9 月 10 日最高人民法院、最高人民检察院《关于办理利用信息网络实施诽谤等刑事案件适用法律若干问题的解释》第 10 条。

③ 参见 2011 年 4 月 8 日最高人民法院、最高人民检察院《关于办理诈骗刑事案件具体应用法律若干问题的解释》第 5 条；最高人民法院、最高人民检察院、公安部《关于办理电信网络诈骗等刑事案件适用法律若干问题的意见》第二部分第（四）项。

④ 张明楷. 论《刑法修正案（九）》关于恐怖犯罪的规定. 现代法学，2016（1）.

⑤ 有学者强调，为自己实施诈骗等违法犯罪活动发布信息，包括主观目的的查证；为他人实施诈骗等违法犯罪活动发布信息，以查明主观明知为限，无须扩及主观目的。黄京平. 新型网络犯罪认定中的规则判断. 中国刑事法杂志，2017（6）.

处罚"，故下文讨论的核心在于，发布诈骗信息的行为是否构成或在何种情况下构成诈骗罪（未遂）。① 此外，为了他人发布诈骗信息还涉及共同犯罪相关理论问题。

（一）为自己实施诈骗发送信息

电信诈骗，即行为人通过手机短信、电话、网络等通信手段，编造虚假信息，设置骗局，对被害人实施非接触式诈骗，非法获取他人财物的行为。② 因此，发送信息必定处于行为人实施整个诈骗过程的第一步。对于行为人意图实施诈骗而发送信息的行为，实践中存在不同认定。如：

> 被告人邹某利用网络平台群发内容为"想知道对方手机的通话和短信吗？如需请拨：139××经理"等诈骗短信，以出售、复制他人的手机卡为幌子，骗取他人钱财。其单独发送诈骗信息 133 762 条，与彭某共同发送诈骗信息 154 164 条。案发时，骗取被害人方某、孔某等共计 1.48 万元。一审法院认定"被告人邹某单独或与被告人彭某合伙利用信息网络为实施诈骗等违法犯罪活动发布信息，情节严重……均已构成非法利用信息网络罪……判处邹某有期徒刑一年九个月，并处罚金五千元；判处彭某有期徒刑一年四个月，并处罚金三千元"③，后经检察机关抗诉，二审法院认定两被告人既构成非法利用信息网络罪，同时"诈骗数额 1.48 万元，属数额较大，该部分犯罪构成既遂……发送短信数量分别达 28 万余条、15 万余条……按相关司法解释……以发送诈骗信息数量确定诈骗罪犯罪情节"，认定诈骗罪（未遂），择一重罪处罚，判处邹某有期徒刑 4 年，并处罚金 5 000 元；判处彭某有期徒刑 3 年，并处罚金 3 000 元。④

根据《刑法》第 23 条规定，犯罪未遂即"已经着手实行犯罪，由于犯罪分子意志以外的原因而未得逞的"，故"着手"是认定犯罪未遂的前提。关于着手的学说，存在主观说、形式的客观说、实质的客观说等，通常言之，着手强调侵害法益的危险达到紧迫程度。具体到诈骗罪，其基本构成为行为人实施欺骗行为——受骗者产生（或维持）错误认识——基于认识错误处分财产——行为人取得财产——被害人遭受财产损害。⑤ 作为侵犯财产类犯罪，当行为对被害人财产产生紧迫危险时，才可认定诈骗罪的着手。现将发送诈骗信息的行为认定为着手，即前移了着手时点。然而，这并非是不合理与非正当的，因为"预备与未遂之间的界限取决于每个个案的特定情况：所试图实施的犯罪的严重性与由被告人的行为被觉察到的危险……所试图实施的犯罪越严重或者对社会安全的威胁越大，在

---

① 从实践中诈骗信息数量来看，基本上处于《关于办理诈骗刑事案件具体应用法律若干问题的解释》第 5 条规定的"情节严重"（5 000 条）、"情节特别严重"（5 万条），前者法定刑为 3 年以上 10 年以下有期徒刑，并处罚金，后者法定刑为 10 年以上有期徒刑或者无期徒刑，并处罚金或者没收财产。即使认定为未遂，也只是可以从轻或者减轻处罚，而非法利用信息网络罪法定刑为 3 年以下有期徒刑或者拘役，并处或者单处罚金。故一般而言，对此类行为认定为诈骗罪（未遂）的刑罚重于认定为非法利用信息网络罪。

② 沈德咏.《刑法修正案（九）》条文及配套司法解释理解与适用. 北京：人民法院出版社，2015：261.

③ 宁波市海曙区人民法院（2015）甬海刑初字第 258 号刑事判决书。

④ 浙江省宁波市中级人民法院（2016）浙 02 刑终 51 号刑事判决书。

⑤ 张明楷. 刑法学. 第 5 版. 北京：法律出版社，2016：1000.

认定被告人犯有未遂时，刑法就应该在导致既遂的行为序列中越往回延伸。……刑法越重视社会防卫与法益保护，便越要求放宽未遂犯的处罚范围，着手的认定标准相应就较宽松；相反，刑法越强调个体的自由保障，便倾向于限制未遂犯的处罚范围，着手的认定标准也便越严格"[①]。

较之传统诈骗，电信诈骗中的欺诈信息一旦通过网络发布，就会在网络空间无限蔓延。一方面它降低了社会信任关系，造成国民对成为潜在被害人的普遍紧张心理，另一方面它可能使为数众多的、缺乏必要戒备心理和防范能力的网民产生认识错误，随时处分财产。因而，发送诈骗信息的行为对他人财产法益的安全威胁就不再是虚妄的，而是现实的，不是个别的，而是涉众的。[②] 因此，较之过去，对利用信息网络发布诈骗信息、实施电信诈骗等行为，在认定着手时会放宽标准，对曾经作为犯罪预备处罚的行为，更易认定为诈骗罪（未遂）。但这并非意味着电信诈骗中，着手时点一定前移且就此固定不变。因为并不存在客观的、确定不移的"着手"界点。[③] 对于千差万别的个案而言，要准确界定具有严重法益侵害性的、类型化的"着手"点显得虚无。[④] 故我们只能从个案中，或通过建立案例群来说明预备行为与实行行为的界限。

本案中，被告人为了自己实施诈骗发送信息，且已实际取得了部分被害人财产，这部分成立诈骗罪（既遂）。虽然发送信息为其实施诈骗罪的第一步，但就整个犯罪计划与实施情况而言，行为人已经着手，对其发送诈骗信息、而未取得财物的行为可认定为诈骗罪（未遂）。故本文认为，二审法院认定被告人邹某、彭某诈骗罪（未遂）更恰当。但是，本案如此认定只是基于个案的特殊性，并非意味着为自己实施诈骗而发送消息均可认定诈骗罪（未遂），若行为人只是发送了信息，还未得到相对方的回应、或即使得到回应却无任何诈骗成功的可能性时，不得认定行为人已着手实施诈骗行为，只得认定为非法利用信息网络罪。

（二）为他人实施诈骗发送信息

当前，电信诈骗呈现出组织化、集团化的倾向。团伙成员之间按照公司化运作模式，分工明确，相互之间是一对一的关系，互不交叉甚至互不谋面。[⑤] 正如专门为诈骗团伙转取赃款而牟取非法利益的职业取款人，实践中亦开始出现，专门为诈骗团伙发送信息的"职业发信人"，实践中出现将为他人实施诈骗发送信息的行为认定为非法利用信息网络罪的案件。

> 被告人李某应别人聘请，以每天××元薪酬，使用车载伪基站设备为其发布诈骗信息，累计发送 14 万条。法院认定李某非法利用信息网络为他人实施违法犯罪活动发布信息，构成非法利用信息网络罪，判处有期徒刑 10 个月，并处罚金 5 000 元。[⑥]

---

① 劳东燕. 风险社会中的刑法：社会转型与刑法理论的变迁. 北京：北京大学出版社，2015：291.
② 梁根林. 传统犯罪网络化：归责障碍、刑法应对与教义限缩. 法学，2017（2）.
③ 劳东燕. 风险社会中的刑法：社会转型与刑法理论的变迁. 北京：北京大学出版社，2015：291，293.
④ 郑延谱. 预备犯处罚界限论. 中国法学，2014（4）.
⑤ 黎宏. 电信诈骗中若干难点问题解析. 法学，2017（5）.
⑥ 湖北省宜昌市西陵区人民法院（2016）鄂 0502 刑初 208 号刑事判决书.

另如，被告人杨某明知系他人实施犯罪所用的短信，仍按他人指示，使用车载伪基站冒充招商银行客服电话发送短信，共计 5 256 条。法院认定被告人杨某为他人实施违法犯罪活动发布信息，构成非法利用信息网络罪，判处有期徒刑 6 个月，并处罚金 3 000 元。①

而将为他人实施诈骗发送信息的行为认定为诈骗罪（未遂）的案件如：

被告人彭某按照张总等人指示，使用伪基站以中国建设银行的官方客服号码的名义发送诈骗短信，累计发送 19 万条，一审、二审法院均认定被告人彭某"以非法占有为目的，冒充中国建设银行客服，发送虚假短信 193 998 条，对不特定多数人实施诈骗，情节特别严重，其行为已构成诈骗罪……因意志以外的原因未得逞，系犯罪未遂，可比照既遂犯减轻处罚"，判处有期徒 6 年 6 个月，并处罚金 3 万元。② 类似有肖某诈骗案，法院最终认定被告人肖某"以非法占有为目的，通过伪基站设备向不特定多数人发送虚假信息实施诈骗，发送信息数量多达 151 619 条，其行为已构成诈骗罪，且情节特别严重，应予严惩……诈骗数量难以查证，属诈骗未遂，依法予以减轻处罚……判处有期徒刑六年，并处罚金五千元"③。

除了前述"着手"标准外，为他人实施诈骗发送信息还伴随着两方面的问题，其一，信息网络技术是否对共同犯罪的认定及归责原则产生了质的改变？其二，若发送信息的行为人与下游犯罪人成立共同犯罪，行为人属于主犯还是从犯？

针对第一个问题，有学者认为，网络环境下，行为人是以经营方式、而非犯意进行连接的，具体形式为犯罪协作。犯罪协作是一个比共同犯罪更宽泛的有组织化犯罪概念，因而不能以共同犯罪"部分行为、全部责任"来处理犯罪协作。对于犯罪协作中各个行为人，应基于罪责自负原则，仅就其实施的行为承担刑事责任。④ 本文认为此种说法有待商榷。

首先，共同犯罪概念较有组织犯罪更广。根据《联合国打击跨国有组织犯罪公约》，有组织犯罪"系指由三人或多人所组成的、在一定时期内存在的、为了实施一项或多项严重犯罪或根据本公约确立的犯罪，以直接或间接获得金钱或其他物质利益而一致行动的有组织结构的集团"，广义的有组织犯罪，应当是我国刑法总则规定的犯罪集团，狭义的有组织犯罪，则指黑社会性质组织犯罪。⑤ 而根据《刑法》第 25、26 条规定，共同犯罪是指二人以上共同故意犯罪，犯罪集团则是三人以上为共同实施犯罪而组成的较为固定的犯罪组织。因而，犯罪集团范围较共同犯罪更窄，相应的，有组织犯罪概念的范围较共同犯罪更窄。

其次，"部分行为、全部责任"乃共同正犯归责原则。虽然存在"功能性行为支配说""共同意思主体说""因果共犯论"等差异，但"部分实行、全部责任"是针对共同正犯的归责原则，即共同正犯尽管只实施了部分行为，却必须对全部结果承担责任。⑥ 论者一方

---

① 湖北省宜昌市西陵区人民法院（2016）鄂 0502 刑初 175 号刑事判决书。

② 浙江省金华市中级人民法院（2016）浙 07 刑终 572 号刑事判决书。

③ 内蒙古自治区鄂尔多斯市中级人民法院（2016）内 06 刑终 111 号刑事判决书。

④ 时延安. 网络规制与犯罪治理. 中国刑事法杂志，2017（6）.

⑤ 何秉松. 全球化时代有组织犯罪与对策. 北京：中国民主法制出版社，2010；7.

⑥ 西田典之. 日本刑法总论. 第 2 版. 王昭武，刘明祥，译. 北京：法律出版社，2013；310.

面质疑"部分行为、全部责任"的合理性,另一方面又认为"处于上游的行为人会被视为帮助犯"①,显然混淆了共同正犯与帮助犯概念及归责原则。

最后,犯罪协作所处理的情形应属于单独犯罪。论者提出犯罪协作概念,是为了处理"上下游行为人之间没有犯罪意思联络……处于上游的行为人不知道最下游行为人最终实施何种性质的行为,也不知道最下游行为人针对哪些人群实施何种性质的犯罪"② 等情形。然而,若行为人之间不存在意思联络,直接以单独犯处罚各个行为人即可,既无需参考共同犯罪的规定,亦无须新增犯罪协作等概念。

综上,即使网络虚拟信息交流特征使得共犯的形成出现随意性、松散性的特点,但网络也仅仅是改变了其形式,并未改变犯罪本质。③ 传统刑法理论仍旧可以规制相应行为。因此,若各行为人之间存在共谋,或行为人明知④他人实施诈骗,仍旧为其发送信息,就应当成立诈骗罪的共犯。

明确发送诈骗信息的行为人与下游犯罪人成立共同犯罪后,需进一步追问的是,行为人属于主犯还是从犯?实践中多认定为主犯。如被告人李某驾驶轿车利用伪基站为"金尔安"群发"95533 建设银行信用卡提额"等诈骗信息,"金尔安"向其转账 7 188 元。法院在认定李某构成诈骗罪的基础上,进一步论述"李某为了牟利,明知他人从事诈骗活动而积极发布诈骗信息,不宜认定为从犯"⑤。本文认为,将发送诈骗信息的行为人认定为主犯有待商榷。

一方面,《刑法》第 26 条规定,"组织、领导犯罪集团进行犯罪活动的或者在共同犯罪中起主要作用的,是主犯";第 27 条规定,"在共同犯罪中起次要或者辅助作用的,是从犯"。通说认为,次要作用是指虽然参与实行了构成要件行为,但所起作用比主犯小,或者为共同犯罪人创造方便条件,帮助实行犯罪,而不直接参加构成要件行为,如提供犯罪工具、排除障碍等。⑥ 很明显,较之整个诈骗犯罪,发送诈骗信息属于为下游犯罪人创造条件的行为,而非构成要件行为。

另一方面,前文所述,非法利用信息网络罪属于预备行为实行化,亦即,对非法利用信息网络等行为,原可基于《刑法》第 22 条而作为诈骗罪的预备犯处罚。《刑法》第 22 条规定,"对于预备犯,可以比照既遂犯从轻、减轻处罚或者免除处罚",因此,无论有无增设非法利用信息网络罪,在认定发送诈骗信息的行为人的责任时,均可"从轻、减轻处罚或者免除处罚",故在共同犯罪中将其认定为从犯,以此"从轻、减轻处罚或者免除处罚",更符合罪责刑相适应原则。

值得注意的是,前文论述均建立在诈骗证据已查实的基础上。若证据确实难以证实行

---

① 时延安. 网络规制与犯罪治理. 中国刑事法杂志,2017(6).
② 时延安. 网络规制与犯罪治理. 中国刑事法杂志,2017(6).
③ 于志刚,于冲. 网络犯罪的裁判经验与学理思辨. 北京:中国法制出版社,2013:36.
④ 对"明知"的判断,可通过客观事实进行推定。如实践中有案例认为"对被告人所提其不知该网站目的在于实施诈骗等违法犯罪活动的辩解,本院认为,无论是从涉案仿冒网站设立方式的非正常性、仿冒网站获取访客个人金融账户名称、密码等私密信息的隐蔽性,还是从仿冒网站对于网络杀毒防护软件的规避行为,被告人认识到该仿冒网站极有可能是用于诈骗等违法犯罪活动,就这一点而言,并未要求其有超出常人的认知能力,而且本人供述也表明存在侥幸心理而铤而走险,故本院不采纳上述辩解"。参见北京市海淀区人民法院(2016)京 0108 刑初 2019 号刑事判决书。
⑤ 参见山东省聊城市东昌府区人民法院(2016)鲁 1502 刑初 437 号刑事判决书。
⑥ 高铭暄,马克昌. 刑法学. 第 7 版. 北京:北京大学出版社,高等教育出版社,2016:174.

为人或下游犯罪人实施了诈骗等犯罪，就只得认定行为人构成非法利用信息网络罪。① 前述案件中，被告人受人雇佣，使用车载伪基站伪造银行客服发送诈骗信息，即明知对方实施诈骗行为，仍旧为其提供帮助，理应成立共同犯罪。在其后诈骗团伙进一步实施诈骗行为，并实际骗取到财物或使被害人财物处于紧迫危险状态下，即可认定诈骗罪之着手。在诈骗数额难以查证的情形下，成立诈骗罪（未遂）。但是，上述判决书均未证实诈骗团伙的后续诈骗行为。基于前述理由，若行为人只是发送了信息，其后诈骗团伙还未得到相对方的回应，或即使得到回应却无任何诈骗成功的可能性时，不得认定行为人已着手实施诈骗行为，只得认定为非法利用信息网络罪。据此，本文认为，上文列举的四个案例，均应认定为非法利用信息网络罪，而非诈骗罪（未遂）。

四、结语

本文通过对非法利用信息网络罪的功能定位、构成要件、行为模式进行分析与理解，得出如下结论：

第一，非法利用信息网络罪属于"兜底性罪名"，一般性地规制信息网络时代的非法行为。然而，基于刑法谦抑性、保障法地位的性质，行政处罚的程序完善以及《网络安全法》的规定，应建立行政处罚与刑罚的双层治理模式，应对网络时代非法利用信息网络的违法犯罪行为。

第二，基于目的解释论，对《网络安全法》和《刑法》中的"违法犯罪"应作不同解释。《刑法》第 287 条之一中"违法犯罪"仅指满足刑法定性、却无须满足刑法定量要求之行为。

第三，"情节严重"应从违法犯罪信息数量，同一信息被点击、转发的数量，群组成员数和网站会员数，违法所得，严重后果，社会影响以及累受行政处罚等方面具体化。

第四，网络犯罪时代，前移诈骗罪的"着手"时点有其必要性与合理性，但若行为人只是发送了信息，还未得到相对方的回应，或即使得到回应却无任何诈骗成功的可能性时，不得认定行为人已着手实施诈骗行为，只得认定为非法利用信息网络罪。

第五，行为人为他人发送诈骗信息的场合，若行为人与下游犯罪人之间存在共谋，或行为人明知他人实施诈骗，仍旧为其发送信息，应成立诈骗罪的共犯。在共同犯罪中，对发送诈骗信息的行为人，认定其为从犯，更符合罪责刑相适应原则。

随着实践中陆续出现非法利用信息网络罪的案例，关于本罪的实体适用以及行刑程序衔接，会出现更多问题。② 鉴于本文篇幅所限，只得另作讨论。

---

① 黄京平. 新型网络犯罪认定中的规则判断. 中国刑事法杂志，2017（6）.

② 在本文所构建的行政处罚与刑罚的双层治理模式下，存在行政处罚与刑罚的程序衔接问题。以及，部分案例在判定行政处罚和刑罚时，标准模糊不清。如 9 877 小游戏网各类小游戏共计 4 255 款，其中涉嫌淫秽色情内容的游戏共计 500 余款中，犯罪嫌疑人被检察机关批准逮捕。而在"现易玩"网络公司案中，"现易玩"网络公司在境内为大量未经审批的境外网络游戏作品提供下载和宣传推广，根据相关法规规定，该行为属于非法出版活动，且涉及的非法出版物数量极大，情节恶劣，却只给予停业整顿 3 个月、罚款 31.86 万元的行政处罚。公安部文化部全国"扫黄打非"办严肃查处一批网络游戏违法犯罪重大案件. http：//www. cac. gov. cn/2018-03/01/c_1122468145.htm，2018 年 5 月 30 日访问。

论"帮助信息网络犯罪活动罪"的性质

雷　续[*]

内容摘要： 由于对帮助信息网络犯罪活动罪的性质认识不一致，司法实践中对该罪的适用并不统一。当前学界对该罪性质的解读主要有三种。认为该罪属于帮助犯量刑规则的观点，无法解决网络犯罪所面临的现实问题，导致处罚漏洞；认为该罪属于帮助犯正犯化的观点无法为正犯化提供充足的理由，也与其区分制的共同犯罪理论根基相抵触；认为该罪属于从犯主犯化的观点与其单一制的理论基础相矛盾。在单一制犯罪参与体系下解释该罪性质，可以在确保处罚合理性的同时契合从严打击网络犯罪帮助行为的刑事政策需要，具有优越性。帮助信息网络犯罪活动罪与其帮助的其他犯罪之间是法条竞合关系，无论能否构成他罪共同犯罪或单独犯罪，只要网络帮助行为符合情节严重的标准，都可以构成本罪。

关键词： 帮助信息网络犯罪活动罪　帮助犯的量刑规则　帮助犯正犯化　从犯主犯化　单一制

一、问题的提出

《刑法修正案（九）》规定了帮助信息网络犯罪活动罪这一新罪名。学界对于这一罪名的性质问题一直纷争不断，在实务界对该罪的处理也存在着较为混乱的局面。笔者在中国裁判文书网中找到的 22 篇相关案例之中，有 5 篇在判决书中明确提到将为犯罪提供技术支持、广告推广、支付结算等帮助的行为人与实施诈骗罪的行为人构成相关的共同犯罪，对这些案件的判决结果却并不一致。其中有 3 篇判决认为应当依据从旧兼从轻的原则，以帮助信息网络犯罪活动罪定罪处罚。[①] 在另外 2 篇没有认定为共同犯罪的判决书中，其中一篇认为构成共同犯罪与构成帮助信息网络犯罪活动罪并不矛盾，但不认为后者为轻罪，仍然认定为共同犯罪[②]；另外一篇则认为行为人提供的是诈骗中必不可少的环节，不构成帮助信息网络犯罪活动罪。[③] 从这些判决中也可以看出，法院对于网络帮助行为，到底是

---

* 中国人民大学法学院刑法学博士研究生。

① 浙江省绍兴市中级人民法院刑事判决书（2016）浙 06 刑终 307 号；江西省吉安县人民法院刑事判决书（2015）吉刑初字第 204 号；江苏省无锡市滨湖区人民法院刑事判决书（2015）锡滨刑二初字第 00026 号。

② 河北省衡水市桃城区人民法院刑事判决书（2016）冀 1102 刑初 202 号。

③ 浙江省临海市人民法院刑事判决书（2016）浙 1082 刑初 722 号。

按照帮助信息网络犯罪活动罪论处还是按照共同犯罪论处还存在争议。正是由于对该罪性质认识的不一致，才导致了对《刑法》第 287 条之二的构成与适用存在着完全不同的理解。当前学界对该罪性质的解读大部分是以区分制为前提的，包括单层区分制与双层区分制，也有学者在单一正犯体系的视角下对该罪进行解读。本文希望梳理学界在解释帮助信息网络服务罪方面的观点，明晰该罪的性质，为该罪的适用提供一个可靠的路径。

二、当前学界的解读方案

（一）帮助犯的量刑规则

有学者认为，该罪属于对利用网络实施帮助行为的人设立的单独的量刑规则，对其进行定罪量刑，仍然需要考察其帮助的行为是否构成犯罪。[①] 该种观点认为必须要坚持共犯的从属性原则，只有当其帮助的行为人着手实施犯罪，才可能对帮助者进行处罚，因为仅帮助行为不可能对法益造成侵害。从区分制的角度来看，共犯的从属性原则是其必须遵循的原则之一。在该观点的支持者看来，将该罪作为独立的犯罪，适用单独的定罪规则，必然会导致对从属性原则的突破，不能够与共同犯罪理论相协调。虽然持该观点的学者敏锐地观察到了该罪与区分制共同犯罪理论之间的冲突，但是由于该观点对网络空间犯罪的特殊性没有足够的认识，可能会带来一些问题。

首先，《刑法修正案（九）》之所以增设该罪，必定是由于在传统的共同犯罪框架下无法对某些立法者认为应当予以处罚的网络犯罪帮助行为予以有效地规制。若认为该罪的设立仅仅属于对帮助犯的量刑规则，那么就说明在原有的共同犯罪理论框架之下就可以解决问题，因为完全可以直接认定为相应犯罪的帮助犯，再根据刑法总则关于共同犯罪的规定进行处罚。如此一来，就仅仅突出了该罪的刑罚设置功能而忽略了罪名设置功能。[②] 对犯罪的帮助行为有许多种，网络帮助行为的特殊性在于其可能同时帮助多个独立的对象以及帮助行为在犯罪中往往起到关键的作用。但是，共同犯罪是针对一个犯罪行为而言的，行为人的行为对犯罪起到多大的作用，应当根据案件的具体情况来认定，而不应当笼统地设立一个单独的量刑规则。所谓特殊的量刑规则的设立，会导致在特殊的案件中不当地轻罚或者重罚，不符合罪责刑相适应的原则。比如利用网络的方式帮助他人诈骗数额特别巨大的财物，行为人提供的服务在其中发挥了关键性的作用，最终实施诈骗行为的人可能被判处 10 年以上的有期徒刑或者无期徒刑，以其他的形式帮助诈骗的行为人也是依照这一量刑档次的基础上根据其具体的作用判处刑罚，但是起到重要作用的网络帮助者却只能够在 3 年有期徒刑之下判处刑罚，这对于以其他形式帮助诈骗的行为人来说，无疑是极不公平的。

其次，这种观点会造成帮助信息网络犯罪活动罪中依照重罪论处的条文被虚置。本文

---

① 张明楷．论帮助信息网络犯罪活动罪．政治与法律，2016（2）；黎宏．论"帮助信息网络犯罪活动罪"的性质及其适用．法律适用，2017（21）；熊亚文，黄雅珠．帮助信息网络犯罪活动罪的司法适用．人民司法（应用），2016（31）.

② 刘艳红．网络帮助行为正犯化之批判．法商研究，2016（3）.

开头所展示的司法实践中的案例就清晰地表明了这一问题。在 3 个案例中，法院判定行为人构成相应犯罪的共同犯罪的同时，以帮助信息网络犯罪活动属于轻罪为由，没有对行为人以共同犯罪论处。如在马某、宋某诈骗一案中，被告人明知他人实施电信诈骗，为谋取利益仍提供用于诈骗的电信线路，法院认为，根据 2011 年 4 月 8 日施行的《关于办理诈骗刑事案件具体应用法律若干问题的解释》第 7 条的规定，被告人马某、宋某的行为确已构成诈骗罪，但是认为《刑法》第 287 条之二的规定是对司法解释的修正，最终以帮助信息网络犯罪活动罪定罪处罚。① 由于第 287 条之二第 3 款明文规定了，构成本罪的同时构成其他犯罪的要以处罚较重的规定论处，法院的判决并没有适用该款，这就说明法院认为，第 287 条之二属于帮助犯的量刑规则，对此种类型的帮助犯只能适用该条处理，不可能又认定为其他犯罪的共犯，再与该条的刑罚进行比较。从而也可以看出，量刑规则的解释直接导致第 287 条之二第 3 款被虚置。在这三个案例中，一方面，公诉方已经查明的其牵涉的诈骗犯罪数额均已经达到巨大甚至特别巨大的标准，原本应当以共同犯罪处罚，适用较重的诈骗罪法定刑。另一方面，并没有任何的实质理由表明该罪的帮助行为与其他的帮助行为相比在违法性与有责性程度上更低，对其适用轻刑是不恰当的。将该条视为帮助犯的量刑规则，使得刑法设置该条文严厉打击网络犯罪帮助行为的刑事政策目标完全无法实现。

(二) 帮助犯正犯化

不同学者对于什么是"帮助犯正犯化"的理解有所不一。有的学者认为"帮助犯正犯化"意味着帮助犯已经是正犯了，不再具有从属性②，有的学者则认为对帮助犯设立单独的量刑规则，承认从属性，也属于正犯化的一种。③ 笔者认为，正犯化就意味着行为不再具有帮助犯的性质，不可能再具有从属性，将帮助犯量刑规则也作为帮助犯正犯化的一种类型，有混淆概念之嫌疑。支持帮助犯正犯化观点的学者一般认为，将网络帮助行为正犯化的现象早已有之，可以分为司法解释层面以及立法层面的正犯化。④ 在本文之中，"帮助犯正犯化"指司法解释或者立法将原本的帮助行为当做正犯行为，不承认帮助犯与其帮助的其他罪之间的从属性的现象。

有支持帮助犯正犯化论的学者提出，若承认从属性就无法对网络帮助行为予以有效的打击，认为网络帮助行为的危害性往往超过实行行为，其已经具备了独立的法益侵害性，不可能从属于实行行为。⑤ 还有学者认为，在传统共同犯罪的框架下，在行为人帮助的行

---

① 江苏省无锡市滨湖区人民法院刑事判决书（2015）锡滨刑二初字第 00026 号。
② 于志刚. 网络空间帮助行为的制裁体系与完善思路. 中国法学，2016（2）.
③ 黎宏. 论"帮助信息网络犯罪活动罪"的性质及其适用. 法律适用，2017（21）.
④ 司法解释层面主要包括《淫秽电子信息解释（二）》《赌博案件意见》等，这些解释虽然没有将网络帮助行为另立罪名，单设法定刑，但是对其设立了单独的罪量标准，属于本质上的帮助犯正犯化。立法层面上的帮助犯正犯化主要是指《刑法修正案（七）》增设的提供侵入、非法控制计算机信息系统程序、工具罪。刘仁文，杨学文. 帮助行为正犯化的网络语境. 法律科学（西北政法大学学报），2017（3）.
⑤ 于志刚. 共犯行为正犯化的立法探索与理论梳理. 法律科学（西北政法大学学报），2017（3）；于冲. 网络犯罪帮助行为正犯化的规范解读与理论省思. 中国刑事法杂志，2017（1）；王鲜爱. 帮助行为正犯化视野下的帮助信息网络犯罪活动罪研究. 河南大学学报（社会科学版），2017（2）；《刑法修正案（九）》条文及配套司法解释理解与适用. 北京：人民法院出版社，2015.

为不构成犯罪仅构成违法之时无法定罪处罚，属于一个法律漏洞。① 由于我国采取的是单一制的犯罪参与体系②，又如上文所说的，该罪的设立是为了应对网络犯罪中出现的新问题，完全在共同犯罪的框架下解释该罪并不合适，因而笔者赞同学者否定该罪与其他犯罪之间具有从属性的看法。但这些学者提出的该罪属于帮助犯正犯化的理由以及结论都有待商榷。

首先，支持该罪属于帮助犯正犯化者提出的理由并不足以让人信服。

其一，许多学者认为网络帮助行为危害性超过实行行为，无非是认为网络帮助行为特别是技术帮助行为，对其所帮助的犯罪行为的实现具有关键作用，另外网络上的帮助行为往往存在"蝴蝶效应"，一旦实施可以给大范围的潜在犯罪人提供资源。③ 但是，该罪所规定的帮助行为的危害性必定超越实行行为吗？一方面，虽然在利用网络进行的犯罪之中，若没有网络技术的帮助，相应的犯罪将无法实现，但是我们仍然不应该忽略实施具体犯罪行为的人才是最终决定危害结果实现的行为人的事实。这就如同以下这个案例：A 与 B 厮斗，A 在实力上敌不过 B，向 C 求助，C 给其提供了匕首一把，最后 A 用匕首捅死了 B。如果没有 C 提供的凶器，A 是绝对不可能造成死亡的后果的，可以说 C 的行为是导致危害发生的关键因素，但是绝对不能够说，C 的行为的危害性大于 A 行为的危害性。同样的道理，网络帮助行为的危害性未必超过实行行为，只是对危害结果的发生起到了关键性的作用。另一方面，虽然网络帮助行为"一对多"的特性是有目共睹的，但是其带来的危害性事实上来自于其帮助的各个犯罪行为危害性的累加。行为人物理上的一个行为，事实上可能帮助多个行为人实施犯罪，在规范上可以被评价为数个帮助行为。但就单个的帮助行为来看，不能够说明网络的帮助行为危害性高于一般的帮助行为。对网络帮助行为情节严重的评价，应当站在事后的角度，根据其实际所帮助的犯罪行为以及该行为本身的情况，而不应该在事前就笼统地认为其危害性大。

其二，学者提出的在共同犯罪框架下处理会导致处罚漏洞的一个例证是，在帮助的行为纯粹违法而不可能构成犯罪的情况下，只能无罪处理并不合理。④ 的确，纯粹的违法行为，如卖淫、吸毒等，虽然不可能构成犯罪，但是属于破坏社会管理秩序的违法行为，为这些违法行为提供帮助，如果次数多、时间长，同样具有严重的危害性。但是，这一漏洞并不是由传统的共同犯罪理论造成的。该罪的构成要件明确要求的是帮助他人的"犯罪"行为，即使采纳帮助犯正犯化说的观点，认为该罪不再从属于其他罪的正犯，根据罪刑法定原则，其帮助的也必须是犯罪行为，而不能仅仅是纯粹的违法行为。换言之，帮助纯粹的违法行为不能构成该罪，是一个刑事政策与立法选择的问题，并不是共同犯罪理论可以解决的。必须要有证据表明他人利用网络帮助实施了盗窃、诈骗等犯罪行为意义上的犯罪，才能以帮助信息网络犯罪活动罪进行惩处。⑤ 如果行为人的帮助行为，并不是该条所规定的网络帮助行为，但却帮助了许多的违法行为，具有严重的社会危害性，同样也不能

① 于志刚. 共犯行为正犯化的立法探索与理论梳理. 法律科学（西北政法大学学报），2017（3）.
② 刘明祥. 论中国特色的犯罪参与体系. 中国法学，2013（6）.
③ 于志刚. 网络空间帮助行为的制裁体系与完善思路. 中国法学，2016（2）.
④ 于志刚. 共犯行为正犯化的立法探索与理论梳理. 法律科学（西北政法大学学报），2017（3）.
⑤ 陈洪兵. 帮助信息网络犯罪活动罪的限缩解释适用. 辽宁大学学报（哲学社会科学版），2018（1）.

够在刑法没有明文规定的情况下，以社会危害性大为理由将这种帮助行为的集合作为犯罪来处理，否则就会违反罪刑法定的原则。只有在刑法作出明文规定，明确将某些情况下的帮助违法行为列入刑法的处罚范围，才能够处罚帮助纯粹违法的行为。如《刑法》第285条第3款规定的提供侵入、非法控制计算机信息系统程序、工具罪，就将以特殊的提供程序、工具帮助违法行为作为犯罪处理，这属于法律作出的特殊规定。

其次，认为该罪属于帮助犯正犯化，与其坚持的共同犯罪体系相冲突，也会导致罪刑不均衡。

虽然支持该观点的学者认识到了将帮助行为单独评价的必要性，但这并不一定意味着这一定是帮助犯正犯化。帮助犯正犯化的提法与其区分制的根基相违背。帮助犯正犯化得以成立的前提就是存在"帮助犯"与"正犯"的区分，在区分制的背景之下，如果将该罪定义为帮助犯，其必然从属于正犯并且不能够判处比正犯更高的刑罚。[①] 有学者在承认区分制的前提下，又认为应该采用"实质共犯论"的解释方案，也即由于网络帮助行为危害性提升，独立性增强，可以将其直接评价为实行行为。[②] 由于行为形态与量刑的捆绑，形式客观说将会导致对案件起重要作用的"共犯"只能处以较轻的刑罚，为了克服这些缺陷，使得罪刑均衡，区分制下不得不发展出了"间接正犯""共谋共同正犯"等概念，或者直接采纳犯罪支配理论，认为对侵害结果或危险结果发生起事实上支配作用的就是正犯[③]，这使得传统依据构成要件的区分标准失去了其原本的意义。

"实质共犯论"的解释方案，否定区分制最为基础的从属性原则，事实上承认了帮助犯的独立性，忽视了与其所持共同犯罪理论的协调性。"如果坚持共犯独立性说，将帮助行为也理解为实行行为，必使（区分制）共犯理论崩溃。"[④] 也有支持帮助犯正犯化的学者认为，网络帮助行为已经具备独立性、主导性的特征，已经难以再根据共犯理论中的帮助犯予以评价[⑤]，这事实上已经说明了帮助犯正犯化的提法与区分制的体系不相容的问题。也有学者认为[⑥]，我国采取的是双层区分制[⑦]，从而对行为人的量刑并不直接与行为人的角色分工相挂钩，试图避免单层区分制[⑧]与独立评价帮助行为之间的体系矛盾。但是，区分制的宗旨就在于，对以不同形式参与犯罪的行为人区别对待，处罚的轻重是区别对待的关键。[⑨] 所谓的双层区分制，能否被划归为区分制之内，还存有疑问。即使承认这一概念，根据支持双层区分制学者的观点，双层区分制与单一正犯体系的不同之处就在于，其第一个层次的区分，也即根据行为人分工进行的区分，仍然承认共犯对正犯的从属性。[⑩] 只要

---

① 皮勇. 论网络服务提供者的管理义务及刑事责任. 法商研究，2017（5）.
② 于志刚. 共犯行为正犯化的立法探索与理论梳理. 法律科学（西北政法大学学报），2017（3）.
③ 张明楷. 刑法学（上）. 北京：法律出版社，2016：392.
④ 张明楷. 论帮助信息网络犯罪活动罪. 政治与法律，2016（2）.
⑤ 于冲. 网络犯罪帮助行为正犯化的规范解读与理论省思. 中国刑事法杂志，2017（1）.
⑥ 刘仁文，杨学文. 帮助行为正犯化的网络语境. 法律科学（西北政法大学学报），2017（3）.
⑦ 双层区分制认为，参与人类型仅仅承担定性功能，承载量刑功能的是作用分类标准下的主、从犯。钱叶六. 中国犯罪参与体系的性质及其特色. 法律科学（西北政法大学学报），2013（6）.
⑧ 单层区分制认为，正犯与共犯的区分具有同时解决参与人的定罪和量刑的双重功能。钱叶六. 中国犯罪参与体系的性质及其特色. 法律科学（西北政法大学学报），2013（6）.
⑨ 刘明祥. 论中国特色的犯罪参与体系. 中国法学，2013（6）.
⑩ 钱叶六. 双层区分制下正犯与共犯的区分. 法学研究，2012（1）.

承认了这一从属性，对帮助犯独立处罚就必然无法跳脱与区分制的共犯理论相抵牾的问题。

同时，正因为该观点建立在区分制的基础之上，在网络帮助行为所帮助的犯罪法定刑低于帮助信息网络犯罪活动罪时，将会导致罪刑不均衡的现象。帮助犯正犯化的解释路径意味着必须是被划归为帮助犯的行为人才能够适用该款的规定，而将正犯排除在外。这就意味着，共同正犯将不能够适用该罪进行处罚。结合上文所阐述的，支持帮助犯正犯化的学者认为网络帮助行为在某些犯罪中所起的是关键的作用，甚至危害性超过了实行行为，那么根据犯罪支配理论，这类行为人就很有可能会被直接认定为共同正犯，不能以该罪定罪处罚。且不论在区分制之下，根据是否具有支配来区分共同正犯与帮助犯是十分困难的事情，即使能够作出区分，在被帮助的行为人所实施的犯罪法定刑低于帮助信息网络犯罪活动罪之时，如行为人所帮助的是虚假广告罪、传播淫秽物品罪，就会出现实施起到作用较大的帮助行为，被认定为共同犯罪而适用较轻的法定刑，实施轻微、作用较小的帮助行为只能够适用较重的法定刑的情况，难谓合理。

（三）从犯主犯化

有学者站在单一制的角度，认为该罪属于"从犯主犯化"，即原属从犯的帮助行为在共同犯罪中的作用评价由处于次要或辅助的"从犯"向"主犯"靠近。[①] 该观点仍然遵循共同犯罪的归责模式，但是却认为单一制与共犯从属性并不矛盾，网络帮助行为的法益侵害性质及其程度无法脱离他人利用网络实施的犯罪行为单独判断。[②] 虽然笔者赞同我国所采纳的是单一制的犯罪参与体系，但是对该学者的观点持怀疑态度。

首先，单一制是不可能与共犯从属性相容的。单一制意味着不区分正犯与共犯，在共同犯罪的情况下，与单独犯罪一样，根据行为人自己实施的行为及其心理状态来评价是否构成犯罪。[③] 既然不同类型的行为都是正犯，自然不存在谁从属于谁的问题。该论者解释单一制下的从属性是"对剥离价值评价的事实的联动判断"，先对犯罪事实作一个整体的评价，再对需要评价的对象（帮助行为）作单独的判断。[④] 但在笔者看来，这种解释路径，表面上没有直接说明帮助行为从属于实行行为，实际上将所有的行为结合起来考察之后，仍然要求存在一个可罚的实行行为。如果认为网络帮助行为仍然需要依托其所帮助的行为的情况来判断是否构成犯罪，就意味着回到了区分制的话语体系之下。正如上文在对帮助犯量刑规则这一观点的分析中所谈到的那样，在区分制的共同犯罪理论框架之下讨论该罪，承认共犯的从属性，已不能有效地打击网络犯罪帮助行为，不符合该罪设立的立法目的。

其次，"从犯主犯化"的提法本身就存在问题。该论者一开始就将帮助犯置于从犯的

---

① 张勇，王杰. 网络帮助行为的犯罪化与非犯罪化. 苏州大学学报（哲学社会科学版），2017（3）.

② 张勇，王杰. 帮助信息网络犯罪活动罪的"主犯正犯化"及共犯责任. 上海政法学院学报（法治论丛），2017（1）.

③ 刘明祥. 论我国刑法不采取共犯从属性说及其利弊. 中国法学，2015（2）.

④ 张勇，王杰. 帮助信息网络犯罪活动罪的"主犯正犯化"及共犯责任. 上海政法学院学报（法治论丛），2017（1）.

地位，这与单一制的犯罪参与体系是不相容的。在单一正犯体系中，帮助犯并非一定是从犯，认定主从犯的唯一依据是犯罪参与人在共同犯罪中所起的作用，是在认定为共同犯罪之后所需要评价的内容。从犯就意味着起次要或者辅助作用，其与主犯的定义是完全不相容的，也就是说，从犯是不可能成为主犯的。只能是，若成立共同犯罪，该帮助行为原本就应该被认定为主犯，而不是说本来应该被认定为从犯，因为该罪的设立而成为了主犯。

最后，该论者将该罪解释为是"从犯主犯化"，其中隐含的意义有两个。一是该罪只处罚构成共同犯罪的网络帮助行为，因为区分从犯与主犯的前提是成立共同犯罪。二是适用该罪代表着对这种帮助行为从重处罚，因为适用该条就意味着不再适用总则关于从犯从轻、减轻处罚或者免除处罚的规定。在第一层意义上，正如上文所讨论到的，该罪设立的目的就是为了惩处不能够认定为共同犯罪的网络帮助行为，坚持必须要构成共同犯罪才能以该罪论处已经不合时宜。应当将符合情节严重要求的，不构成共同犯罪的网络帮助行为也纳入该罪的处罚范围。在第二层意义上，从刑法对该罪三年以下有期徒刑或者拘役这一较轻的法定刑设置上就可以看出，该罪并不属于一个从重处罚的规定。此外，在各地的司法实践中，辩护人常将行为符合该罪作为一种罪轻辩护，也有法院认为根据"从旧兼从轻原则"适用该罪，这也从侧面说明了，在同时构成共同犯罪之时，该罪绝不可能单纯是一个从重处罚的规定。是否属于从重处罚，需要比较具体构成的共同犯罪与帮助信息网络犯罪活动罪各自的法定刑才能确认，完全有可能存在按照共同犯罪处理处罚更重的情况。

三、单一制视角下该罪的性质

从以上的分析中可以看出，一方面，仅仅局限在共同犯罪的框架之内，认为该罪从属于其帮助的犯罪行为无法有效打击网络犯罪，阻断犯罪产业链条。另一方面，以帮助犯正犯化来解释该罪必然会与其区分制的根基相抵牾。因而笔者认为，在区分制的框架下，无法很好地解释该罪的性质。相比之下，单一制的解释方案存在许多优势。

（一）采单一制解释的优势

在单一制之下，所有的犯罪参与人都是正犯，各个行为人之间不存在从属关系，适用相同的法定刑，根据其在犯罪中所起的作用来决定最终的量刑。采用这一共同犯罪理论体系解释该罪的优势主要体现在两个方面。

其一，能够确保对各个行为人处罚适当。首先，在能够成立他罪共同犯罪的情况下，单一制认为能够构成该罪的行为，并不一定是在区分制下会被评价为帮助犯的行为，也可能是能够被评价为共同正犯的行为。这样不仅避免了区分帮助犯与共同正犯的难题，也不会导致实施所起作用大的网络帮助行为反而不能够被认定为该罪的不合理现象。其次，单一制认为构成该罪不要求符合共同犯罪的条件，即使被帮助的行为人没有实施实行行为，只要帮助者的网络帮助行为可以被评价为"情节严重"，符合该罪的构成要件，依然可以构成该罪，严密了打击网络犯罪的法网。在单一犯罪行为法益侵害性较小，如在诈骗罪数额极小、虚假广告未造成严重的后果的情况下，就单个犯罪行为而言，无论对正犯还是帮助犯都不可能以犯罪论处，但是行为人帮助了众多的违法行为，从量的累积上来看，整体上对社会的危害并不小于为已经构成犯罪的实行行为提供网络帮助，的确存在处罚的必要。在区分制之下，无论如何解释都不能够抛开实行行为承认帮助犯的独立性，将该种行为认定为犯罪。单一制否定从属性的观点则认为该行为能够被独立评价，使得这部分的行为人能够受到应有的处罚。

其二，与从严打击网络帮助犯罪的刑事政策需要相契合。为了使得刑法适应社会发展的需要，在必要的时候应根据刑事政策的需要，将某些行为设立为犯罪，这也就是所谓的"立法的刑事政策化"[①] 的问题。之所以设立帮助信息网络犯罪活动罪，是因为现实中有打击这一行为的刑事政策需求，而原有的刑法体系无法有效地打击这一行为。从严厉打击互联网犯罪的刑事政策的角度来看，设置该罪一方面是要在网络帮助的犯罪行为众多，但无法查明受到帮助犯罪的具体情况时惩处那些提供网络帮助的行为人，另一方面是要处罚对大量违法（由于罪量原因不构成犯罪）行为[②]进行网络帮助的行为人。根据传统的共同犯罪论，对帮助犯定罪需要查明被帮助行为人的具体的犯罪行为，但这在网络帮助的背景之下基本上是不可能实现的，也会耗费大量的司法资源，只能从被帮助行为数量的巨大上来推定，帮助行为造成了严重的社会危害或有造成严重社会危害的危险。单一制之下帮助行为成立犯罪不一定要求存在实行行为，只需考察行为本身的社会危害性，这与刑法单独规定帮助信息网络犯罪活动罪的刑事政策目标相契合。与"帮助犯正犯化"出于处罚合理性的需要承认网络帮助行为特殊的独立地位，但又为了坚持区分制的理论传统承认从属原则这种自相矛盾的解释相比，单一制的解释显然更为合理。

问题在于，在被帮助的行为人并未着手实行犯罪时，或者无法查明其是否实施了犯罪的情况下，处罚帮助行为是否具有合理性。有的学者认为，在正犯未实行犯罪之时，就对共犯进行处罚，过度扩大了处罚范围，因为其本身还不具有作为未遂犯处罚的发生结果的具体危险性。[③] 笔者认为，在被帮助行为未着手的情况下处罚帮助行为并非是将其作为未遂犯处理，而是作为预备犯处理。应当承认，不同的犯罪对法益的侵害程度是不同的，将某些犯罪的处罚时点前置是实现社会防卫的必然要求，这也是刑法规定犯罪预备的目的所在。是否单独进行处罚，关键还是要看帮助行为本身的是否达到了应当予以刑事处罚的程度。

在不构成共同犯罪的情况下，仍可以单独追究教唆行为与帮助行为的做法，在其他国家的法律之中也有体现。在英美刑法中，存在着不同于共犯参与责任的未完成罪责任，英国 2007 年《重罪法案》就规定了教唆帮助罪，只要行为人实施了足以教唆或帮助他人犯罪的行为，无论被教唆或帮助的人是否着手实行犯罪，行为人都构成这一犯罪。[④] 在实行

① 陈兴良. 刑法的刑事政策化及其限度. 华东政法大学学报，2013（4）.

② 当然对犯罪也可以做多种不同维度的理解，一般认为不符合罪量要求但是符合其他犯罪构成要件的行为也可以被看做是犯罪行为。由于刑法明文规定了只处罚对犯罪的网络帮助行为，对不可能构成犯罪的纯粹的违法行为，如卖淫、吸毒等的帮助行为，就不可能符合该罪的构成要件。

③ 张明楷. 刑法学（上）. 第 5 版. 北京：法律出版社，2016：408.

④ 谢望原，王波. 论英国刑法中的共犯退出. 法律科学（西北政法大学学报），2013（5）.

区分制的日本，也有判例以及学者肯定预备行为的共犯。① 其采取的是将预备罪作为修正构成要件，肯定预备犯也是正犯的方式，仍然用区分制的从属规则解释预备犯共犯的可罚性。笔者并不赞同这种解释方式，因为犯罪的预备行为与实行行为存在着本质的差别，将预备行为作为正犯行为并不妥当，从实质上来说，这已经属于对共同犯罪实行从属性的一种突破，与其区分制的共同犯罪理论不协调。从中也可以看出，面对应当处罚的预备犯共犯，日本实务界与学界不得不在处罚合理性与区分制共犯体系的一贯性之间作出选择。一旦采取从属性说，不管何种从属形式，或多或少都会产生处罚漏洞。② 固守实行从属性，认为只有当正犯着手实行犯罪之后，教唆犯与帮助犯才具备应受处罚的法益侵害性的看法，忽视了刑法的犯罪预防的功能。否定实行从属性，并不必然意味着处罚范围的不当扩大。在《刑法》第13条的限制之下，某些达不到刑罚处罚程度的行为也可以被排除出犯罪圈，是否作为犯罪被处罚，应当根据案件具体情况进行自由裁量。

（二）单一制的具体解释方案

单一制认为，对所有犯罪参与人的评价都要依据其自身的行为与主观心态，对其进行定罪处罚，适用与单独正犯相同的规则。也就是说，对所有的犯罪参与人，只要其行为与犯罪结果之间具有因果关系，不管最终是否被认定为共同犯罪，都应该单独对其行为进行评价。在认定为共同犯罪时，根据刑法关于共同犯罪的规定定罪处罚，而当不构成共同犯罪之时，也可能单独定罪处罚。笔者认为，帮助信息网络犯罪活动罪与其帮助之罪之间的关系，应该是交叉法条竞合的关系，在同时符合两个罪的构成要件之时，依照法律的特殊规定，以重罪论处。行为人的帮助行为无论是否已经构成其他犯罪，都可能成立帮助信息网络犯罪活动罪。

1. 该罪与其帮助的其他犯罪之间的关系

对于一行为触犯数罪名的情况，既可能是法条竞合也可能是想象竞合。法条竞合的法条之间存在重合或者交叉的逻辑关系，想象竞合则不存在这种关系。区分法条竞合与想象竞合的标准是看选择一个条文能否对犯罪事实做出完整的评价，如果可以就属于法条竞合。③ 一个网络帮助行为，可能会同时触犯该罪与其帮助的其他犯罪。构成该罪的行为，首先是其他犯罪的帮助行为，若不考虑罪量的要素④，构成帮助信息网络犯罪活动罪的行为必然构成其帮助的其他犯罪，也就是说，帮助信息网络犯罪活动罪可以对所有的网络帮助行为做出完整的评价。由此可以说明，该罪与其帮助的其他犯罪之间是法条竞合的关系。但是，由于该罪所能帮助的行为类型众多，犯罪的帮助方式也多种多样，就具体的某一分则罪名而言，构成该罪并不必然意味着成立特定的分则罪名，反之亦然。以该罪与诈骗罪的关系为例。如A的网络帮助行为帮助了他人实施传播淫秽物品牟利的行为、虚假

---

① 西田典之. 日本刑法总论. 第2版. 王昭武，刘明祥，译. 北京：法律出版社，2013：352~365.
② 林钰雄. 新刑法总则. 台北：元照出版有限公司，2016：458.
③ 刘明祥. 嫖宿幼女行为适用法条新论. 法学，2012（12）.
④ 笔者认为，在判断竞合关系之时，不应该考虑罪量的要素，即不应当考虑数额较大、情节严重、重大财产损失这类需由司法解释另行规定或由法官自由裁量的要素。原因在于，各个犯罪之间的法条关系应该具有稳定性，上述因素具有不确定性，将其作为竞合关系考察时的要素，会破坏法条之间的稳定关系。

广告的行为，但没有帮助他人实施诈骗行为，A构成帮助信息网络犯罪活动罪但不构成诈骗罪。又如A明知B实施电信诈骗，为其提供设备以及场地，由于实施的不是该条规定的网络帮助行为，A构成诈骗罪但不构成帮助信息网络犯罪活动罪。因此，该罪与其帮助的其他犯罪之间，是交叉法条竞合的关系，该罪属于特别法，其他犯罪属于一般法，原则上适用特别法优于普通法的原则，只是由于该罪第3款的特别规定才优先适用重法。

2. 该罪包含的具体行为类型

（1）构成他罪共同犯罪或者单独犯罪的网络帮助行为。

新罪的设立应当是为了严密法网，惩处旧法无法规制的危害社会行为。对于原本就可以通过认定为其他犯罪的共同犯罪或者单独犯进行定罪处罚的帮助行为，原本没有必要也不应该以这一新罪定罪处罚。从该罪第3款"择一重处罚"的规定中也可以看出立法机关为实现这一罪刑均衡目的所做的努力。立法机关为该罪设立了较低的法定刑，在大部分情况之下，认定为其他犯罪而不以该罪论处处罚会更加严厉，从而根据该款的规定，对网络帮助犯应以其帮助的罪名定罪处罚。如果不作从重处罚的规定，就难以解释都是帮助行为，为何唯独对网络帮助行为处以较轻的处罚。如果按照案情完全可以将实施网络帮助行为的人认定为他罪的共同犯罪人或者单独犯，但由于司法机关将该罪定义为"刑法新设立的轻罪"而不对行为人以共同犯罪论处，这与从严打击网络犯罪的刑事政策是完全背离的，也是对以其他方式实施帮助行为的行为人的不公平对待。正如上文所说，出现这种情况是由于将该罪解释为帮助犯的量刑规则。但究其更为深层次的原因，是没有意识到该罪设立的真实意图，从而无法作出合适的解释，发挥该罪名应有的作用。

但是，该罪的在构成要件的表述上没有将可以认定为他罪共同犯罪或者单独犯的行为排除在该罪的处罚范围之外。若某些网络帮助行为能够构成他罪，那么就说明该行为达到了应予刑罚处罚的条件，必然符合帮助信息网络犯罪活动罪"情节严重"的要求从而构成该罪。问题在于，当他罪的法定刑低于该罪的法定刑之时，仍然会造成处罚均衡性上的问题。因为在同时构成他罪的情况下，若帮助行为没有同时造成其他法益侵害，仅因其特殊的帮助方式，就对帮助者施以较重的法定刑是没有道理的。这一处罚均衡上的问题是立法的模式所导致的，要克服这一问题，只能够通过司法上量刑的特殊考量，不对行为人判处比认定其为他罪时更重的刑罚。如行为人帮助的行为是虚开发票的行为，刑法规定该罪的最高法定刑为二年有期徒刑，那么对行为人最终的量刑就不能够超过二年有期徒刑。当然，采用单一制意味着帮助行为对实行行为不具有从属性，因而对实行犯罪行为的行为人的量刑并不必然高于网络帮助行为，也不会出现在共同犯罪中起到关键作用的行为人由于被认定为帮助犯而不能够处以较重刑罚的困难。需要注意的一点是，这里出现的罪刑均衡方面的问题，与前述"帮助犯正犯化说"中区分共同正犯与帮助犯所导致的罪刑均衡问题并不相同。前述学说中的不均衡，是出现在同一个罪的判罚之中，如A与B都实施了利用网络帮助他人实施虚假广告的行为，但是A的帮助行为起到了关键性的作用，从而被认定为共同犯罪只能在二年有期徒刑之下的法定刑幅度内判处刑罚，B的帮助行为较A轻微，只能构成帮助犯，从而构成帮助信息网络犯罪活动罪，可能在三年有期徒刑之下的法定刑幅度内判处刑罚。在这里，对 B 的处罚明显是不合理加重的，属于同一罪名之下的罪刑不均衡。而根据单一制的观点，虽然并非在罪刑均衡上的完美无缺，但是至少可以避免同一罪名之下的均衡问题，可以说是更为合适的解释方案。

如在某一真实案例之中，行为人明知其公司推广业务的对象为网络诈骗分子，为开展业务，仍为诈骗人员办理互联网网站推广服务，最终被认定为诈骗罪。[①] 法院认定诈骗的共同犯罪数额并未达到当地诈骗罪数额巨大的标准，应当对共同犯罪人按照诈骗罪数额较大这一档的法定刑处罚，而这一档法定刑"三年以下有期徒刑、拘役或者管制"是低于帮助信息网络犯罪活动罪的法定刑"三年以下有期徒刑或者拘役"的。虽然最后按照诈骗罪共同犯罪处理的处罚结果是合理的，但是并不符合《刑法》第 287 条之二第 3 款择一重罪处罚的规定。正确的做法应当是按照帮助信息网络犯罪活动罪定罪，但应在量刑时考虑同时所构成的共同犯罪应当判处何种刑罚，做到罪刑均衡。

（2）不构成其他犯罪但有其他严重情节的网络帮助行为。

在单一制的犯罪参与体系中，帮助行为可以脱离其所帮助的行为，进行独立的评价。在网络帮助行为不构成其他罪的共同犯罪或者单独犯的情况下，仍然可以综合其他的因素判断行为人的行为是否符合"情节严重"。笔者认为，"情节严重"的判断，应该包括两个方面，一是在行为人的帮助某一犯罪行为时所起的作用程度，二是其所帮助犯罪行为的数量多少。在行为人的网络帮助行为构成某一分则罪名之时，说明其行为已经达到了应当被刑罚处罚的程度，当然属于帮助信息网络犯罪活动罪的"情节严重"。而当其不构成其他分则罪名时，则要综合考虑其服务对象多少、服务费收取的金额、广告投放的数量等方面，判断是否符合"情节严重"。从而，不构成共同犯罪，但是具备严重社会危害性，符合"情节严重"标准的网络帮助行为，也应当被纳入该罪的规制范围。如前文所述，该罪与其帮助的其他犯罪之间是交叉法条竞合的关系，最终只能够适用一个法条定罪量刑，因此将行为人的行为评价为两个不同的犯罪，并不会产生重复评价的问题。在同时构成该罪与其他犯罪之时，应当根据刑法明文规定择一重罪处罚。

综上所述，帮助信息网络犯罪活动罪所规制的行为包括两个方面。一是能够同时构成他罪的网络帮助行为，对于这类行为应当按法定刑重的罪定罪处罚。但是如果他罪的法定刑低于帮助信息网络犯罪活动罪，在量刑时不能高于认定为共同犯罪时所应当判处的刑罚。二是不构成其他犯罪，但能够被综合评价为"情节严重"的网络帮助行为。仅在共同犯罪的框架之下，无法完整描绘出该罪的轮廓。对于实施了网络犯罪帮助行为的行为人，对其定罪应当遵循一个适当的程序。首先判断其行为是否构成其他犯罪，如果构成，则比较其构成的犯罪与帮助信息网络犯罪活动罪之间的法定刑，择一重定罪，然后将剩余的犯罪事实与情节再作评价，若仍然满足帮助信息网络犯罪活动罪情节严重的标准，则将行为人构成的他罪与该罪数罪并罚。如果不构成其他犯罪，则需单独判断是否符合该罪情节严重的标准。（参见图 1）

[①] 河北省衡水市桃城区人民法院刑事判决书（2016）冀 1102 刑初 202 号。

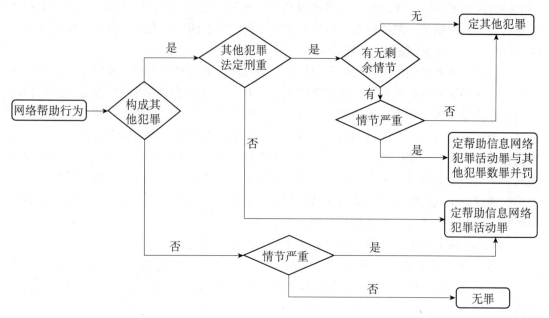

图1 实施网络犯罪帮助行为的行为人之定罪过程

互联网医药中的犯罪问题研究

张爱艳*

内容摘要：医疗信息化与网络化给医疗过失犯罪的认定和处理带来了新的挑战。鉴于互联网医疗行为的模式特性及更高的风险性，医疗过失的认定标准应更加严格。信赖关系的存在不仅是互联网医疗工作的起点，也是互联网医疗行为得以顺利开展的关键性因素。互联网医疗行为作为一项危险事业，必须基于危险分配的原理，在医生与患者间进行合理的危险分配。与传统的药品违法犯罪相比较，互联网药品违法犯罪行为呈现出许多新的特点。我国刑法直接采用《药品管理法》中假药的概念值得商榷。互联网医药犯罪的法律规制要坚持刑法的谦抑性与宽严相济的刑事政策，进一步加强互联网医疗行政执法与刑事司法的有效衔接。

关键词：互联网医疗　医疗过失犯罪　药品犯罪

一、引言

随着互联网的迅速发展和 4G 网络的普及，信息技术已逐渐渗透至医药服务行业，互联网医药的发展已成为不可逆转的趋势。2016 年 11 月 1 日，中国首部互联网医疗蓝皮书《中国互联网医疗发展报告（2016）》在北京发布。依据此报告，2014 年中国互联网医疗市场规模达 114 亿元，2015 年市场规模已达 157.3 亿元，增长率为 37.98%，其中移动医疗市场规模达 42.7 亿元，增长率为 44.7%。[①] 可见，中国的互联网医药市场已进入高速发展期，但是目前国内关于互联网医药的法律规范尚未完善，在这一新兴产业的用户越来越庞大的前景下，由此产生的违法犯罪行为也突显出来。如何正确认定与处理不断增长的互联网医药犯罪问题，对于我们全力推进依法治国、建设法治中国与网络强国具有十分重要的意义。下面将对互联网医药中主要涉及的医疗过失犯罪与药品犯罪进行分析。

---

* 山东政法学院教授，法学博士。

① 截至 2015 年 12 月，中国互联网医疗用户规模为 1.52 亿人，占网民的 22.1%，其中，诊前环节的互联网医疗服务使用率最高——在线医疗保健信息查询、在线预约挂号和在线咨询问诊应用总使用率为 25.3%；医药电商使用率占网民的 4.6%。载中国制药网 http://www.zyzhan.com/news/detail/59211.html，最后访问日期：2016 年 11 月 21 日。

二、互联网与医疗过失犯罪

医疗过失犯罪是指从事医疗业务的人员在具备注意能力的前提下，因违反医疗注意义务而导致构成要件的结果发生的行为。[1] 此定义采纳了大陆法系国家关于医疗过失犯罪主体的用法，即根据行为人是否从事医疗业务来确定医疗过失犯的身份，较之于我国刑法关于医疗事故罪主体的规定更为清晰、科学。[2] 一般认为，只要行为人具有预见义务和避免义务，就产生了注意义务。但是随着科学技术的高速发展，具有一定危害风险的业务活动也大量增加，"如果绝对地坚持行为人回避危害结果的义务，从事风险业务的人员负刑事责任的可能性就会随着过失机会的增多而相应扩大。事实上，法律并非、也不可能禁止一切危险行为，不一定要求行为人认识到危害便要回避危害。"[3] 尤其是在互联网时代，远程会诊、远程治疗、远程护理等新型医疗行为模式应运而生，伴随着医疗发展给人类带来巨大益处的同时，医院和医生承担更大的风险，若处理不当则会导致医生更多考虑他们的自身安全而不是患者利益。可见医疗信息化与网络化给医疗过失犯罪的认定和处理带来了新的挑战。

（一）医疗过失的判断

医疗过失的判断实际上就是对医方是否违背医疗注意义务的考量。司法实践中主要依据医务人员遵守的相关法律、法规、规章制度的具体规定进行综合判断（1）依医疗卫生管理领域的法律、行政法规、部门规章和规章制度所产生的注意义务；（2）依习惯及常规所产生的注意义务；（3）依据医学文献产生的注意义务。在判定医疗行为人是否违反注意义务从而构成过失方面，法律所适用的是"合理医务人员"的标准，即以诊疗当时临床医学实践中通常医疗人员的正当技术水准为判断标准。但是，对医疗人员是否尽到"合理注意"从而达到"合理医务人员"标准的考察不是一个纯粹的理论演绎过程，需要具体到医疗人员所在的具体情境和具体医疗行为，要根据医务人员的分工、职责、工作条件、紧急性等情况进行判断。可见，实践临床上的医疗水准具有动态性，并非固定不变的。

当前，随着网络技术的迅猛发展，高风险的互联网医疗行为日益增多，上述普通医疗行为的注意义务理应作为过失认定的基本内容，但考虑到互联网医疗行为的模式特性及更高的风险性，医疗过失的认定标准应该更加严格。一是互联网医疗的技术标准及基本规则尚未形成共识，缺乏可以借鉴的标准；二是互联网医疗扩大了一部分医师的诊疗范围，患者获取到更多的利益；三是互联网医疗中参与的医务人员一般较多，其地位与分工不同，医疗过失的评价应充分考量医务人员的"可预见性"与"回避可能性"，若过于苛刻，可能造成医务人员不愿意加入互联网医疗的行列。[4] 因此，我们在考察行为人是否违反注意义务之前，需要先考虑以下几个问题：第一，风险的可预见性、可能性和严重性；第二，

---

① 张爱艳. 医疗过失犯的限缩——以注意义务阻却事由为视角. 中国刑事法杂志，2008（11）.

② 我国《刑法》第335条规定的医疗事故罪将主体限定为医务人员，而理论界对医务人员的范围一直存在争议。

③ 姜伟. 罪过形式论. 北京：北京大学出版社，2008：297.

④ 谈在祥. 医疗过失行为的刑法规制研究. 华东政法大学2014年博士学位论文：38.

采取预防措施避免发生风险需要的成本和代价；第三，医疗行为的目的或社会价值。① 也就是说，需要我们先判断行为是否属于被允许的危险。

（二）医疗过失中被允许的危险之适用

被允许的危险是指为达成某种有益于社会的行为，在其性质上常含有一定的侵害法益的危险，此种危险如在社会一般生活中被认为相当时，即应认为是可被容许的合法行为。② 比如医生为挽救人的生命或健康而实施的行为、为促进科学进步而实施的危险性实验行为等。被允许的危险理论担负着缩小风险业务人员注意义务范围、减轻其过重刑事责任的任务，其实质在于主张理性冒险。人们为了追求一个更大利益必须得接受危险行为的附带风险，此即两利相权取其重而两害相权取其轻。被允许的危险既是人们在科技发展背景下作出的一种价值选择，也体现了鼓励人类对于未知领域进行探索的思想。由于人类理性的有限性，致使人们对事件发展不可能做到百分之百的预知和掌控，但只要是属于理性冒险的行为，即使不幸造成了利益侵害，行为也不违法。

被允许的危险在刑法领域里主要体现为利益保护的相对性，即刑法对生命利益、身体健康利益、财产利益等的保护不是绝对的，否则医生给病人动手术的行为可能构成故意伤害罪。被允许的危险必须具备下列条件才能适用：（1）必须是具有危险性的行为，这是前提要件。危险是否可预见应以合理人为判断标准。（2）必须是对社会有益且必要的行为。行为所追求的目的越正当、社会所需要的程度越高，容许危险的范围越大。③（3）必须是适当的行为。行为人必须已遵守危险业务所定的规则，另外还得看行为是否符合一般社会生活观念的相当性。这些条件体现了被允许危险理论的核心不仅在于"容许"，更在于"容许多少"，在于法规范必须为"容许"确定限度。

互联网医疗行为是一种高风险的活动，如远程治疗可能危害人体的健康或生命。但不可否认的是，互联网医疗行为不仅有其存在的必要性，而且正被越来越多的人所接受。因此，互联网医疗行为一般都符合前述被允许危险的第一个和第二个条件，只要医务人员遵守第三个条件，就可适用被允许的危险而免负医疗过失责任。具体来讲，互联网医疗行为必须满足下列四个条件才认为是被允许的危险：一是互联网医疗行为必须由医师、护士或者其他医务人员实施，此即主体条件。二是实施互联网医疗行为须遵守当时医学所承认的学理及技术，此谓客观条件。三是主观条件，互联网医疗行为的实施者需尽医学上必要的注意义务。四是目的条件，互联网医疗行为的实施要以治疗或预防人的伤病为目的。互联网医疗行为对患者所带来的益处越大，法律对风险漠视行为的容忍度就越高。

如果互联网医疗行为超出了上述范围，则很可能受到刑法的否定评价，但并不意味着只要发生医疗事故就一定追究医务人员的刑事责任。刑法调整的目的在于合理划分医疗过失与正当医疗行为的界限，通过惩治医疗过失犯罪促进医疗事业的健康发展。刑法的干预不是为了鼓励防御性医疗行为，而是鼓励医务人员在自身业务活动中正确地履行自己的注

① 赵西巨. 医疗诉讼中的医疗专家意见和法官自由裁量：谁主沉浮. 法律与医学杂志, 2007（3）.

② 洪福增. 刑事责任之理论. 刑事法杂志社印行, 1988：315.

③ 蔡振修. 医事过失犯罪专论. 增订一版. 台北：台中县梧栖镇, 2005：149.

意义务，谨慎地从事医疗工作。对于互联网医疗行为，一方面需要加强制度建设来鼓励医疗创新，另一方面通过提高医疗水平等方式减少或避免医疗事故的发生。

不难看出，互联网医疗行为较之普通医疗行为具有更高的风险性，因此被允许的危险理论在互联网医疗过失的认定中显得更为重要。适用允许的危险，实质上是将行为人的一部分注意义务转移到社会来承担，行为人不再负有预见以及避免这种危险发生的义务。另外，互联网医疗工作的分工日趋精细和专业化，致使医疗行为人间的相互信任成为顺利完成组织性医疗行为的重要前提与保障，此即信赖原则在医疗过失中的适用问题。

（三）医疗过失中信赖原则之适用

信赖原则是指当行为人实施某种行为时，如果可以信赖被害人或者第三人能够采取相应的适当行为的场合，由于被害人或者第三人不适当的行为而导致结果发生的，行为人对此不承担过失责任的原则。[1] 信赖原则是一种典型的分配注意义务的原则，它是过失犯罪理论适应现代科学技术迅猛发展的必然结果。"在某种条件下，行为人虽然具有预见危害结果的可能性，但不一定就有预见的义务。信赖原则免除了行为人预见他人可能实施不正常的非法行为的义务。"[2] 信赖原则具有缩小过失责任的功能。

1. 医务人员之间适用信赖原则

信赖关系的存在不仅是互联网医疗工作的起点，也是互联网医疗行为得以顺利开展的关键性因素。在现代高度分工的医疗体制下，医师分工越来越细，每一个医师仅在自己所从事的医疗工作领域内具有相应的医疗能力，对于自己专业领域之外的事项不得不求助于其他医疗人员的判断与治疗。特别是在组织性医疗行为中，医务人员只有密切配合才能保证该医疗工作的顺利完成。每一个医疗行为人没有必要也不可能对其他医疗行为人的具体医疗行为进行详细的复查，所以医疗行为人之间的信赖是必需的。如主治医师对其他参与辅助性医疗工作的医务人员的信赖；医师、护士对麻醉师、药剂师的信赖；医师对检验人员的信赖等。

在组织性医疗行为中，各主体的地位与作用不同，因此，信赖原则对他们的适用条件也存在差异。下面仅以主持医疗的医师为例说明在组织性医疗行为中信赖原则适用的效果。（1）免除监督义务，在组织性医疗过程中，主持医疗的行为人对于其他参与辅助医疗工作的护士、检验人员等行为人的监督义务可因合理的信赖而被免除。（2）免除指示义务，在合理的信赖的场合，行为人对参与辅助医疗工作的行为人的工作可以不必详细加以指示说明，由他们自行处理。（3）免除检查义务，对于参与辅助工作的行为人的医疗工作的结果，行为人没有必要检查其是否正确。[3]

但是，假若在滥用信赖原则的情况下，主持医疗的医师对于参与辅助工作的医务人员的过失应承担监督过失责任。即在参与人（例如指导手术的医生）具有特别的监管义务（例如面对没有经验的助理医生）时，信赖原则必须退居次要地位。

---

[1] 西原春夫. 交通事故和信赖原则. 东京：成文堂，1969：14；转引自林亚刚. 犯罪过失研究. 武汉：武汉大学出版社，2000：192.

[2] 姜伟. 罪过形式论. 北京：北京大学出版社，2008：302.

[3] 臧冬斌. 医疗犯罪比较研究. 北京：中国人民公安大学出版社，2005：199～200.

2. 医务人员与患者间适用信赖原则

互联网医疗行为的成功实施除有赖于医疗行为的参与者共同协力外，还有赖于就诊人的配合诊疗。在现代社会中只有强调作为社会活动参与者的相关人员之间的责任心以及社会连带责任感时才能做到实质的公平，保证社会生活平稳有序地发展。互联网医疗行为作为一项危险事业，必须基于危险分配的原理，在医生与患者间进行合理的危险分配，这样才能促进互联网医疗行为的健康发展。当然，由于医师具有专门知识，并经过专门训练，其相对患者而言拥有较多的医学知识，因此，在危险义务的分配上应适当考虑患者的弱势地位，在义务的承担上应给予患者适当的减轻。

此处仅以医师为例说明其与患者间适用信赖原则的情形：（1）医师已尽其指导义务，因患者不遵守医嘱导致伤亡的，医师可以主张信赖原则免除自己的过失责任。[①]（2）医师已尽其适当的问诊、检查义务，但由于患者没有如实提供信息而导致诊断错误造成伤亡结果的，医师不承担过失责任。问诊是医疗行为的逻辑前提，也是后续医疗行为的基础，患者对于医师所提问题有义务给予充分回答，例如是否具有特异体质或过敏性体质、在接受治疗前是否自行服药等。但要注意的是，问诊过程中适用信赖原则的前提是医师别无他法知悉患者的有关信息，如果医师能通过检查或其他手段得知患者有关信息时，即使患者违反了诊断协助义务，若医师怠于知悉该信息时，则其不能主张对患者的信赖原则而免除自己的责任。

信赖原则作为认定行为人是否具有过失的一个基准，对于合理地缓和过失犯的成立范围，限制刑罚权的发动具有积极意义，但其适用必须具有一定的界限。互联网医疗行为中不能适用信赖原则的情形主要有：（1）容易预见参与医疗行为的医疗人员采取不适当行动的；（2）其他参与医疗行为的医疗人员不具备合法资格的；（3）该医疗行为产生医疗过失频率较高的；（4）行为人本身违反医学规则，或违反诊疗当时所谓临床医学实践的医疗水准。[②] 概括而言，信赖原则的限制条件可以归结为两个方面：一是医疗行为人自身违反注意义务，应当采取特别措施避免结果发生的，不能适用信赖原则。如医师未履行诊察、检查、告知等义务的。二是对方由于特定原因容易采取异常行动的，或医疗行为人有充足的时间采取措施回避结果发生的，也不能适用信赖原则。

三、互联网与药品犯罪

随着互联网技术与电子商务的快速发展，网络药品交易也在高速增长[③]，涉药违法犯

[①] 如日本富山地方法院昭和 36 年 12 月 13 日就一起患者因大腿骨折，在接受骨移植手术的愈合期内多次外出、饮酒等引起右下肢短缩后遗症，作出如下判决：在医疗行为中，医师的治疗方法及过程，技术上并不存在问题，医师已尽一般医师所应有的注意义务，该牵引不足并非由于医师处理不当所致，而是由于患者在接受骨移植手术后的愈合期间（约需 3 个月）内，不遵守医嘱，经常外出、饮酒的行为妨碍了牵引效果，致右下肢短缩，对此，医师不须承担过失责任。赵慧. 刑法上的信赖原则研究. 武汉：武汉大学出版社，2007：173～175.

[②] 曾淑瑜. 医疗过失与因果关系（下册）. 台北：翰芦图书出版有限公司，1998：569.

[③] 我国医药电子商务规模正以每年 2～3 倍的速度增长，参见黄晓战，等. 打击网络涉药违法犯罪案件的实践与探索. 中国食品药品监管，2014（2）.

罪行为亦随之增加，目前互联网已成为制售假劣药品违法犯罪的主要渠道，约占 50％。[①] 与传统的药品违法犯罪相比较，互联网药品违法犯罪行为呈现出许多新的特点，犯罪链条长，跨地域性强，犯罪活动更加隐蔽，网售假药涉案广、金额高，社会影响大。从药品犯罪涉及的罪名看，主要有生产销售假药罪、生产销售劣药罪、生产销售伪劣产品罪、非法经营罪等，其中生产、销售假药罪占药品犯罪案件的绝对多数[②]，因此打击制售假药犯罪是保障药品安全的重点，合理认定与处罚生产、销售假药罪成为刑事法理论与实务共同关注的焦点。2011 年《刑法修正案（八）》对生产、销售假药罪的条文作了较大修改，取消了"足以严重危害人体健康"的构罪条件。2014 年最高人民法院与最高人民检察院又联合发布《关于办理危害药品安全刑事案件适用法律若干问题的解释》（以下简称《两高药品解释》），对"生产""销售""应当酌情从重处罚"等有争议问题进行了说明。应当说，《刑法修正案（八）》与《两高药品解释》为办理药品犯罪案件提供了较明确的法律依据，但目前司法实践中依旧存在着药品如何认定、行为人主观上是否明知、行为如何定性等疑难问题，下面拟对此进行分析。

（一）"假药"的界定

《刑法》第 141 条规定了生产、销售假药罪，第 2 款明确了"本条所称假药，是指依照《中华人民共和国药品管理法》（以下简称《药品管理法》）的规定属于假药和按假药处理的药品、非药品"。依据 2015 年修订后的《药品管理法》第 48 条规定，假药包括两种情形：一是药品所含成分与国家药品标准规定的成分不符合的；二是以非药品冒充药品或者以他种药品冒充此种药品的。此外，"按假药论处"的情形有六种：（1）国务院药监部门规定禁止使用的；（2）未经批准生产、进口，或未经检验即销售的；（3）变质的；（4）被污染的；（5）未取得批准文号的原料药生产的；（6）所标明的适应症或功能主治超出规定范围的。

可见，《药品管理法》对假药的认定采取了法定定义与"按假药论处"两种模式，前者是以药品成分为标准的实质性判断，后者的六种情形中除第三、四项外，均为违反药监部门禁止性规定或程序性规定的形式性判断标准。虽然两种模式的判断标准并不相同，但依据《刑法》第 141 条的规定，假药与"按假药论处"都属于刑法上的假药，其法律后果是相同的。

笔者认为我国刑法直接采用《药品管理法》中假药的概念值得商榷。第一，《药品管理法》是行政法，是从行政管理的视角对假药进行规定的，特别是"按假药论处"的部分行政管理色彩浓厚。[③] 第二，刑法直接采用《药品管理法》中假药的概念导致实践中九成以上的案件均是"以假药论"的鉴定意见[④]，因为对药品的程序性判断比以成分鉴定的实质判断更简单，由此也致使一些案件无法判定药品的实质危害程度，影响到刑法的正确适

---

① 张卫. 互联网时代食药犯罪的法治化应对. 中国食品，2015（14）.

② 生产销售假药罪的收案量占全部药品犯罪案件的 99.71％，参见袁春湘，等. 我国食品药品安全犯罪的治理. 人民司法，2013（19）.

③ 邹云翔. 药品安全刑事立法应坚持谦抑性原则. 人民检察，2013（7）.

④ 杨新京，等. 危害药品安全犯罪问题研究. 中国检察官，2016（6）（上）.

用。第三，刑法直接采用《药品管理法》中假药的概念有可能导致罪责刑不相统一，因为"按假药论处"的情形多是违反药品管理程序性规定的行为，药品本身不一定是真正意义上的假药，其社会危害性也不同。

（二）生产销售假药行为的定性

2011年《刑法修正案（八）》取消了生产、销售假药罪中"足以严重危害人体健康"的限制性规定，将此罪修改成基本犯为行为犯与结果加重犯的合一。刑法修正进一步严密了惩治危害药品犯罪的法网，将刑法介入假药犯罪的时间提前，以体现刑法积极预防犯罪的思想。但降低了生产、销售假药罪的入罪门槛并不意味着所有生产、销售假药的行为都应一律入罪。如，未获得国家药品监督管理机构的核准，根据民间偏方配置药品，按照《药品管理法》的规定属于假药，但并非都定生产销售假药罪，此问题涉及与《刑法》第13条的关系。

《刑法》第13条"但书"规定，情节显著轻微危害不大的，不认为是犯罪。"但书"这一总则性规定对所有分则条文都有指导作用，因此对于那些生产销售假药数量很少、既没对人体健康造成严重危害，又没有其他严重情节的，不宜定罪。生产销售假药行为一律入罪的观点违反了刑法谦抑性的原则，会导致刑法打击面过宽，是迷信刑法工具万能论的表现。[1] 假药违法行为与假药犯罪之间存在一个相互衔接的机制，对情节没有达到犯罪程度的制售假药行为予以行政处罚即可，无须动用刑法加以规制。2014年《两高药品解释》第11条的规定即体现了这一精神，"销售少量根据民间传统配方私自加工的药品，或者销售少量未经批准进口的国外、境外药品，没有造成他人伤害后果或者延误诊治，情节显著轻微危害不大的，不认为是犯罪。"但是如何判断"少量""情节显著轻微"又成为司法实践中新的难题，笔者赞成有学者提出的建议，除量化标准外，还需综合考量涉案金额、行为手段、药品属性、适用人群等因素，以此认定是否侵害或威胁了法益，达到了入罪标准。[2]

（三）"明知"与"以营利为目的"的判断

在办理生产销售假药案中，经常遇到有人辩称不知道其生产销售的产品是假药，以逃避打击并牟取暴利，如何认定其主观方面？应当说，行为人主观"明知"的判断一直是我国司法实践中的难点问题，对此有学者提出可借鉴美国的严格刑事责任的实践经验[3]，在药品犯罪中引入过错推定规则。鉴于严格责任与我国主客观相统一的刑法原则不一致，我国可以考虑相对性的严格责任，即推定过错。只要出现药品安全事故，首先推定生产销售单位有过错，检察官无须收集被告犯罪意图的证据，但允许被告提供证据证明自己无故意

① 储槐植，李莎莎.生产、销售假药罪若干问题研究——以刑法修正案（八）第23条为视角.江西警察学院学报，2012（1）.

② 杨新京.危害药品安全犯罪问题研究.中国检察官，2016（6）（上）.

③ 严格刑事责任指不管行为人主观上有无过错的刑事责任。美国对药品犯罪实施严格刑事责任，如广为人知的2007年 Purdue Frederick 公司案，参见 News Release United States Attorney's OfficeWewtern District of Virginia. May 10，2007 at p.1-3. available in http：//dodig. mil/iginformation/IGInformationRelease/purdue_frederick_1. pdf.

和过失，实际上就是将举证责任由公诉人转移到了被告人。[1]

一般来讲，我国司法实践中经常存在两种情形，一种情形是有关主体如快递公司、广告公司等确实不知道是假劣药，只是疏于管理；另一种情形是行为人明知是假劣药，放任或允许生产销售假劣药等行为的发生，但司法机关又难以获得其明知的证据。笔者认为，判断行为人主观上是否明知，应坚持以客观事实为依据，全面分析案件证据，以此判断行为人是否知道或应当知道生产销售的是假药。例如我们可以从生产销售环境、条件、对工人是否经过培训等客观方面推定行为人是否为明知。当然也可通过司法解释加以明确，比如，交易方式、渠道、价格明显有违常理，不符合正常交易习惯与市场规律的；快递物流公司、邮政部门等未按照国家规定执行相关检查手续的；广告经营者、发布者未按照《广告法》《药品管理法》等的要求对药品广告履行法定监管职责的；等等。

另外，认定生产销售假药罪是否要求行为人"以营利为目的"，学者对此观点不一。许多从境外购买药品自用并为病友代购只收取成本的人，辩解自己不是以营利为目的，是否不构成犯罪？笔者赞成生产销售假药罪不要求行为人以营利为目的的观点。低于成本价出售假药，可作为量刑情节考虑，但不影响生产、销售假药罪的成立。

（四）共同犯罪的认定

依据2014年《两高药品解释》第8条的规定，明知他人生产、销售假药、劣药，而有下列情形之一的，以共同犯罪论处：（1）提供资金、贷款、账号、发票、证明、许可证件的；（2）提供生产、经营场所、设备或者运输、储存、保管、邮寄、网络销售渠道等便利条件的；（3）提供生产技术或者原料、辅料、包装材料、标签、说明书的；（4）提供广告宣传等帮助行为的。其中第2款增加"网络销售渠道"作为提供给他人生产、销售假药、劣药的便利条件之一，体现出了司法解释适应当前互联网医药犯罪日渐增多的需要。统计分析，网络销售假药劣药的违法犯罪组织形式以团伙分工形式为主，占到了总案例的84.5%。[2] 由于网络犯罪以网络技术为基础与前提，而网络技术的日益专业化使得单个行为人独立实施网络犯罪的难度越来越大，因此网络共同犯罪便成为网络犯罪的常态。利用互联网生产销售假药劣药行为背后的，是那些为假劣药网站提供互联网接入、网络存储空间、服务器托管、通信传输通道、软件开发、技术支持、资金支付结算、投放广告等服务的帮助行为，这些帮助行为的社会危害性不亚于犯罪实行行为，《两高药品解释》关于网络共犯的规定有助于切断利用互联网销售假药劣药的利益链条。

另外，在认定共同犯罪的过程中，还需处理好生产、销售假药、劣药罪与相关罪名的关系，如"提供广告宣传等帮助行为"既可作为生产、销售假药罪和生产、销售劣药罪的共同犯罪，也可能构成虚假广告罪，那么如何正确适用这几个罪名？从刑法及司法解释看，虚假广告罪需要广告主、广告经营者、广告发布者违反国家规定，利用广告对商品或者服务作虚假宣传，情节严重的才能构成犯罪，生产、销售假药、劣药罪的共犯则不需要

① 班克庆. 论美国食品药品规制中的严格刑事责任及其借鉴. 特区经济，2011（11）.
② 如北京2013年破获的首例"境外假药入境销售案"中，从上线与海外供应商联络，到下线组织宣传和贩卖，涉及犯罪嫌疑人多达33名. 李春雷，任韧. 我国互联网食品药品经营违法犯罪问题研究. 中国人民公安大学学报（社会科学版），2014（4）.

情节严重这一条件。但从量刑来看，虚假广告罪的法定最高刑是 2 年，生产、销售假药罪的法定最高刑是死刑。广告主、广告经营者和广告发布者如果在不知他人生产销售假药的情况下，对该药品进行了违反国家规定的虚假宣传，情节严重的，构成虚假广告罪。若明知他人生产销售假药，又故意对假药进行虚假广告宣传，则应属于牵连犯，行为人虚假广告宣传的行为与销售假劣药的行为之间存在手段与目的的牵连关系[①]，所以应从一重罪处罚。

四、余论

当前，我们正处于一个机遇与风险并存的时代，互联网医药犯罪正是这种风险的表现形式之一。应当说，互联网医药犯罪涉及的罪名很多，文中仅以互联网医疗过失犯罪与药品犯罪作为讨论的核心，主要是基于我国目前的司法实践，其他罪名涉及的问题相对较少。

需强调一点，互联网医药犯罪的法律规制要坚持刑法的谦抑性与宽严相济的刑事政策，维护互联网医药安全不能过度依赖刑法，否则可能会对互联网医药产业的发展产生不利影响。刑法是所有其他部门法的后盾法、保障法，只有穷尽行政、民事等法律手段，才可以考虑刑事手段。对于互联网医药犯罪的打击与预防，不仅需要在案件定罪量刑、证据收集固定和证明标准等方面强有力的法律支撑，而且需要计算机技术的支持和相关网站、平台的配合，更需要强化政府的监管。互联网医药安全的法律保护，刑事立法及司法解释的出台固然很重要，但亟待解决的问题是进一步完善相关行政、民事法律法规、确立网络交易基本准则、进一步加强互联网医疗行政执法与刑事司法的有效衔接。[②]

---

① 曾成峰. 论危害药品安全犯罪的刑法解释. 长沙大学学报，2016（1）.
② 2015 年 12 月五部门联合印发《食品药品行政执法与刑事司法衔接工作办法》，要求各级食品药品监管部门、公安机关、人民检察院、法院之间建立健全线索通报、案件移送、信息共享、信息发布等工作机制，但实践中仍存在运行不畅的问题。

英国网络欺凌的刑法规制及其对我国的启示

王　波*

内容摘要：网络欺凌是指依赖网络信息技术对他人实施的，有意的、侵犯性的、反复性的，意在造成他人痛苦、困扰或者伤害的行为。英国刑法对于网络欺凌的规制以违反通讯法案类犯罪，骚扰追踪类犯罪，涉及他人不雅照片、影片类犯罪为主，重在保护公民个体的权利，其中又以骚扰追踪类犯罪为基础犯罪。相比之下，我国对于网络欺凌的规制稍显单薄。网络欺凌语境下，英国刑法对公民不受侵扰的一般人格权、隐私权、性自主权、财产权、人格尊严等个体权利的全面细致保护，对我国具有积极的借鉴意义。

关键词：网络欺凌　骚扰追踪　色情报复　侮辱诽谤　寻衅滋事

一、引言

信息网络技术的应用、普及已成为现代社会一大显著特征，对人们的工作、生活、学习、娱乐等方方面面有着深刻的影响；信息网络亦已成为人们日常生活不可或缺的一部分。然而，信息网络的普及给人们带来便利、即时、高效等好处的同时，也给许多违法犯罪活动提供了温床，网络欺凌（Cyber Bullying）便是其中之一。由于网络欺凌而导致的被害人儿童退学、重度抑郁，甚至自残自杀的事件时常见于新闻。根据欧盟儿童在线的调查，在9岁至16岁的儿童中，有6%的儿童曾受到过网络欺凌。[①] 美国佩尤研究中心的调查显示，在12岁到16岁的青少年中，有8%的人曾经历过网络欺凌。[②] 2014年英国的调查数据则显示，在9岁到16岁的儿童中，有12%的人曾受到网络欺凌。[③] 我国相关调查

---

　* 作者单位：英国萨里大学法学院。

　① Sonia Livingstone, Leslie Haddon, Anke Gorzig and Kjartan Olafsson, "EU Kids Online Final Report (2011)", p. 24, http：//www. lse. ac. uk/media% 40lse/research/EUKidsOnline/EU% 20Kids% 20II% 20（2009—11）/EUKidsOnlineIIReports/Final%20report. pdf，最后访问日期：2017年10月1日。

　② Amanda Lenhart, Mary Madden, Kristen Purcell, Kathryn Zickuhr and Lee Rainie, "Teens, Kindness and Cruelty on Social Network Sites", Pew Research Centre Report, http：//www. pewinternet. org/2011/11/09/teens-kindness-and-cruelty-on-social-network-sites/，最后访问日期：2017年11月2日。

　③ Giovanna Mascheroni and Andrea Cuman（2014）"Net Children Go Mobile：Final Report（with country fact sheets）", p. 27, http：//netchildrengomobile. eu/ncgm/wp-content/uploads/2013/07/NCGM _ FinalReport _ Country _ DEF. pdf，最后访问日期：2017年11月1日。

显示的未成年人之间网络欺凌的比例更高。① 成年人之间的网络欺凌同样令人担忧，美国佩尤研究中心的调查显示，有大约 40% 的成年人曾遭受过网络骚扰。② 网络欺凌现象引起了社会各界的广泛关注，更引发了法律界的热切关注和讨论。

网络欺凌，顾名思义，即借助于网络信息通讯技术而实施的欺凌行为。欺凌自古有之，一般被理解为对他人进行的故意的、反复的、侵犯性的负面行为。③ 传统的欺凌通常伴有力量或者权力的不平衡，或表现为直接的人身攻击，或表现为言语暴力。网络欺凌并非规范的法律用语，而是对于一种社会现象的概括描述用语。对于网络欺凌，目前没有统一的定义④，但是人们关于网络欺凌的主要特点是有共识的。其一，网络欺凌通过电子通讯网络实施，通常表现为激烈言辞（flaming）、骚扰（harassment）、网络跟踪（cyber stalking）、诋毁（denigration）、假扮他人发布信息以期损毁他人名誉（masquerading）、公开他人私密的或令人难堪的信息或照片或视频（outing and trickery）以及排挤（exclusion）等。⑤ 其二，作为欺凌在虚拟网络的延伸，网络欺凌和传统欺凌具有相同的本质特点，即具有侵犯性、有意性、反复性等明显特征。其三，和传统欺凌相比，网络欺凌更多地表现为造成被害人心理和精神伤害；而且由于网络信息传递具有迅速性、广泛性、不受

---

① 朱鹤，石凡超，等．中国大部分学生网络欺凌行为发生现状调查分析．吉林大学学报（医学版），2016（3）；陈启玉，唐汉瑛，等．青少年社交网站使用中的网络欺负现状及风险因素——基于 1 103 名 7～11 年级学生的调查研究．中国特殊教育，2016（3）．

② Maeve Duggan, "Online Harassment", http://www.pewinternet.org/2014/10/22/online-harassment/，最后访问日期：2017 年 10 月 3 日。

③ Shaheen Shariff, Confronting Cyber-Bullying（New York：Cambridge University Press, 2009），p. 23；Marilyn Campbell, "Cyber Bullying：An Old Problem in a New Guise"（2005）15 Australian Journal of Guidance and Counseling 68, p. 69；Eva Lievens, "Bullying and Sexting in Social Networks：Protecting Minors from Criminal Acts or Empowering Minors to Cope with Risky Behaviour?"（2014）42 International Journal of Law, Crime and Justice 251, p. 253；John O. Hayward, "Anti-Cyber Bullying Statutes：Threat to Student Free Speech"（2011）59 Cleveland State Law Review 85, p. 87.

④ 例如，有的人将网络欺凌定义为：利用互联网或者其他数码技术发送或发布有害内容，或者以其他社交虐待方式对他人施以残忍行为。参见，Amanda McHenry, "Combating Cyberbullying within the Metes and Bounds of Existing Supreme Court Precedent"（2011）62（1）Case Western Reserve Law Review 231, p. 238. 有的观点认为，网络欺凌是个体或者群体通过电子联络形式对他人实施的一种侵犯性的、故意的、在一段时期内反复进行的行为。Jade Brannan, "Crime and Social Networking Sites"（2013）1 Judicial Review 41, p. 42. 也有人主张网络欺凌是传统欺凌的加强形式，是指以电子短讯为媒介实施的有意的、重复性的伤害行为。Heather Benzmiller, "The Cyber-Samaritans：Exploring Criminal Liability for the 'Innocent' Bystanders of Cyberbullying"（2013）107（2）Northwestern University Law Review 927, p. 931. 另外，还有人认为，网络欺凌涉及利用信息通讯科技手段，对他人实施的故意的、反复的、敌对性的行为，意在伤害他人。Karim Razza, "Cyber-Bullying：an Analysis of the European Framework on Cyber-Bullying"（2015）21（7）Computer and Telecommunications Law Review 193, p. 193. 还有很多大同小异的定义，在此不再赘述。请参见，Juliana Raskauskas and Ann D. Stoltz, "Involvement in Traditional and Electronic Bullying among Adolescents"（2007）43（3）Development Psychology 564；Matthew M. Pagett, "Sticks, Stones, and Cyberspace：on Cyberbullying and the Limits of Student Speech"（2012）2 School Law Bulletin 1；Robin M. Kowalski and Susan P. Limber, "Electronic Bullying among Middle School Students"（2007）41 Journal of Adolescent Health 22；Matthew Maletroit, "Being Anti-Social on Social Media"（2015）The Jersey & Guernsey Law Review 159；Carla Cesaroni, Steven Downing and Shahid Alvi, "Bullying Enters the 21st Century? Turning a Critical Eye to Cyber-Bullying Research"（2012）12（2）3 Youth Justice 99；Jacqueline D. Libtont, Combating Cyber-Victimization（2011）26 Berkeley Technology Law Journal 1103；刘宪全，林雨佳．青少年网络欺凌现象的刑法规制．青少年犯罪问题，2017（4）．

⑤ Razza, above n. 7, p. 194；Hayward, above n. 6, p. 89.

空间限制性等特点，网络欺凌的损害后果有时比传统欺凌的更加严重①，例如导致被害人自残、自杀。尽管网络欺凌相对于传统欺凌有许多新特点，但本文认为它本质上依旧是欺凌，是欺凌在网络信息时代的延伸表现。本文认为网络欺凌是指依赖网络信息技术对他人实施的，有意的、侵犯性的、反复性的，意在造成他人痛苦、困扰或者伤害的行为；它涵盖了青少年、学生当中发生的以网络信息技术为媒介而实施的欺凌，也包括各种发生于成年人之间以网络信息技术为媒介而实施的欺凌（例如，色情报复或者职场欺凌）。当网络欺凌侵犯到他人的人身权利、财产权利，甚至公共秩序时，就必然进入刑法规制的视野。英国对于网络犯罪一向采取高压态势，其法网严密、纵横交错，新规不断。对于网络欺凌行为，英国并没有专门设立单独的罪名，而是以现有的相关罪名进行规制。比较核心的网络欺凌行为主要涉及违反通讯法案类犯罪，骚扰追踪类犯罪，涉及他人私密、不雅照片、影片类犯罪。少数网络欺凌案件还会涉及敲诈勒索罪②以及性犯罪③等，鉴于篇幅，不做过多展开。本文主要对英国刑法中涉及网络欺凌的核心犯罪进行梳理和分析，并将其和我国刑法应对网络欺凌的机制进行比较，以期对网络欺凌问题的刑法规制作出稍许有益的探讨。

二、违反通讯法案类犯罪

当前网络欺凌的表现中，有很大一部分呈现为行为人利用电子通讯网络，例如微博、微信、论坛等社交平台，发布侵犯他人的信息。这类信息通常具有严重冒犯他人、恐吓、侮辱或者诽谤等特征。英国 1988 年《恶意通讯法案》第 1 条设立了"以引起他人痛苦或焦虑为目的，发送信件、物品或其他电子讯息罪"④，意在保护公民不受非法通讯侵扰。该法案第 1 条第 1 款规定了本罪的两种行为类型：其一，行为人通过发送信件或者其他电子讯息的行为，传递不雅或者严重冒犯他人的信息（conveys a message which is indecent or grossly offensive），传递恐吓（conveys threat）或者虚假信息（conveys false information）。⑤ 其二，行为人发送全部或者部分不雅（indecent）或严重冒犯他人的（grossly offensive）物品或电子讯息。⑥ 本罪中的"电子讯息"包括通过电讯系统传递的任何口头或

① McHenry, above n. 7, pp. 238 - 239; Maletroit, above n. 7, p. 160; Cesaroni, Downing and Alvi, above n. 7, p. 199.

② 例如，行为人以将被害人私密照片公开相威胁，要求被害人给付钱财，又或者行为人要求被害人给付钱财后才答应将已公开的被害人私密照片从社交媒体上删除等。鉴于这种形式的敲诈勒索和一般的敲诈勒索并无太大区别，本文就不对其进行详细探讨。See S. 21 of the Theft Act 1968; R v Gabriel [2015] EWCA Crim 2314; R v Howes [2016] EWCA Crim 1224.

③ 例如，行为人以暴露被害人的不利信息相威胁，要求被害人拍摄裸照或者不雅，甚至淫秽视频，或者胁迫被害人在聊天软件上面对摄像头作出相关不雅或淫秽行为。这样的行为可能构成 2003 年《性犯罪法案》（sexual offences act 2003）第 4 条规定的致使他人从事性活动罪、第 8 条规定的致使或教唆不满 13 周岁儿童从事性活动罪，或者第 10 条规定的致使或教唆不满 16 周岁的儿童从事性活动罪。相关案例请见，R v B [2013] EWCA Crim 823; R v Honey [2015] EWCA Crim 371; R v Bradburn [2017] EWCA Crim 1399; attorney General's Reference（No. 105 of 2014）[2014] EWCA Crim 2751.

④ S. 1 of the Malicious Communications Act 1988.

⑤ S. 1 (1) (a) of the Malicious Communications Act 1988.

⑥ S. 1 (1) (b) of the Malicious Communications Act 1988.

者其他讯息，以及任何电子形式的讯息①，因而也就包含了任何通过互联网传递的信息。"发送"则包括传送、传输以及导致被传送、传输。② 该罪是行为犯，侧重点在行为人的发送行为，并不要求行为人预设的接收者实际上已经阅读或者听取该信息。本罪的罪过要件是意图（intention）③，也即行为人具有引起他人痛苦（distress）或焦虑（anxiety）的主观目的。④ 如果行为人只是盲目跟风而在互联网平台上发表相关言论，则不构成该罪，因为行为人并不具有明确的引起他人痛苦或者焦虑的目的。该罪既可以通过公诉程序审理，也可通过简易程序审理。⑤ 如果经公诉程序审理，行为人可获 2 年以下监禁或罚金，或二者并处；如果经简易程序审理，则可获 12 个月以下监禁或不超过 5 000 英镑的罚金，或者二者并处。另外，英国 2003 年《通讯法案》第 127 条制定了滥用公共电讯网络罪，意在保护公共电讯网络不被滥用。第 127 条第 1 款规定，任何人通过公共电讯网络发送严重冒犯他人的（grossly offensive）、不雅的（indecent）、淫秽的（obscene）或者威胁的（menacing）信息或者其他事项，或者导致该信息或事项被发送的，构成本罪。⑥ 第 2 款规定，任何人以引起他人气恼（annoyance）、不便（inconvenience）或者不必要的焦虑（needless anxiety）为目的，通过公共通讯网络发送自己明知为不真实的信息或者导致该不真实信息被发送，或者持续利用某一公共通讯网络的，构成本罪。⑦ 该法第 32 条明确规定，

---

① S.1（2A）of the Malicious Communications Act 1988.

② S.1（1）（3）of the Malicious Communications Act 1988.

③ 英国刑法中的意图（intention）是指行为人具有实施某种刑法禁止的行为或者引起某种刑法禁止的结果的目的。See, Hyam v DPP［1975］AC 55. 这和我国刑法中的直接故意大体具有相同的含义。在谋杀案件中，由于行为人导致死亡结果的意图在有些案件中难以确认，于是发展出了间接意图（oblique intention）的规则，即如果行为人预见到自己的行为将几乎不可避免地导致死亡或者重伤结果的发生（intention to kill or cause grievous bodily harm），那么就可以认定谋杀罪的主观要件成立。See R v Woollin［1998］4 All ER 103. 但是对于 Woollin 案是确立了单独的间接故意的罪过形式，还是只作为证据规则来推定意图成立，则有不同看法，目前英国法院也没有给出明确的答案。如果是作为单独的罪过形式，则意味着但凡能够证明行为人预见到死亡或者重伤结果几乎不可避免，那么就满足了谋杀罪的主观要件。而如果只是作为意图的证明规则，那么在证明行为人有此预见的时候，陪审团可根据案件具体情况进行判定，并不必然满足谋杀罪的主观要件。在谋杀罪之外的其他犯罪中，一般不存在间接意图的问题，通常根据犯罪行为要件或者结果要件是否是行为人的目的即可判定。

④ S.1（1）of the Malicious Communications Act 1988.

⑤ 适用简易程序审理的案件在地方治安法庭（Magistrates' Court）进行审理，没有陪审团参与。只能通过简易程序审理的案件包括企图袭击罪（assault）、袭击罪（battery）、无照驾驶罪（driving while disqualified）、轻微的损坏财产罪（criminal damage）、未经同意驾驶他人交通工具罪（taking conveyance without consent）、袭击安全培训中心管理人员罪（assaulting a secure training centre custody officer）。只能通过治安法庭审理的案件，所判监禁刑不得超过 6 个月，所判罚金不得超过 5 000 英镑。在涉及违反工作场所安全规定等特殊情况的案件中，治安法院可以判处不超过 2 万英镑的罚金。适用公诉程序审理的案件在皇家法院（Crown Court）审理，有陪审团参与。非常严重的犯罪只能经公诉程序审理，例如谋杀罪（murder）、过失杀人罪（manslaughter）、重伤罪（wounding or inflicting grievous bodily harm, wounding or causing grievous bodily harm with intent）、强奸罪（rape）、绑架罪（kidnapping）、抢劫罪（robbery）等。经皇家法院审理的案件在罚金方面没有限制。还有很多犯罪是既可以适用公诉程序审理又可以适用简易程序审理，具体根据案件的严重程度而定，例如盗窃罪（theft）、入室盗窃行凶罪（burglary）、处理赃物罪（handling stolen goods）、袭击致人伤害罪（assault occasioning actual bodily harm）、诈骗罪（fraud）等。适用两种程序皆可的案件如果在治安法庭审理，那么所判监禁刑不得超过 12 个月，所判罚金不得超过 5 000 英镑（当然特殊情况下可判处不超过 2 万英镑的罚金）。See S.40 of the Criminal Justice Act 1988, Part. 7 of The Criminal Procedure Rules 2010, S.51 and S.41 of the Criminal Justice Act 1988, Sch.1 of the Magistrates' Court Act 1980.

⑥ S.127（1）of the Communications Act 2003.

⑦ S.127（1）of the Communications Act 2003.

"电子通讯网络"（electronic communication network）是指利用电能、磁能或者电磁能进行运作的任何电子信号传输系统，并且该系统运行涉及系统组成装置、信号转换传输装置、软件和存储数据的使用。而"公共电子通讯网络"是指完全或主要面向大众提供电子通讯服务的电子通讯网络。① 这样的定义将 Facebook，Twitter，YouTube，Instagram 等社交平台、即时通讯软件均包括在内。本罪同样为行为犯，只要行为人实施了发送行为或者导致相关信息被发送的行为就完成了本罪客观要件，并不要求任何人实际上阅读或听取该信息，也不要求任何人实际上感受到自己被冒犯。第 127 条第 1 款的主观要件是意图（intention）或者轻率（recklessness）。② 如果行为人的目的就是发送具有严重冒犯他人的、不雅的、淫秽的或者威胁的性质的信息或者其他事项，那么其主观罪过就是意图。如果行为人预见到自己发送的信息或者事项可能具有上述性质，但仍然发送之，那么其主观罪过就是轻率。而第 127 条第 2 款的主观要件则只有意图，也即行为人要具有造成他人气恼、不便或者不必要焦虑的目的。本罪是只能适用简易程序审理的罪名，行为人可获 6 个月以下监禁刑或者不超过 5 000 英镑的罚金，或者二者并处。

上述两种犯罪中涉及的"严重冒犯他人的"（grossly offensive）被赋予其在英语中通常的意义。根据牛津英语词典和剑桥英语词典的解释，offensive 被理解为有害的、攻击性的、令人不悦的、无礼的、讨厌的。是否达到严重冒犯他人的程度，则由陪审团根据案件具体情况来判定。在 Connolly v DPP③ 案中，被告人将含有流产胎儿的彩色特写照片邮递给被害人，其中有照片清晰显示了一个 21 周流产的胎儿的脸和四肢，还有照片显示了流产的过程。上诉法院认为，这些照片具有严重冒犯他人的特征。④ 在 Karsten v Wood Green Crown Court⑤ 案中，被告人对被害人怀恨在心，于是拨打匿名电话泄愤。法院认为，"问他是不是犹太人，问他是不是在吃符合犹太教规的食物"（ask if he is Jew, ask if he's eating Kosher），这样的言辞虽然具有冒犯他人的特征，但是不足以达到严重冒犯他人的程度；但是"肮脏的犹太人"（filthy Jew）这样的言辞就达到严重冒犯他人的程度。⑥ 英国法院对于"严重冒犯他人"的判断，还要结合具体案件的所有情况进行分析，而不是单独地看某一句话或者某个词语是否具有这样的特征。⑦ 例如，撇开案件的具体情况，单独问一个人是不是犹太人这样的词语，甚至都不具有冒犯他人的特征，这也很可能是友好的询问；但是显然法院是结合了双方之间的过节以及被告人要泄愤等背景情况，来判定这样的言辞是不是具有严重冒犯他人的特征。

上述两罪中的"不雅的"（indecent）也被赋予其通常的英语含义，即指不合乎礼节

---

① S. 151（1）of the Communications Act 2003.

② 英国刑法中的轻率（recklessness）是指行为人预见到自己的行为可能构成犯罪客观构成要件中的某一个，在无正当理由的情况下，依然冒险实施该行为的主观心态。和意图对行为人主观目的的强调不同，轻率强调行为人对于犯罪客观构成要件的主观预见。对于预见的程度，从不太可能发生到极有可能发生，都包含在轻率的预见之内。See R v G［2003］UKHL 50, AG's Reference（No. 3 of 2003）［2004］EWCA Crim 868, R v Brady［2006］EWCA Crim 2413.

③ ［2008］1 WLR 276.

④ Ibid, p. 280.

⑤ ［2014］EWCA 2900（Admin）.

⑥ Ibid, p. 7.

⑦ DPP v Collins［2006］1 WLR 2223，p. 2228.

的、有伤风化的、非常粗俗的、下流的。2003 年的《通讯法案》第 127 条中还包括了"淫秽的"（obscene）这一用语。通常认为 indecent 和 obscene 都具有下流的含义，都是不合乎公认的社会礼节规范的；但是前者对于礼节规范的违反程度较低，而后者的违反程度较高。在 R v Stanley[①] 案中 Lord Parker CJ 举例说明了二者的差别：如果一名男性在众多女性面前裸体进入浴室，那么该行为就是不雅的、下流的，但是它并不必然是淫秽的；如果该男性以自己隐私部位来引起一名女性的注意，那么这种行为就是淫秽的。[②] 淫秽的一定符合不雅的这一特征，但是不雅的不一定都是淫秽的。另外，上述两罪中包含了传递具有恐吓、威胁性质的信息的要件。具有恐吓、威胁性质的信息，是旨在使信息接收人产生对可能发生的不好的事情的恐惧或担忧的信息，或者旨在通过信息接收人使其他人产生对可能发生的不好的事情的恐惧或担忧的信息。[③] 这里对恐吓、威胁的性质的判断采取客观标准，即具有一般定力和勇气的人在阅读或者听取这样的信息后是否会产生恐惧或担忧。在 Chambers v DPP 案中，行为人在其航班因为天气原因取消后，在自己的推特上面发送推文声称，如果机场一周左右不解决好此问题他就要将机场炸掉。上诉法院称：被告人这样的推文不足以达到引起他人恐惧、担忧的程度；被告人在推特上的所有粉丝中没有任何一个人认为被告人真的会去炸掉机场；机场管理人员在看到这条推文之后也将其归为不可信的恐吓（non-credible threat），并没有采取任何行动。因此，该推文并没有达到客观标准要求的引起他人恐惧、担忧的程度。如果信息的接收者或者可能看见的人把该信息当作笑话而置之不理，或者认为该信息不过是夸夸其谈而已，那么不应该认为该信息具有恐吓、威胁性质。[④] 对于两罪中所称的不真实信息，1988 年《恶意通讯法案》第 1 条要求行为人明知或者相信该信息并非真实，而 2003 年《通讯法案》第 127 条第 2 款则要求行为人明知该信息并非真实。

具体到网络欺凌的案件中，如果行为人在网上发送的信息具有严重冒犯他人的性质，或者恐吓、威胁性质，或者不雅、淫秽性质，那么根据其主观心态的不同则有可能构成上述两项罪名。例如，很多人在微博上看到某条讯息讲述了某人的不道德行为，就开始发布各种评论或者微博进行抨击、谩骂，甚至威胁要对该人进行殴打等等（这样的情形在"铜须门事件""史上最毒后妈事件"等网络声讨中均有体现），这样的行为如果是以造成当事人痛苦或焦虑为目的，则有可能构成 1988 年《恶意通讯法案》第 1 条规定的犯罪；如果行为人只是随大流、没有导致他人痛苦或焦虑的特殊目的，但是预见到自己的行为可能是严重冒犯他人的、不雅的、淫秽的或者恐吓性质的，那么则会构成 2003 年《通讯法案》第 127 条第 1 款的犯罪。另外，很多以诽谤形式进行的网络欺凌案件也可构成上述两罪。如果行为人知道或者相信某信息属于不实信息，却以引起被害人气恼、不便或者不必要焦虑为目的将该信息在互联网上发布、传播，那么就会构成 1988 年《恶意通讯法案》第 1 条规定的犯罪。例如，行为人在社交媒体散布被害人曾经有犯罪行为或者被害人是恋童癖

---

① ［1965］2 QB 327.

② Ibid，p. 333.

③ Chambers v DPP ［2013］1 WLR 1833，p. 1837；Alisdair A. Gillespie，Twitter，Jokes and the Law (2012) 76 (5) Journal of Criminal Law 364.

④ Chambers v DPP ［2013］1 WLR 1833，p. 1842.

等等，以期降低被害人的社会评价，造成被害人的气恼或者焦虑。该罪可以通过任何电子通讯网络，包括公司、单位等内部的通讯网络或者聊天平台等实施。而要构成 2003 年《通讯法案》第 127 条第 2 款的犯罪，则该不实信息需要通过公共通讯网络发布，并且行为人明知该信息为不实信息。

三、骚扰追踪类犯罪

网络欺凌的表现形式中很大一部分属于骚扰、跟踪，对此英国刑法在 1997 年《防骚扰法案》（Protection from Harassment Act 1997）中作了规定。具体涉及四种犯罪类型：骚扰罪、追踪罪，骚扰以致他人陷入暴力恐惧罪，追踪以致他人陷入暴力恐惧、严重惊恐或苦恼罪。除了一般的刑事辩护事由外，该法案对于这四类骚扰型犯罪还规定了特殊辩护事由。首先，如果行为人能够证明自己的行为是出于阻止犯罪或者侦查犯罪的目的，那么不构成骚扰。[①] 例如，警察对于贩毒集团分子或者恐怖分子的蹲点跟踪。[②] 其次，如果行为人的行为是遵循相关法律法规的规定，那么不构成骚扰。例如，房屋按揭贷款的购买人如果不能正常还清月供，银行经理不断发送信件和电子邮件催促贷款人还款，否则银行要收回所购房屋。如果行为人的行为在当时情形下有合理性，那么不构成骚扰。例如，某一动物保护组织每周末在固定街区进行和平游行，这有可能给该区的居民造成一定困扰，但是这种和平游行是合理的，不应认定为骚扰。[③] 另外，1986 年《公共秩序法案》第 4A 条和第 5 条也规定了骚扰类犯罪。第 4A 条规定了意图骚扰、致人惊恐或苦恼的罪名，并且设置有两个特殊辩护事由：第一，行为人行为时位于一个住所（dwelling）里面，并且没有理由相信他的行为会被该住所之外的其他人听见或看见；第二，行为人的行为是合理的。[④] 第 5 条规定了骚扰、致人惊恐或苦恼的罪名，并且设置了三个特殊辩护事由：第一，行为人行为时没有理由相信任何人在看见或听见自己的行为后会遭受骚扰、惊恐或苦恼；第二，行为人行为时位于一个住所里面，并且没有理由相信他的行为会被该住所之外的其他人看见或听见；第三，行为人的行为是合理的。[⑤] 再有就是 1998 年《犯罪和扰乱秩序法案》第 31 条和第 32 条规定了因为种族和宗教信仰因素而加重的骚扰犯罪。

（一）骚扰罪（harassment）

网络欺凌行为中很大一部分是以对被欺凌者的骚扰为表现方式的，例如多次在社交网站发布辱骂性的、羞辱性的或者攻击性的信息，纠结朋友在社交网站对特定被害人组团谩

---

① S. 1（3）of the Protection from Harassment Act 1997；Hayes v Wiloughby［2013］1 WLR 935，pp. 943 - 944.

② S. 12 of the Protection from Harassment Act 1997，根据该条的规定，英国的国务大臣可以对特定人实施的有关国防安全的、有关英国经济健康发展的以及有关防止或者侦查严重犯罪的行为颁发证明书。该证明书是否定本法案中骚扰类犯罪成立之不可推翻的证据，有了该证书的存在，特定人实施的系列行为绝不构成骚扰犯罪。

③ Dennis J Baker, Glanville Williams Textbook of Criminal Law（London：Sweet & Maxwell, 4th ed, 2015）p. 416；Alac Samuels, Harassment：Protection from Harassment Act 1997（as Amended）（2013）216 Criminal Lawyer 2, p. 4.

④ S. 4A（3）of the Public Order Act 1986.

⑤ S. 5（3）of the Public Order Act 1986.

骂，经常监视被害人的网络活动，或者冒充被害人在社交媒体注册，进而发布不利于被害人名誉和人格的信息，不停地向被害人发送添加好友请求，用照片编辑软件将被害人的头像粘贴到他人的裸体照片上之后在网上公布传播等等。① 1997 年《防骚扰法案》第 2 条规定，任何人明知或应当知道自己的行为构成骚扰，而连续实施一系列骚扰行为的，构成骚扰罪。② 第 7 条第 2 款规定，骚扰行为包括引起他人惊恐或者导致他人苦恼的行为③；该款是提示性规定，骚扰行为并不限于这两类。骚扰是指以连续打扰或者连续恐吓（constant interference or intimidation）的行为使他人苦恼（torment）的行为；使人难以接受和忍受（unacceptable and oppressive④）。第 7 条第 4 款规定骚扰行为包括言辞。骚扰罪的立法目的在于保护公民不受非法侵扰，因此不要求骚扰行为一定具有恐吓或者意图伤害的特征⑤，只要具备令他人惊恐、苦恼的特征即可。构成本罪的骚扰行为必须是两次以上的，在一段时间内构成连续性的骚扰，单次骚扰行为不构成本罪；在同一场合对多人进行骚扰的，可以认定为多次骚扰。例如，行为人隔三差五在被害人的社交网站主页留言要求约会，或者连续不断地要求被害人发送自己的半裸照片给行为人。⑥ 这些连续性的骚扰行为之间应该具备一定联系，可以被认定为属于一定时期内的系列行为⑦；但是这些骚扰行为不必都为同一种具体行为⑧，例如行为人先给被害人发送各种微信信息，而后又给被害人发送各种骚扰电子邮件，再后来又不断在被害人微博留言要求见面等。多人实施针对被害人的骚扰计划，即使每个人只实施了一次骚扰行为，也应当认定所有成员满足了"一系列持续骚扰行为"的要件。⑨ 另外，本罪的骚扰必须现实发生，也就是说实际上引起了特定的被骚扰人的惊恐或者苦恼；如果行为指向的被骚扰人从来就不知道该骚扰行为的存在，并没有感受到惊恐或者苦恼，那么不构成本罪⑩，虽然这有可能构成 1986 年《公共秩序法案》第 4A 条或第 5 条规定的骚扰类犯罪。⑪ 对于这二罪和骚扰罪的区分，将在下文论述。

本罪主观要件是明知自己的行为对他人构成骚扰，或者应当知道（ought to know）自

① Jonathan Clough, Principles of Cybercrime (Cambridge: Cambridge University Press, 2nd ed, 2015), pp. 433 - 434; Emma-Jane Cross, Richard Piggin, Thaddaeus Douglas and Jessica Vonkaenel-Flatt, Virtual Violence II: Progress and Challenges in the Fight against Cyberbullying (Beatbullying, 2012).

② S. 1 and S. 2 of the Protection from Harassment Act 1997.

③ S. 7 (2) of the Protection from Harassment Act 1997.

④ R v Curtis [2010] 1 WLR 2770, p. 2777; R v Smith [2012] EWCA Crim 2566, p. 16; Plavelil v Director of Public Prosecutions [2014] EWHC 736 (Admin).

⑤ Baker, above n. 35, p. 407.

⑥ R v Bradburn [2017] EWCA Crim 1399.

⑦ Kelly v DPP [2003] ACD 4; Pratt v DPP [2001] EWHC 483; Lau v DPP [2000] 1 FLR 799; Jones v DPP [2011] 1 WLR 833; R v Hills [2001] 1 FLR 580.

⑧ See Baker, above n. 35, p. 411.

⑨ S. 7 (3A) of the Protection from Harassment Act 1997.

⑩ S. 7 of the Protection from Harassment Act 1997; Nicola Haralambous and Neal Geach, Online Harassment and Public Dis-order, https://www.criminallawandjustice.co.uk/features/Online-Harassment-and-Public-Dis-order, 最后访问日期：2017 年 11 月 12 日。

⑪ S. 4A (intentional harassment, alarm or distress) and S. 5 (harassment, alarm or distress) of the Public Order Act 1986.

己的行为对他人构成骚扰。如果行为人明知自己的行为会造成他人的苦恼，他就满足了明知的要件。在无法证明行为人具有此明知的情形下，如果理性一般人在拥有行为人当时所知晓的信息的情况下，会认识到此种行为构成对他人的骚扰，那么就认为行为人应当知道。[1] 这里"应当知道"的标准是客观标准，如果理性一般人会认识到所涉行为的骚扰属性，那么即使行为人自己并没有认识到（例如，行为人由于自身的疾病或者认知障碍等而不能认识到自己行为的骚扰属性），也不影响此"应当知道"要件的成立。[2] 骚扰罪属于只能适用简易程序审理的案件，被告人可被判处不超过 6 个月的监禁刑或者不超过 5 000 英镑的罚金，或者二者并处。另外，法院还可颁发限制令（restraining order），限制被告人在一定时间内接触或联系被害人，或者限制被告人在一定时间内访问相关网站等。

（二）追踪罪（stalking）

英国 2012 年《保护自由法案》第 111 条在 1997 年的《防骚扰法案》中增加一条 S. 2A，规定了追踪罪。[3] 追踪是更为严重的骚扰，是以追踪为表现形式的骚扰行为。一般认为追踪是指一系列导致他人担心自己会受到伤害（fear of harm）的行为；骚扰虽然会导致他人惊恐或苦恼，却不必然导致他人担心自己受到伤害。[4] 追踪行为的本质是使得被追踪人对于自己的人身自由产生担忧，而时时处处小心谨慎。追踪行为包括但不限于：跟踪他人；以任何方式联系他人或试图联系他人；发布任何有关他人或声称有关他人的陈述或其他材料，或者发布任何声称是来源于某人的陈述或其他材料；对他人的网络、电子邮件、其他任何电子通讯的使用情况进行监视；在任何公共的或者私人的地方徘徊；擅自使用他人占有的财产；盯紧他人或者暗中监视他人。[5] 很多追踪行为单独来看是无辜的，例如浏览他人社交网站主页并且留言，但是累积的追踪行为则可能会导致被追踪人产生自己会受到伤害的恐惧。具体到网络欺凌的案件中，会涉及行为人在社交网站或者即时通讯平台反复要求对方添加自己为好友，行为人在社交平台或论坛等发布关于被害人的信息（或者是真实事件，或者是捏造的事件），行为人根据被欺凌人登录社交平台的情况定时定点留言，行为人使用间谍软件对被欺凌人的网络活动进行监视，行为人在社交平台公布被欺凌人的行踪，行为人使用他人信息注册有关服务或者进行其他不法网络活动等。和骚扰罪类似，追踪罪要求行为人实施了一系列持续性的追踪行为，单次追踪不构成本罪。正是因为多次追踪行为的累积效果，使得被追踪人产生了害怕自己被伤害的恐惧。[6] 本罪的主观

---

[1] S. 1（2）of the Protection from Harassment Act 1997.

[2] R v Pelham［2007］EWCA Crim 1321；R v Colohan［2001］EWCA Crim 1251；Baker, above n. 35, p. 413.

[3] S. 2A of the Protection from Harassment Act 1997（as amended by S. 111 of the Protection of Freedom Act 2012）.

[4] Clough, above n. 38, p. 424.

[5] S. 2A（3）of the Protection from Harassment Act 1997（as amended by S. 111 of the Protection of Freedom Act 2012）.

[6] 如果家庭生活中的一方使用持续骚扰、跟踪的手段对其他家庭成员进行控制的，有可能会构成 2015 年《重罪法案》（Serious Crime Act 2005）第 76 条规定的控制、强制行为罪。该罪要求行为人明知或者应当知道自己的行为会给被害人带来严重后果。参见 S. 76 of the Serious Crime Act 2015；Jones v DPP［2011］2 WLR 833.

要件是明知自己的行为对他人构成骚扰或者应当知道自己的行为对他人构成骚扰。[①] 同样，这里的应当知道采取客观理性人的标准。本罪只能适用简易程序进行审理，被告人可被判处不超过 6 个月的监禁刑或者不超过 5 000 英镑的罚金，或者二者并处。法院还可以颁布禁止令（restraining order）。

（三）骚扰以致他人陷入暴力恐惧罪（harassment putting people in fear of violence）

根据 1997 年《防骚扰法案》第 4 条的规定，任何人连续实施一系列行为导致他人至少两次害怕自己将被施以暴力的，将构成本罪。[②] 该条文的用语没有使用"连续实施一系列构成骚扰的行为"的措辞，而是使用了"连续实施一系列行为"的措辞。但是从立法背景和立法保护法益的角度出发，应当认为这里的一系列行为是指一系列构成骚扰的行为；第 4 条乃第 2 条的加重表现形式，第 2 条的骚扰罪要求行为人的一系列行为导致被害人惊恐或苦恼，而第 4 条要求行为人的行为在造成被害人惊恐或苦恼的基础上还导致被害人害怕自己将被施以暴力。[③] 处于爱恋关系中的一方因为脾气不好而断断续续（例如一年之内有几次）咒骂、怒吼对方的行为不能构成本罪，由于这些断断续续的行为之间不具有相当的联系因而不构成骚扰，虽然这些行为累积起来可能会导致对方害怕被施暴。[④] 和第 2 条普通的骚扰罪类似，本罪要求行为人的行为实际上导致了他所骚扰的人感受到暴力恐惧，因而担心自身安全。如果行为人甲不断在乙的微博上留言以及给乙发送短信，声称他将对丙采取暴力行为，而丙对此事一无所知。那么即使乙切实地担忧丙可能会遭受暴力，甲也不构成本罪，除非丙本人切实感受到这样的暴力恐惧。另外，行为人的行为必须是在两个以上场合导致被骚扰人感受到暴力恐惧，单个场合导致的暴力恐惧不足以满足本罪客观要件。[⑤] 现实生活中，很多网民针对某一事件常常使用侮辱性、恐吓性的言辞发表评论。本来一个个体事件经过网络发酵变成了全民参与的声势浩大的道德审判。很多事件的当事人被人肉搜索之后家庭住址、电话、邮件等信息被公之于众，于是有人就会以发送短信、微信、微博留言，甚至在当事人小区贴大字报等方式辱骂、恐吓当事人，声称如果当事人出门就要殴打当事人等。这样的行为如果持续发生两次以上，使被害人惊恐或者苦恼，并且实际上导致了被害人的暴力恐惧（例如不敢出门，害怕他人对自己施暴），那么就符合了本罪的客观构成要件。

本罪的主观要件是明知或者应当知道自己的行为会导致被害人的暴力恐惧，也即会让被害人害怕自己会遭受暴力。同样的，这里的应当知道采取客观标准，如果一般理性人在掌握行为人所掌握的信息的情况下，认识到该行为将会导致被害人陷入暴力恐惧的，就认为行为人应当知道。并且，针对每一次的骚扰行为，行为人都应该满足明知或者应当知道

---

① S. 2A（2）（c）of the Protection from Harassment Act 1997（as amended by S. 111 of the Protection of Freedoms Act 2012）.

② S. 4 of the Protection from Harassment Act 1997.

③ R v Haque [2011] EWCA Crim 1871, p. 67, 72；R v Widdows [2011] EWCA Crim 1500, p. 26；Troy E. McEwan, Paul E. Mullen, Rachel MacKenzie, Anti-Stalking Legislation in Practice：Are We Meeting Community Needs？（2007）14 Psychiatry, Psychology and Law 207, p. 208；Clough, above n. 38, p. 426.

④ R v Curtis [2010] 1 WLR 2770；R v Hills [2001] 1 FLR 580；Samuels, above n. 35, p. 3.

⑤ R v Haque [2011] EWCA Crim 1871, p. 34.

自己的行为会导致被害人暴力恐惧的要件。① 如果行为人甲实施了数次针对乙的骚扰行为，对于自己的第一次行为，甲明知会致使乙产生遭受暴力的恐惧（例如，甲给乙发送微信消息称如果乙不放弃竞争的话，就让乙知道什么是厉害，并且发送了一个被截肢的人的图片）；但是对于后几次行为，甲并没有这样的明知，而且理性一般人也不认为该行为具有使乙产生暴力恐惧的效果（例如，甲只是在乙的微博上留言使用各种侮辱性词汇谩骂乙）。这样的情况是不构成本罪的，因为只有一次骚扰行为导致乙处于暴力恐惧之中，而其他情况虽然也导致了乙遭受惊恐和苦恼，但却没有对暴力的恐惧。该情况可以构成第 2 条规定的一般的骚扰罪。根据具体案件的严重程度，本罪既可以适用公诉程序审理，也可适用简易程序审理。如果适用公诉程序审理，被告人可被判处不超过 5 年的监禁刑②或者罚金，或者二者并处；如果适用简易程序审理，被告人可被判处不超过 6 个月的监禁刑或者罚金，或者二者并处。法院还可以颁布禁止令。

（四）追踪致使他人陷入暴力恐惧、严重惊恐或者苦恼罪（stalking causing fear of violence or serious alarm or distress）

2012 年《保护自由法案》第 111 条在 1997 年的《防骚扰法案》中增加一条 S. 4A，规定了追踪致使他人陷入暴力恐惧、严重惊恐或者苦恼罪。③ 本罪是第 2A 条的加重形式。其客观要件有两种类型：其一，行为人的追踪行为使得被追踪人陷入暴力恐惧，并且这样的情形发生了两次以上。和第 4 条类似，这里要求行为人每一次的追踪行为都导致被追踪人陷入暴力恐惧。④ 其二，行为人的追踪行为使得被追踪人陷入严重惊恐或者严重苦恼，以至于对被追踪人的日常活动产生了实质性不利影响（substantial adverse effect on V's usual day-to-day activities）。⑤ 如果行为人持续追踪被害人，被害人并不担心行为人会对自己实施暴力（例如，行为人只是为了追求被害人的情况下），但是却实实在在不胜其烦、苦恼不已，并且因此改变了上下班路线、搬离原有住所等的，就可以认为行为人符合该第二类情形。英国内政部在《关于 1997 年〈防骚扰法案〉变更内容的通告》中列出了一些被害人日常活动受到实质性不利影响的情形，例如被害人改变上下班路线、工作模式，或者变更工作，被害人安排他人陪同自己接送孩子以免与行为人接触，被害人在家中安置了额外的安全设施，被害人搬家，被害人遭受身体或者精神疾病困扰，被害人因此备受压力而导致工作表现逐渐变差，被害人不再参与社交活动或者改变自己参与社交活动的方式。⑥

---

① S. 4（1）of the Protection from Harassment Act 1997.

② 2017 年的《警务和犯罪法案》（Policing and Crime Act 2017）第 175 条第 1 款（a）项将本罪的法定刑提高到 10 年以下监禁。但是目前该条文还没有生效。

③ S. 4 A of the Protection from Harassment Act 1997（as amended by S. 111 of the Protection of Freedoms Act 2012）.

④ S. 4 A（b）（i）of the Protection from Harassment Act 1997（as amended by S. 111 of the Protection of Freedoms Act 2012）.

⑤ S. 4 A（b）（ii）of the Protection from Harassment Act 1997（as amended by S. 111 of the Protection of Freedoms Act 2012）.

⑥ UK Home Office, Circular: a change to the Protection from Harassment Act 1997, https://www.gov.uk/government/publications/a-change-to-the-protection-from-harassment-act-1997-introduction-of-two-new-specific-offences-of-stalking, 最后访问日期：2017 年 11 月 14 日。

应该指出的是，被害人承受严重惊恐或者严重苦恼的表现形式并不限于上述情形，有的被害人虽然没有改变工作、生活模式，但是确实遭受了严重的困扰，例如长期失眠、脾气变古怪，并且和家人多产生矛盾等。

本罪的主观要件是明知或者应当知道。对于第一种行为类型，要求行为人明知自己的行为每一次都会导致被追踪人陷入暴力恐惧之中，或者应当知道自己的行为每一次都会导致被追踪人陷入暴力恐惧之中。[①] 这里，对于"应当知道"同样是采取理性一般人的客观标准。而对于第二种行为类型，则要求行为人明知或者应当知道自己的行为会导致被害人遭受严重惊恐或严重苦恼，这里并不要求行为人明知或应当知道自己每一次的行为都会导致这样的后果，只要行为人明知或应当知道自己持续的一系列追踪行为的累积后果是这样即可。本罪根据严重程度可适用公诉程序审理，也适用经简易程序审理。如果适用公诉程序审理，被告人可被判处不超过 5 年的监禁刑[②]或者罚金，或二者并处；如果适用简易程序审理，被告人可被判处不超过 12 个月的监禁刑或者不超过 5 000 英镑的罚金，或二者并处。法院还可颁发禁止令。

（五）意图骚扰、致人惊恐或苦恼罪（intentionalharassment, alarm or distress）

根据 1986 年《公共秩序法案》第 4A 条的规定，本罪的客观要件表现为两种形式。[③] 其一，行为人用恐吓性（threatening）、辱骂性（abusive）、无礼的（insulting）言语或行为，或者用伤风败俗的（disorderly）行为，骚扰任何人或者致任何人惊恐、苦恼。其二，行为人展示任何恐吓性、辱骂性、无礼的文字、符号或者可见表示（visible representation），从而骚扰任何人或者致任何人惊恐、苦恼。无论是第一种行为方式还是第二种行为方式，行为人的行为和他人所遭受的骚扰、惊恐、苦恼之间必须具有因果关系。在 S v DPP 案中[④]，被告人在被害人游行之时拍下了被害人的数码照片，之后通过照片编辑软件在被害人的嘴所在位置插入对话气泡，并配以"来吧，我要吃了你们，我们是 Covance 食人族"的文字。之后被告人将该修改后的照片上传到"Covance Campaign"网站，并以文字暗指被害人曾经被控暴力犯罪，且声称被害人在游行时咬断了他人手腕。5 个月后警察调查该案件并且将所涉照片打印出来，被害人看到之后非常痛苦，加上想到自己这样的照片曾被公开放在互联网上，于是惊恐不安、苦恼不已。被告人辩称，自己的行为和被害人所受惊恐、苦恼之间没有因果关系，因为在警察将所涉照片给被害人看之前被害人根本不知道照片的存在，是警察的展示照片行为导致了被害人的痛苦。法院判决称，警察将打印出的照片给被害人看的行为并不影响被告人行为与被害人所受痛苦之间的因果关系。只要被害人的痛苦是因为自己的照片被被告人上传至互联网而导致的，那么是谁将这个事实通知给被害人的，不影响本罪客观要件的认定。[⑤]

---

① S. 4A (b) of the Protection from Harassment Act 1997 (as amended by S. 111 of the Protection of Freedoms Act 2012)；R v Danevska [2017] EWCA Crim 1084.

② 2017 年的《警务和犯罪法案》(Policing and Crime Act 2017) 第 175 条第 1 款 (b) 项将本罪的法定刑提高到 10 年以下监禁。但是目前该条文尚未生效。

③ S. 4A of the Public Order Act 1986 (as amended by S. 154 of the Criminal Justice and Public Order Act 1994).

④ [2008] EWHC 438 (Admin).

⑤ Ibid, p. 13.

本罪的主观要件是意图（intention），也即行为人的目的就是希望导致任何人受到骚扰、惊恐或苦恼。[①] 本罪与 1997 年《防骚扰法案》第 2 条骚扰罪的区别在于：首先，骚扰罪是针对具体个人的犯罪，立法目的在于保护公民不受非法侵扰，所以行为人有具体的骚扰对象，虽然骚扰对象不必是同一个人[②]；而本罪的立法目的在于保护公共秩序，行为人的骚扰行为涉及的对象不必是特定的。例如，上述 S v DPP 案，即使图片描述的主人公完全不知道这件事情，但是如果看到该图片的其他网络用户感受到了骚扰和惊恐困扰，那么依旧构成本罪。其次，本罪的主观要件是意图。行为人的目的就是通过自己的行为给任何人造成骚扰、惊恐或苦恼。而 1997 年《防骚扰法案》第 2 条的骚扰罪只是要求行为人明知或者应当知道自己的行为会对特定的人构成骚扰。由于"应当知道"这一规定的存在，即使行为人主观上没有任何骚扰他人的目的或预见，只要理性一般人认识到行为人的行为会骚扰到特定个人，就推定行为人应当知道。故而，骚扰罪对行为人主观心态的要求相比本罪是比较低的。再次，第 2 条的骚扰罪要求行为人必须实施了两个场合以上的骚扰行为（a course of conduct）；而本罪并无此要求，单次的行为只要满足恐吓性、辱骂性或无礼性特征，并且导致了任何人遭受骚扰、惊恐、苦恼，就可构成本罪的客观要件。最后，两罪的辩护事由不一样。发生在住所里面的骚扰行为，只要行为人没有理由相信住所之外的其他人会看到、听到，那么不构成本罪，因为发生在私人住所里面的此类行为并不危害到公共秩序。但是如果这样的骚扰行为持续发生，则有可能构成第 2 条的骚扰罪。本罪是只能适用简易程序审理的罪名，被告人可获不超过 6 个月的监禁刑或者不超过 5 000 英镑的罚金，或者二者并处。[③]

（六）骚扰、致人惊恐或者苦恼罪（harassment, alarm or distress）

1986 年《公共秩序法案》第 5 条规定了骚扰、致人惊恐或者苦恼的罪名。本罪的客观要件有两种形式：第一，行为人使用了恐吓性、辱骂性的言语或行为，或有伤风败俗的行为。[④] 与第 4A 条的意图骚扰、致人惊恐或者苦恼罪不同，这里只要实施了这样的行为就满足本罪行为要件，不要求这样的行为继而导致他人遭受骚扰、惊恐或者苦恼。第二，行为人展示任何恐吓性或者辱骂性的文字、符号或可见表示，在任何人可听、可见的范围内有可能骚扰他人或者致他人惊恐、苦恼。[⑤] 这里不要求行为人的展示行为一定导致他人受

[①] S. 4A (1) of the Public Order Act 1986 (as amended by S. 154 of the Criminal Justice and Public Order Act 1994)；S v DPP [2008] EWHC 438 (Admin).

[②] Michael Salter and Chris Bryden, I Can See You: Harassment and Stalking on the Internet (2009) 18 (2) Information and Communications Technology Law 99, p. 102.

[③] S. 4A (5) of the Public Order Act 1986 (as amended by S. 154 of the Criminal Justice and Public Order Act 1994).

[④] S. 5 (1) (a) of the Pubic Order Act 1986；Gough v DPP [2013] EWHC 3267 (Admin)，法官在本案判决书第 10 段写到："insulting" meant disrespectful or scornfully abusive；"threatening" was behaviour that was hostile, had a deliberately frightening quality or manner, or which caused someone to feel vulnerable or at risk；"abusive" meant extremely offensive and insulting；"disorderly behaviour" was behaviour that involved or contributed to a breakdown of peaceful and law-abiding behaviour. 据此，本文将 insulting 翻译成"无礼的"，将 threatening 翻译成"恐吓性的"，将 abusive 翻译成"辱骂性的"，将 disorderly 翻译成"伤风败俗的"。

[⑤] S. 5 (1) (b) of the Pubic Order Act 1986.

骚扰、惊恐或苦恼，只要存在这样的可能性即可。本罪的主观要件是意图（intention）或者轻率（recklessness），即行为人意欲自己行为是为恐吓性、辱骂性或者伤风败俗的，或者预见到自己的行为可能具备这样的性质。① 本罪是只能以简易程序审理的罪名，被告人可被判处不超过 1 000 英镑的罚金。②

（七）因种族、宗教信仰因素而加重的骚扰犯罪

前述 1997 年《防骚扰法案》第 2 条的骚扰罪和第 4 条的骚扰以致他人陷入暴力恐惧罪以及 1986 年《公共秩序法案》第 4A 条的意图骚扰、致人惊恐或苦恼罪和第 5 条的骚扰、致人惊恐或苦恼罪，均会因为种族、宗教信仰因素而加重，从而构成新的犯罪。1998 年《犯罪和扰乱秩序法案》第 32 条规定，任何人因为种族因素而犯 1997 年《防骚扰法案》第 2 条或第 4 条之罪的，构成本罪③；该法案第 31 条规定，任何人因为种族因素而犯 1986 年《公共秩序法案》第 4A 条或第 5 条之罪的，构成本罪。④ 这两个罪名里的种族因素包括行：a）因为被害人的种族身份或者宗教信仰族群身份，行为人在其行为之前、行为时或行为后对被害人表现出敌意；b）引发行为人行为的原因，全部或部分，是处于行为人对某一种族之成员或者某一宗教信仰族群之成员的敌意。⑤ "种族"在这两个犯罪中被作广义解释，包括因为人种（race）、肤色（colour）、国籍（nationality）（包括公民身份 citizenship）、民族渊源（ethnic origins）或血统渊源（national origins）因素而区分的不同族裔。"宗教信仰族群"是指因为信仰某种宗教或因为不信仰某种宗教而区分的不同族群。例如，行为人在社交网站诋毁被害人人品的同时，以 "black bastard" "bloody foreigners" 等词汇对被害人的族裔身份进行攻击。又如，行为人讨厌所有外国人，认为外国人来自己国家挤占了本国资源；后行为人在网上看到一个外国人博主非常受欢迎并且拥有众多本国粉丝，于是行为人在该博主文章下面不断留言谩骂。虽然其谩骂的言辞中没有涉及国籍族裔等，但是他谩骂的起因就是种族因素。第 31 条即可适用公诉程序审理，也可适用简易程序审理。如适用公诉程序审理，被告人可被判处不超过 2 年的监禁刑或者罚金，或二者并处；如适用简易程序审理，被告人可被判处不超过 6 个月的监禁刑或罚金，或二者并处。⑥ 任何人犯第 32 条规定之罪，如果适用公诉程序审理可被判处不超过 7 年的监禁刑或罚金，或二者并处；如果适用简易程序审理可被判处不超过 6 个月的监禁刑或罚金，或二者并处。⑦

---

① Haralambous and Geach，above n. 47.
② S. 5（6）of the Public Order Act 1986.
③ S. 32 of the Crime and Disorder Act 1998.
④ S. 31 of the Crime and Disorder Act 1998.
⑤ S. 28 of the Crime and Disorder Act 1998.
⑥ S. 31（4）of the Crime and Disorder Act 1998.
⑦ S. 32（4）of the Crime and Disorder Act 1998；2017 年的《警务和犯罪法案》（Policing and Crime Act 2017）第 175 条第 2 款将本罪适用公诉程序审理的法定刑提高到 14 年，但目前该条文尚未生效。

四、涉及他人私密、不雅照片、影片类犯罪

网络欺凌的另一种重要表现形式就是行为人将被害人的隐私照片、视频或其他个人信息在互联网或其他电子终端上公之于众，意在造成被害人社会评价的降低或者给被害人造成心理压力、精神困扰。有调查显示，色情信息（sexting）和曝光（exposure）在青少年学生的欺凌事件中广为存在；多表现为一方向对方发送色情信息，要求交往或者要求亲密行为，如果对方拒绝，那么其个人有关的信息或者言谈，甚至私密照片就会被曝光。[①] 很多青少年被害人担心自己曾经的隐私信息被曝光，被迫继续发送新的隐私照片等给欺凌者，遭受长期痛苦。另外，近年来风行的"色情报复"（revenge pornography）堪称成人世界的又一欺凌形式。色情报复的最典型形态是，一方在爱恋关系结束后，未经对方同意，将对方的性照片或者性视频公之于众，以期对对方进行报复或羞辱。[②] 对此，英国刑法在 2015 年的《刑事司法和法院法案》（Criminal Justice and Courts Act 2015）、1978 年的《儿童保护法案》 （Protection of Children Act 1978）、1988 年的《刑事司法法案》（Criminal Justice Act 1988）中对有关犯罪作了规定。

（一）以导致他人苦恼为意图，公开他人私下的性照片、性影片罪（disclosing sexual photograph or film with intent to cause distress）

色情报复对于被害人通常有多方面的恶劣影响，包括造成被害人精神上极大的痛苦，甚至抑郁等精神疾病，导致被害人（特别是女性被害人）社会评价和名誉的极大毁损，导致线下的跟踪、骚扰以及性侵犯，导致被害人丢失工作、无法正常生活等。[③] 民事制裁无

---

① Jessica Ringrose, Rosalind Gill, Sonia Livingstone and Laura Harvey, A Qualitative Study of Children, Young People and 'Sexting': A Report Prepared for NSPCC (2012) National Society for the Prevention of Cruelty to Children, London, UK, http://eprints.lse.ac.uk/44216/, 最后访问日期：2017 年 11 月 5 日；Lenhart, A. (2009). Teens and sexting: How and why minor teens are sending sexually suggestive nude or nearly nude images via text messaging. Pew Research Centre Report, http://pewresearch.org/assets/pdf/teens-and-sexting.pdf, 最后访问日期：2017 年 11 月 20 日；Lievens, above n. 6, pp. 253 - 254；Jette Kofoed and Jessica Ringrose, Travelling and Sticky Affects: Exploring Teens and Sexualized Cyberbullying through a Butlerian-Deleuzian-Guattarian lens (2012) 33 (1) Discourse: Studies in the Cultural Politics of Education 5, p. 18.

② Clare McGlynn, Erika Rackley and Ruth Houghton, Beyond 'Revenge Porn': The Continuum of Image-Based Sexual Abuse (2017) 25 (1) Feminist legal studies 25, p. 29; Gillian Mawdsley, "Hell hath no fury like a person scorned": considering the offence of "revenge porn" (2014) 132 Criminal Law Bulletin 2, pp. 2 - 3. Revenge pornography 有时候也被作广义的使用，包括任何未经他人同意将他人隐私照片、影片公之于众的行为，不仅仅限于有爱恋关系的双方。

③ Alisdair A. Gillespie, "Trust me, it's only for me": "revenge porn" and the criminal law (2015) 11 Criminal Law Review 866, p. 873; Danielle K. Citron and Mary A. Franks, Criminalizing Revenge Porn (2014) 49 Wake Forest Law Review 345, pp. 350 - 354; Justine Mitchell, Censorship in cyberspace: closing the net on "revenge porn" (2014) 25 (8) Entertainment Law Review283, p. 283; Early Day Motion 192 of Session 2014—2015, http://www.parliament.uk/edm/2014-15/192, 最后访问日期：2017 年 11 月 5 日。

法有效地打击色情报复①，现行刑法规则也没有完全精确反映色情报复危害性的罪名②，于是针对色情报复的立法动议很快被通过，2015 年《刑事司法与法院法案》第 33 条规定了"以导致他人苦恼为意图，公开他人私下的性照片、性影片罪"。本罪的客观要件是行为人未经他人同意，将他人私下的性照片、性影片公之于众。

本罪中的"照片"是指通过镜头成像技术形成的照片，包括静态或者动态的照片，以及可以转化为照片的数据（例如经过压缩的照片文件）；也包括合成照片或者经过部分修改的照片（例如经过 Photoshop 编辑修改的照片）③，但是不包括完全由电脑临摹产生的图片。根据皇家检察署的起诉指南，如果行为人将所涉性照片上被害人的发色改变，这不影响其构成本罪；但是如果行为人将被害人的头像 PS 到他人的性照片上，则不构成本罪。④"公开"包括以任何方式将所涉照片、影片给予他人、展示给他人的行为（giving or show-ing the photograph or film to another），以及使他人能够接触、获得所涉照片、影片的行为（making the photograph or film available to another）。例如，行为人将被害人的裸照以短信或邮件等方式发送给他人，或者将其放到社交网站上，或者将其放到网盘上，并给他人提供打开该文件的链接、密码等。出于对公民隐私权的保护，这里的公开行为不包括把所涉照片或影片发给照片主人本人的行为。⑤ 私下的照片、影片是指通常不会在公众场合被看见的照片、影片。⑥ 照片或影片如果符合以下三条特征中的任何一条就属于本罪所称的性照片、影片：a）其展示了一个人暴露的性器官或者暴露的耻骨区域⑦；b）其展示的东西因自身特性被一般理性人认为是具有性意味的⑧；c）其展示的内容整体来看会被一般理性人认为是具有性意味的。⑨ 本罪客观方面的另一大要件是行为人的公开行为没有获得被害人的同意。这里的同意包括针对任何公开行为的概括同意，也包括针对某一具体公开行为的具体同意。⑩ 如果被害人只同意将自己的性照片、影片在特定范围内公开，而行为人将其公开于此特定范围之外，则认为没有获得被害人的同意。如果性照片、影片中包含多人，其中任何一个人没有同意公开，就应当认为行为人的公开没有获得同意。⑪

本罪的主观方面是意图，也即行为人以引起被害人的苦恼为目的。⑫ 如果行为人并不具有此目的，而是觉得好玩或者处于轻率或过失的心态公开了被害人的性照片、影片，则不构成本罪。但是，有可能构成 2003 年《通讯法案》第 127 条的犯罪，或者如果行为人实施了数次连续公开行为的话，有可能构成骚扰类犯罪。如果所涉性照片、影片满足了淫

---

① Citron and Franks, above 85, p. 349；Katlyn M. Brady, Revenge in Modern Times：The Necessity of a Feder-al Law Criminalizing Revenge Porn（2017）28（1）Hasting Women's Law Journal 3, p. 15.

② Gillespie, above 85, p. 875.

③ S. 34 of the Criminal Justice and Courts Act 2015.

④ S. 35（5）of the Criminal Justice and Courts Act 2015；Crown Prosecution Service, Revenge Pornography-Guidelines on prosecuting the offence of disclosing private sexual photographs and films, http：//www.cps.gov.uk/le-gal/p_to_r/revenge_pornography/，最后访问日期：2017 年 10 月 30 日。

⑤ S. 33（2）of the Criminal Justice and Courts Act 2015；Gillespie, above 85, p. 867.

⑥ S. 35（2）of the Criminal Justice and Courts Act 2015.

⑦ S. 35（3）（a）of the Criminal Justice and Courts Act 2015.

⑧ S. 35（3）（b）of the Criminal Justice and Courts Act 2015.

⑨ S. 35（3）（c）of the Criminal Justice and Courts Act 2015.

⑩ S. 33（7）（a）of the Criminal Justice and Courts Act 2015.

⑪ Gillespie, above 85, p. 868.

⑫ S. 33（1）（b）of the Criminal Justice and Courts Act 2015.

秽物品的要件的，有可能构成出版淫秽物品罪。① 虽然行为人的公开行为的客观结果通常都是导致被害人苦恼，但不能仅仅因为这样的结果就认为行为人具有引起被害人苦恼的主观目的。② 另外该条规定的适用范围远远超出色情报复，不是情侣关系的人拿到他人的私密性照片、性影片后曝光的，也会构成本罪，只要其主观上也是为了导致他人苦恼。

本罪的特殊辩护事由包括：行为人有合理理由相信公开所涉性照片、影片是阻止、侦查、调查犯罪所必需的③；行为人的公开行为发生在新闻材料的公开过程之中，或者为了新闻材料公开的目的，并且行为人有合理理由相信该新闻材料的公开是出于公共利益的考量④；行为人有合理理由相信该照片、影片曾经以获得报酬为对价而被公开过，并且行为人没有理由相信曾经的公开是没有经过被害人同意的。⑤ 本罪如果适用公诉程序审理，被告人可被判处不超过 2 年的监禁刑或者罚金，或二者并处；如果适用简易程序审理，被告人可被判处不超过 12 个月的监禁刑或者罚金，或二者并处。⑥

（二）拍摄、制作、散布、持有、出版儿童不雅照片罪（taking, making, distributing, possessing, publishing indecent photographs of a child）

除了上述的公开他人私下的性照片、性影片罪，未成年人之间发生的色情欺凌，还会涉及 1978 年《儿童保护法案》（protection of children act 1978）第 1 条规定的犯罪。本罪的客观表现有四种，而且其对应的主观要件也不尽相同。本罪中的儿童是指不满 18 周岁的人。⑦ 本罪中的照片包括影片、影片中含有的照片、可以转换为照片的电子数据、临摹照片、经图片处理软件编辑美化的照片；而且包含类照片图片（例如，经电脑绘图软件制作的看起来和照片一样的图片）。⑧ "不雅"是指违反公认的社会礼仪标准；换句话说，违反了一般正直公民的道德标准。⑨ 所涉儿童照片是否属于不雅照片的标准是一般理性人的客观标准，属于事实问题而非法律问题。未成年人之间发生的色情欺凌所涉及的被害人裸

---

① S. 1 and S. 2 of the Obscene Publications Act 1959；淫秽物品要求具有导致其潜在读者或者听众堕落腐化的倾向（tend to deprave and corrupt those who are likely to read, see or hear it），而大多数色情报复中所涉及的裸照或者情侣二人从事性行为的照片、视频可能不符合构成淫秽物品的要求。see Gillespie, above 85, p. 876；关于淫秽物品的界定，请见，S. 1 of the Obscene Publications Act 1959；R v Barker［1962］1WLR 349；R v Clayton and Halsey［1963］1QB 163；DPP v Whyte［1972］AC 849；R v Perrin［2002］EWCA Crim 747；R v Smith［2012］EWCA Crim 398；根据皇家检察署关于淫秽出版物的起诉指南，描绘两厢情愿的性行为的出版物，如果受众不包括儿童和其他弱势群体的，一般情况下不以 1959 年《淫秽出版物法案》第 2 条起诉，除非其含有其他加重的情节，例如涉及性虐待、性变态等。实践中这么处理，大抵因为描述情侣之间两厢情愿性行为的出版物不太可能会使正常成年读者或听众堕落腐化。请见，Crown Prosecution Service, Obscene Publications, http：//www. cps. gov. uk/legal/l _ to _ o/obscene _ publications/，最后访问日期：2017 年 11 月 18 日。

② S. 33（8）of the Criminal Justice and Courts Act 2015.

③ S. 33（3）of the Criminal Justice and Courts Act 2015.

④ S. 33（4）of the Criminal Justice and Courts Act 2015；例如为调查某国家领导人的腐败行为而公开其性交易有关的照片、视频，see Gillespie, above 85, footnote 9。

⑤ S. 33（4）of the Criminal Justice and Courts Act 2015，该条主要是针对商业色情作品。已经被公开的商业色情作品不符合本罪的私下的性照片、影片的要件。

⑥ S. 33（9）of the Criminal Justice and Courts Act 2015.

⑦ S. 7（6）of the Protection of Child Act 1978.

⑧ S. 7（4），（4A）and（5）of the Protection of Child Act 1978.

⑨ R v Stanmford［1972］2 QB 391, p. 398；R v Miles［2015］EWCA Crim 353, p. 25.

照、半裸照等都可能被认定为不雅照片。①

本罪第一种形式的客观要件为行为人拍摄（taking）、允许他人拍摄（permitting to be taken）或者制作（making）儿童不雅照片。"制作"的解释非常广义，包括将儿童不雅照片下载到自己的电脑中，将儿童不雅照片从电脑上打印出来，打开包含儿童不雅照片的电子邮件附件等任何使儿童不雅图片在任何介质存在、产生的行为。② 主观要件是行为人意图实施上述的拍摄、允许他人拍摄以及制作儿童不雅照片的行为，并且明知这些照片为儿童不雅照片或者可能为儿童不雅照片。③ 如果行为人能证明自己拍摄或者制作的儿童不雅照片是发生于婚姻或伴侣关系（marriage and partnership defence）（即首先，在行为人获得照片时或者在起诉之时被害人在是 16 岁或 17 岁；其次，行为人和被害人处于婚姻关系或者民事伴侣关系之中；再次，该照片中只有被害人或者只有被害人和行为人，没有他人；最后，行为人获得被害人同意或者相信被害人是同意的④），则不构成本罪。另外，如果行为人制作儿童不雅照片是为了阻止、侦查、调查犯罪或者其他刑事程序的需要；或者因行为人身为国家安全机构或者国家安全情报机构人员的工作需要而制作该照片；或者因为行为人身为政府通讯总部职员的工作需要而制作该照片的，则行为人不构成本罪（exception for criminal proceedings defence）。⑤

本罪第二种形式的客观要件是散布（distributing）儿童不雅照片或将儿童不雅照片展示（showing）给他人的行为，包括将儿童不雅照片转移占有给他人，将儿童不雅照片暴露给他人或使他人获得占有的行为。⑥ 本条是严格责任犯罪，没有主观罪过要件的要求，只要实施了散布、展示行为就构成本罪。⑦ 立法这样规定的目的是禁止任何形式的传播、散布儿童不雅照片的行为。上述第一种形式中的婚姻关系（marriage and partnership defence）的辩护事由也适用于散布、传播行为，如果该散布和传播的对象只是不雅照片所涉的儿童自己。⑧ 另外，如果行为人有合法理由而散布、展示儿童不雅照片的，不构成本罪（legitimate reasons defence）⑨，例如行为人为了特殊研究项目而需要给自己工作组的同事发送或者展示此类照片的。行为人如果自己本人并未看见所涉照片，并且不知道所涉照片是不雅儿童照片或者没有理由如是怀疑的，不构成本罪（unawareness defence）。⑩

本罪第三种形式是以散布或者展示为目的持有儿童不雅照片（possession with a view to distribute or show）。⑪ 例如，行为人将儿童不雅照片储存在自己的网盘上面，然后提供

---

① R v Miles［2015］EWCA Crim 353，p. 5.

② R v Bowden［2001］QB 88；R v Smith and Jayson［2003］1 Cr App R 13.

③ R v Harrison［2007］EWCA Crim 2976.

④ S. 1A（1），（3）and（4）of the Protection of Children Act 1978 as amended by S. 45（3）of the Sexual Offences Act 2003.

⑤ S. 1B of the Protection of Children Act 1978 as amended by S. 46（1）of the Sexual Offences Act 2003.

⑥ S. 1（1）（b）of the Protection of Children Act 1978.

⑦ R v Price［2006］EWCA Crim 3363，p. 26.

⑧ S. 1A（2），（3）and（5）of the Protection of Children Act 1978 as amended by S. 45（3）of the Sexual Offences Act 2003.

⑨ S. 1（4）（a）of Protection of Children Act 1978.

⑩ S. 1（4）（b）of Protection of Children Act 1978.

⑪ S. 1（1）（c）of Protection of Children Act 1978.

链接和密码给他人，使后者可以看到所涉照片。① 本罪的主观要件是意图，即行为人具有将所涉儿童不雅照片散布或者展示给他人的目的。② 上述 legitimate reasons defence 以及 unawareness defence 都适用于本条。另外，如果：a) 行为人获得照片时或者在起诉之时，被害人是 16 岁或 17 岁，b) 行为人和被害人处于婚姻关系或者民事伴侣关系之中，c) 而且该照片中只有被害人或者只有被害人和行为人，没有他人，并且 d) 行为人获得被害人同意或者相信被害人是同意的，行为人不构成该条的持有儿童不雅照片罪。但是，在这种婚姻或者伴侣关系的情况下，如果行为人持有儿童不雅照片的目的是散布或者展示给其他人，就构成本罪。

本罪的第四种形式是行为人发布了广告或致使广告被发布，可能使他人认为行为人是从事散布、展示儿童不雅照片或者意图这么做的人。③ 例如，行为人在色情网站上发布明示的或者隐晦的广告，企图使他人联系自己以获得儿童不雅照片或影片。本条的主观要件要求行为人意图从事发布广告的行为，并且明知自己是在为散布或展示儿童不雅照片而打广告。本条没有特殊辩护事由。

（三）持有儿童不雅照片罪（possession of indecent photographs of a child）

1988 年的《刑事司法法案》第 160 条规定了持有儿童不雅照片罪。④ 本罪中的照片同样也包括影片、影片中含有的照片、可以转换为照片的电子数据、临摹照片、经图片处理软件编辑美化的照片；而且包含类照片图片。⑤ 本罪规定的持有与 1978 年《保护儿童法案》第 1 条中规定的持有不同，后者要求行为人是以散布、展示为目的而持有，本罪没有这样的目的要求。持有即是指所涉照片处于行为人的保管控制之下。浏览网页后保存在电脑缓存里的照片，不认为是行为人持有；除非行为人知道该照片被存在了缓存里。⑥ 电脑里被永久删除的照片通常认为行为人不再持有，因为它已经不在行为人的控制之下，行为人无法再将其进行发送、编辑、阅读等操作。但是如果行为人精通计算机技术，随时可以从硬盘上恢复被删除的照片的，可以认为这些照片仍然处于行为人控制之下，因而构成持有。⑦ 本罪的主观要件是明知，即行为人明知所涉照片处于自己保管控制之下。这里只要求行为人对于自己保管控制的情形的明知，不要求证明行为人明知所涉照片是儿童不雅照片。⑧ 本罪有以下几个特殊辩护事由：a) 行为人有合法理由持有所涉儿童不雅照片（le-

---

① R v Fellows and Arnold ［1997］1 Cr. App. R. 244；R v Dooley ［2006］1 Cr. App. R. 21.

② Stephen Leak and David Ormerod, Indecent photographs of children: meaning of words "with a view to" (2006) (June) Criminal Law Review 544, p. 546.

③ S. 1 (1) (d) of the Protection of Children Act 1978.

④ S. 160 of the Criminal Justice Act 1988.

⑤ S. 7 of the Protection of Children Act 1978.

⑥ atkins v DPP ［2000］1 WLR 1427.

⑦ R v Porter ［2006］EWCA Crim 560, p. 20, 21；R v Leonard ［2012］EWCA Crim 277；有学者对于法院这种将主观因素引入"持有"之判断的做法并不赞同。参见 David Ormerod, Indecent photograph of child-Criminal Justice Act 1988 s. 160 (1) -possession of indecent photograph of child (2006) (August) Criminal Law Review 748。

⑧ atkins v DPP ［2000］1 WLR 1427, p. 1440；R v Porter ［2006］EWCA Crim 560, p. 20；R v Leonard ［2012］EWCA Crim 277, p. 15.

gitimate reasons defence)①；b）行为人如果自己本人并未看见所涉照片，并且不知道所涉照片是不雅儿童照片或者没有理由如是怀疑的（unawareness defence)②；c）行为人和被害人处于婚姻或伴侣关系之中；行为人获得照片时或者在被起诉之时，被害人为 16 岁或 17 岁；并且所涉照片里面只有被害人或者只有被害人和行为人，没有别人；而且行为人的持有取得了被害人的同意或者有理由相信被害人同意（marriage and partnership defence)③；d）他人在未经行为人请求或未代表行为人的情况下，将不雅儿童照片发送给行为人；但行为人并没有保存所涉照片超过合理时间。④ 现实中，很多青少年欺凌他人，并胁迫他人拍下不雅照片，而后储存在自己手机或者电脑中供自己观看，有的还将所涉照片在社交媒体上公开、散布；这种情况在构成本罪的同时，还可能会构成 1978 年《儿童保护法案》第 1 条规定的犯罪，以及骚扰类犯罪。

五、中英刑法对于网络欺凌刑法规制之比较

网络欺凌目前已经成为全球化现象，不同国家、不同司法区域都在尝试或者已经出台相关法律制度来应对，我国自然也不例外。2013 年《最高人民法院、最高人民检察院关于办理利用信息网络实施诽谤等刑事案件适用法律若干问题的解释》（以下简称《网络诽谤解释》）、《刑法修正案（九）》、2004 年《最高人民法院、最高人民检察院关于办理利用互联网、电子通讯终端、声讯台制作、复制、出版、贩卖、传播淫秽电子信息刑事案件具体应用法律若干问题的解释》（以下简称《淫秽电子信息解释》）、2010 年《最高人民法院、最高人民检察院关于办理利用互联网、电子通讯终端、声讯台制作、复制、出版、贩卖、传播淫秽电子信息刑事案件具体应用法律若干问题的解释（二）》（以下简称《淫秽电子信息解释（二）》）以及 2017 年《最高人民法院、最高人民检察院关于办理侵犯公民个人信息刑事案件适用法律若干问题的解释》（以下简称《侵犯公民个人信息解释》）等法律文件的出台，为办理相关网络欺凌案件提供了依据。从当前司法实践来看，我国处理网络欺凌案件涉及的核心犯罪主要包括侮辱罪、诽谤罪、寻衅滋事罪、传播淫秽物品罪以及侵犯公民个人信息罪。当然网络欺凌也会涉及敲诈勒索、猥亵等非典型的欺凌形式，鉴于篇幅，这里只对中英两国网络欺凌涉及的核心犯罪问题进行对比。

（一）对于被欺凌者人格权的保护范围

典型的网络欺凌行为，如谩骂、辱骂、中伤、网络围攻等，在英国大都可以适用 1997年《防骚扰法案》规定的骚扰追踪类犯罪。骚扰追踪类犯罪的立法目的在于保护公民不受非法侵扰⑤，可以看作对于公民一般人格权的保护。该法案规定的四种骚扰追踪类犯罪中，

---

① S. 160 (2) (a) of the Criminal Justice Act 1988.

② S. 160 (2) (b) of the Criminal Justice Act 1988.

③ S. 160A of the Criminal Justice Act 1988 as amended by S. 45 (4) of the Sexual Offences Act 2003.

④ S. 160 (2) (c) of the Criminal Justice Act 1988；例如甲收到来路不明的邮件称有重要文件需要甲签署，甲打开邮件附件后发现是儿童不雅照片，于是赶紧删除。如果甲保留该照片一年之后才删除，很难说他符合本条的辩护事由。

⑤ Baker，above n. 35，p. 407.

以骚扰罪为最轻；构成骚扰类罪并不需要导致被害人自杀、自残或者精神失常等严重程度，只需要侵扰到被害人生活安宁，使其遭受惊恐或苦恼即可。我国刑法规定的侮辱罪、诽谤罪，侧重保护的是人格权中的具体人格权——名誉权①；而且要求必须情节严重才能构成犯罪。② 对于侮辱罪一般认为，构成情节严重，需要手段恶劣，造成被害人自残、自杀或者精神失常等后果。③《网络诽谤解释》第2条更是对诽谤罪情节严重的要件进行了细化：同一诽谤信息实际被点击次数、浏览次数达到5 000次以上，或者被转发次数达500次以上的；造成被害人或者其近亲属精神失常、自残、自杀等严重后果的；二年内曾因诽谤受过行政处罚，又诽谤他人的；以及其他情节严重的情形。并不是所有网络欺凌案件都会导致这些情节严重的情形④，那么对于危害后果不够严重的，被害人只能忍受网络侮辱、诽谤带来的骚扰和痛苦。⑤ 但是，这类情形在英国会构成骚扰罪，甚至骚扰以致他人陷入暴力恐惧罪。⑥ 另外，我国的侮辱罪要求"公然"，意即使不特定或者多数人可能知悉。⑦那么以点对点形式发生的侮辱行为，很难入罪。例如，行为人甲长期给被害人乙发送辱骂性的短信、电子邮件或者社交网站好友添加请求，甚至不断以匿名电话的方式辱骂乙，因为其行为并不具备为不特定或者多数人可能知悉的特征，故而不能构成侮辱罪。反观英国骚扰罪的设置，只要行为人实施了持续的一系列行为导致被害人惊恐或者苦恼，并且明知或者应当知道自己的行为会造成这种惊恐、苦恼，就可以成立骚扰罪。因其立法目的在于保护公民不受侵扰，所以对被害人的保护程度更高；而我国的侮辱罪、诽谤罪还是更倾向

---

① 高铭暄，马克昌. 刑法学. 5版. 北京：北京大学出版社，高等教育出版社，2011：483；陈兴良. 规范刑法学（下册）. 3版. 北京：中国人民大学出版社，2013：793；王作富. 刑法分则实务研究（中）. 5版. 北京：中国方正出版社，2013：827；张明楷. 网络诽谤的争议问题探究. 中国法学，2015（3）；黎宏. 刑法学各论. 2版. 北京：法律出版社，2016：262～263；于冲. 网络诽谤刑法处置模式的体系化思考. 中国刑事法杂志，2012（3）.

② 我国《刑法》第246条第1款规定："以暴力或者其他方法公然侮辱他人或者捏造事实诽谤他人，情节严重的，处三年以下有期徒刑、拘役、管制或者剥夺政治权利。"第2款规定："前款罪，告诉的才处理，但是严重危害社会秩序和国家利益的除外。"《刑法修正案（九）》第16条在第246条中增加第3款规定："通过信息网络实施第一款规定的行为，被害人向人民法院告诉，但提供证据确有困难的，人民法院可以要求公安机关提供协助。"

③ 张明楷. 刑法学. 4版. 北京：法律出版社，2011：822；张蕾蕾. 网络环境下侮辱罪的认定——兼讨论侮辱罪与传播淫秽物品罪的区分. 哈尔滨师范大学社会科学学报，2015（5）.

④ 陈某侮辱罪案，浙江省绍兴市越城区人民法院（2015）绍越刑自字第2号，法宝引证号CLI. C. 20796061. 本案中行为人采取在网上论坛发帖的方式，使用"狗、SB"等词汇对被害人进行侮辱。其帖子点击次数达到5 943次，回复数104次；侮辱内容被数千网民浏览，给被害人造成严重的精神困扰。但是法院判决陈某的侮辱行为未达到严重的程度；认为被害人使用的是网名，除了被害人本人及与其亲近的人以外，他人很难将被害人和该网名等同，因此认为侵害名誉、贬损人格的影响力极其有限。

⑤ 鉴于网络侮辱的匿名性、广泛传播性、取证困难等情况，这些未达到刑法上情节严重的侮辱案件的被害人，常常也无法通过民事法律获得赔偿及相关保护. Citron and Franks, above 85, p. 349；Brady, above n. 86, p. 15；谢永江，袁媛. 美国网络欺凌立法及其启示. 重庆邮电大学学报（社会科学版），2017（3）.

⑥ 例如，英国第一例因在社交媒体上发表推文而被控骚扰罪的Keeley Houghton案件。最初行为人是在被害人的主页留言嘲讽，其后在自己的主页发布推文："Keeley is going to murder the bitch. She is an actress. What a f＊＊＊ing liberty. Emily F＊＊＊ head Moore." 需要指出的是，2009年《验尸官和司法法案》（Coroners and Justice Act 2009）第73条废除了普通法上的诽谤罪（libel）；故而诽谤他人的，可能会触犯骚扰追踪类犯罪以及违反通讯法类犯罪。

⑦ 张明楷. 刑法学. 4版. 北京：法律出版社，2011：823；曲新久. 刑法学. 北京：中国政法大学出版社，2009：403；付立庆. 恶意散布他人捏造事实实行为之法律定性. 法学，2012（6）.

于被害人的名誉是否受到严重影响①，而不是关注被害人本人是否备受困扰。另外，英国1997 年《防骚扰法案》中规定的这四种骚扰类罪名的主观要件均是明知或应当知道。② 在应当知道的判断上采取一般理性人的客观标准，也就意味着即使行为人本人没有认识到自己的行为可能骚扰他人或者可能致他人陷入暴力恐惧，只要一般理性人根据行为人掌握的信息可以认识到，行为人就要构成这些骚扰类罪名。这比起我国侮辱罪、诽谤罪的直接故意③的要求低了许多，可以将很多网络上跟风辱骂他人、散布有关他人虚假信息的行为入罪。

另外，对于不满足"持续一系列行为"要件的网络欺凌，在英国还有违反通讯类犯罪和违反 1986 年《公共秩序法案》的骚扰类犯罪进行规制。例如，行为人通过信息网络实施的单次辱骂、恐吓他人或者给他人发送不雅信息、严重冒犯他人的信息的，可能构成1988 年的《恶意通讯法案》第 1 条规定的犯罪。④ 网络欺凌中有一部分会表现为行为人给被害人个人手机或者电子邮箱发送恐吓信息或者辱骂信息，甚至具有性暗示的骚扰信息。这些行为既不符合侮辱罪"公然"的要件，也不符合诽谤罪"捏造事实"的要件，因此不能构成此二罪。但是如果行为人的目的是引起被害人的痛苦或焦虑，就会构成 1988 年的《恶意通讯法案》第 1 条之罪。而且该罪并不要求被害人实际上遭受了痛苦、焦虑，只要行为人以上述目的实施了该罪规定的行为就构成。另外，这样的行为还可能会构成 2003年《通讯法案》第 127 条规定的犯罪。如果行为人通过微博、论坛等公共通讯网络，以私信形式向被害人发送严重冒犯性、不雅的、淫秽的或者威胁的信息，就会构成本条第 1 款的犯罪；而且主观要件意图和轻率都可以构成，也就意味着只要行为人认识或者预见到自己的行为具有严重冒犯、不雅、淫秽、威胁等特征即可。⑤《通讯法案》第 127 条第 2 款规定，任何人以引起他人气恼、不便或者不必要的焦虑为目的，通过公共通讯网络发送自己明知为不真实的信息或者导致该不真实信息被发送，或者持续利用某一公共通讯网络的，构成本罪。⑥ 这一条可以很好地处理不具有严重情节的诽谤。例如，行为人（甲）不断地给其前女友（乙）的现男友（丙）发送短信息或者邮件、私信等称，乙曾经堕胎或者称乙有犯罪记录等不实信息，目的就是让乙、丙两人都不好过。根据我国司法实践中的做法，很可能因为对被害人名誉损毁的程度较轻而否定构成情节严重，但是该行为却可能构成英国 2003 年《通讯法案》第 127 条第 2 款的犯罪。

---

　　① 对于个人名誉是否受到影响，通常还是看其在他人中间的社会评价是否降低，而不是关注其本人自身的感受。黎宏．刑法学各论．2 版．北京：法律出版社，2016：262；陈红兵．重新解读侮辱罪．延边大学学报（社会科学版），2012（4）；刘艳红．网络时代言论自由的刑法边界．中国社会科学，2016（10）.

　　② R v Pelham［2007］EWCA Crim 1321；R v Colohan［2001］EWCA Crim 1251；R v Haque［2011］EWCA Crim 1871；R v Danevska［2017］EWCA Crim 1084.

　　③ 高铭暄，马克昌．刑法学．5 版．北京：北京大学出版社、高等教育出版社，2011：483；也有学者认为侮辱罪可以间接故意的形式构成．周光权．刑法各论讲义．北京：清华大学出版社，2003：62．但即便是我国的间接故意，其要求仍然比英国骚扰类犯罪中的"应当明知"高。"应当明知"是行为人应当知道却没有知道，是疏忽（negligence）的标准。

　　④ S. 1 of the Malicious Communications Act 1988.

　　⑤ R v G［2003］UKHL 50，AG's Reference（No. 3 of 2003）［2004］EWCA Crim 868，R v Brady［2006］EWCA Crim 2413.

　　⑥ S. 127（1）of the Communications Act 2003.

总之，英国针对网络欺凌的上述骚扰类犯罪重心在于保护公民不受侵扰，犯罪的成立不必借助于公民的社会评价降低来认定，也不必达到给被害人造成类似于我国侮辱罪、诽谤罪之严重后果的程度；比起我国侮辱罪、诽谤罪，它们对被欺凌人的权益保护更全面。

（二）对被欺凌者性自主权和隐私权的保护

针对近年来风行的色情报复，泄露他人隐私照片、影片的案件，我国刑法主要是以侮辱罪和传播淫秽物品罪来规制。行为人将被害人隐私照片、影片通过网络或者通讯终端发布，满足了公然侮辱他人的要件，属于以其他方法侮辱他人；在行为人具有毁损他人名誉、降低他人社会评价的故意时，如果同时符合情节严重的要件，成立侮辱罪不成问题。例如，艾滋女事件①、蕲春女教师艳照门事件。② 我国司法实践中也有以传播淫秽物品罪来处理各种不雅照片、视频案件的，例如，兰州警花不雅照事件③、江某某传播淫秽物品案。④ 传播淫秽物品罪同样必须达到情节严重才能构成。网络欺凌案件中，如果行为人公开他人性照片没有达到 400 张、性视频没有达到 40 个以上，或者点击数没有达到 2 万次以上，而且没有造成严重后果的，不大可能成立传播淫秽物品罪。⑤ 如果行为人公开含有不满 14 周岁未成年人的性照片或者性视频对其进行侮辱欺凌，在照片没有达到 200 张、视频没有达到 20 个，或者点击数没有达到 1 万次以上的，而且没有造成严重后果的，也不大可能构成传播淫秽物品罪。⑥ 在色情报复没有造成他人私密性照片、视频大范围传播，没有造成被欺凌人名誉严重损害的情况下，我国目前没有较好的刑法应对机制。因为无论是重视被害人名誉侵害的侮辱罪、诽谤罪，还是重视保护社会道德风尚⑦的传播淫秽物品罪，都没有对色情报复类案件中被害人的性自主权和隐私权给予充分重视。而英国刑法中针对这类案件的罪名则主要是为了保护公民的隐私权和性自主权。⑧ 2015 年《刑事司法和法院法案》第 33 条规定的以导致他人苦恼为意图，公开他人性照片、影片罪是行为犯，只要行为人未经被害人同意公开被害人私下的性照片、影片就构成本罪的客观要件；加之主观有导致被害人苦恼的意图就构成本罪。上述没有达到情节严重要件的诸多案件，都可能构成该罪。另外，在涉及被公开的是不满 18 周岁未成年人的性照片、影片时，会出现

---

① 张蕾蕾 . 网络环境下侮辱罪的认定——兼讨论侮辱罪与传播淫秽物品罪的区分 . 哈尔滨师范大学社会科学学报，2015（5）.

② https：//news. qq. com/a/20100906/001450. htm，最后访问日期：2017 年 11 月 25 日。

③ https：//baike. baidu. com/item/王梦溪/16707467，最后访问日期：2017 年 11 月 20 日。

④ http：//fgcx. bjcourt. gov. cn：4601/law？fn＝cas205s358. txt，最后访问日期：2017 年 11 月 25 日。

⑤ 《最高人民法院、最高人民检察院关于办理利用互联网、电子通讯终端、声讯台制作、复制、出版、贩卖、传播淫秽电子信息刑事案件具体应用法律若干问题的解释》，法释〔2004〕11 号，第 3 条。

⑥ 《最高人民法院、最高人民检察院关于办理利用互联网、电子通讯终端、声讯台制作、复制、出版、贩卖、传播淫秽电子信息刑事案件具体应用法律若干问题的解释（二）》，法释〔2010〕3 号，第 2 条。

⑦ 黎宏 . 刑法学各论 . 2 版 . 北京：法律出版社，2016：482；蒋小燕 . 浅议淫秽物品犯罪的界定 . 黑龙江省政法管理干部学院学报，2004（4）；周炳旭，杨震晖 . 网络环境下传播淫秽物品的定罪与量刑 . 中国检察官，2015（214）.

⑧ David. A. J. Richards, "Sexual Autonomy and the Constitutional Right to Privacy" (1979) 30 Hastings Law Journal 957, at 980; Clay Calvert and Justin Brown, "Video voyeurism, privacy and the internet: exposing Peeping Toms in Cyberspace" (2000) 18 Cardozo Arts and Entertainment Law Journal 469, 488; Citron and Franks, above n. 85, at 346; Cynthia. Barmore, " 'Criminalization in context: involuntariness, obscenity, and the First Amendment" (2015) 67 Stanford Law Review 447, at 450; Gillespie, above n. 85, pp. 874 - 875.

本罪和另外两个罪名的重合，实践中由检察官根据具体案情选择适用的罪名。其他两个罪名，一个是 1978 年《儿童保护法案》第 1 条规定的拍摄、制作、散布、持有、出版儿童不雅照片罪，一个是 1988 年的《刑事司法法案》第 160 条规定的持有儿童不雅照片罪。这两个罪名涵盖的范围更广，包括任何的儿童不雅照片、影片（例如儿童半裸照片）。只要是违反社会公认的礼仪标准的照片、影片，就会被认为是不雅照片、影片①，不需要一定达到淫秽的程度，而且也不需要达到我国司法解释规定的数量或者点击数等。第 160 条更是将纯粹的持有儿童不雅照片、影片的行为入罪，因而欺凌者单纯持有被欺凌的未成年人不雅照片，即使没有任何公开、散布的意图，也构成本罪（只要对占有状态明知即可），可谓对未成年人的保护非常严格。② 可以说，我国在应对网络色情报复、泄露隐私类案件时，对被害人隐私权和性自主权的保护，只是对名誉权和社会道德风尚的保护的附带品。

值得欣喜的是，我国刑法设置了侵犯公民个人信息罪，其中也涵盖了对公民的隐私权的保护。③ 根据《刑法修正案（九）》第 17 条和《侵犯公民个人信息解释》第 3 条的规定，网络欺凌案件中以"人肉搜索"④ 方式通过信息网络公布他人个人信息的，在满足上述解释第 5 条规定的定量条件时，会构成侵犯公民个人信息罪。英国 1998 年的《数据保护法》第 55 条也规定了非法获取、泄露、出售、要约出售个人数据的罪名。任何人未经数据控制者（data controller）的同意，非法获取、泄露个人数据或者个人数据中包含的信息，或者在非法获取签署数据或信息后出售的，构成第 55 条之罪。⑤ 因为强调的是没有经过数据控制者⑥的同意，所有比较容易发生于大公司、企业、机构等处理数据的过程中，在网络欺凌案件中适用的未见其例。网络欺凌中暴露他人个人信息，例如家庭住址、电话等的，英国刑法还是主要以 1997 年《防骚扰法案》中的骚扰追踪类犯罪规制。

（三）违反公共/社会秩序类犯罪对于被欺凌者的保护程度

无论是英国还是我国，对于网络欺凌的刑法规制，并不限于侵犯公民人身权利犯罪，也以其他违反公共秩序类犯罪作为辅助。根据我国《刑法》第 293 条第 2 款的规定，追

---

① R v Stanmford［1972］2 QB 391，p. 398；R v Miles［2015］EWCA Crim 353，p. 25.

② 值得注意的是，2009 年的《验尸官和司法法案》（Coroners and Justice Act 2009）第 62～65 条规定了"持有违禁儿童图片罪"（possession of prohibited images of children）。该罪中的图片是指非照片形式的，包括卡通图片、漫画图片、绘画以及电脑成像等。另外，2015 年《刑事司法和法院法案》（Criminal Justice and Courts Act 2015）第 67 条在 2003 年《性犯罪法案》中增加一条第 15A 条，规定了"与儿童性交流罪"（sexual communication with a child），将以获得性满足为目的、与不满 16 周岁儿童进行性交流的行为规定为犯罪。这两个犯罪在极个别的案件中可能会涉及青少年之间的网络欺凌，由于不是主要形态，只在此提及一二。

③ 侵犯个人信息罪保护的不只是隐私权，个人信息的范围远远大于隐私信息的范围。高富平，王文祥. 出售或提供公民个人信息入罪的边界. 政治与法律，2017（2）；喻海松. 侵犯公民个人信息罪司法适用微探. 中国应用法学，2017（4）.

④ Hong Xue, "China's personal data protection on the internet"（2010）16（5）Computer and Telecommunications Law Review131；刘宪权，林雨佳. 青少年网络欺凌现象的刑法规制. 青少年犯罪问题，2017（4）；徐才淇. 网络暴力行为的刑法规制. 法律适用，2016（3）.

⑤ S. 55 of the Data Protection Act 1998.

⑥ S. 1 of the Data Protection Act 1998. 数据控制者（data controller）是决定为何目的、以何方式处理数据的人，例如 Google 公司、医院等；而数据主体（data subject）则是数据指向的对象，在个人数据的语境下就是通过数据能识别的个人。

逐、拦截、辱骂、恐吓他人，情节恶劣，破坏社会秩序的，构成寻衅滋事罪。《网络诽谤解释》第 5 条规定，利用信息网络辱骂、恐吓他人，情节恶劣，破坏社会秩序的，以寻衅滋事罪定罪处罚。以网上辱骂、恐吓方式实施的欺凌，要构成寻衅滋事罪，需要达到要情节恶劣、破坏社会秩序的程度。《最高人民法院、最高人民检察院关于办理寻衅滋事刑事案件适用法律若干问题的解释》第 3 条对以追逐、拦截、辱骂、恐吓方式实施的寻衅滋事作了情节恶劣的规定，除了第 2 项（持凶器追逐、拦截、辱骂、恐吓他人）不能适用于网络空间，其他几项可以适用于网络辱骂、恐吓。例如，导致他人自杀、精神失常、无法正常工作等。寻衅滋事罪侵犯的法益乃社会秩序，而轻微的网络辱骂、恐吓行为，不会导致网络管理秩序混乱，更不会导致社会秩序混乱[①]，不会构成寻衅滋事罪。英国 2003 年《通讯法案》第 127 条规定的滥用公共电讯网络罪，意在保护公共电讯网络不被滥用，当属保护社会管理秩序的范畴。但是，与我国寻衅滋事罪要求情节恶劣、破坏社会秩序不同，《通讯法案》第 127 条只要求行为人实施了通过公共电讯网络发送严重冒犯他人的、不雅的、淫秽的、威胁的或者明知不真实的信息的即可，没有额外的定量要件，要求必须达到严重程度、破坏社会秩序。另外，1986 年《公共秩序法案》第 4A 条和第 5 条规定的骚扰类犯罪，同样也没有定量性要件、达到破坏社会秩序的要求。虽然二罪当归属于违反公共秩序的犯罪，但是在遭受骚扰、惊恐或苦恼的只有被欺凌者没有其他公众的时候，同样也成立。[②] 因此，这三个犯罪在网络欺凌方面的适用比起我国的寻衅滋事罪，为被欺凌人提供了更多保护的可能。

六、结语

互联网 2.0 时代，广大公民在网络上的参与程度空前深入；与此同时，针对普通个体公民的、通过信息网络实施的犯罪也越来越多。网络欺凌更是成为世界范围内的议题，各国刑法都不得不对其作出自己的应对。英国对于网络欺凌的刑法规制以骚扰类犯罪为主干，辅之以违反通讯法案类犯罪以及侵犯性自主权、隐私权类犯罪；更有敲诈勒索罪、性犯罪、淫秽出版物犯罪、侵犯个人数据犯罪、家庭成员之间的控制强制行为罪等对非典型形态网络欺凌的侵害进行规范。英国网络欺凌的规制体系有三个特点：其一，重在保护公民个体权益，而且保护全面细致。例如，对于被欺凌者不受侵扰的一般人格权、性自主权、隐私权、财产权、人格尊严等都有进行保护的规制罪名。其二，犯罪层级非常细化，不仅针对不同的具体法益单设条文，而且针对同一具体法益也有不同层级的犯罪分别进行规制。例如，仅骚扰追踪类犯罪就有七大类型，根据其保护法益的侧重点以及犯罪的严重

---

① 关于网络秩序和公共场所秩序以及公共秩序的辩驳，请见陈兴良. 寻衅滋事罪的法教义学形象：以起哄闹事为中心展开. 中国法学，2015（3）；张明楷. 网络时代的刑事立法. 法律科学，2017（3）；于志刚. "双层社会"中传统刑法的适用空间——以"两高"网络诽谤解释的发布为背景. 法学，2013（10）；李晓明. 刑法："虚拟世界"与"现实世界"的博弈与抉择. 法律科学，2015（2）；曲新久. 一个较为科学合理的刑法解释. http://www.chinacourt.org/article/detail/2013/09/id/1082761.shtml，最后访问日期：2017 年 11 月 25 日；仝宗锦. 对曲新久教授《一个较为科学合理的刑法解释》一文的评论. http://blog.sina.com.cn/s/blog_70043df00101g43l.html，最后访问日期：2017 年 11 月 25 日。

② Conolly v DPP［2007］EWHC 237（Admin）；S v DPP［2008］EWHC 438（Admin）。

程度分而列之。其三，立法纵横交错，常出现数个罪名重合的局面，由检察官根据案情选择罪名起诉。违反通讯法案类犯罪以及公开他人私密照片、影片类犯罪通常会与骚扰追踪类犯罪在一定程度上重合，但又都有各自的特定要件。敲诈勒索，家庭成员之间的控制、强制行为罪，以及以有关性犯罪形式实施的欺凌如果出现两次以上，也有可能构成骚扰罪。可以说，骚扰追踪类犯罪乃英国刑法规制网络欺凌的基础犯罪。相比之下，我国刑法对于网络欺凌的规制稍显单薄，而且因更加注重欺凌造成的严重后果，而使得很大一部分欺凌游走于刑法之外。应对网络欺凌最普遍的骚扰追踪形式，尤其是盛行于未成年人之间点对点的骚扰追踪，我国刑法还需要作出进一步努力。不可否认的是，我国立法和司法都在不断探索应对网络犯罪的机制，非常值得肯定，相信对于网络欺凌的刑法规制也会日益完善。

网络犯罪证明简化论

刘品新[*]

内容摘要：惩治网络犯罪的重点在于有效化解证明难题。网络犯罪证明难题既缘于技术障碍，也缘于法律缺位；既有国际共性原因，也有中国个性原因。合理对策是分类化解网络犯罪证明的法律障碍。对此，我国可以借鉴国际经验构建网络犯罪的简易证明机制，即通过法律扩大解释、证明责任移转与证明标准降格来消减网络犯罪的证明负担；通过推定、司法认知等非证据证明方法来直接确认相关事实。这属于普适性的体系化应对。同时，针对网络"二元制"治理架构带来的"数量情节"难认定的特殊问题，我国应当谨慎使用有实质缺陷的抽样取证与等约计量等方法，积极推行两步式的"底线证明法"。这属于中国式的简化方案。相比前者，它更为重要，也易见成效。

关键词：网络犯罪　证明　电子证据　抽样取证　等约计量　底线证明

随着社会信息化的不断转型，网络犯罪相伴滋生，近年呈现密集爆发的态势。这种犯罪已经成为我国最主要的犯罪问题。据权威判断，2017 年年初，"我国网络犯罪已占犯罪总数 1/3，并以每年 30％以上速度增长。未来，绝大多数犯罪都会涉及网络"[①]。9 月，进一步的判断是，"现在，网络犯罪已成为第一大犯罪类型"[②]。可见，如何提高依法惩治网络犯罪的能力，是当下亟待研究的重大理论与实践问题。而如何有效化解网络犯罪的证明难题，更是重中之重。这需要厘清网络犯罪证明难的诸多成因，并据此提出理性的对策。

一、网络犯罪证明难的类型化归因

网络犯罪纷繁芜杂，既包括"披上了网络外衣"的各式传统犯罪形态，也包括因社会深度网络化所衍生的全新犯罪形态。网络犯罪证明难，究竟难在何处？专家学者通常从不

* 法学博士、中国人民大学刑事法律科学研究中心副主任、法学教授。本文受 2016 年国家社科基金年度项目"大数据时代电子文件的证据规则与管理法制建设研究"（项目批准号 16BFX033）、2015 年度教育部人文社会科学重点研究基地重大项目"网络安全的刑事法治应对"（项目批准号 15JJD820011）的资助。

① 此为对孟建柱同志在 2017 年中央政法工作会议上讲话的报道。网络犯罪以每年 30％以上速度增长 . 法制日报，2017 - 01 - 14，2 版。

② 此为对孟建柱同志在"全国社会治安综合治理表彰大会"讲话的新闻报道。弘扬优良传统坚持改革创新努力建设更高水平的平安中国 . 法制日报，2017 - 09 - 21，3 版。

同的视角进行解题。文献梳理表明，大体是从该犯罪本身与所依赖的电子证据两个层面切入。

相较传统犯罪，网络犯罪天然附随高科技带来的陌生感，且方法、手段等经常升级换代，从而与生俱来地对司法治理构成了巨大冲击和不断挑战。有论者强调网络犯罪人通常利用虚拟身份或变换身份作案，指出"由于整个犯罪过程都是在网络等虚拟的电子空间中完成的，被害人与作案人很多情况下并不相识，甚至都没有现实的接触……给作案人的身份锁定工作造成了巨大的困难"[①]。有论者强调网络犯罪通常跨区域进行，指出"由于互联网的无国界性，很多网络犯罪突破了国家、地域限制，利用控制世界各地电脑对他国目标实施犯罪"[②]。例如，何邦武教授就例举了一个涉及 124 个国家和地区的网络诈骗案件。[③]在国际司法协作尚不顺畅的背景下，这必然会给犯罪侦查造成很大的取证难度。还有论者观察到网络犯罪对象存在海量化的现象，如"短信诈骗中发出的短信以万计量、非法获取公民个人信息动辄上亿"[④]，指出"在犯罪对象从个体化向海量化的飞跃中，犯罪数额已经无法准确计量、核实和认定，并逐渐成为一种普遍性问题"[⑤]。隐蔽性、跨地域性和高聚集性这些特点，使网络犯罪证明所面临的困难大幅度提升。

同时，网络犯罪案件的定案离不开电子证据。而与各种传统证据相比，电子证据具有鲜明的特色。但迄今为止，人类对电子证据的认识水平依然有待提高。这就导致在司法实践中，"网络犯罪案件取证较为困难是个共性问题，这一点突出地表现在电子证据的固定、保存、移交等环节"[⑥]。有论者指出，"电子数据中能够被人们直接感知到的只是很少一部分，大部分的电子数据信息处于隐藏状态或在后台运行，这些信息只能在程序运行或测试中才能体现出来"[⑦]，"有些数据必须通过产生它们的软件才能转化为可以认识的形式，还有些电子数据运用加密、病毒、嵌入技术进行隐藏，利用常规检测方法很难发现"[⑧]。还有论者提出，电子数据在存储、传输和使用过程中容易受到干扰、破坏，发生信息扭曲乃至灭失的后果，"一方面，不法分子只需具备一定的网络知识，按下一个删除键就可以将文件删除，点击两三下鼠标就能格式化电脑和存储介质，对罪证进行销毁；另一方面，网络犯罪从实施至案发通常有较长的间隔时间，除非侦查机关在侦查前期已有意识地固定了相关证据，否则案发后大量电子数据极有可能随着时间的流逝而灭失，从而丧失取证的可能性"[⑨]。由于未知性大、隐匿性强以及稳定性差，电子证据无形中也增大了网络犯罪的证明难度。

———————————

① 陈廷，解永照. 网络犯罪案件中电子数据的取证、审查难点及对策思考. 浙江警察学院学报，2016（3）.

② 陈廷，解永照. 网络犯罪案件中电子数据的取证、审查难点及对策思考. 浙江警察学院学报，2016（3）.

③ 何邦武. 小额多笔网络电信售假和诈骗犯罪取证问题研究. 政治与法律，2016（8）.

④ 罗猛，邓超. 从精确计量到等约计量：犯罪对象海量化下数额认定的困境及因应. 预防青少年犯罪研究，2016（2）.

⑤ 罗猛，邓超. 从精确计量到等约计量：犯罪对象海量化下数额认定的困境及因应. 预防青少年犯罪研究，2016（2）.

⑥ 游涛，杨茜. 网络犯罪实证分析——基于北京市海淀区人民法院 2007—2016 年审结网络犯罪案件情况的调研. 法律适用，2017（17）.

⑦ 陈廷，解永照. 网络犯罪案件中电子数据的取证、审查难点及对策思考. 浙江警察学院学报，2016（3）.

⑧ 陈廷，解永照. 网络犯罪案件中电子数据的取证、审查难点及对策思考. 浙江警察学院学报，2016（3）.

⑨ 陈廷，解永照. 网络犯罪案件中电子数据的取证、审查难点及对策思考. 浙江警察学院学报，2016（3）.

林林总总，不一而足。基于上述两个角度剖析原因，不同论者得出的判断既有区隔也有交集。然而，要准确地从复杂表象中把脉问题本质，就有必要进行类型化的原因分析。这可以分为两个维度。其一，从内在缘起来看，既有法律原因，也有技术原因。它们明显属于不同性质，不能混为一谈，即技术的归技术、法律的归法律。其二，从覆盖范围来看，既有各国普遍遇到的共性原因，也有中国特色的个性原因。那么，以这两点为纵横轴线，可以绘制网络犯罪证明难的归因图如下。

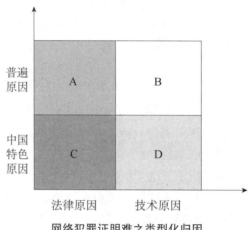

网络犯罪证明难之类型化归因

不难发现，架构针对网络犯罪证明难现象的化解方案，应当分而待之。对于纯属技术领域的障碍，即 B、D 区域的问题，可以通过推动电子取证的技术创新来解决，包括跟踪继而超越发达国家的先进电子取证技术。近些年，我国在内存取证[①]、云取证[②]、大数据取证[③]乃至大数据侦查[④]方面取得的建树，其实就属于这一范围。当然，必要时也可以建设配套性的法律制度予以辅助。例如，最高人民法院、最高人民检察院、公安部 2016 年发布的《关于办理刑事案件收集提取和审查判断电子数据若干问题的规定》，针对无法或者不便提取的海量电子证据，鉴于一时还难以在技术上有所突破，就规定了"冻结"一种新措施。对于国际社会开展网络犯罪打击时普遍遭遇的法律障碍，即 A 区域的问题，我国则完全可以借鉴不同国家的成熟经验。普遍性经验中蕴含的人类智慧是共通的，诚可谓"他山之石，可以攻玉"。我们讨论网络犯罪治理对策时，既需要关心普遍性因素，更要重点把脉特殊性因素。我国惩治网络犯罪所遭遇的特殊法律障碍，即 C 区域的问题，是我们应当下大力气进行攻关的对象。众所周知，我国治理网络犯罪实行独特的违法与犯罪二元区分的刑事制度。也就是说，在我国必须区分网络违法与网络犯罪之间的界限。这主要表

---

① 内存取证是指从计算机物理内存和页面交换文件中查找、提取、分析易失性证据。张瑜，刘庆中，李涛，吴丽华，石春．内存取证研究与进展．软件学报，2015（5）.

② 云取证是指在云计算环境下识别、获取、分析、展示数字证据，实施取证调查。高运，伏晓，骆斌．云取证综述．计算机应用研究，2016（1）.

③ 大数据取证对象可包括大数据宿主计算机、大数据系统本身、客户端虚拟主机、云客户端软件以及云 Web 端网页等。张其前，尤俊生，高云飞．大数据取证技术综述．信息安全研究，2017（9）.

④ 大数据侦查是指采取的一切以大数据技术为核心的相关侦查行为。王燃．大数据侦查．北京：清华大学出版社，2017：32。

现为，我国立法或司法解释将"实际点击数""注册会员数""受害人次"等能够反映网络犯罪特有属性的数额标准纳入网络犯罪评价体系①，司法实践也深受其影响。如何有效地证明达到了各种"数量化"的界限，这是我国网络刑事法治建设的自耕地，也是本文理论论述的侧重内容。

二、网络犯罪证明难的体系化应对

自人类社会树立证据裁判理念以来，证据就一直是稀缺的司法资源。为降低证明难度，各国通常允许有条件地采取一系列的替代性方案来完成证明任务。这主要包括消减证明负担和容许非证据证明两类。概括而言，即化繁为简。在网络时代，可赖以证实网络犯罪的电子证据同样处于短缺的状态，故对网络犯罪的证明难题，亦需要建构一整套完整的简易证明机制。这是新时代网络法治建设领域的一项系统工程。具体来说，消减网络犯罪的证明负担包括法律扩大解释、证明责任移转与证明标准降格等方法，容许网络犯罪的非证据证明则分为倚赖推定、司法认知等直接确认方法。

（一）消减证明负担之措施

法律的扩大解释也称为扩张解释，是指对法律用语做比通常含义更为宽泛的解释。扩大解释对于网络犯罪治理来说是必要的，因为面对巨变中的网络时代生活工作，刑事法治总会存在僵化危险，也可能产生人为的证明困难。在合理范围内对刑事法律条款作必要的扩大解释，可以减轻控方的举证诉累。例如，我国刑法 1997 年增加了关于信用卡犯罪的罪名，但实务中经常遇到该罪名是否涵盖储蓄卡的问题。为此，2004 年全国人大常委会作出解释，明确"储蓄卡也是信用卡"②。这种将储蓄卡解释纳入"信用卡"的做法，就是扩大解释。同理，将作为网络犯罪所涉部分罪名之构成要件的"明知"界定为"应当知道"或者"概括性认识"，而不是字面上的供认知道或者有别的证据证明知道，也属于扩大解释。这些做法的实质，是将 A 要件的证明变更为 B 要件或准 A 要件的证明，在证据上视为等值。从结果上说，通常是变更为易证的事实。与之相似但并不雷同的一个例子是，针对破坏计算机信息系统犯罪，今年最高人民检察院发布的指导性案例确定的要旨是"智能手机终端也是计算机信息系统"③。这澄清了实务中的一些不同认识，也有扩大解释的意味。需要注意的是，扩大解释必须遵循合理的限度，一旦超过限度，就可能违背罪刑法定原则。

证明责任移转，是指将应由控方承担的部分证明责任通过司法裁量方式转移给辩方，或者通过立法方式倒置给辩方。刑事诉讼中的证明责任原则上由控方承担，一般不要求辩

---

① 于志刚，郭旨龙. 信息时代犯罪定量标准的体系化构建. 法律科学，2014（3）.

② 全国人大常委会《关于〈中华人民共和国刑法〉有关信用卡规定的解释》（2004 年 12 月 29 日通过）：刑法规定的"信用卡"，是指由商业银行或者其他金融机构发行的具有消费支付、信用贷款、转账结算、存取现金等全部功能或者部分功能的电子支付卡.

③ 参见最高人民检察院 2017 年 10 月 17 日发布第九批指导性案例中的"曾兴亮、王玉生破坏计算机信息系统案"（检例第 35 号）。该案明确了智能手机终端应当认定为刑法保护的计算机信息系统，锁定智能手机导致不能使用的行为，可认定为破坏计算机信息系统的行为.

方承担举证的义务。但从证据法原理来看，辩方提出积极抗辩的，应当举证证明积极抗辩所涉的案件事实。司法实践中，法官可以针对辩方的积极抗辩主张，裁量由其分担证明责任和承担不利后果。例如在一起非法获取个人信息犯罪案件中，控方提交的鉴定意见表明，涉案电子设备中含有非法获取的个人信息，数量逾 5 244 万条。辩方提出异议，称指控的个人信息中有很多重复项，鉴定意见未去重。法院判决指出，由于客观技术原因，"鉴定中心无法剔除重复的个人信息"以计算数量，而被告人本人"亦无法说明重复信息的数量或计算方法"，故对辩方的异议"不予采纳"①。这里的"不予采纳"，就是证明责任的裁量转移，其内在逻辑在于固守证明责任合理调配的基本立场，防止控方陷入极易出现的举证客观不能之困境。

长此以往，实践中不断积累的司法裁量经验就有可能转变为法律规则。同样以非法获取个人信息罪为例，法律上虽然要求对信息内容的真实有效性进行核实，但实际往往因信息数量庞大而根本无法做到。② 那么，如何破解海量级个人信息的真实性认定问题呢？2017 年最高人民法院、最高人民检察院发布的《关于办理侵犯公民个人信息刑事案件适用法律若干问题的解释》规定，"对批量公民个人信息的条数，根据查获的数量直接认定，但是有证据证明信息不真实或者重复的除外"③。这就是在一定意义上将证明责任转移至辩方，并借助司法解释将之上升为正式的法律规则。

证明标准降格，即运用"高度盖然性"等较低的标准。学理上说，我国三大类型诉讼的证明标准是有区别的。通常，刑事诉讼的证明标准高，民事、行政诉讼中的证明标准低。现在需要讨论的是，网络犯罪刑事司法中能否引入较低的证明标准。反对者认为，"从无罪推定原则的证明规则之维来看，公诉方必须达到排除合理怀疑的证明标准才能给被告人定罪，在刑事诉讼中不存在降低证明标准的可能性"④。笔者以为，该观点失之武断。其实，刑事证明标准也是分层次的：对于主要案件事实，如被告人实施了犯罪行为这一事实，确实要实施严格的证明标准；对于非主要案件事实，完全可以尝试将标准予以合理降低。例如，2016 年最高人民法院、最高人民检察院、公安部《关于办理电信网络诈骗等刑事案件适用法律若干问题的意见》（以下简称《网络诈骗意见》）第 7 条第 2 项规定，"确因客观原因无法查实全部被害人，但有证据证明该账户系用于电信网络诈骗犯罪，且被告人无法说明款项合法来源的……应认定为违法所得，予以追缴"。这就是降低了控方对电信网络诈骗犯罪非法收入的证明标准，即只要求其证明到有关账户"系用于电信网络诈骗犯罪"的程度，而不必一笔一笔地查实。这一条款严守了针对非主要案件事实的界限，即只适用于追缴违法所得方面，而不适用于指控犯罪方面。

司法实践中，还有些做法并无证明标准降格之形，但有证明标准降格之实。这突出表现为各种各样的转化型取证和反证法推理。前者如，在一起 QQ 平台诈骗案件中，被告人

---

① 北京市海淀区人民法院（2012）海刑初字第 1719 号刑事判决书。

② 司法实践中一般都是随机挑选若干信息，通过拨打电话等方式核实信息的真实性。这种方法引起了一些争议。庄晓晶，林洁，白磊. 非法获取公民个人信息犯罪区域性实证分析. 人民检察，2011（9）.

③ 最高人民法院、最高人民检察院《关于办理侵犯公民个人信息刑事案件适用法律若干问题的解释》（2017 年 5 月 8 日）第 11 条。

④ 万毅，纵博. 论刑事诉讼中的抽样取证. 江苏行政学院学报，2014（4）.

所在的犯罪团伙用于洗钱的银行卡都是"黑卡",且在案发前均已销毁。侦查机关通过技侦手段锁定了该犯罪团伙,并从技术上确认涉案电子证据具有指向犯罪行为系该犯罪团伙所为的唯一性。但是,鉴于锁定犯罪的证据是经需严格保密的技侦手段所得,办案机关经过协商和论证后,决定由公安机关出具侦查报告进行替代。该侦查报告最终得到法院的认可。[①] 此案中将侦查报告用作证据,就可以理解为特定意义上的证明标准降格。后者如,在一起网络盗窃案件中,办案人员为证明谁是幕后的真正作案人,"在确定了被害公司支付宝是在被告人卢××的电脑上被盗之后,向卢××母亲郑××核实,证实了卢××每晚都在家睡觉,也不会留宿其他朋友,案发当天只有卢××在房间内操作电脑等事实,排除了他人使用卢××电脑实施盗窃的合理怀疑"[②]。这里的"排除了他人使用……的合理怀疑",并不是正面证明,而是反面排除。这种排除并非无懈可击,不妨理解为特定意义上的证明标准降格。

(二)容许非证据证明之方法

推定,是根据基础事实得出推定事实的法律机制和规则。一般说来,设立推定的理由或根据无外乎以下四种:(1)政策;(2)获得证据能力的权衡;(3)必要性,有时被称为程序上的便宜或程序性便利;(4)盖然性的权衡。[③] 传统的推定可以被拓展适用于网络犯罪证明,网络犯罪治理中也应该大胆引入推定的元素。我国有论者对此作了细化论证,提出"在网络犯罪证明体系中设立推定规则是符合逻辑的","在网络犯罪证明体系中有必要引入法律推定机制,这既是网络犯罪证明的特殊要求,也是保障补强证据规则落地的重要环节"[④]。这一观点在宏观导向上是正确的。问题在于具体操作:推定离不开"基础事实"与"推定事实"之间的"常态联系",在法律人普遍不熟悉网络犯罪的前提下,如何总结出更多符合规律的"常态联系",创设出更多可用的网络犯罪推定规则?

对此,我们可以针对网络犯罪的新情况,通过"外引内生"的方式来实现。一方面,借鉴和引入国际上施行的专门性电子证据推定规则。例如关于电子证据的完整性、真实性,印度《1999 年信息技术法》就建立了一些专门的推定规则,具体包括:(1)对妥当保管的电子形式官方公文,推定具有真实性;(2)对附加有当事人数字签名的电子记录,推定是由其签署的;(3)对附加有安全程序的电子记录,推定未发生改变;(4)对附加有安全数字签名的电子记录,推定是由数字证书所有者签署的;(5)对加盖数字签名的电子讯息,推定其内容均是准确的;(6)对正常收发的电子邮件,推定收件人收到的内容与发件人收到的内容一致,但不推定是由发件人发送的;(7)对保管有 5 年以上历史的电子记录,推定其中的数字签名就是由数字证书所有者或其代表签署的。[⑤] 加拿大《1998 年统一

---

① 江苏省南京市雨花台区人民法院刑事判决书(2013)雨刑二初字第 30 号。

② 犯罪嫌疑人卢××盗窃案起诉书,乐公刑诉字〔2016〕12324。

③ 劳东燕.认真对待刑事推定.法学研究,2007(2).

④ 王志刚.论补强证据规则在网络犯罪证明体系中的构建——以被追诉人身份认定为中心.河北法学,2015(11).

⑤ 刘品新.中国电子证据立法研究.北京:中国人民大学出版社,2005:120~121。

电子证据法》第 5 条①、菲律宾《2001 年电子证据规则》规则 6 的第 3、4 条②、多米尼加联邦《2005 年电子证据法》第 7 条③也有一些零散的、类似的推定规则。另一方面，可探索扩大传统推定的适用范围。一些经典的推定如举证妨碍的推定、主观上明知的推定，均可以适用于网络犯罪的证明。前者如，在拒不履行信息网络安全管理义务案中，如果能够有效地证明电子证据仅由诉讼一方（主要是网络平台）持有或控制，该方无任何正当理由拒不提供甚至妨碍调取的，则应当推定该证据对其不利；后者如，在电信网络诈骗案件中，如果能够证明"职业取款人"经常性地替他人领取不同账户名下的款项，则应当推定其主观上已认识到是赃款。这些推定不仅吻合司法人员的经验性认识，也符合普通人的一般性认知。

在引进或创建电子证据推定规则的过程中，需格外注意对"基础事实"与"推定事实"之间存在"常态联系"进行严格把握。确保了"常态联系"，作出的推定才是可靠的；缺失了"常态联系"，作出的推定就不合理。例如，针对在网络攻击案件中很难查清攻击来源，特别是很难追查到具体行为人的现象，有论者建议以推定的方式解决。其研究表明，证明"网络攻击者"通常需要搜集以下证据：一是被害人确实遭受到了网络攻击；二是被告人主观上有网络攻击的犯罪故意；三是被告人有寻找技术黑客的行为，且有证据证实技术黑客曾在被害人受攻击的时间段内实施了网络攻击行为；四是被告人电脑中有用于黑客攻击的软件，且在被害人受攻击的时间段内有进行攻击的记录。其中，第一、二项是必须具备的证据，这两项说明被告人有网络攻击的意图，而由于某种原因被害人事实上受到了攻击。第三、四项证据只需择一具备即可，该两项证据将被告人主观上的犯罪故意与客观上的实际行动联系在了一起，即不管被害人受害程度如何，至少证明被告人也是其中的参与分子，理应承担相应的刑事责任。④ 这一"推定"的本意是"跳过追查攻击来源，从上述几项证据去认定被告人有攻击的行为"。该论者认为，"这既符合法律的规定，又能化解侦查机关取证困境和司法认定之间的矛盾"⑤。但是，这里所设计的"推定"规则是否满足了"常态联系"这一条件，其实是值得进一步审视的。遗憾的是，论文中对此语焉不详。

司法认知，是指法官在审理案件的过程中无须控辩双方举出证据而直接确认案件事实。这是将司法人员的认知作为判决的依据。最高人民检察院早在 1998 年《人民检察院刑事诉讼规则》第 334 条中就明确规定，对于"为一般人共同知晓的常识性事实"等，"不必提出证据进行证明"。2012 年《人民检察院刑事诉讼规则（试行）》第 437 条也延续了该规定。从理论上讲，网络犯罪司法中同样存在司法认知的情形。但实践调研表明，相关案例当前还很少出现。

近年来，我国司法解释中出现了一种"类司法认知"的方案。例如，2016 年《网络

---

① 刘品新. 国外网络犯罪法律制度选译. 北京：中国人民公安大学出版社，2012：149.

② 刘品新. 国外网络犯罪法律制度选译. 北京：中国人民公安大学出版社，2012：166.

③ 刘品新. 国外网络犯罪法律制度选译. 北京：中国人民公安大学出版社，2012：172.

④ 陈廷，解永照. 网络犯罪案件中电子数据的取证、审查难点及对策思考. 公安学刊（浙江警察学院学报），2016（3）.

⑤ 陈廷，解永照. 网络犯罪案件中电子数据的取证、审查难点及对策思考. 公安学刊（浙江警察学院学报），2016（3）.

诈骗意见》第 6 条第 1 项规定："确因被害人人数众多等客观条件的限制，无法逐一收集被害人陈述的，可以结合已收集的被害人陈述，以及经查证属实的银行账户交易记录、第三方支付结算账户交易记录、通话记录、电子数据等证据，综合认定被害人人数及诈骗资金数额等犯罪事实。"又如，2017 年《关于利用网络云盘制作、复制、贩卖、传播淫秽电子信息牟利行为定罪量刑问题的批复》第 2 条规定："鉴于网络云盘的特点，不应单纯考虑制作、复制、贩卖、传播淫秽电子信息的数量，还应充分考虑传播范围、违法所得、行为人一贯表现以及淫秽电子信息、传播对象是否涉及未成年人等情节，综合评估社会危害性，恰当裁量刑罚，确保罪责刑相适应。"这里的表述是由司法人员（主要是法官）作出"认定/评估"，就符合司法认知的表象特征。但鉴于其关键词是"综合认定""综合评估"，故本质上还属于自由心证或自由裁量的范围。

综上，简化网络犯罪证明的手段很多。当前，世界范围内的共同方案就是在网络犯罪的证明责任、证明标准、证明方法等要素方面进行体系化的应对。对于已有的国际经验，我国需在拿来主义基础上进行本土化改造；而对于直接来源于我国司法一线的办案智慧——它们本身就是国际经验在中国的实践，还需要再进行制度化的提炼和升华。换言之，从法律制度层面孵化出一套简化证明机制，将是我国刑事网络法治的一项紧迫任务。

三、网络犯罪证明难的中国式聚焦

如前所述，我国治理网络犯罪，在很大程度上还要面对网络违法与网络犯罪相区分的二元制结构。也就是说，在我国必须分清网络违法与网络犯罪之间的界限。这既针对传统的违法/犯罪所得、造成损失大小、非法经营额等情节，也指向网络视阈下独有的实际点击数、不法网页数、不法文档数、用户数、注册会员数、网站数、跟帖数等指标。而网络本身具有的聚合效应，使得前述"数量"情节都以庞大的规模出现。如今人类社会已经进入大数据时代，前述"数量"又进一步表现为人类难以想象或计数的海量数据。如何关注和应对这一中国特色难题的再升级？我国学界先后提出过抽样取证与等约计量等建议方案。那么，这些方案真的行得通吗？有无更加合乎法律理性的其他方案？

（一）抽样取证方法的操之过急

面对因数量激增所导致的证明困难，人们选择抽样取证显然是一种应激反应。所谓抽样取证，是指办案人员依据科学的方法，从较大数量的物品中提取具有代表性的一定量的物品作为样本证据，并据此证明全体物品属性的证明方法。[①] 抽样取证不仅是一种新的取证方法，还是一种新的证明方法。在取证环节，传统方法强调对有证明价值之材料尽可能全面提取，抽样取证与之不同，它是依据统计学规律提取具有代表性的部分材料。在证明环节，传统方法是以所提取的物品作为证据直接证明待证事实；而在抽样取证中，因为所提取的并非全部材料，样本并不能直接反映案件事实之全面，其必须依赖一个中间环节——对样本代表性的确认。由这一方法所得结论的可靠性支撑，在于科学的抽样统计原理。

---

① 万毅，纵博. 论刑事诉讼中的抽样取证. 江苏行政学院学报，2014（4）.

笔者在"聚法案例"①上以"随机""抽样"为关键词，搜索刑事案例，共检索到787篇裁判文书。这表明，司法实务中使用抽样方法的案例已有很多。具体分析可知，采用抽样方法的案例多集中在毒品犯罪、食品安全犯罪和知识产权犯罪中。至于网络犯罪，笔者只检索到一份非法获取公民个人信息罪的判决书中使用了抽样取证的表述。该案的争议点为被告人贩卖的公民个人信息是否真实。对此，法庭裁决认为，"在该两台电脑中提取的10份电子文档中有8份电子文档包含公民姓名、身份证号、银行卡号等公民个人信息，该8份电子文档经整理统计共有公民个人信息4 578条，经对8个电子文档分别随机抽样核实，共抽样74条核实，其中62条真实有效"②。不过，该"随机"进行的抽样取证并不是一个真正合格的抽样取证。

抽样取证是从全部样本中提取部分，离不开一个最低的抽样比例。如在一起滥伐林木案中，为查清被滥伐的林木数量，控方举出了由某县林业调查规划设计队采用抽样调查方法得出的调查报告，该报告抽样（800平方米）仅占全本（76 200平方米）的1.05%。法院认为，根据《××伐区调查设计技术规程》（2013年）的规定，标准地面积必须达到伐区面积的3%以上，否则抽样数量达不到技术规程要求。该份调查报告的鉴定过程和方法均不符合相关专业的规范要求，故本院不予采用。③这里的抽样底线是3%。而截至目前，尚无权威观点表明网络犯罪中抽样取证的底线比例是多少。即便设置为1%甚至1‰，也很可能还是一个完不成的巨量任务。有论者研究侵犯公民个人信息罪的司法实务问题后发现，有的办案人员往往自行决定或掌握抽样比例以核实个人信息的真实性，"有的抽样10条、20条、50条"，"对于成千上万甚至数量更为庞大的数据来看，比例是否具有代表性？"④该质疑是有道理且值得警醒的，尤其是在网络犯罪中赖以定案的电子证据正日趋以海量数据之面貌呈现的当下。

抽样方法还要求对象具有同质性，也即具有共同的性质。同质性是确定统计总体的基本标准。唯有同质，样本才能具有代表性，才能反映全本。缺乏这一条件，就很难保证抽样方法的合理性和抽样结果的可信度。例如，嫌疑人在正常生产的数万张正版光盘中，夹杂着生产了几百张盗版光盘，情节较为轻微，依法不应作为犯罪处理。但公诉方为追求定罪，不进行正确抽样，而从这几百张盗版光盘中抽出几十张做样本，并称是因光盘数量太多、证明较为困难而进行抽样的，这就可能造成错误的入罪后果。⑤又如，在一起生产、销售伪劣产品案中，辩方对一份抽样取证鉴定意见的证据效力提出质疑。法院认定，"其生产方式供述比较稳定，在生产方式上具有同一性"，"执法部门在查扣的产品中随机抽样送检，其检测报告结论具有代表性，具有可以根据样本资料推论总体的属性"⑥。这就是利用样本的代表性来回应证据效力异议。可见，抽样取证中样本的代表性是无法回避的根基性问题。实践证明，网络犯罪的电子证据散布于网络空间的各个角落，被害人、证人

---

① https://www.jufaanli.com/，最后访问日期：2017年11月7日。

② 湖北省恩施土家族苗族自治州中级人民法院刑事判决书（2017）鄂28刑终67号。

③ 广西壮族自治区田东县人民法院刑事判决书（2016）桂1022刑初352号。

④ 罗猛，邓超．从精确计量到等约计量：犯罪对象海量化下数额认定的困境及因应．预防青少年犯罪研究，2016（2）.

⑤ 万毅，纵博．论刑事诉讼中的抽样取证．江苏行政学院学报，2014（4）.

⑥ 山东省威海市文登区人民法院刑事判决书（2015）威文刑初字第86号。

等知情人也散迹于物理空间的天涯海角，试图在他们之中均匀取样并确保代表性，很容易被理解为天方夜谭。

网络犯罪司法要想实现科学的抽样取证，必须直面前述两个难以逾越的鸿沟。这有待于法学理论的突破，有赖于制度建设的完善，更需要技术规范的支撑。但仅就网络犯罪抽样取证的技术规范制定而论，目前尚遥不可及。因此，在这些条件尚不具备的情况下，人们只能在特殊的、极个别的案件中进行有限的尝试。一旦步伐太快，就难以消解对司法任性的质疑。案例统计的结果也表明，这一方法虽具有远景价值，但现阶段还不足以被寄予厚望。

（二）等约计量模式的违法之嫌

如前所述，我国学者已敏锐地捕捉到网络犯罪往往具有的犯罪对象海量化等特点。"在犯罪对象海量化中，犯罪数额难以计量，或者是无法计量，或者是只能选择间接方法进行替代式计量，而无法像传统犯罪采用人工方法直接计量"[1]。人工方法直接计量，即精准计量模式，必然存在客观不能的缺陷。而网络犯罪的数额计量就把这种无能为力暴露得淋漓尽致，此时，精准计量面临着犯罪数额难以认定、犯罪数额的认定难以精确、犯罪数额的真实性难以核实、犯罪数额的认定具有或然性等一系列难题。基于此，该论者建议，可以等约计量模式代替精准计量模式，进而实现对法益侵害的适当评价。"在网络犯罪中采用等约计量模式对犯罪数额加以计量，具有合理性。"[2] 应当看到，司法实践已经按照"等约计量"方式，对海量化的犯罪对象进行"估堆式"计量，并作为认定犯罪数额的标准。从目前淫秽电子信息、公民个人信息以及"伪基站"发送的短信计量方式来看，其均未实现精准计量，实际上运用的就是"等约计量"方式。[3]

等约计量模式与抽样证明方式具有一定的交叉关系，但属于两种思路。不难发现，等约计量模式的建议有违背刑事诉讼法规定的"案件事实清楚、证据确实充分"之证明标准的巨大风险。从字面上看，"等约"是"大约等于"的意思，即所谓的"估堆"。相对应的，即按照"大约等于"的方式，对网络犯罪中的数额加以计量。这明显背离了"案件事实清楚、证据确实充分"的原则性要求，分明就是饱受诟病的两个"基本"标准——"基本事实清楚、基本证据充分"的一个变种。对此，该论者也提出，"在适用等约计量时，需要刑事立法和司法进行相应的跟进，并进一步探索将模糊数学、灰色理论、概率论等引进刑事法学和司法实践，建立现代科学技术、新型数学方法和刑事法学的跨界融合，以实现对网络犯罪行为的全面客观评价"[4]。故必须提醒注意的是，人们在寻求网络犯罪证明困难的解决之道时，切忌以放弃作为基石的证明标准制度为代价。

---

① 罗猛，邓超．从精确计量到等约计量：犯罪对象海量化下数额认定的困境及因应．预防青少年犯罪研究，2016（2）．

② 罗猛，邓超．从精确计量到等约计量：犯罪对象海量化下数额认定的困境及因应．预防青少年犯罪研究，2016（2）．

③ 罗猛，邓超．从精确计量到等约计量：犯罪对象海量化下数额认定的困境及因应．预防青少年犯罪研究，2016（2）．

④ 罗猛，邓超．从精确计量到等约计量：犯罪对象海量化下数额认定的困境及因应．预防青少年犯罪研究，2016（2）．

（三）底线证明方式的行之有效

笔者认为，在我国司法实践中进行网络犯罪的简易化证明，最有效的选择应是底线证明。底线证明，也可以被称为低限证明，是指按照法定的入罪和加重处罚两道"坎"，提供能用以定案的最基本的证据。这两道"坎"既是底线，也是低限。要追究网络犯罪者的刑事责任，指控证据必须证明其已经触及法定的入罪门槛；而要追究网络犯罪者的加重刑事责任，指控证据还必须证明其已经触及法定的加重处罚门槛。具体来说，我国现行法律普遍采用数额/数量（如金额、物数、人数、次数、人次等）指标作为入罪或加重处罚的标准。因此，办案人员就必须在证明作为底线的数额/数量（如金额、物数、人数、次数、人次等）指标方面，达到"案件事实清楚、证据确实充分"的要求；至于其在多大程度上超过了作为底线的数额/数量（如金额、物数、人数、次数、人次等）指标，则只需要进行概要性的证明或展示。不难看出，底线证明方式的特色就在于两步证明。

举例来说，在我国，非法获取计算机信息系统数据达到一定情节的构成犯罪。2011年最高人民法院、最高人民检察院发布《关于办理危害计算机信息系统安全刑事案件应用法律若干问题的解释》，对该罪的"情节严重"以及"情节特别严重"进行了解释（见下表）。这里的身份认证信息 10 组、其他身份认证信息 500 组、计算机信息系统 20 台、违法所得 5 000 元、经济损失 10 000 元就是入罪的底线，相应标准的 5 倍则是加重处罚的底线。那么，底线证明方式就是"10＋"证明、"20＋"证明、"500＋"证明、"5 000＋"证明、"10 000＋"证明，以及这些情形的"5 倍＋"证明。以此类推，不一而足。

情节严重	（一）获取支付结算、证券交易、期货交易等网络金融服务的身份认证信息 10 组以上的
	（二）获取第（一）项以外的身份认证信息 500 组以上的
	（三）非法控制计算机信息系统 20 台以上的
	（四）违法所得 5 000 元以上或者造成经济损失 1 万元以上的
	（五）其他情节严重的情形
情节特别严重	（一）数量或者数额达到前款第（一）项至第（四）项规定标准 5 倍以上的
	（二）其他情节特别严重的情形

概要而言，底线证明方式面向网络犯罪中的海量证据，解决了无须获取全部证据而仅依靠部分证据定案的问题。同时，它并没有降低证明标准——所抽取的证据在用于证明犯罪事实的方面，依然坚持了关于主要案件事实的证明必须满足统一证明标准的原则。这就兼顾了节约诉讼资源、提高诉讼效率和实现诉讼目的。

这种简易化证明机制在司法实践中已经初露端倪，得到了一定程度的运用。例如，在一起非法控制计算机信息系统案件中，被告人何××被指控对 2 670 部手机信息系统实施了非法控制，主要的指控证据是涉案的两个邮箱内有 2 670 个手机号码。辩护人指出，由于存在双卡双待手机，2 670 个手机号码并非等同于 2 670 部手机，因而涉案的被控制手机数量认定为 2 670 部有误。法院认可了该辩护意见，但同时判决"即使按照所控制的 2 670 个手机号码减半处理"，仍不影响对其"情节特别严重"的认定[①]，也就是说达到了

---

① 安徽省芜湖经济技术开发区人民法院刑事判决书（2016）皖 0291 刑初 19 号。

加重处罚的底线。又如，在一起电信诈骗案件中，多名被告人被指控实施了购买伪基站、发送虚假信息和获取被害人银行卡信息后套现等行为。部分被告人提出，"在未查明其住处缴获的伪基站设备中发射的 181 251 条诈骗短信有多少诈骗既遂、有多少诈骗未遂的情况下，不能排除存在其发送的诈骗短信中未遂的数量不足 5 万条同时诈骗既遂的数额又不足 10 万元的情形"。对此，法院认为，"按照黄××自称的从 2015 年 4 月 15 日到 2015 年 5 月 5 日，其参与发送的信息总量也达到 80 万条左右，远远超过司法解释规定的 5 万条"①，故应当认定为刑法规定的"其他特别严重情节"。这同样是说达到了加重处罚的低限。

相比而言，底线证明方式既克服了抽样证明的取样不具有代表性、取样后仍数量过大的局限性，也避免了等约计量同现行法律规定明显冲突的弊端。最为重要的是，这是在保持我国现行刑事法律制度不变的情况下降低证明难度的一大技巧。而且，它也未雨绸缪地为应对未来大数据技术所可能真正带来的冲击与挑战，预留下足够的空间。迄今为止，人类社会尚未建成有效运行的大数据侦查、大数据证据制度，底线证明方式不仅是应变之举，也能够行稳致远。

四、结论

网络犯罪遭遇司法证明难题，这是新时代、新问题同旧体制、旧观念的冲突所致，具体成因则纷繁复杂、层次多样。实现网络犯罪的证明简化，是一条必由之路，但也是一项长期而艰巨的任务。这有赖于立法官员、司法人员和法律研究者携手合作，离不开一套系统的建设方案。简单地寄希望于借力某一方面以得到一劳永逸的突破，是不现实的；片面地寄希望于有关机关在立法、立法解释和司法解释中为网络犯罪开辟单独通道，也是不理性的。

化解网络犯罪证明难，首先要靠转变机制。这落脚于在网络犯罪法律制度建设中推出一系列有针对性的简易化证明规则。2014 年，最高人民法院、最高人民检察院、公安部出台《关于办理网络犯罪案件适用刑事诉讼程序若干问题的意见》，这是我国当前最为重要的惩治网络犯罪的法律规定，其对网络犯罪案件的管辖、初查、跨地域取证以及电子数据的取证与审查等内容作出了规定。其中虽不乏关于证据转化、综合认定的内容，但对于国际上流行的简化证明机制，如推定、司法认知、立法扩大解释则着墨不多，遑论试行学者们倡导的抽样取证、等约计量的建议。该现象在近年来出台的其他网络犯罪法律规范中也不同程度地存在。可见，未来我国为夯实网络犯罪治理的法治大厦，在证明机制部分应当从零散式的对策设计跨越为体系化的制度建设。

化解网络犯罪证明难，其次还要靠转变观念。在新时代推动大变革的大背景下，重点就是要打破以传统办法对付网络犯罪的思维定式，实现三个转变：一是由传统的"精准思维"向"互联网思维""大数据思维"转变，二是由孤立思维向系统思维转变，三是由经验思维向科学思维转变。本文从实践中概括出来的底线证明方式，是完全符合新思维的可行路径。而且，该方式的采用，无须进行任何的制度建设或改革，只要观念更新即可。在不改变现行制度的情况下，大力推行底线证明方式，无疑是一条最有前景的中国式方案。

---

① 广东省广州市中级人民法院刑事判决书（2017）粤 01 刑终 499 号。

电子数据证据评价问题研究

罗文华[*]

内容摘要： 电子数据证据的评价疑难由其自身属性特征及社会环境发展等诸多因素造成。对于作为证据的电子数据进行评价，需要与传统证据一样作真实性、合法性与关联性方面的审查。按案件类型或证据源特征对指标进行提炼细化是合理评价的前提与基础，并需要随时代的发展调整更新。具体到电子数据，对于似然率与证据强度的对应关系需要作为全面与深入的研究，但总体趋势应该比传统标准要求要高。通过贝叶斯决策，电子数据证据对于前期事实认定结果的推理分析得以量化诠释，最终的修正程度得到了清晰的展示。确立电子数据证据评价范围、指标和方法，形成可信的证据评价结果，对电子数据的采信问题显得尤为重要。进一步完善电子数据证据能力审查规则，并作出科学判断，具有理论和实践的双重意义，更是提升电子数据证据法律体系地位的重要举措。

关键词： 电子数据　证据评价　评价指标　似然率　贝叶斯决策

一、引言

先来看这样一个案例。在引发社会广泛关注的"快播案"中，涉案的四台用于缓存视频的服务器从 2013 年 11 月 18 日被扣押至 2016 年 1 月 7 日开庭，扣押时间跨度超过两年，移交流转过程涉及行政执法机关、公司、侦查机关与鉴定机构等多个部门[①]，相关手续也不够规范完备。公诉人为证明服务器"未受污染"，特意聘请北京信诺司法鉴定所对扣押在案的四台服务器进行了鉴定，以证明除其中一台服务器已经损坏无法开启外，其他三台服务器从 2013 年 11 月 18 日至 2015 年 12 月 8 日期间没有任何 QDATA 格式的视频文件拷入服务器。

该鉴定意见遭到了被告人及其辩护律师的强烈质疑。辩护律师认为北京信诺司法鉴定所单纯依靠文件时间属性判断特定时间段内是否有文件拷入服务器的证明方法过于简单武断，只需通过系统时间的设置调整即可实现被拷入文件创建时间的改变，因此不认同该鉴

---

* 中国刑事警察学院教授。

① 刘品新. 电子证据的鉴真问题：基于快播案的反思. 中外法学, 2017 (1).

定意见。该意见不能确认检材的原始性，无法排除服务器中数据被污染的可能性，因此 2016 年 1 月 25 日一审法院委托国家信息中心电子数据司法鉴定中心就特定时间段内是否有视频文件拷入服务器再一次进行检验，以解决核心争议。该中心出具的最终检验结果为：经过对服务器内现存的 QDATA 文件属性分析，未发现在 2013 年 11 月 18 日后有从外部拷入或修改的痕迹。

两次检验都是基于具体的属性信息推断特定行为是否存在。类似的检验结论在当前的电子数据取证实践中大量存在，那么此类检验结论的可信度有多大？"未发现"是否就一定意味着不存在？审判机关在定罪量刑时应该如何评价检验结论，进而决定是否采信呢？

二、电子数据证据评价的疑难

近年来，高发的电信诈骗、网络赌博、网络传销等案件已经成为威胁网络空间安全的毒瘤，使公民的财产蒙受巨大损失，社会影响极其恶劣。除此之外，传统案件的网络化使得各类案件中都存在"电子数据"证据的身影，体现出电子数据证据的影响正在逐步扩展与深化。层出不穷的新型互联网犯罪自身具有的网络身份难以查清、证据变动性强、证据评价标准高、取证技术要求复杂等特点，也给电子数据证据评价、采信工作带来了极大的难度，从而给类似"快播案"等诸多新型案件的判决造成困难。

电子数据评价疑难有历史原因也有现实原因。相对于其他传统证据类型，我国 1979 年制定的第一部《刑事诉讼法》将证据规定为物证和书证、证人证言、被害人陈述、被告人供述和辩解、鉴定结论、勘验检查笔录等六种，1996 年增补"视听资料"为第七种证据类型，直到 2012 年才将"电子数据"正式作为一种独立的证据类型。

作为证据的电子数据，其内容、形式上的内涵与外延都与现代信息技术的发展密不可分。1986 年我国首次发现了利用计算机仿造银行存折和隐形印鉴诈骗银行存款的案件，虽然当时尚未确立"电子数据"证据概念，但不可否认，以单机版形式存储于计算机系统中的用于仿造存折和印鉴的工具软件是核心证据之一。网络的出现深刻地改变了"电子数据"的面貌，电子数据多又佩戴上了"网络"标签，比如网页、电子邮件、聊天记录、IP 地址、注册信息等。新世纪以来，以手机为代表的移动智能终端的普及则为电子数据家族增添了新成员，微博客及朋友圈成为证据或线索的重要来源。而现今云计算与大数据平台的崛起，再一次重塑了电子数据的形象。

纵观电子数据存在形式的变化，从单机形式存在的电子文件到网络应用信息，再到平台服务记录，存在状态与解读方式均发生了巨大的变化。这种迥异于其他证据形式的强变动性，无疑给电子数据的评价工作造成了困扰。

技术因素之外，人类自身认识客观世界、利用客观世界的水平与能力的提升，也对电子数据证据产生着潜移默化的影响。比如，随着犯罪分子反侦查意识及信息使用水平的提高，犯罪分子往往矢口否认其与电子数据存在的关联，比如将存在于其所有的计算机中的有害信息归咎于木马恶意程序所为。"有无"问题相对容易解决，而关于"是否"的判断则大大提升了电子数据评价问题的难度。

电子数据评价的难度除了体现在技术与人员等客观方面外，还体现在作为技术外行的法官如何理解电子数据证据。2012 年修改后的《刑事诉讼法》将"鉴定结论"改为"鉴定意见"，充分体现了立法对鉴定人所提供意见的基本态度的改变，从而赋予法官选择权。因此，对于电子数据鉴定意见法官如何进行相关审查，对于电子数据证据如何进行评价、进而影响法官心证形成的研究显得尤为现实而迫切。特别是在"推进以审判为中心的诉讼制度改革"的大背景下，不仅要求司法观念的转变，更要求改革任务的践行。从电子数据证据的收集与提取、移交与展示再到审查与判断，电子数据作为新兴的证据形式对公、检、法三方都提出了新的挑战。

但是，如果能够做到对电子数据证据予以合理评价，对其形成的各个环节进行科学规范并量化，就可以进一步明确电子数据在侦查终结、审查起诉要求和有罪判决证明标准之间的差异。构建其证据能力审查规则，将证据证明标准的过程和结果通过相对直观的形式呈现，减少了法官在审查技术性内容时的障碍，便于其把握技术问题的核心，进而作出科学判断。

三、电子数据证据评价的范围

实际上，鉴定意见就是领域专家针对科学证据进行评价的主要表达方式之一。然而，一方面随着时代的加速发展，鉴定人受技术水平所限或是基于保护自身目的，在鉴定意见中往往使用简要、含糊乃至晦涩的语言，以掩饰鉴定结果的不确定性；另一方面，作为技术外行的法官及控辩双方当事人却期待着表述明确的鉴定意见，以有利于解决诉讼矛盾。如果鉴定意见过于艰涩难懂，法庭极有可能针对该鉴定意见再次寻找专家咨询，或是直接拒绝该证据。

因此，基于鉴定意见对电子数据进行评价，或是针对鉴定意见进行再评价，由此评判纯粹证明力的强弱是领域专家的主要任务范围。领域专家需要就特定案件某些方面的观察情况进行推理，并将意见提交给法庭。比如，领域专家需要就"特定时间段内是否有视频文件拷入服务器"的事实进行判断。即使依据所有视频文件的创建时间均在特定时间段之外这一现象作出"未发现拷入操作"的推断，也应该附有进一步的解释说明，如给出"拷入操作对创建时间影响结果"的概率，以帮助法官进行审查判断。

领域专家对电子数据的评价局限于特定的检验对象与检验要求，即说明单项证据的证明力。法官则需要全面裁量证据，通过把独立证据置于整个证据体系，放到与其他证据的比较中去判断。只有这样才不会"一叶障目"，才能看清证据的本质。在考量每个独立证据的基础上，对多项证据或证据的多个方面进行综合，从整体上进行把握评价，进行证据可靠性的考察[1]，从而决定是否采信。通常，一个特定案件容易出现有利于被告人的证据和不利于被告人的证据共存的局面，因而必然要求对被告人有利与不利的两方面证据都要充分考虑，不能顾此失彼。比如，虽然领域专家依据目前的情形推理得到"未有视频文件拷入服务器"概率为 90%，但如果服务器自身移交流转环节存在瑕疵或是

---

[1] 张弘. 证据评价问题探究. 国家检察官学院学报，2007（3）.

存在未以原始存储介质封存情况的，法官对于与服务器相关的证据采信也必将随之大打折扣。

对于作为证据的电子数据进行评价，需要与传统证据一样作确定性、合法性与关联性方面的审查。程序方面需要立足规范化的收集提取、检验鉴定过程，选取具体的证据类型详细分析；同时，针对具体电子数据证据类型提出实质审查要求，制定出电子数据证据确定性、合法性、关联性判断标准，为实践中对电子数据证据的举证质证提供依据。可以预测，未来的一段时期领域专家将主要针对关联性进行分析评价，法官则需综合三性完成审查。不同的诉讼身份在证据评价过程中决定作用的差别，决定了其评价对象范围的差异，也直接影响了评价指标和方法的择取。

四、电子数据证据的评价指标

目前，针对科学证据的评价已广泛应用于指纹、声纹、纤维、笔迹、毒物、图像、DNA、玻璃、步态、射击残留物等诸多法庭科学领域。每种证据类型都拥有自身独立的评价指标，如指纹比对使用纹型、指位、中心点、中心半径、中心角度、稀疏特征区域作为特征；共振峰的数量、走向及其频率则是声纹分析的重要指标；短串联重复序列（Short Tandem Repeat，STR）分析则是 DNA 比对使用的主要技术之一。

通常，人们在进行证据评价择取评价指标时会主要考虑以下要素：（1）所识别的特征点必须是对象所特有的；（2）这些特征点不会随时间的流逝而改变；（3）这些特征点是明确的，在测量方式相同的前提下，测量结果不会因人而异。[1] 传统证据的评价指标基本都满足上述三点。但是，具体到电子数据，由于其信息技术的本质及影响的全面渗透覆盖，往往无法依从传统指标进行评价。

一方面，电子数据的无形化和虚拟化决定了其信息存储的脆弱性，不慎操作或恶意行为都有可能造成信息的灭失，这是电子数据作为证据的不利之处。另一方面，以电子数据形式保存的系统文件与用户文件，除了包含有内容数据，还包括用于格式描述的元数据，这就为保留电子数据的操作痕迹提供了可能。例如，快捷方式 LNK 文件存储着源文件的创建时间、修改时间、访问时间及存放位置信息；Microsoft Office 使用的 OOXML 结构格式会保留有文件的编辑痕迹；而 JPEG 图片则使用 EXIF 来保存拍摄数据和 GPS 信息。电子数据的这一特点，可以使得大量不被认识的电子数据被保存下来，具有客观性[2]，并可作为评价指标的来源，用以评估电子数据作为证据使用的效力。

但取证实践表明，信息技术的飞速发展使得操作系统及应用软件更新换代提速，电子数据证据线索来源的不确定性增强。例如，Windows XP 时代注册表中的 UserAssit 表项曾经是挖掘系统时间调整痕迹的重要来源；但 Windows 7 使用之后，该表项不再记录系统工具的运行，而转由事件日志中的"系统日志"进行描述。又如，Office 2003 文件使用的

① 伯纳德·罗伯逊，等. 证据解释——庭审过程中科学证据的评价. 王元凤，译. 北京：中国政法大学出版社，2015：4.

② 刘浩阳，等. 电子数据取证. 北京：清华大学出版社，2015：3.

是复合文件结构，Office 2007、Office 2010、Office 2016 使用的是 OOXML（Open Office XML）格式，两种格式在数据搜索、数据恢复、过程还原等方面的技术方法差异巨大，很难抽取出统一的标准。同时，电子数据还呈现出由传统向新兴形式的代际更迭，传统电子数据主要是存储介质中存放的文档、图片、音频、视频、可执行程序等，但随着信息技术应用的不断深化，出现了诸多新型的电子数据形式，如博客、朋友圈、贴吧、网盘、云平台等。

另外，目前很多类型的案件都会涉及电子数据。不同类型案件的证据规格与量刑标准均有差异，很难统一。深入挖掘典型网络犯罪类型的（如网络盗窃、网络赌博、网络诈骗、网络传销等）电子数据证据存在特点，确定作为证据的电子数据的基本属性，进而形成客体、程序、证明力等方面的关键指标，是进行合理评价的基础与关键（如下图所示）。

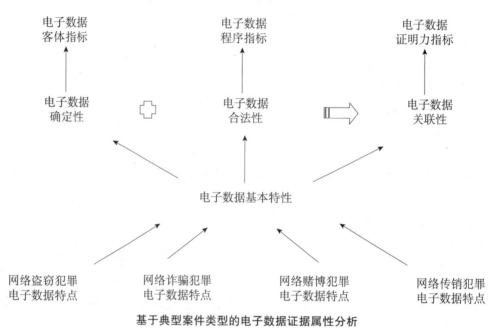

基于典型案件类型的电子数据证据属性分析

同时，电子数据取证在检验要求方面与其他证据也存在显著差异，不再是单纯的同一性认定，而多涉及具体操作行为是否存在且是谁所为的"是否"判断。检验要求的转化导致取证难度的提升，也强化了电子数据"关联性"的要求。此处的关联性是指在与案件事实关联的基础上，电子数据间的关联及电子数据与现实世界的关联。通过这种交叉乃至"跨界"的关联，增强电子数据的证明效力。

综上，按案件类型或证据源特征对指标进行细化是合理评价的前提，但也是与时俱进的过程，需要随时代的发展而调整更新。以网络赌博案件为例，最直接的证据是犯罪嫌疑人赌资投注或网站管理时使用的网页，但在其否认网页存在与其相关时，需要于关联网站登录用户名称、时间、频率等信息；而在涉及恶意程序的案件中，除了需要分析程序功能之外，甚至还涉及文件位置、运行次数、首次运行时间、末次运行时间的关联分析。下表 1 所示即为综合考虑案件类型与证据源特征的电子数据评价指标。

表 1　　　　　　　　　基于案件类型与证据源分类的电子数据评价指标

案件类型　＼　证据源	"有无"取证	"是否"取证
网络赌博	网页（用户名、时间段、投注金额）、Excel 类统计文件	IP 地址、用户账户与口令、登录时间段与频率、文件时间属性
破坏系统功能	恶意程序具体功能、系统所受影响、远程登录记录	恶意程序位置、运行次数、首末次运行时间、远程登录工具
网络传播淫秽物品	淫秽图片、文字、音频、视频	用户标识、网站维护与登录记录、IP 地址、电子邮件

从上表可以看出，电子数据涉及文件类型、格式多种多样，集中体现在"有无"取证方面；"是否"取证却集中于 IP 地址、身份认证信息、时间跨段与频率等可以用于评价的指标，并且此类指标的稳定性强，随时间变化的概率不大，为准确评价电子数据提供了进一步的可能。

五、电子数据证据的评价方法

截至目前，似然率（Likelihood ratio，LR）便是一种得到国内外学者普遍认同的科学的证据评价方法。[1] 应用于证据评价中的似然率通常是指同一份证据在控方假设条件（H_p）下与辩方假设条件（H_d）下出现的概率之比，即：

$$LR = \frac{P_r(E/H_p)}{P_r(E/H_d)}$$

下面我们以似然率方式回应"快播案"中的复制行为是否存在问题。在所有视频文件创建时间均不在特定时间段内的大前提下，假设控方认为不存在文件拷入行为，而辩方认为存在文件拷入，但拷入者通过系统时间的设置使得创建时间不在特定时间段内。如果发现系统时间修改功能被屏蔽，以致无法修改，那么 $P_r(E/H_d)$ 为无穷小，$P_r(E/H_p)$ 为常数，由此 LR 为无穷大，可以认为控方的假设成立。

如果系统时间可以调整，并且基于注册表项 UserAssit 发现了设置痕迹，但无法确定设置后的时间点，那么此时 $P_r(E/H_d)$ 为 1，但若要确定 $P_r(E/H_p)$ 则需考察日常生活工作中系统时间调整的频率。日常中一般很少会涉及调整系统时间操作，但存在一种比较可能的情形，就是某些商用软件的试用版一般只能在特定期限内运行，在试用期已过的情况下，出于继续免费使用该软件的目的，往往通过将系统时间调整到规定期限内来实现。操作者每 100 天使用一次该软件的话，则 $P_r(E/H_p)$ 取值 1/100，LR 为 0.01，较好地支持了辩方假设"存在文件拷入行为"；但如果操作者不是每 100 天而是每 5 天就使用一次该软件的，此时 $P_r(E/H_p)$ 取值 1/5，LR 为 0.2，则控方与辩方假设都有一定的可能，说明此证据的证明效力不大。

如果系统时间可以调整，并且基于系统日志中的"事件日志"发现了修改痕迹，进而

---

① Biedermann A., Hicks T., Taroni F., et al. On the use of the likelihood ratio for forensic evaluation: response to Fenton, 54 Science & Justice, 316–318 (2014).

确定出调整后的时间点恰巧在规定时间之外（可以保证之后拷入文件的创建时间不在特定时间段内），那么即使操作者有修改系统时间以使用试用软件的习惯，但如果调整后的时间点不在试用期限内的话，$P_r(E/H_p)$ 为无穷小，LR 接近于 0，此时可以认定辩方的假设成立；即便在试用期限内，$P_r(E/H_p)$ 取值也会急剧减小，使得证据支持辩方假设的效力大为增强。感兴趣的读者还可以继续分析虽然未发现时间修改痕迹，但是挖掘出了操作者毁灭痕迹行为（如删除注册表项或清空事件日志）的情况下似然率的结果。

"一项科学的测试结果在假设成立时出现的概率远远高于假设不成立时出现的概率，那它便是可靠的证据。"[①] 传统观点认为似然率的数值如果在 100 以上（或是 0.01 以下）就称得上是对证据的强力支持（或反对）[②]；如果超过 10 000（或小于 0.000 1）基本可以认定（或否认）控方假设，比如 DNA 比对。[③] 那么，具体到电子数据，似然率与证据强度的对应关系是否需要调整呢？如果单就文中实例而言，鉴于调整系统时间虽较为少见但属于常规操作，因此可以适用传统对应关系；对于评价涉及的其他情形，则需要更为全面与深入的研究，但总体趋势应该比传统标准要求要高。

传统证据的质证往往利用"与常情常理相悖"来动摇证据的客观性，似然率较好地说明了是否为"常情常理"的问题。将似然率应用于电子数据，单纯依靠常识和普通法规的知识储备是远远不够的，只有了解、掌握甚至精通相关技术与方法，才能做到深入、精确、有的放矢的司法应用。

六、电子数据证据评价结果的解释

司法推定过程中，法官需要听取领域专家的意见，以帮助实现证据证明力大小的判断。定量分析有助于增强证据理论成果的可操作性和说服力，但如何正确地影响法官自由心证的形成，则是需要进一步探讨的话题。"如果说似然率妥善地解决了证据提供者如何客观地'呈现'证据价值的问题，那么接下来我们需要面对的便是事实裁定者如何正确'使用'科学证据并作出恰当判定的问题"[④]。本节重点探讨电子数据证据评价结果的解释问题。

以计算机、手机为代表的信息设备已成为现代人日常工作生活不可或缺的一部分，人们对信息技术都有或多或少的了解，这就为评价结果的解读提供了一定的便利；但也正是因为有所了解，往往容易预先形成主观看法，给正确理解造成干扰。另外，前期证据的存在也会给法官带来具有一定倾向性的影响。此时，可以使用贝叶斯法则[⑤]（Bayesian Decision Theory）帮助我们在已有先入为主观念的情况下作出正确的决策。

贝叶斯法则是指在不完全情报下，对部分未知的状态用主观概率估计，然后用贝叶斯

① 伯纳德·罗伯逊，等．证据解释——庭审过程中科学证据的评价．王元凤，译．北京：中国政法大学出版社，2015：15.

② 张翠玲，等．基于似然率方法的语音证据评价．证据科学，2008（3）.

③ 陈学权．科学对待 DNA 证据的证明力．政法论坛，2010（5）.

④ 王元凤，等．论统计学在科学证据报告中的应用．证据科学，2016（4）.

⑤ 夏宁茂，等．新编概率论与数理统计．上海：华东理工大学出版社，2006：24～27.

公式对发生概率进行修正，最后再利用修正概率作出最优决策。其基本思想是：（1）已知类条件概率密度参数表达式（在证据评价领域即为似然率）和先验概率；（2）利用贝叶斯公式转换成后验概率；（3）根据后验概率大小进行决策选择。

下面，我们把贝叶斯法则应用于"快播案"实例。鉴于服务器在流转过程中出现了查封程序补正、执法人员未在现场监督执行、针对服务器直接操作等诸多瑕疵，法官也会倾向于认为"服务器中的视频文件存在被恶意拷入的可能"。2013 年 11 月 18 日至 2015 年 12 月 8 日间，服务器共经历了 11 次流转移交，其中第 1、5、7、11 次存在程序争议，法官认为证据污染的先验概率可认为是 4/11。如果服务器屏蔽了系统时间调整功能，LR 为无穷大，似然率与先验概率相乘得到的后验概率依旧为无穷大，也就是说虽然程序瑕疵使得证据被污染的可能性较大，但现有证据证明了服务器并没有被污染。但如果系统时间可以调整，并且调整后的时间点能够保证之后拷入文件的创建时间不在特定时间段内，那么 LR 接近于 0，后验概率也由此接近于 0，说明现有证据支持了之前的推测，服务器确实已被污染。

通过贝叶斯决策，电子数据证据对于前期事实认定结果的推理分析得以量化诠释，最终的修正程度得到清晰的展示，较为合理地解释了电子数据的评价结果，实现了证据价值由证据提供者向证据使用者的精准传递。

"在不同的科学领域中，能否寻找到这样的主、客观相统一的生成与评价标准，是科学证据采信疑难能否解决的核心问题。"[1] 作为当代科学证据大类的电子数据是否可以并且适合进行评价，一直是证据领域相关学者关心的课题。

研究发现，虽然电子数据表现形式多样，但是科学规范并量化电子数据证据的各个环节，评估电子数据在侦查终结、审查起诉要求和有罪判决证明标准之间差异，存在可行的研究途径。在由评价需求催生出的诸多问题中，最能体现电子数据特色并有助于疑难解决的是评价指标的抽取。在上述"电子数据证据的评价指标"部分，笔者基于特定的实例给出了可能的具体择取指标。但若想构建整个指标体系，需要在合法性、关联性、真实性三大类要素的范畴内进一步明确，如将真实性细化为确定性、完整性、可靠性，合法性则分解为收集提取、移送展示、审查判断等多个环节，关联性则集中体现于内容关联与载体关联两方面（见下表 2）。[2]

表 2   评价指标的考察要素与内容

电子数据证据评价指标体系构建							
真实性			合法性			关联性	
确定性	完整性	可靠性	收集提取	移送展示	审查判断	内容关联	载体关联
内容本身、元数据	系统环境、目标渠道	策略协议、规程步骤、工具方法、管理记录	人员方法、笔录附件、侦查实验、鉴定意见	文档、程序、记录、云数据	瑕疵证据、证据排除、专家意见	网页、软件、数据库、报表	身份、行为、介质、时间、地址

① 张斌 . 科学证据采信的基本原理 . 四川大学学报（哲学社会科学版），2011（4）.

② 刘品新 . 电子证据的关联性 . 法学研究，2016（6）.

似然率与贝叶斯决策是证据评价与解释的传统方法，应用于电子数据并无违和之处。未来可以将决策树、模糊判断、D-S数学模型等算法推广至电子数据评价领域，研究不同算法适用的具体情境及适合的评价指标，以期获得更为精准的评价结果。

七、结语

电子数据已经成为当今的"证据之王"，统计概念与理论又正在席卷证据领域，二者结合将更有助于完善电子数据证据能力审查规则，将证据证明标准的过程和结果通过相对直观的形式呈现，减少了法官在审查技术性内容时的障碍，便于把握技术问题的核心，进而作出科学判断，具有理论和实践的双重指导意义，更是提升电子数据证据法律体系地位的重要举措。